悅讀的需要，出版的方向

違法手段×企業醜聞×內部攻防戰，Uber如何跌落神壇？

SUPER PUMPED

The Battle for Uber

MIKE ISAAC

麥克・伊薩克

林錦慧──譯

目錄

第一部

第二部

第三部

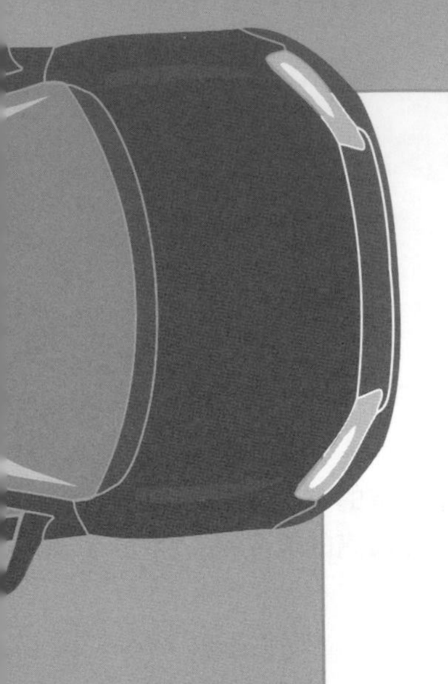

第四部

第五部

各界讚譽

「所謂的『獨角獸』霸主——Uber，它的故事不僅和權力息息相關，也展露了某些新創公司創辦人如何積累並堅持走下去的歷程。除了這本讀來津津有味的書，麥克・伊薩克的官方帳號還蒐羅了更多令人震驚與憤怒的新消息。如果你想知道今日矽谷的運作，你一定得讀這本書！」

——約翰・凱瑞魯（John Carreyrou）／《惡血》（*Bad Blood*）作者

「麥克・伊薩克的新書乍看趣味橫生，同時更是一本重要之作，揭露Uber內部混亂的運作方式與戲劇性的權力鬥爭，是如何讓這家公司成為現代生活的一部分。」

——貝瑟妮・麥克萊恩（Bethany McLean）／《安隆風暴》（*The Smartest Guys in the Room*）作者

「一本令人目不轉睛的報導文學巨作，若要了解矽谷這股不計代價追求成長的風氣如何出了差錯，本書提供了必要的管道。」

——席拉．寇哈特卡（Sheelah Kolhatkar）／《黑色優勢》（*Black Edge*）作者

「崔維斯．卡蘭尼克顛覆了整個產業，賺進數十億財富，還讓這家公司的名字變成人人都在使用的動詞，然而這些事蹟皆是靠著摧毀擋在他面前的人事物達成的。這本書揭露了這股流行文化如何失控，讀來引人入勝。」

——尼克．比爾頓（Nick Bilton）／《浮華世界》（*Vanity Fair*）特派記者

「針對科技業最自負、令人生厭又最具社會變革力的公司之一，本書詳盡又毫不保留地細數其中創業家的傲慢、驚人的過分行徑和殘酷競爭。在循線追查Uber的動盪軌跡與卡蘭尼克最終從神壇隕落的過程中，麥克．伊薩克描繪——同時也是控訴——這些商業行為、文化價值與神話如何形塑出新的社會架構。」

——安娜．維納（Anna Wiener）／《恐怖谷》（*Uncanny Valley*）作者

獻給莎拉（Sarah）與布魯娜（Bruna）

「你要知道，爭奪的方式有兩種，一種是透過法律，一種是透過武力，
第一種適用於人類，第二種適用於野獸，但是由於第一種常常不夠用，
所以訴諸第二種是必要的。」
——尼可洛·馬基維利（Niccolò Machiavelli，義大利政治思想家），
1513 年

「超級熱血（super pumped）賦予我們超強力量，
能將最大困難轉化為最佳機會，成就大事。」
——崔維斯·卡蘭尼克（Travis Cordell Kalanick），2015 年

前言

那天晚上，沒有人想走路回家。

那是二〇一四年冬天的波特蘭（Portland），天氣冷到必須穿厚外套，市中心的交通擠滿學生、通勤族、採購佳節禮物的人潮。那週稍早下了雪，街道上還有雨水和融化的小雪，鬧區百老匯大街兩旁的樹上掛著白色、閃爍的耶誕燈飾，增添了幾許佳節喜慶，但是這樣的晚上站在路邊等巴士可不好玩。當地交通部門官員站在冷颼颼的戶外，溼答答、百無聊賴、不太高興，他們要招車。

這些官員並不是要招計程車回家，他們是波特蘭交通局（Portland Bureau of Transportation）

的人員，有任務在身：把那些替 Uber 開車的人找出來、攔下來——Uber 是一家成長快速的叫車新創（startup）。為了爭取合法上線而跟波特蘭官員協商幾個月之後，Uber 決定把協商扔出窗外，在沒有交通局的許可下，選定這個晚上推出服務。

這是 Uber 的日常。這家公司從二〇〇九年就開始對抗議員、警察、計程車從業人員和業者、運輸工會，在創辦人兼執行長崔維斯．卡蘭尼克（Travis Kalanick）眼中，整個運輸體系是不正當的壟斷，目的就是防堵 Uber 這種新創公司。他跟矽谷很多人一樣，相信科技具有翻天覆地的力量，他的服務正是利用程式碼不可思議的力量（包括智慧手機、數據分析、GPS 即時讀數），試圖改善人們的生活，讓服務更有效率，把想買東西和想賣東西的人媒合起來，讓社會變得更美好，可是那些心態保守的人令他愈來愈氣餒，那些人一心只想維護老舊的體系、架構、思維。在他看來，現今那些掌控、支撐計程車業的腐敗機構都是十九、二十世紀的產物，而 Uber 就是要來顛覆那些機構的陳腐觀念，引領整個產業邁入二十一世紀，可是，運輸官員受制於立法議員，立法議員受制於金主和支持者，而金主通常包括駕駛工會和計程車業者，這兩個都是樂見 Uber 失敗的團體。

Uber 在波特蘭已經嘗試過「白臉」做法。二十四小時前，卡蘭尼克派大衛・普洛夫（David Plouffe，專業的政治策士）去跟波特蘭交通官員協調。普洛夫是口才辨給的政治人，很多人認為歐巴馬二〇〇八年能贏得總統寶座就是他高明的操盤所賜，他非常清楚該從哪個地方政治人物下手。普洛夫打電話給查理・海爾斯（Charlie Hales），和藹可親的波特蘭市長，向他簡報 Uber 接下來的做法。當時海爾斯是在市政府接這通電話，交通局長史蒂夫・諾維克（Steve Novick）也在旁一起接聽。

如果海爾斯是白臉，諾維克就是替他動手執行的黑臉。身高一四五公分、戴著厚厚眼鏡、生起氣來聲音會愈來愈高亢的諾維克，是鬥牛犬。這位女服務生和紐澤西工會領袖之子，一出生就沒有左手，兩條腿也少了腓骨，殘疾益發強化了他的好鬥心，十八歲就從奧勒岡大學（University of Oregon）畢業，二十一歲就拿到哈佛法律學位。他也是幽默的人，在過去的競選廣告自稱「左鉤手鬥士」，影射他左手的鉤子狀金屬義肢。

普洛夫友善地主動開啟對話，先讓這兩位地方政治人物知道 Uber 已經等夠久了，並且故意以不經意的語氣——典型的普洛夫作風——順便帶出 Uber 打算明天在波特蘭市中心正式營運。

「是這樣的，兩位，我們已經進駐波特蘭外圍郊區，你們這個很棒的城市對我們的服務有很大的需求。」普洛夫說道。自從普洛夫加入之後，Uber 的宣傳話術變得很聰明：訴諸民粹。Uber 可以讓任何人用自己的車子賺錢，依照自己設定的條件、自己安排的工作時間；Uber 可以減少路上的酒駕數量，改善城市安全；在大眾運輸不完全成熟的地方，Uber 也能提供乘客另一個方便的選擇。「我們真的想為貴市市民提供服務。」他繼續說。

諾維克並不買單。「普洛夫先生，公然宣布要違反法律可不是文明之舉。」他說，一氣之下左手鉤子就戳進了市長桌子，「現在的重點不是我們該不該針對計程車規範進行縝密的對話溝通，現在的重點是，有一家公司竟然認為自己可以凌駕於法律之上。」

諾維克和海爾斯幾個月來一直告訴 Uber，不能只因為它已經做好準備就直接開拔進城做生意，計程車工會會抓狂。更何況，Uber 某些服務是現行法規不允許的，叫車是新崛起的風潮，波特蘭現行法規無法處理這一塊，也就是說，允許 Uber 上路的法律還沒制定出來，Uber 還得再等一等。

並不是諾維克和海爾斯不願變通，海爾斯早就承諾一上任就會徹底翻修交通法規。❶就在幾個星期前，波特蘭成為美國第一個起草法案允許 Airbnb（住宅共享新創公司）在全市合法經營的城市之一，這一年多來，外界也期盼這麼一個想法前瞻的城市會對汽車共享比照辦理。

可是波特蘭的善意趕不上卡蘭尼克的時間表，雙方現在陷入僵局。「你他媽的公司滾出我們城市！」諾維克對著電話擴音器大吼，普洛夫這位善於施展魅力的人，在電話那頭沉默不語。

Uber的白臉策略失敗，不過它本來就不指望此舉會成功。過去五年來，這家公司從一家棲身於舊金山一間公寓、只有幾個電腦迷的新創公司，成長為一家發展飛快的全球巨擘，營運遍及全世界幾百個城市，它靠的是有系統地從一個城市進軍下一個城市，派遣一支進攻團隊到當地招募數百名司機，對智慧型手機用戶大量投放免費搭乘券，並且打造出一個市場機制，讓司機載客的速度快於政府官員突擊的速度，完全無從追蹤或掌控。它也打算在波特蘭如法炮製，不管市長和他的執法者怎麼說。崔維斯・卡蘭尼克等得不耐煩了。

波特蘭以南九百六十五公里，舊金山市場街（Market Street）一四五五號，崔維斯・卡蘭尼克正繞著Uber總部大步快走。

這位三十八歲執行長很愛踱步。踱步是他一直以來的習慣，只要是他朋友都記得，他父親有一次還提到，崔維斯年輕時把臥室地板踱出一個洞。這個習慣並沒有隨著年歲消失。年紀愈長，踱步更是成為卡蘭尼克的依靠，是他的最愛。偶爾，跟陌生面孔開會討論公事的時候，他會先道歉，然後站起來——他不踱步不行。

「請見諒，我得站起來走動。」他會這麼說，話還沒說完，身子已經離開座椅，接著他會繼續延續話題，充滿動能。Uber 總部的人對他在辦公室繞圈子都習以為常，只要注意不擋到他的路就好。

Uber 總部在設計之初就特別考慮到卡蘭尼克的踱步習慣。這棟位於舊金山市中心的辦公空間，占地約二萬平方公尺，裡面有一條四百公尺長的室內環狀跑道，鋪設在水泥地板上❷，穿行於一排排站立式辦公桌與共用會議桌之間。卡蘭尼克說這條跑道是用來「邊走邊談」的，他喜歡吹噓他一週走下來可以繞跑道一百六十圈，相當於六十四公里。

這次並不是普通的邊走邊談。波特蘭官方已經延宕一年多都還未擬定交通新法規，現在 Uber 打算不經市長同意就在波特蘭上路，它沒有時間等待官員上緊發條擬出新法。「法規常常跟不上創新的腳步，」Uber 發言人後來對記者談起波特蘭的情況，「Uber 上路的時候，還沒有任何共乘相關的法規。」❸

問題不是出在 Uber 的黑頭車服務（black car），這個部分在許多城市運作得很好，因為不違反出租車與豪華轎車服務的法規；問題是出在 UberX（菁英優步）服務，這是一種野心勃勃、成本低廉的模式，只要擁有一輛狀況良好的汽車且通過基本的背景檢查，幾乎人人都能開 Uber，但是，讓隨便任何市民都能開車載人賺錢會衍生一大堆問題，尤其是到底合不合法完全沒人知道。不過 Uber 內部倒是沒人在乎這件事。

卡蘭尼克本來就不怎麼認同「白臉」方式，他認為政治人物的反應到頭來一定還是一樣：保護既有秩序。就算 Uber 是革命性的產物，就算 Uber 能讓民眾點幾下 iPhone 就搭上陌生人的車子，那又怎樣？計程車和運輸工會被這個新模式惹毛，會用憤怒電話和電子郵件灌爆市長辦公室。不過 Uber 倒是可以開開心心現金入袋，還得到當地人大力支持，因為他們愛死 Uber 的便捷和簡單。

卡蘭尼克不等了，該行動了。他一聲令下，西北部的 Uber 總經理們全都收到訊息：保護司機，騙過警察，在波特蘭全面出動。

第二天晚上在波特蘭著名的百老匯區，艾瑞克．英格蘭德（Erich England）站在歷史悠久的阿琳施尼澤音樂廳門口（Arlene Schnitzer Concert Hall）等待。他低頭盯著手機，不斷重整 Uber app。

英格蘭德不是會上音樂廳的人，他是去抓 Uber 的。身為波特蘭交通執法人員的他，假裝成要叫車回家的交響音樂迷，他打開 Uber app，希望找到正在尋找乘客的司機。

跟普洛夫講完那通電話之後，諾維克就向部屬發出命令：去抓 Uber 司機。英格蘭德這些執法人員要是成功招到 Uber，就會給司機開出幾千美元的民事和刑事罰單——罪名是缺乏該有的保險、違反公共安全、未經許可──並且威脅要扣押車輛。諾維克知道自己或許無法阻止這家公司，但至少波特蘭市可以嚇退司機，藉此稍稍拖慢Uber的腳步。當地媒體也到場記錄這次查緝行動。

Uber準備好了。每進軍一個新城市，這家公司就會採用同一套有效的方法。Uber總部會派個人到新城市招兵買馬，招聘一位當地「總經理」，通常是鎖定滿腔熱血的二十幾歲年輕人，或是鬥志旺盛、具備創業心態的人。那個總經理會花幾個星期在Craigslist（分類廣告網站）狂發廣告徵求司機，以加入就有獎金、達到目標就大發幾千美元現金為誘餌。廣告上這麼說：「告訴司機們，他們第一次開UberX上路就可拿到五百美元現金。」❹那些大發廣告的總經理大多沒有專業經驗，但是Uber招聘單位並不覺得這是問題，Uber只期待第一線新任人員有野心、有辦法一天工作十二到十四小時、必要的時候願意規避規定（甚至法律）。

英格蘭德再一次重整app，終於有個司機接受了他的叫車請求，車子在距離五分鐘遠的地方。一直到車子的距離不減反增，英格蘭德才猛然發現司機取消了他的預約，而且根據app所顯示，車子直接從他身旁開過去，但他根本沒看到。

英格蘭德有所不知，Uber的總經理、工程師、安全專業人員開發了一個複雜的系統，他們在app裡面加入一行程式碼，已經優化了幾個月，目的是協助Uber在每個城市的進攻團隊辨識出可能的監管人員，監視他們，暗中防止他們叫到、逮到Uber，波特蘭也不例外。Uber司機就這樣躲過查緝，英格蘭德這些官員「看不到」Uber暗中搞鬼，也無從證明。

英格蘭德和波特蘭的人並不知道他們面對的是何種對手，他們以為Uber只是一群狂熱的年輕科技人，這群人有點過於熱情相信自家新創公司能徹底顛覆大眾運輸，恣意妄為，甚至自大傲慢，不過可能是相對年輕所導致。

其實私下的Uber一點也不天真無邪。這家公司找來曾任職中情局（CIA）、國家安全局（NSA）、聯邦調查局（FBI）的人員，打造了一支運作精良的企業間諜部隊，負責監視政府官員，深入追蹤官員的數位生活，有時還跟蹤到他們的住處。

鎖定麻煩人物之後，Uber就會部署一項最有力的武器：灰球（Greyball）。灰球是一段程式碼，可附加於某個用戶的帳號上，等於是貼上標籤標示那個人對Uber是個威脅。那個人有可能是警察、議員助理，也有可能是英格蘭德這樣的交通官員。

一旦被附加灰球，英格蘭德和同事所下載的app就變成假的，上面顯示的車子都是幽靈車，要逮到司機根本不可能，甚至連司機有沒有在接客做生意也不知道。

接下來三年，Uber在波特蘭的營運都沒有受到懲罰，一直到二〇一七年《紐約時報》（*New York Times*）踢爆Uber利用灰球來躲避當局查緝，波特蘭官員才恍然大悟Uber是如何遂行詭計。

但是到二〇一七年已經為時已晚，Uber已經在波特蘭成功做起來——甚至合法了——並成為這座城市不可或缺的風景，是市民常用的工具，便利性廣受市民讚揚。卡蘭尼克和團隊違反了當地交通法律，非但沒有遭到驅逐，反而大獲全勝，翻轉了遊戲規則。

⊛ ⊛ ⊛

卡蘭尼克和他的大軍公然藐視波特蘭法律，還有其他許許多多城市的法律，但是如果問問當時某個典型的 Uber 員工——甚至幾年後問問某些支持者——他們一定會告訴你，他們並不這麼認為。灰球完全符合 Uber 十四條核心價值之一：有原則的衝撞。在 Uber 眼中，計程車業一直受到官僚與過時法規的保護，灰球就是用來衝撞這個「腐敗」產業，同時也是保護它的司機；它認為，如果法律本來就是狗屁就不算是「違法」。卡蘭尼克相信，只要每個人都用過 Uber 就會恍然大悟：舊有方式既沒有效率又昂貴，他的方式才是對的。

某種程度來說，他確實是對的。截至本書撰寫為止，Uber 已經打入全世界各地，幾乎每一洲都有 Uber 的蹤跡，山寨版和競爭對手爭相仿效卡蘭尼克執掌八年所造就的成長和影響力。Uber 跟當地政府達成協議，成為無所不在的公共運輸，同時也致力於打造一個自駕車的未來：人們所叫的車子會自己開過來。

不過，Uber 並非從頭到尾都被視為成功故事。Uber 的快速崛起在二〇一七年幾乎化為烏有，卡蘭尼克幾年來處處挑戰底限的行為模式、毫不掩飾的好鬥性格、以及他個人最終的失勢，同時在這一年業力引爆，卡蘭尼克成了創業人和創投人口耳相傳的警世故事，不僅代表矽谷最好的一面，也象徵矽谷最壞的一面。

Uber 傳奇基本上就是崔維斯・卡蘭尼克的故事，這是一個狂傲自大、恣意妄為的故事，以科技革命為背景，賭上的是數十億美元和交通運輸的未來。這個故事觸及矽谷過去十年的重要主題：快速的科技發展如何在短短幾年就撼動根深柢固的勞動系統、讓城市發展產生劇變、顛覆一整個產業；這個故事講述一個性別歧視深入骨髓的行業，在科技菁英體制的性別失衡和誤入歧途信仰的助長之下，對自身的偏見視而不見；這個故事談到新創公司如今廣泛採用但了解不多的募資方法，以及對領導人、員工、客戶如何產生影響；這個故事描寫科技公司為了利用消費者資料而做的醜陋決策，濫用用戶資料和個資。但是最重要的，這個故事是關於盲目崇拜新創創辦人會導致如何離譜的錯誤，同時也是一個以大災難為結局的警世故事。

崔維斯・卡蘭尼克和管理團隊創造出一種企業環境，看起來像是湯瑪斯・霍布斯（Thomas Hobbes）、電影《動物屋》（*Animal House*）和《華爾街之狼》（*The Wolf of Wall Street*）的混合體。之所以產生這種有毒的新創文化，是因為年輕領導人身邊都是應聲蟲和黨羽，手上握有幾乎無限的財務資源，在不重視道德、欠缺法律監督之下運作。不管是對外競爭或內部鬥爭，這家公司都是動用間諜偵察、背刺、訴訟，爭奪一個價值數百億美元帝國的權力和地位。

拜卡蘭尼克的作為之賜，Uber 的估值大減幾百億美元，原本可能已被擊潰的競爭對手重拾力量，在世界各地找到新的立足點，Uber 則面臨六項聯邦調查，調查其骯髒的歷史，投資人和員工不只一次擔心這家公司的未來岌岌可危。

過去這十年，身為舊金山灣區居民以及專業記者，Uber 就在我眼前崛起。我見證了一個革命性點子如何快速改變一座城市的都會肌理，也見證強勢性格如何產生巨大影響，形塑一家新創公司的運作方式。

二〇一四年我開始替《紐約時報》報導 Uber，當時是 Uber 的黃金年代，卡蘭尼克的機靈和街頭鬥毆戰力讓他勝過競爭對手，簽訂一個又一個以十億美元計算的募資案，Uber 征服全球眼看是必然的結果。

才不過幾年的光景，Uber 就走在自我毀滅的路上，卡蘭尼克的領導變成包袱：二〇一七年，在眾目睽睽之下，Uber 遭受一個又一個自業自得的打擊，這家不斷處於危機的企業面對最險峻的一年，是矽谷歷史上絕無僅有。

我的採訪報導最終導致我成為這則故事的一部分，捲入這個變調的傳奇中，卡蘭尼克和公司其他領導人用謊言、背叛、欺騙來掌控一家科技巨頭，一家在手機年代竄起為首批獨角獸的公司，

一家改變我們的移動方式、價值數十億美元但卻幾乎把自己毀滅於不良行為、醜陋決策和貪婪篝火中的公司。

我何其有幸能搭上這班車。

Part One

第一章

全球各地的員工都收到這封電子郵件：Uber 又達成一個里程碑，「Uber 人」（Uberetto）＊慶祝的時候到了！

每次達到成長目標，崔維斯．卡蘭尼克就會帶全公司去旅遊，這是 Uber 的傳統。在幾十億美元創投資金的挹注之下，這些旅遊被視為有鼓舞士氣的作用，也是拉近員工距離的方法，但同時也是一個好藉口，可以趁機到世界某個遙遠角落狂歡一週。這一次，卡蘭尼克已經想好一個特別的城市：拉斯維加斯。

如果想超越上次全公司的出遊，卡蘭尼克這次在拉斯維加斯得發揮創意才行。他二〇一三年在邁阿密辦了一場盛大狂歡，慶祝 Uber 的預約乘車總金額達到十億美元（這在當時是了不起的成就），那次慶祝之旅是以「九」這個中文數字為主題，行前他發了一封電子郵件給全公司，信中先表示「這趟慶祝之旅對 Uber 內部有其意義」，但是「我們不對外公開」❶，接著他建議同仁不要把大酒桶從高樓往下扔，還立下規定，除非同事清楚表示「好！我願意跟你上床」，否則不可以有性行為，另外他還說嘔吐在飯店地板上要罰兩百美元。這封電子郵件對其他部分也明確定下基調。

跟卡蘭尼克腦袋中所規劃的拉斯維加斯之旅相比，邁阿密那次根本是小巫見大巫。這次很特別，是慶祝公司達成一個重要的內部指標。每次只要營收達到「十」的指數成長，Uber 就會開趴慶祝，只是隨著員工人數和進駐城市日益膨脹，慶祝規模也愈來愈大，營收數字每增加一個零，Uber 數千名員工就會獲得犒賞：到世界某個地點來一趟公司買單之旅。

一百億美元是很特別的營收數字。這個龐大整數的意義是人人都能領會的，卡蘭尼克尤其喜愛數學上的指數型成長，他們把這個里程碑派對取名為「X^X」，十的十次方。他特別指派一整個設計團隊負責這趟旅行的美術設計，邀請函、標誌、甚至手環都採同樣的設計：白色大大的「X」，右上角有一個小小的白色「x」次方，襯著正方形黑底，十足的 Uber 風格。

＊每家科技公司在邁向成熟的過程中都必須創造一個名詞來泛稱全體員工，Google 用的是 Googler，Twitter 員工叫做 tweep，而 Uber 在公司初期就開始使用 Uberetto，字源不詳——很多新進員工一開始也搞不懂這個名詞。

撇開高檔派對的品牌行銷不談，某種形式的慶祝也是應該的。Uber 到二〇一五年秋天已經有將近五千名員工，遍布全球各地，這是到處在矽谷不停挖角人才的結果。亞馬遜（Amazon）、Facebook、蘋果（Apple）、特斯拉（Tesla）、尤其 Google 的工程師大舉湧入 Uber；在舊金山的 the Creamery、the Battery、WeWork 這幾處工程師平常出沒的地方（這幾家公司本身也是創投資助的新創），Uber 招聘人員的挖角行動也無往不利。

工程師看到媒體對 Uber 的形容：「成長飛快」、「爭強好勝」、「勢不可擋」[2]，聽到 Uber 營收成長驚人的耳語，目睹 Uber 估值飆升到數十億美元，他們喜歡卡蘭尼克把類似駭客的心態帶進他所打造、經營的公司，任何工程師都不想錯過從草創初期就加入下一個 Google 或 Facebook 的機會。

招聘人員很清楚該怎麼推銷：利用雄心勃勃工程師常有的 FOMO 心態。*他們如洪水般湧入矽谷工程師的領英（LinkedIn）信箱，信上寫著：「你不會想錯過這艘火箭船」。工程師們在 Uber 這種快速成長的公司取得股票，日後就有可能大筆現金入袋，可以在舊金山——灣區房市的蛋黃區——買個小豪宅；也有人夢想先在 Uber 做個四年再用這筆財富自行創業。

灣區以前也有過這番景象，Google、Twitter、Facebook 當年股票首次公開募股（IPO）之後，矽谷多了好幾百個百萬富翁。如今，對幾千個聽年長同事說過網路 1.0 榮景的年輕工程師來說，在Uber謀個一官半職或許能實現夢想，躋身科技新貴。

在那個時候，加入Uber就是一種宣示，就像開特斯拉汽車、戴勞力士手錶一樣。焦慮、壓力、每天超過十二小時的高壓工作都是值得的，日後會得到報酬，**大把大把的報酬**。

二〇一五年十月，數千名Uber員工飛抵拉斯維加斯的麥卡倫國際機場（McCarran International Airport），走出機場，踏入華氏百度高溫之中，雜亂地排隊登上接駁車和計程車*，前往賭城一條街上的飯店。開趴的時刻到了！

卡蘭尼克花錢不手軟。Uber在賭城一條街訂了幾百個房間，分別在巴利飯店（Bally's）、四方院飯店（the Quad）、火鶴飯店（the Flamingo）等等，員工人手一張Visa預付信用卡，美食、玩樂、歡慶活動的費用都已付清，這張信用卡其實也不一定需要，私人派對滿滿的食物和酒吧都

---

*當然就是fear of missing out，害怕錯過。

*Uber二〇一五年到拉斯維加斯開派對之前，當地計程車工會一直把共乘拒於門外，Uber直到派對前一個月才在當地正式推出，但是仍被禁止到機場載客，機場仍然是計程車業者的地盤。

不用錢。公司發給每個人一個印有「X」字樣的手環，帶著手環就能進入Uber規劃的所有活動。行前工程師已經迅速做出一個app，專門替這為期一週的慶典提供個人導引。每個人都拿到一張小小的、可臨時貼在身上的紋身貼紙，上面都印著同樣的字樣：X X。

卡蘭尼克堅持奢華排場，但是部分高管有先見之明，擔心媒體觀感。政策與公關部門最高主管瑞秋·魏絲通（Rachel Whetstone）——她曾經是Google人——發出一封又一封內部備忘錄，詳細列出員工「不該有」的行為：不可以穿Uber T恤；不可以討論公司的數字或指標；絕對不可以跟媒體交談。就連公司的Gmail帳號上頭小小的Uber字樣都必須拿掉，用「X」取代，以免工程師在公共場所工作時剛好被旁邊的人看到。

Uber到二〇一五年已經顯露傲慢氛圍。這種「科技兄弟」（tech bro）*形象無所不在，全矽谷的公關人員都為之光火。那些工程師和業務員年輕多金、沒有子女，完全不知平常伺候他們的咖啡師、管家、服務生的日常擔憂為何物，只在乎自己工作的公司是不是那一年最熱門的「獨角獸」——獨角獸是一位創投人在二〇一三年首創的詞彙，泛指價值超過十億美元的公司。[3] Uber在二〇一五年秋天已經成為獨角獸當中的獨角獸，沒進這家公司就不算科技兄弟。

科技兄弟不只棲身於Uber。曾經以創新的網路社交方式成為矽谷寵兒的Snapchat也飽受批評，原因出在創辦人就讀史丹佛大學（Stanford University）期間寄給兄弟會弟兄的電郵[4]（其中一封寫著：「幹婊子打『泡』」*）；還有一群Dropbox和Airbnb員工被拍到企圖把一群舊金山小孩踢出足球場，以便騰出球場進行他們的企業聯盟球賽❺，影片在網路上瘋傳，迫使兩家公司不得不出面向憤怒大眾道歉。一想到Uber的賭城盛宴登上矽谷各個科技部落格顯著版面——更慘的是登上《每日郵報》（Daily Mail）——魏絲通和公關團隊同仁就不寒而慄。

二〇一五年有個洛杉磯總經理被開除，因為他摸了下屬胸部；有經理人跟部屬一起嗑藥——通常是古柯鹼、大麻、搖頭丸；還有一個員工偷走派對接駁車，載著其他幾個同事飛車兜風玩耍。

在高階主管的設計之下，每一晚的精采更勝前一晚。某個難忘的夜晚，員工湧入XS——一家夜店，位於時髦的安可飯店（Encore Las Vegas）——那一晚，知名電音樂手凱戈（Kygo）和大衛．庫塔（David Guetta）為Uber同仁帶來專屬演出，持續到第二天凌晨。

不過，最精采的好戲在最後壓軸。Uber人在棕櫚樹飯店（Palms）的表演場地排排站，室內燈光暗了下來，舞臺瀰漫煙霧，一個聲音開始唱起前面幾個緩慢小節，是一首熟悉的歌曲，接著「她」出現了。一襲血紅連身衣，衣服上的亮片隨著身後的霓虹光束閃閃發光，特效煙霧機噴出薄霧將她包圍，歌詞逐漸清晰起來，是二十幾歲年輕人朗朗上口的熱門歌曲：「讓我現在看起來這麼瘋狂，你的愛讓我現在看起來這麼瘋狂……」

＊從美國大學兄弟會文化延伸而來，指一群衣食無憂、較不顧他人死活的白人子弟，他們把這種文化帶進科技業。
＊原文錯字照登。

歌手步入鎂光燈下，員工開始尖叫，他們知道卡蘭尼克做了什麼：他把碧昂絲（Beyoncé）請來了。

那晚全場沸騰，員工隨著一首首冠軍歌曲邊唱邊跳，最後唱到備胎歌曲〈醉在愛裡〉（*Drunk in Love*），眾人一片靜默，耳朵沉浸於憂傷美麗的旋律裡。碧昂絲的先生傑斯（Jay-Z）坐在舞臺下第一排，嘴裡叼著雪茄，面露微笑。

碧昂絲的表演接近尾聲時，卡蘭尼克踉踉蹌蹌走上舞臺。在歌曲和大量頂級伏特加催化之下，員工們個個飄飄然，每一分一秒他們都愛死了，這一晚，他們每個人都是名流。

「我他媽的愛死你們了！愛死你們每一個！」卡蘭尼克對著麥克風大喊，一面握著碧昂絲的手，顯然喝茫了。「我他媽的也愛死你了！」一個女子高聲回應。

接著，卡蘭尼克又丟下一個震撼彈：碧昂絲和傑斯從現在開始就是Uber股東了。但是他沒說這對名流夫妻是如何決定投資的。卡蘭尼克以六百萬美元的Uber限制型股票作為碧昂絲的演出酬勞，不到一年後股票價值就增加了百分之五十。

那一週結束後，Uber財務團隊結算總花費，整個 X^x 慶祝活動花了超過兩千五百萬美元現金，比它A輪募資的兩倍還多。

全公司上下的員工都應該對這一刻心存感謝。他們很多人高中時是書呆子，上了大學被擋在時髦酒吧門前的紅龍之外，如今有人領著他們走進對他們敞開雙臂的賭城夜店，欣賞世界最大咖音樂巨星不公開的私人演出，這些畢業於史丹佛、卡內基美隆（Carnegie Mellon University）、麻省理工學院（MIT）等名校的工程師們，一下子突然賺翻了，可以跟傑斯平起平坐。

這麼辛苦，是應該「賺翻」的，某個人這麼說。也的確是賺翻了。

X[X]完美體現了矽谷歷史上一個特殊時刻。二〇〇〇年代初網路泡沫化之後，一波行動裝置革命快速席捲全世界，二〇〇七年 iPhone 問世，把掌上型電腦放進每個人的口袋。Uber 員工來到拉斯維加斯大肆慶賀的，正是一個智慧型手機 app，一個他們親自打造的 app，只要按個鍵就能叫來計程車。他們的努力給自己帶來荒謬、難以想像的財富，數百萬美元豪宅、納帕山谷（Napa Valley）葡萄園一日遊、太浩湖（Lake Tahoe）湖景第一排的房產，幾乎是一夕之間就變得唾手可得。

對於這一切，他們的反應不是停下來讚嘆自己何其有幸，能在財富透過手機 app 湧向二十幾歲年輕人的時間、地點躬逢其盛，他們反而想像著把從 Uber 賺到的幾百萬財富拿去創造自己的獨角獸——他們認為，他們目前的成功證明自己日後必定能取得更大成就。

但是，《連線》（*WIRED*）雜誌每一篇天才男孩用 app 發大財的封面報導背後，都有一大堆副作用。很多新一代 app 是為了迎合矽谷那些向上流動、二十多歲白人男性的需求和衝動；媒體對科技公司內部潛藏的厭女情結很少著墨，也無視那些讓科技領袖無意中助長種種偏見的自由派觀點；階級鴻溝一天比一天明顯，一端是科技界最有才能的人，一端是替他們服務、端咖啡的人；快速上漲的租金逼使只靠死薪水過活的人移出舊金山，房東則是把以前的公寓裝修一下，租給更有錢的新租客；Uber、Instacart、TaskRabbit、DoorDash 這些公司所點燃的「零工經濟」，衍生出一個全新的勞工階級：藍領科技工人。

隨著 Facebook、Google、Instagram、Snapchat 崛起，創投業者到處尋找下一個馬克・祖克柏（Mark Zuckerberg）、賴利・佩吉（Larry Page）、艾文・斯皮格（Evan Spiegel）——用賈伯斯（Steve Jobs）的話來說，這幾個最新竄起的聰明人一樣想「在宇宙留下痕跡」（make a dent in the universe）。而且，隨著外部投資人（避險基金、私募基金、主權財富基金、好萊塢名人）流到矽谷的資金愈來愈多，權力漸漸從掌握錢包的人轉移到提出聰明點子且願意執行的創業人手上。創業人愈發容易取得資金，於是能索求更有利於自己的條件，把公司掌控權從出資人手上搶過來——出資人要求的是勤奮、盈利計畫、監督。

科技新創資金來源的轉移，改變了一整個世代最成功創辦人在支持者眼中的形象，造就出所謂「創辦人崇拜」現象，不管創辦人的願景為何一律頌揚有加，只因為他是公司執行長就一味盲從。一天工作十二小時、完全沒有社交生活成為值得讚揚的事，因為這正體現了科技兄弟創業人的「拚搏文化」（當然啦，這些努力工作的兄弟也玩得很努力，看看 ^{x}X 就知道）。即使那些創辦人的作為違反規定甚至違法，也仍然被視為柏拉圖口中的哲人王（philosopher king）。在很多人眼中，那些創業人是在改造這個世界，是在讓世界更聰明、更有邏輯、更用人唯才、更有效率、更美好，是在打造一個大幅改良的新版本，打造一種升級版的生活。

這是科技烏托邦的巔峰。卡蘭尼克一直到多年後才知道，Uber 的發展軌跡大致映射出科技業的發展軌跡，兩者發展速度之快、幅度之大，都超過所有人的預期。而就在美國人開始對 Facebook 演算法產生懷疑的同時，消費者也開始脫下過於樂觀的眼鏡，不久之後，如脫韁野馬般不受限的科技進展嘎然而止。

Uber 和崔維斯・卡蘭尼克也是。

還有一場活動是員工離開賭城沙漠很久之後仍會記憶猶新的。

在泳池畔小屋喝了一天啤酒之後，優步人看看手機 app，查出下一個目的地：好萊塢星球餐廳（Planet Hollywood）。他們搭著移動階梯往上，穿過粉紅色和紅色燈光閃爍的入口處，進入寬敞的軸心劇院（Axis Theater），這個大到足以容納七千人的劇院，地板是用金色和深紫色天鵝絨鋪成的。

老員工早就習慣公司旅遊的浮誇排場，但是這次不一樣，[x]X 對卡蘭尼克意義非凡，他要展示 Uber 一路走來的成就以及對他所代表的意義。

燈光漸暗，只見兩個人影把一塊搖搖欲墜的大黑板推上舞臺，那是一個木頭框的綠色寫字板，彷彿從高中科學教室直接搶來似的。接著，卡蘭尼克走上舞臺，身上一襲全白實驗袍，臉上戴著黑色厚框眼鏡。

接下來三個小時，他化身為「卡蘭尼克教授」，向員工說明他對公司的願景。他提出一套所謂的「工作哲學」❻，據他的說法，這是經過幾百個小時的思考和討論所得出的結果。

整個簡報內容直接脫胎自卡蘭尼克對亞馬遜的癡迷，就是每個年輕創業人奉為偶像的傑夫．貝佐斯（Jeff Bezos）所領導的線上零售商。貝佐斯的成功之道正是卡蘭尼克的夢想所繫。亞馬遜靠著微薄利潤、注重長期成長而非短期獲利、無情地以削價競爭碾壓對手，從一家小小的網路書店成長為數十億美元的零售巨擘，卡蘭尼克敬佩貝佐斯把獲利再投注於未來商機，始終領先對手一步。

亞馬遜正是卡蘭尼克希望 Uber 成為的目標。在卡蘭尼克眼中，把人們從一地運送到另一地只是個開始，有朝一日 Uber 會給司機配上包裹、食物、零售商品，解決其他數不清的物流問題。在卡蘭尼克的想像中，有朝一日他會正面挑戰貝佐斯，重塑人們和貨物在市中心的運輸方式。

Uber 希望成為二十一世紀的亞馬遜。

卡蘭尼克仔細研究過貝佐斯和亞馬遜的做法，一路研究到亞馬遜網站所列的十四條領導原則[7]：

一、以顧客為念（Customer Obsession）
二、挺身承擔（Ownership）
三、創造與簡化（Invent and Simplify）
四、做出正確決策（Are Right, A Lot）
五、好學求知（Learn and Be Curious）
六、舉才育能（Hire and Develop the Best）
七、堅持最高標準（Insist on the Highest Standards）
八、綜觀全局（Think Big）
九、勇於行動（Bias for Action）
十、行事節約（Frugality）
十一、贏取信任（Earn Trust）
十二、深入探究（Dive Deep）

十三、敢於提出異議，全力服從決策（Have Backbone; Disagree and Commit）

十四、使命必達（Deliver Results）

卡蘭尼克有個驚喜要給員工們，這個驚喜的靈感來自貝佐斯的領導與他一手打造的亞馬遜，以及形塑亞馬遜企業文化的領導原則。

「我要跟各位介紹 Uber 的核心價值。」卡蘭尼克說，一面指著舞臺上的黑板。室內燈光投向他身後的黑板，黑板上用白色粉筆條列了十四個重點，每一點都是一個短語或思維，直接出自這位執行長的大腦。卡蘭尼克很快地逐條大聲唸出，臺下群眾也跟著看過一遍：

一、永遠拚到底（Always Be Hustlin'）

二、做房東，不做房客（Be An Owner, Not Renter）

三、大膽下注（Big Bold Bets）

四、為城市喝采（Celebrate Cities）

五、以顧客為念（Customer Obsession）

六、由內到外（Inside Out）

七、讓專業的來（Let Builders Build）

八、創造奇蹟（Make Magic）

九、唯功績是問，不怕踩痛他人（Meritocracy & Toe-Stepping）

十、樂觀領導（Optimistic Leadership）

十一、有原則的衝撞（Principled Confrontation）

十二、超級熱血（Super Pumped）

十三、冠軍心態／求勝（Champions Mindset / Winning）

十四、做自己（Be Yourself）

舞臺下有些員工丈二金剛摸不著頭緒。一個二十七歲員工低聲對坐在旁邊的同事說：「這是在搞笑嗎？這也是教授這齣戲碼的一部分？」

這份清單就像是把亞馬遜的價值丟進「兄弟用語」翻譯引擎所得出的結果。卡蘭尼克的世界不是用快樂或悲傷來區分人，而是用「超級熱血」或「超不熱血」，公司的動腦會議叫做「即興激盪」（jam session）。公司有半數員工喜歡卡蘭尼克這種生動語彙，另外半數則是隱忍不發。卡蘭尼克希望每個人都像他一樣對這些核心價值感到「超級熱血」。

接下來兩個半小時，卡蘭尼克詳細解釋每一條價值，詳細到叫人如坐針氈，每講到一條就列舉一位最具代表性的Uber員工。營運長萊恩．桂夫斯（Ryan Graves）體現了「永遠拚到底」的精神，每每二話不說就轉戰下一個新城市；奧斯汀．吉特（Austin Geidt）是公司草創初期的實習生，一路步步高升，最後成為Uber最受敬重的高階主管之一，她走上舞臺「為城市喝采」。

「以顧客為念」則是直接沿用貝佐斯的想法。跟貝佐斯一樣，卡蘭尼克幾乎一心一意以改善客戶體驗為念，凡是跟Uber搭乘有關的種種——從打開app到抵達目的地下車——都應該無縫接軌、輕鬆簡單、愉快，在他看來，員工的所有舉措都應該從這個角度出發。「有原則的衝撞」背後的想法是：只要是原則問題，員工不會迴避衝突或爭鬥。這個價值常用來合理化Uber強行闖入新城市的做法，即使他們的做法並不合法也不受歡迎；Uber知道計程車業是腐敗的保護主義者，Uber之所以硬是擠進來，完全是為了消費者好，儘管消費者並不知道。

「超級熱血」是Uber特別自豪的特質。Uber早期是以八項核心「能力」來評量員工，包括「激烈」、「規模」、「創新」等特質，分數低可能被解聘，分數高則會影響加薪、升遷、年終獎金，但是最重要的決定因素還是「熱血」的程度。

「所謂『超級熱血』，是指推動團隊向前，長時間不停工作，大概就是不擇手段也要把公司帶往正確方向的態度。」一個員工解釋這個詞。❽如果有哪個特質是卡蘭尼克找新人的時候特別看重的，一定就是有沒有像他一樣超級熱血地替Uber工作。

現在，公司邁入第六年，卡蘭尼克覺得Uber終於漸趨成熟。用戶有數百萬、銀行有數十億美元的創投資金，Uber勢不可擋，有朝一日必定能挑戰亞馬遜，成為另一個全球科技強權——

卡蘭尼克是這麼認為的。

第一晚做完簡報後，卡蘭尼克告訴現場員工，他要訪問一位特別來賓：比爾．格利（Bill Gurley）。

由金融分析師轉為矽谷傳奇創投人的比爾．格利，後來會證明是 Uber 成功崛起的大功臣。他以標竿創投（Benchmark，頂級創投）普通合夥人的身分，成功參與了 Uber 剛起步時的 A 輪投資，又以 Uber 董事及大力支持者的身分，成為幾乎公司內部人人尋求建議的對象。這場訪談還有另外兩位 Uber 金主參加。

訪談接近尾聲時，基調突然一變。卡蘭尼克詢問幾位創投人有何建議給他，格利把身子往椅背一靠，思考了一會兒，皺起眉頭。接著幾位投資人就直接把話講白了。

Uber 最大的優勢是產品聚焦、動力和強度都很厲害，公司每個階層、每個員工都是，這種追求卓越的能力把 Uber 推向世界，達到數十億美元的高度，「但是我從你身上看到的是，你這個領導人如果希望大家跳到天花板，他們真的會做到，」一個投資人說道，一旁的格利頻頻點頭，

「他們會跳得老高，拿頭去衝破屋頂。」

投資人繼續說：但是這樣的力道太過了，這也是 Uber 最大的弱點；也許協助員工照顧好自己會比較好一點，透過健康、按摩、冥想、甚至瑜伽。

現場有些員工震驚不已。Uber 金主竟然要崔維斯放慢腳步，連格利這位矽谷最拚的創投人也認為 Uber 需要放鬆。但他是對的。Uber 員工總是在衝刺，回到家還繼續工作，怕競爭對手，也怕老闆。這種步調造成公司每個階層都過勞，有些工程師和設計師甚至在看心理醫生，處理壓力問題。

現場員工對這項建議報以掌聲的同時，卡蘭尼克假意笑了笑，當著員工面前，在臺上擺出瑜伽的嬰兒式動作。創投說得沒錯，卡蘭尼克不可能「讓公司永遠火力全開運作」。

但是卡蘭尼克還是繼續表明他的立場：Uber 不會安於現有成就。

他說：「我們所有人都必須明白，這是一場馬拉松，我會全力以赴。」

第二章
一個創辦人的養成

加州北嶺市（Northridge）被劃分成一個不對稱格子，錯落有序，這塊約二・四六公頃、猶他州形狀的不規則四邊形，夾在大洛杉磯區的聖法南度谷（San Fernando valley）和西米谷（Simi valley）之間，從高空往下俯瞰，北嶺被幾乎完全方正的正方形高速公路給包圍，交通便利自不在話下。

崔維斯・柯德爾・卡蘭尼克（Travis Cordell Kalanick）一九七六年八月六日出生於北嶺醫院，父母是唐納德（Donald）和邦妮（Bonnie），一對平凡的白人中產階級夫妻，兩人在加州為自己打造了舒適的生活。崔維斯的成長歲月是在一棟木頭與磚頭建成的農場風格屋子度過，房子位於一個安靜的路口轉角，是父親用土木工程師的薪水購入；跟北嶺的鄰居一樣，連家裡的車道都蓋得很對稱，用灰色水泥板鋪成，外圍砌上紅磚。

邦妮任職於當地的《洛杉磯日報》（*Los Angeles Daily News*），擔任廣告AE，向聖法南度谷的中小企業兜售廣告版面數十年，當時是網路威脅還很遙遠、平面媒體還很有賺頭的年代。前同事梅琳．阿方索（Melene Alfonso）是這麼評價她的：邦妮一家是北嶺很尋常的核心家庭，「她總是開心、樂觀，從不道人長短，客戶很喜歡她。」❶

邦妮在工作上表現出色，行事有韌性，個性討人喜愛，在辦公室以銷售本領和招攬客戶的魅力著稱——崔維斯從小就耳濡目染這項特質。根據同事回憶，永遠笑口常開的邦妮，天生就內建好勝心。❷

不過，辛苦工作、不斷推銷的一天過後，邦妮一定會回家，回到唐納德、崔維斯，以及只晚崔維斯一年出生的小弟柯瑞（Cory）身邊，她對兩個兒子寵愛有加，報社工作以外的時間全花在照顧兩兄弟。

崔維斯跟母親尤其親，母親也跟他很親，崔維斯後來崛起後，母親友人都說她非常以兒子為榮。崔維斯三十幾歲離家，每年都會返回洛杉磯，跟家人共同慶祝耶誕節；一個朋友回憶說，邦妮會在客廳和廚房忙進忙出，替全家張羅耶誕大餐，深怕崔維斯沒有足夠食物可吃。只要是細數兒子成就的新聞報導，邦妮都一一剪下保留，不時展示給朋友、鄰居、訪客、任何人看。

「她的情緒完全寫在臉上，」崔維斯後來這麼形容母親，「只要她走進一個空間，滿屋子立刻充滿她的溫暖、微笑、喜悅。」❸

邦妮對崔維斯的付出從未動搖過。這個兒子向來不是人氣最高的孩子，在新創世界也不是一夕成名。在 Uber 暴起之前，卡蘭尼克有很長一段時間被視為創業失敗的例子。向新客戶推銷公司產品時，吃閉門羹是家常便飯；眼看公司就快被一家科技巨擘收購，卻在最後一刻眼睜睜看著機會溜走；創業初期慘遭最親密的顧問和投資人背叛……這些事都沒有阻擋他很快重啟爐灶創建新事業，一個朋友形容他是鬥牛犬，一生飽受主人的拳腳相向——不過，崔維斯不論再怎麼被打趴都不曾放棄過，**從來不曾**。

後來一次訪談中，崔維斯的父母被問到他的頑強從何而來，邦妮舉起了手。

「我在報社工作，早就習慣推銷老是被拒絕，所以我很清楚那是什麼感覺，」她在二〇一四年接受採訪的時候說，「但是我對他還是很有信心，因為他是意志非常堅定的人，只要認為對的事就不會退縮，他很頑強。」[4]

毫無疑問，唐納德是家裡的左腦，負責理智邏輯的部分。身為專業的土木工程師，他的職業生涯大半在為洛杉磯這座城市效力，洛杉磯國際機場等城市建設都有他的貢獻。

邦妮並不是唐納德第一個結髮妻，他二十七歲有過另一段婚姻，娶一個比他年輕的女子，他後來說這段婚姻是錯誤的結合。他和第一任妻子育有兩個女兒，是崔維斯和柯瑞同父異母的手足，他再婚後仍然跟兩個女兒保持良好關係。「很平和。」他後來如此形容。[5]

唐納德自認是理性分析思考者，擅長邏輯、規則、複雜系統。父子感情的維繫不是透過足球賽或傳接球，而是共同完成崔維斯小學的科學研究，兩人合力做出一個電子變壓器。[6]崔維斯喜歡稱父親是工匠，也的確是。

「我喜歡建造東西，」唐納德後來告訴記者，「開車經過某個建築物時說『嘿，那棟的興建我也有份』，這種感覺很好。」[7]他原本念社區大學，後來才轉學取得工程學位，浸淫於數學、數字當中讓他有如魚得水的感覺。

唐納德對兩個兒子很嚴厲，期望很高，他也是把兒子帶進電腦世界的人。崔維斯很小的時候，爸爸帶回家裡第一臺電腦，崔維斯人生第一次有機會練習寫程式，而正式學寫程式則是在上了中學之後。他最終並沒有精通程式語言（他比較喜歡思考產品和用戶體驗的問題），不過早期跟技術面接觸的經驗一直伴隨著他。他喜歡效率、痛恨浪費，樂見老舊、無效益、崩壞的系統在軟體和網路的興起之下全盤顛覆重建；拜程式碼和寫程式之賜，只要願意學習、願意努力，任何人都有機會改變舊有系統，改變世界。

崔維斯的特質一半來自爸爸，一半來自媽媽。

他是個早熟的孩子，從小遺傳了爸爸的數學能力，同學們需要紙筆才有辦法算數，他卻只要在腦袋裡算一算就能迅速得出答案，技驚四座。媽媽的銷售天分也傳給了他。他和爸爸都是YMCA印第安嚮導青年團的成員，青年團每年的煎餅早餐募款活動上，他總是銷售冠軍。[8]他會在鄰里雜貨店外連續站好幾個小時，一一向正要走進店裡採購的人們推銷，請他們捐錢響應青年團的募款活動，他有魅力、有毅力、不知疲倦為何物，又好勝，到了晚上，爸媽最後得用拖的，才能把他拖回家。

他的競爭優勢並沒有因為年齡漸長而漸失。就讀派屈克亨利中學（Patrick Henry Middle School）的時候——從北嶺的家到格拉納達山（Granada Hills）的學校只有八百公尺的車程——崔維斯是天生的運動健將，跑田徑、踢足球、射籃框樣樣行，十一歲的時候，媽媽的報社刊出一篇文章稱讚他是學業成績4.0的籃球好手，他獲得的獎品是：一個超大獎杯，比球隊獲得的地區冠軍獎杯還大。[9]

當時頒獎人給了崔維斯和同學這樣的評語：「運動方面的成功並非偶然，需要努力加上紀律，學會紀律只是成功一半而已。」

僅管有這些天分，中學生活對他來說並不好過。年長的孩子開始找這個精瘦小子的麻煩，原因是他聰明，也可能因為他穿錯衣服或不知道如何擺「酷」。他受到的霸凌持續不斷又無情，根據親朋好友的說法，他早期缺乏EQ也是霸凌沒完沒了的原因之一。身為數學神童，在腦中快速計算龐大數字可以替他從老師那裡拿到分數，但也讓他背後貼上一個靶子，成了公認的書呆子，而在他的學校，書呆子逃不過被霸凌的命運。

到了中學某個階段，崔維斯決定不再忍受霸凌。他對欺凌者展開反擊，甚至開始霸凌其他人，藉此把矛頭從自己身上移開，於是打架自然跟著來，他的進擊最後為他在這群愛耍酷的學生中贏得一席之地。

上了高中，他開始穿對衣服，交對女朋友，跟對的人一起玩。知道如何融入之後，生活就變得不那麼困難，他成了一身耍酷裝扮的書呆子。

他的創業精神仍然藏不住。還只是青少年的他，就開始在鄰里挨家挨戶兜售Cutco刀具，在一次又一次不請自來的推銷過程中磨練他天生的銷售長才，多年後他必須為新創公司募集資金時，那段磨練證明是不可或缺的。八〇年代那個夏天，他宣稱刀具一共賣出兩萬美元[10]，這個數字是年紀比他大一倍的推銷員都難以企及的，他卻輕而易舉就達成，佣金也隨著每賣出一把新刀子而節節升高。[11]

替大公司賣東西還不夠。十八歲那一年，卡蘭尼克決定跟同學的父親一起開辦SAT應考準備的服務——這個奇怪組合的最終成果卻相當不錯。這項名為「新方向學院」（New Way Academy）的生意，是個實作課，由卡蘭尼克授課，複習應考策略，讓滿屋子十六歲青少年考模擬考題。他把這視為一種表演，是另一種向群眾推銷的方式。

卡蘭尼克自己的SAT考試也毫不含糊。他考了一五八〇分，離滿分只差二十分，數學部分更是振筆疾書，不一會兒工夫就作答完畢。

朋友們對他超凡的數學能力記憶猶新。朋友兼前同事尚・斯坦頓（Sean Stanton）回憶：「有一次我們開車穿過洛杉磯市區，卡蘭尼克看到路標上標示我們的目的地還有二十七公里，他低頭看了看車速表上的平均車速，不到幾秒鐘就算出多久可以抵達，剛好趕得上會議。我的意思是，誰有辦法做到？」[12]

優異的考試成績再加上課外活動表現，卡蘭尼克要選哪所大學來念都可以。他選擇離家近的學校，就讀加州大學洛杉磯分校（UCLA），在那裡，他遇上了第一個成立新創公司的真正機會。

卡蘭尼克就讀UCLA的時候，正是網際網路歷史上關鍵的年代。在一九九八年，人們主要

是透過緩慢的數據機和撥接連線上網，當時每秒二八・八千鮑（kilobaud）就算很快了，下載一個圖片檔案要好幾分鐘，下載一首三分鐘音樂需要半個小時，如果運氣好的話。

不過，大學校園為卡蘭尼克這些年輕電腦迷大幅升級了設備。到一九九〇年代末，各大學大多給校內學生提供校內網路，透過所謂的「T1」專線上網。T1使用的是光纖電纜，傳輸的是數位訊號，而不是電話線所使用的類比訊號。安裝了光纖電纜的大學校園，每秒傳輸一・五MB（megabit，百萬位元），也就是說，崔維斯這些學生的上網速度比在爸媽家用二八・八KB（kilobit，千位元）撥接上網的速度快一千倍，本來要花幾個小時才能下載好的檔案，只要幾秒鐘就能跑完。

卡蘭尼克雙主修電腦科學和經濟學，還加入「電腦科學大學生協會」（Computer Science Undergraduate Association），因而得以親身躬逢一個快速發展的領域。

他和電腦科學方面的朋友充分利用了T1專線。他們打電動互相較量，譬如Quake、Doom、StarCraft等遊戲，檔案分享趴也是家常便飯，一群人花幾個小時交換下載音樂、電影、圖片，像交換棒球卡一樣交換檔案。

然後其中有幾個人突然想到：「要是有個網頁可以直接搜尋這些東西，那不是很酷嗎？」卡蘭尼克後來回憶。[13]如果有個中心樞紐，就像他們從小到大常上的入口網站一樣，可以讓他們搜尋任何想要的媒介並且下載，這會比朋友之間用電子郵件傳檔案更合理可行，全世界任何人都能使用。

卡蘭尼克並不知道，他所說的東西就是Napster的原型，就是那個具有時代意義的檔案分享網絡，創辦人之一是網路創業家尚恩．帕克（Sean Parker），後來成為馬克．祖克柏草創Facebook時的顧問。

最後卡蘭尼克和六個朋友一起建立了Scour.net，一個類似Google的搜尋引擎，用戶可以「scour」（搜索）數以百萬計的檔案，然後下載，就跟Napster一樣。卡蘭尼克日後聲稱自己是創辦人之一，只是朋友對此有異議。卡蘭尼克後來的任務是負責Scour的銷售和行銷。

大四那一年，卡蘭尼克決定輟學，全職做Scour，仿效比爾．蓋茲（Bill Gates）和後來的馬克．祖克柏這些創業家。父母對他的決定並不高興，但當下並沒有多說，直到多年後才吐實。理論上他是住家裡，但其實所有時間都待在同條路上的兩房公寓裡，跟另外六個同事一起，「吃、睡、工作」都在那裡。⓮

Scour並沒有什麼盈利模式，不過卡蘭尼克和朋友都信奉矽谷的箴言：成長才是王道，獲利自然會隨之而來。⓯

工作是卡蘭尼克的全部。他沒有朋友，沒有女朋友，Scour前同事說：要跟卡蘭尼克交往，得陪著他工作。除了父母，卡蘭尼克幾乎沒有什麼私密關係。

他滿腦子都是如何打造一家厲害公司。衣服不洗，房間地上到處堆著髒衣服；跟朋友借錢忘了還；連續幾個星期都不看信，一個親近友人回憶他床邊桌子堆了一大疊未拆封信件。工作優先於一切。

跟Facebook很像，Scour在有寬頻網路的大學校園蔚為流行，因為能幫助學生快速違法下載檔案。沒多久，Scour就跟Napster正面交鋒，爭奪檔案分享霸主地位，只是Scour的優勢是搜尋檔案，而不是音樂。

接連在當地和全國性報紙露臉之後，Scour團隊終於擄獲投資人的目光，這一刻在多年後仍深深烙印於卡蘭尼克腦海：「當時我們的錢快用完了，而伺服器成本卻不斷上升，流量也激增。」[16]他們一開始有辦法用少少資源就能運作，是因為用的是學校網路，所以伺服器不用錢，再加上他們不支薪。最初的資金是創始團隊六個成員向親朋好友遊說募來，但是很快就發現需要有真正的投資人才能應付大量湧入的用戶，尤其如果他們還想擴大規模的話。

透過一個朋友的朋友，這群人被引介給一對投資人，希望把Scour帶進下一個階段。那兩人的名字是朗恩·伯克（Ron Burkle）和麥克·歐維茲（Michael Ovitz），這兩個創投人將會改變卡蘭尼克往後一輩子對創投的觀感。

伯克身家幾十億美元，以慈善家身分和旗下的私募基金與創投公司「猶開帕集團」（The Yucaipa Companies）聞名。歐維茲則是洛杉磯娛樂產業的傳奇，是演藝經紀人，共同創立了全世界知名度最高的運動娛樂經紀公司「創新藝人經紀公司」（Creative Artists Agency，簡稱CAA），才剛結束在華特迪士尼（Walt Disney Company）短暫的總裁工作——他被當時的執行長麥可・艾斯納（Michael Eisner）粗暴逐出。

伯克和歐維茲給了Scour一份投資條件書，詳細列出投資條件，明文規定兩位投資人的投資可換取多少比例的持股，裡面還有所謂的「禁售條款」：還在跟歐維茲進行最終協商時，Scour不可向其他投資人募資。

Scour同意這份條件書，但是卻漸漸發現跟歐維茲的協商卡在細節裡。最後終於走到了現金存糧告罄的地步，帳單堆積如山，Scour只剩兩條路可選，一是達成協議一是撒手走人。卡蘭尼克致電歐維茲，要求開誠布公談一談，希望歐維茲能讓Scour解除約定，因為歐維茲看起來並不打算簽署任何協議。

「聽著，我們快沒錢了，」卡蘭尼克告訴歐維茲，「很顯然你並不打算提供資金，我們必須趕快去找錢。」[17]要是歐維茲不打算盡快提供資金，卡蘭尼克就得到其他地方找錢。

三天後，歐維茲控告Scour違反「禁售條款」。

卡蘭尼克氣炸了。他的投資人──一個照理說應該支持他、支持Scour的人──竟然控告自己投資的創辦人違約。

「這個從洛杉磯來的訟棍把我們告上法院，」卡蘭尼克後來告訴其他創業家，「你覺得還會有人給我們錢嗎？當然不會。」[18]

歐維茲的戰術奏效。為了不讓Scour倒閉，團隊只好答應歐維茲苛刻的條件：歐維茲的創投以四百萬美元收購 Scour 過半股份，硬生生把公司掌控權從幾位創辦人手上奪走。公司是被奪走了，但是這段經歷——以及跟創投人交手談判所學到的教訓——將會在往後幾年緊緊纏繞崔維斯不去。

接著，好萊塢決定出手反擊。一九九九年十二月，美國唱片業協會（Recording Industry Association of America，簡稱 RIAA）控告 Napster，求償兩百億美元[19]，這項舉動的目的是傳達一個訊息：任何想成立檔案分享公司的人，一定會被告到脫褲子。半年後，RIAA 聯合美國電影協會和其他三十幾家公司，對 Scour 提起訴訟，求償兩千五百億美元。[20]

在娛樂產業打滾已久的歐維茲，早就培養出敏銳的第六感。好萊塢的朋友們看到他這位超級經紀人竟然在推銷一家檔案分享新創，立刻投以不懷善意的眼神，歐維茲馬上就發現了，於是私下透過媒體放話，巧妙地跟 Scour 保持距離。《紐約時報》引述跟歐維茲熟識的人的說法，說這位大亨對於他跟 Scour 的關聯「愈來愈感到不舒服」，還說歐維茲幾個月前寄信給 Scour 的執行長和董事會，「表達他對捲入著作權爭議的擔憂」。[21]

這項舉動是二次背叛。等到 Scour 一被告上法院，歐維茲就立刻聘請投資銀行將他過半的 Scour 持股出清。

Scour 每個創辦人都遭到這起訴訟重創，不過卡蘭尼克受傷最重。Scour 是他第一次真正嘗試打造一家公司，他毫無保留全心投入，從學校輟學、放棄去找一份有薪水的工作、搬回家跟父母同住，還打消了談戀愛的念頭。

卡蘭尼克甚至發現自己對創業生活樂在其中。隨著 Scour 人氣愈來愈高，他也漸漸愛上這種參與一個很酷品牌的感覺，參與經營一個數十萬人固定使用的東西。他學會了談判交易，跟夥伴們大聲擬定戰略，步步謹慎經營重要的客戶關係。他超愛敲定交易、建立好萊塢人脈、不斷打造成長，他超愛這些過程中的拚搏活力。

這段煎熬結束之後，他筋疲力盡、情緒低落，每天睡十四到十五個小時。他只能眼睜睜看著 Scour——一家他們相信可以成為媒體注目的跨國企業公司——在破產法庭被拆解拍賣。

卡蘭尼克深受打擊，發誓絕對不再被歐維茲這樣的人玩弄於股掌之間。

第三章
泡沫後的憂鬱

雖然 Scour 被 RIAA 摧毀又被歐維茲背叛，卡蘭尼克走出破產法院的時候口袋還是多了一些錢，不過他原本以為 Scour 可以價值幾百萬美元的——要是他早出生個幾年、住在北邊八〇四公里的地方，他的「以為」也許就會成真。

崔維斯．卡蘭尼克還是大學生的時候，舊金山的「市場南」（South of Market，簡稱 SoMa 區）是網路公司的樂土。一九九〇年代，第二街和布萊恩特街（Bryant）轉角處寬敞明亮的閣樓裡面，聚集了數十家夢想改變網路世界的新創公司，Big-words.com、Macromedia、Substance 這些公司沿著南方公園（South Park）駐紮（南方公園是第二街和第三街之間一塊綠草蓊鬱的舒適區域），《連線》雜誌的辦公室就在隔壁一條街上，在那裡鉅細彌遺地報導網路時代的興起。

忙於 Scour 的那段日子，是卡蘭尼克的創業生涯起點，他從旁看著一種由年輕新創公司所定義的文化興起，在創投的挹注之下錢財滾滾，如雨後春筍出現於他身邊，背後支撐的力量是不斷成長的網際網路。

這些新創公司的估值一飛沖天，既沒有營收又有鉅額虧損，卻價值幾千萬美元。從一九九〇年到二〇〇〇年代中期，股票上市的公司有超過四千七百家，其中很多公司根本沒有任何生意買賣。這些公司上市之後——從Pet.com（狗食配送）到Webvan（生鮮雜貨服務）都有——股票馬上一路飆升，股市投資人忙著在股海撈找可投機炒作的新上市網路股，銀行則是忙著給剛起步的網路公司打電話，慫恿它們股票上市，因為銀行可從IPO（股票首次公開發行）收取費用。

有些公司確實是不錯的賭注，譬如亞馬遜、eBay、Priceline、Adobe之類，九〇年代問世的新創仍然有不少在網路泡沫中存活了下來，這些公司做到了同時期公司做不到的事：建立起一個可長久的生意基礎。

一九九〇年代的矽谷尤其適合經濟泡沫的形成。當時的聯邦利率非常低，廣大投資人都可以取得廉價資金，那些錢被拿去注入大量新成立的公司，這些公司再把錢拿去跟其他網路公司購買伺服器、頻寬等IT產品，創造出一個營收與成長持續不斷的人為泡沫。同一時間，華爾街的金融顧問也在吹捧科技股。他們鼓勵一般投資人把積蓄投入網路新創公司，在他們口中，網路新創公司是強健的投資，長期成長潛力看好。

於是，一個專為網路公司提供服務的完整生態在矽谷冒出來（舊金山淘金熱年代一句老掉牙俗諺也重新流行起來：賣鏟子勝過實地去淘金）。只要兩萬五千美元起跳，Startups.com 的員工就會幫忙新公司找辦公室、挑家具，甚至搞定薪資軟體。❶

為了因應泡沫市場，再加上擔心通貨膨脹，聯準會（Fed）在一九九九年和二〇〇〇年連續幾次調高利率，關掉了嘩啦嘩啦流個不停的資金水龍頭，於是很多新創無法再依賴創投資金的人為支撐，必須有實際的營收才行，而這是很多公司做不到的。另外，由於相互交叉採購產品的公司非常之多，經濟一發生衰退，整個產業沒有任何公司可以倖免，有個投資人把這種情況比喻為集體陷入「威利狼處境」（Wile E. Coyote moment）＊：新創不知不覺已經衝到懸崖外，停下腳步往下看才發現腳下已懸空。成百上千家未上市公司倒閉關門，找不到資金挹注，已經上市的公司則是看著自家股票跌成雞蛋水餃股。

木星研究機構（Jupiter Research）前任財務分析師羅伯．萊瑟恩（Rob Leathern）回憶：「我還記得，泡沫破掉之後，我走進我們位於多爾街（Dore Street）的辦公室，就在第八街和湯森街（Townsend）交叉口附近，我們那棟大樓的走廊到處都是倒閉的新創公司，辦公室空空蕩蕩，門前堆了好幾個星期的《華爾街日報》（*Wall Street Journal*），窗戶上有聯邦快遞（FedEx）的『無人收件』貼紙，已經貼了好幾個月。」

萊瑟恩的話一點也不誇張。通往帕羅奧圖（Palo Alto）的一〇一公路上，兩旁看板所宣傳的網路公司已經不復存在；網路上甚至出現一個「快掛公司」（Fucked Company）網站，專門記錄邁向死亡的新創；到了二〇〇一年夏天，SoMa區的辦公空間有高達五分之一是閒置狀態，而一年半前的閒置比例才剛創下百分之〇．〇六的新低❷，整個舊金山的租金平均每月下滑三百美元，Craigslist網站充斥著電腦主機、螢幕、伺服器等硬體的求售貼文，有些甚至只用了幾個星期。

公司忙著清算變現的同時，員工則是忙著搬出這一區（有些甚至搬離加州），另謀高就。有些人乾脆轉行。後來在Uber擔任產品設計主管的萊恩．福瑞塔斯（Ryan Freitas）就是其中之一，二〇〇一年被數位IT顧問公司Sapient裁員之後，他開始當起廚師（不過是高檔的那種）。

「那個時候如果還想在舊金山開公司，一定是他媽的頭殼壞掉。」萊瑟恩說。

崔維斯．卡蘭尼克顯然就是他媽的頭殼壞掉。

Scour倒閉關門後，卡蘭尼克幾乎馬上就跟麥克．陶德（Michael Todd，Scour的創辦人之一）

＊ Wile E. Coyote是美國卡通《威利狼與嗶嗶鳥》裡面的郊狼，嗶嗶鳥是一隻邊跑邊發出「嗶嗶」聲的走鵑，總是在沙漠荒野上急速奔跑，而威利狼總是想方設法要把嗶嗶鳥抓來吃掉。最經典的鏡頭是威利狼悶著頭在嗶嗶鳥身後往前衝，等到衝出懸崖外才猛然回神，但是為時已晚，只能從斷崖墜下。

開始腦力激盪，兩人很快就想出一個卡蘭尼克所謂的「報復生意」，報復RIAA、MPAA這些控告摧毀Scour的公司。公司取名為「紅勾勾」（Red Swoosh）。

「我們基本上是利用我們在P2P技術（peer-to-peer，點對點）的專業，把那三十三個提起告訴者變成我們的客戶。」卡蘭尼克說。新點子很類似Scour。紅勾勾是透過以網路串聯的各個「節點」電腦，用比較有效率的方式傳送檔案，只是這次傳送的檔案不是非法下載，而是媒體公司自己提供的檔案。卡蘭尼克會去說服RIAA、MPAA和其他公司，請它們採用紅勾勾的服務，透過電視機上盒或家用電腦將多媒體檔案（影片、音樂等等）傳送給付費客戶。

這種效率令他深深著迷。不論是傳輸電腦位元，還是用車輛移動人體原子，歸根結柢都是同一個命題：用哪一種方式可以最快速、最簡單地把某物從某處送到另一處？

為了成立紅勾勾，卡蘭尼克首度真正進駐新創聖地：矽谷。可惜他來晚了，狂歡派對剛好結束。二〇〇一年秋天他來到矽谷的帕羅奧圖參加會議、向投資人推銷紅勾勾時，街上空空蕩蕩。

「風滾草咻咻吹過，一片寂寥。」卡蘭尼克說。

一開始跟紅勾勾潛在投資人交手的經驗叫人惱火，但他還是打死不退。那些幾個月前才在網路泡沫中賠個精光的創投，大多對他冷嘲熱諷，他只能悻悻然離去，更常見的情況是，連見個面的機會也不給。

還有些投資人看了看紅勾勾，只看到阿卡邁科技公司（Akamai Technologies）的影子。阿卡邁是一家網路軟體公司，是最類似紅勾勾的一家公司，網路泡沫前的市值高達五百億美元，泡沫後股價暴跌，市值跌到只剩一億六千萬。由此看來，卡蘭尼克這家剛起步的新創就算有發展潛力，也不可能達到創投要的高額投資回報。

「當時是二〇〇一年一月，正逢網路泡沫破掉，而我要開的又是網路軟體公司。」卡蘭尼克後來說，當時他很清楚不會有好結果，聽到的答案往往是：「你他媽是在跟我開玩笑嗎？」❸

不過他們仍然奮力前進。卡蘭尼克在舊金山南邊的聖馬刁（San Mateo）開了一家店，從舊金山上高速公路經過幾個出口就到，大約是矽谷往北半小時車程的地方。

一開始團隊並不喜歡卡蘭尼克的領導方式。他手下六個工程師連續幾個月沒薪水，他只能用求的請他們留下。公司一度快沒錢的時候，有個員工甚至挪用薪資所得稅預扣款來支應公司運作——這筆錢是公司預留給國稅局的稅款。那個員工後來離職，責難就落到了卡蘭尼克的頭上，後來有顧問告訴他公司有逃稅之虞。他對這件事耿耿於懷多年，覺得被同事背叛，被置於法律困境*，他往後多年難以信任身邊的人就是肇因於此。

紅勾勾撐得很勉強，不過卡蘭尼克總是有辦法讓公司運轉下去。每個月的現金流都是一場又一場的歷險記。就在公司只能再撐兩個星期之際，他竟然拿到一家有線電視電信公司的生意，取得十五萬美元。這段時期既痛苦又絕望，但是他後來反倒深深感謝，這段經歷教會他如何從弱者的位置進行談判。

曾經有一家創投答應投資紅勾勾一千萬美元，資金卻遲遲沒有到位，最後以破局收場，原因是那幾位創投人不同意讓其他投資人參與那一輪投資。卡蘭尼克再一次覺得被創投擺了一道，那些人根本不在乎他，不在乎他的公司。這件事給他留下不愉快的回憶，後來談起這段往事以及他對創投的痛恨，他會模仿起年輕時的西岸饒舌偶像史奴比狗狗（Snoop Dogg）和德瑞醫生（Dr. Dre）：「創投不是屎，只是賤人和騙子。」[4]

接下來幾年間，這樣的循環在紅勾勾一再上演：錢快要用完，卡蘭尼克在最後一刻拿到一家科技大公司的生意，公司得以再存活幾個月。然後他會想辦法將這筆生意的效益放大，拿這筆生意去爭取其他創投資金，讓公司壽命可以延長到一年左右。「這種困境以一種很詭異的方式讓我不斷向前走，因為永遠有個閃亮的球就在前方，」他說，「我差點就要拿到，但卻從來沒拿到過。」

最令他痛苦的事件發生於瑞士的達沃斯（Davos），全世界最富有、最有權勢的人每年都會齊聚到此參與一個菁英會議：世界經濟論壇（World Economic Forum）。好不容易獲得邀請與會的他，當時正在跟AOL談一筆每年有一百萬美元收入的生意，AOL極有可能成為紅勾勾一起賺大錢的生意夥伴。就在交易談定之前，卡蘭尼克接到最後僅存的工程師來信（雖然幾個月來薪資時有時無，這個工程師仍然沒有走人），工程師說麥克．陶德（卡蘭尼克以前在Scour的同事）要挖他去Google工作。

最後一個工程師跑掉已經夠慘了，更慘的是，消息還登上「掛掉公司」網站首頁，把紅勾勾的困窘傳得矽谷人盡皆知，跟ＡＯＬ的談判也隨之破局。

卡蘭尼克終於在二〇〇五年走運。他在一個網路留言板跟馬克．庫班（Marc Cuban）掀起論戰（庫班是身價數十億的投資名人，也是ＮＢＡ達拉斯小牛隊的老闆），他大力鼓吹Ｐ２Ｐ技術的好處，庫班卻認為他大錯特錯。雖然不喜歡Ｐ２Ｐ技術，但是庫班很喜歡卡蘭尼克的拚勁，他在論戰中看到卡蘭尼克的堅韌，於是給卡蘭尼克傳了私訊，說他願意投資紅勾勾一百八十萬美元。這筆投資是重要的救命繩，有了這筆錢續命，才有後來更多重要的合作。另外，「八月資本」（August Capital，矽谷備受尊敬的創投）的投資更是給紅勾勾注入更多活血。

那趟達沃斯之旅雖然令他氣餒，但也透著一絲希望：他見到頭號競爭對手阿卡邁科技的執行長，開始跟那家公司往來。最後，經過六年不懈的拚搏，卡蘭尼克終於談成人生至今最好的一筆交易：把紅勾勾賣給阿卡邁，售價將近兩千萬美元。[5]稅後，他個人入袋大約兩百萬美元。

經過艱辛跋涉，卡蘭尼克終於走到出口，能夠喘口氣。他不必再為微薄小錢沒日沒夜工作，一邊住爸媽家，一邊吃著喜互惠（Safeway，平價連鎖超市）打折貨架上的拉麵和其他熟食，一邊巴望著下一筆交易。

＊卡蘭尼克很小心翼翼地確認這筆預扣稅款最後有上繳國稅局。

成交後過了四個月，他在舊金山卡斯楚區（Castro）買下一套豪華公寓，座落於舊金山最高的一座山頂上，盡享灣區景色。他開始有餘裕撥空放鬆，享受全球菁英來到舊金山所慕求的豪奢。他和女友安琪．尤（Angie You）跟新創圈朋友一起玩耍的同時，阿卡邁股票也逐批自動進入他的戶頭，他可以盡情跑趴、悠哉悠哉，最重要的是，他可以好好思考下一步。

這十年在新創圈的格鬥除了賺到這些錢，卡蘭尼克也獲得大量的實務經驗，對領導有了全新的理解。現在的他是抱持一種「圍困」心態，認為四周都是危險敵人，並且養成一種類似達爾文進化論的生存觀。

「你經營一家公司的時候，四周會出現各種勢力……準備把你幹掉，」卡蘭尼克說，「能夠倖存下來的（執行長），都是本來就會活下來的人。」

不過，他最謹記在心的寶貴教訓是：永遠不要相信創投。

「它們表面上對創業人好到不行，把創業人捧得高高的、供起來，然後說『我們只是微不足道的創投！』」他後來向一群創業人談起他早期的創業經驗，「把創辦人幹掉是創投的本性，它們天性就是如此。」❻

第四章 新經濟

卡蘭尼克賣掉紅勾勾的時候，一場全國危機正要展開。

當時是二〇〇七年四月，美國的銀行放貸給用「次級貸款」（subprime）首次購屋者已經行之多年，按照這些借款人的財務歷史原本是不可能讓他們借到房貸的，但是國家財政政策在一九九〇年代末期做了改變，銀行因而迎來人數創新高的次貸購屋者，與購屋者簽下看似負擔得起的浮動利率房貸，再把這些房貸包裝成衍生性金融商品，賣給其他投資人。

這種做法給經濟埋下一顆定時炸彈。簽下浮動利率房貸的次貸借方，沒多久就發現每個月還款金額高到難以負荷，繳不出貸款的屋主一波接著一波，如漣漪一般擴及整個經濟，整個國家後來花了好幾年的時間才走出這場災難，也有些人永遠都沒走出來。

當時這場巨大金融危機愈演愈烈的時候，為了減輕衝擊，聯邦政府祭出一系列金融工具。

二〇〇八年九月七日，布希政府接管美國前兩大房貸金融機構：房利美（Fannie Mae）和房地美（Freddie Mac）。❶當時美國的財政部長亨利．鮑爾森（Henry Paulson）答應提供數十億美元的紓困金，給全世界幾家最大的金融機構，包括AIG、摩根大通（J.P. Morgan）、富國銀行（Wells Fargo）以及其他數十家機構。從二〇〇七年九月一直到整個金融危機期間，聯邦準備銀行（Federal Reserve Bank）屢屢調降利率，從百分之五出頭一路調降到二〇〇九年的百分之〇．二五新低，接下來七年就一直維持這麼低的利率水平。

透過這些動作，財政部和聯準會可以說阻止了全球經濟進一步失控，但是在這過程中，領導階層的焦點主要放在華爾街，不是科技業，砍利率救銀行的做法對科技業者和創業人留下了深遠影響，尤其是在北加州一〇一號公路那塊綿延八十公里地帶。

某方面來說，網路泡沫化的大屠殺對矽谷是利大於弊。

這場泡沫淘洗掉裝模作樣的公司，留下真正有價值的公司。以Google的賴利．佩吉和謝爾蓋．布林（Sergey Brin）、Facebook的馬克．祖克柏為首，新一代創業人似乎靠本能就知道如何駕馭網際網路真正的力量，將之轉化為可獲利的生意。

祖克柏和佩吉這批新世代創業人的竄起，背後有三個重要因素。首先，美國到二〇〇八年已經有七成五的家庭擁有電腦❷，而且跟一九九〇年代和二〇〇〇年代初不一樣，一般民眾已經有寬頻可用，二〇〇八年已經有超過半數的美國成人家裡有高速網路連線❸，而隨著上網人口愈來愈多，新的網路服務需求也與日俱增。

其次，創業門檻快速降低。亞馬遜雲端運算服務（Amazon Web Services，簡稱AWS）完全改變了新創界的玩法。亞馬遜在二〇〇二年開始做AWS，當時只是一個業餘專案，後來成長為亞馬遜歷史上最成功的創新之一。

AWS提供雲端運算服務給無力自行建置基礎建設或伺服器的工程師和創業者。如果把新創公司比喻為住家，AWS就是電力公司、地基、管線的綜合體，讓新創公司能夠順暢運作，創辦人也就能把時間花在更重要的事情，譬如首先必須想辦法把人帶到自己家裡。

重點是：AWS的收費相對便宜。這是電腦運算有史以來第一次，只要有創業點子和一點錢，任何程式設計師都能快速成立公司，不必投入大筆資金於基礎建設，可以把這部分外包給亞馬遜，自己專心於app的開發。

但是第三個、也是最重要的因素在卡蘭尼克賣掉公司兩個月後才出現。這個東西將會改變電腦運算的面貌，改變這個世界跟科技裝置的互動方式，遠超乎任何人的想像。

二〇〇六年底，帕羅奧圖的人行道陽光燦爛，有兩個男子邊走邊聊著未來。身上穿著招牌黑色套頭衫和褪色的 Levi's 藍色牛仔褲，史蒂夫・賈伯斯不管走到矽谷哪裡都有粉絲簇擁。這時的他已經名滿天下。繼他給這個世界帶來麥金塔電腦（Macintosh）之後，他又幫忙創立了皮克斯（Pixar）這家備受喜愛的動畫工作室，後來接連開發出 iPod 和 iTunes 商店，翻轉這個世界透過數位媒介聽音樂的方式。他留給世界的遺產清單已經增改三次。

傳記作家這時已經開始在腦中勾勒賈伯斯的遺緒。賈伯斯被診斷出罹患一種罕見的胰臟癌，隨著疾病侵襲身體，他的身形迅速變得枯瘦如柴。

走在他身邊的是約翰・杜爾（John Doerr），由英特爾（Intel）工程師轉為創投人的他，也是業界泰斗。杜爾不愛出鋒頭，身形瘦削，尖尖的鼻子上架著金屬線框眼鏡，看起來與其在矽谷到處奔走為歐巴馬籌辦晚宴，在實驗室製造矽晶片可能還比較自在些（也就是他七〇年代在英特爾所做的事）。

身為門洛帕克（Menlo Park）知名創投「Kleiner Perkins Caufield & Byers」（簡稱 KPCB）的合夥人，杜爾很早就投資網景（Netscape），這家公司後來做出全球第一個網路瀏覽器；杜爾也很早就看出亞馬遜的潛力，早在傑夫・貝佐斯只是在西雅圖一個破舊倉庫賣書的時候。不過，杜爾最有名的事蹟大概是一九九九年投資 Google 一千兩百萬美元，當時的 Google 只是幾個工程師在車庫經營的搜尋引擎，五年後 Google 的股票公開上市，杜爾的投資飆漲到三十億美元以上，是最初投資的兩百四十多倍。

但是那天早上，他們兩個只是一起走在北加州人行道的朋友，正要去看孩子的足球比賽。他們聊著人生、家庭、科技業，賈伯斯突然停下腳步，伸手到口袋裡，掏出一個杜爾從沒看過的東西：全世界第一支 iPhone。

「約翰，這個東西差點要了我們公司的命。」賈伯斯對杜爾說，杜爾則是一臉狐疑盯著這個四四方方、玻璃鏡面的裝置。[4]賈伯斯**從來不曾**向他展示任何未上市新品，不過杜爾（以及整個科技界）對 iPhone 的研發早就有所耳聞，聽說蘋果已經研發多年，是最高機密的實驗計畫。杜爾不出聲，免得朋友收嘴不談把電話放回口袋。

「這裡面的新技術太多了，要全部塞進去可是大工程，」賈伯斯繼續說，腳步再度邁出，走在帕羅奧圖林立的闊葉櫟樹下，「在這個 LCD 螢幕後面，我們裝了一顆四一二兆赫的處理器、一堆無線電和感應器，還有足夠的記憶體可以儲存你所有的歌曲。我們真的做出來了。」

賈伯斯把手機交給杜爾，一邊說這支手機沒有黑莓機那些「醜到靠北的按鍵」（黑莓機是當時最流行的手機，專業人士幾乎人手一機），而是以觸控螢幕為基礎，流線、光滑、美極了。

杜爾小心翼翼拿著手機，好像手上捧的是新生兒，感覺這支手機比他口袋裡那支好多了。還在驚訝朋友竟然向他展示新裝置的杜爾，把手中的 iPhone 翻到背面，看看背後的面板。在招牌的蘋果標誌下方的白色小字裡，杜爾看到一個勾起他好奇心的小小訊息：八 GB。這麼大的儲存容量在當時似乎遠遠超過下載音樂和檔案所需。

「為什麼需要這麼大的儲存空間？」杜爾問道，看著朋友一邊拿回手機一邊咧嘴笑。

不過杜爾馬上就心知肚明。賈伯斯已經訓練幾百萬人到 iTunes 商店下載音樂到電腦和 iPod，同樣地，他也打算讓音樂和新的應用程式（也就是 app）下載到 iPhone 上。他知道他正在開啟一種新的運算方式，以行動性為目的，所以他口袋裡的電腦必須能做到桌上型麥金塔電腦能做到的事。他後來會把那個東西稱為 App Store。

機會出現在眼前的時候，杜爾總是能一眼看出，然後努力抓住。

「史蒂夫，我知道你在做什麼。我看得出來。我想加入，」他說，「我打算弄個基金來推動。」

杜爾是出於創投的直覺。像他這樣的投資人每隔幾年就會去找他們的創投合夥人，集資幾百萬美元，成立一個新基金，然後拿這筆錢買進矽谷有前途的新創公司股票。杜爾已經看到，就像比爾．蓋茲當年那些以視窗（Windows）為基礎所開發的應用程式一樣，iPhone 的 App Store 也會為程式設計師開啟一個巨大新天地，而他可以投資這些程式設計師所成立的新創。

賈伯斯伸手由上往下劈了一下，「不，到此為止就好，我不要外面一堆噁爛 app 進來汙染這支手機。我不會讓這種事情發生。」

杜爾結束這個話題，兩個人繼續往足球賽前進。他知道這個朋友一旦心意已定就不可能改變，更何況，在軟體開發方面，蘋果向來極力避免微軟那種對第三方應用程式「來者不拒」的做法。不過他感覺賈伯斯錯了，他覺得人們一定會很想做出能在賈伯斯那支漂亮新手機上使用的東西，而且蘋果最後會鬆手。

在矽谷街上隨便抓個創業人，有八成是賈伯斯的信徒，對他的 iPhone 願景堅信不移——一個將「iPod、電話、網路行動通訊」合而為一的產品。[5]

iPhone 徹底重塑了智慧型手機的樣貌：流線型玻璃機身，配上一系列色彩斑斕的 app（是有綠、有藍、有黃的彩虹顏色）。iPhone 具備了企業商務裝置的豪華功能，像是電子郵件和上網，並且把行動運算功能開放給普羅大眾。你不必隨身帶著 MP3 播放器、手機、笨重筆電就能在通勤路上瀏覽網路，你不需要另外拿一臺相機就能在午後漫步公園時拍拍照。iPhone 全都有。

發明出硬體已經夠令人稱道了，接下來十年蘋果依舊不斷改進，不過，這個裝置真正起飛是在賈伯斯決定讓一堆「噁爛 app」放進他的沙盒的時候。結果不僅沒有「汙染」iPhone，還助長了iPhone的竄起，竄得比賈伯斯所預料還要高、還要快。

隔年春天，也就是兩人步行前往孩子足球賽幾個月後，約翰．杜爾在帕羅奧圖的家中，接到朋友來電，是賈伯斯。

「你還記得你去年跟我提到的基金嗎？」賈伯斯說。

杜爾馬上就明白這個朋友要講什麼，坐直了身子。「記得記得。你有多考慮一下嗎？」

「有，」賈伯斯說，「我想應該由KPCB來做。」

這通電話令杜爾驚愕不已。杜爾很清楚蘋果在賈伯斯掌舵之下是多麼一絲不苟，從強納森．艾夫（Jonathan Ive）帶領的工業設計（衣著考究的艾夫是英國人，不僅是賈伯斯的左右手，也是長年知己）到史考特．佛斯托（Scott Forstall）主導的軟體和app（佛斯托是火爆、天才型的高階經理人，負責蘋果的行動作業系統），樣樣都必須做到完美，現在要杜爾用數百萬美元推動海量的智慧型手機新應用，勢必會衍生一波創新，其混亂程度絕不是蘋果過去所習慣的。

不過，機會都主動上門了，杜爾當然不會問東問西。他說打算向他的有限合夥人募集一億美元，這麼大一筆錢前所未聞，尤其還指定投資於一種未經證實、未經檢驗的新型態計畫，但是杜爾對賈伯斯有信心，也看出 iPhone 這個產品一旦起飛的市場潛力。

說「他們是對的」還太含蓄了。

二〇〇六年以前，電腦程式設計師都是棲身在大企業或軟體開發公司謀生，他們寫的軟體要能夠觸及幾百萬人，通常必須靠大型軟體出版商的發行，這些出版商有可觀的行銷預算，往來對象是供應現貨的大賣場。Best Buy、FuncoLand、Bab-bage 之類的大賣場像雜貨店一樣，走道堆滿一排排 PC 和 Mac 電腦軟體的盒子。

iPhone 的 App Store 完全改變了軟體開發的模式。只要有點子以及蘋果的行動軟體程式碼，任何程式設計師都能打造、發行自己的 app，立刻就能推銷給數百萬人。只要到亞馬遜雲端運算服務開一個伺服器，霹哩啪啦寫出一些程式碼，然後把你寫的 app 提交給蘋果審查，幾天後你的成品就能上線。

而對於在家點開 App Store 的人來說，就好像逛 Best Buy 一樣。只要有 Wi-Fi 連線和幾塊美元，就能不受限取用 iPhone 上面幾百萬個遊戲和程式。

世界各地的程式設計師看著 App Store 的時候，瞳孔裡都是大大的、金光閃閃的金錢符號。

程式設計師賺大錢的故事不絕於耳，史帝夫．迪密特（Steve Demeter）就是一個。[6]迪密特原本是沒沒無聞的獨立開發人員，跟幾個朋友花了幾個星期寫出一個叫做 Trism 的 app（Trism 是類似俄羅斯方塊的遊戲，下載一次五美元），上架兩個月，迪密特就有超過二十五萬美元的進帳。App Store 剛上線那幾週，頂尖開發人員每天可從 app 下載賺進五千到一萬美元。

矽谷其他投資人也紛紛跟進。創投資金看到 KPCB 的杜爾，看到大筆資金灌入 app，於是開始起而效尤，在灣區到處尋找應用程式開發領域中最頂尖的明日之星。

幾乎是一夕之間，App Store 成了眾人競相前往開發的大西部。賈伯斯和史帝夫．沃茲尼克（Steve Wozniak）是在車庫發想出第一臺蘋果電腦，同理，電腦運算下一場大革命也有可能出現於任何角落，不一定限於微軟、Adobe 這些大型發行商甚或蘋果。於是，好幾億美元開始流往舊金山各地，金主就是帕羅奧圖沙山路（Sand Hill Road）兩旁那幾十家創投。

沒有實際經驗的電腦愛好者開始將目光投向加州，眼中盡是財富；創投資金開始扔向二十幾歲年輕人身上，希望走運碰到下一個殺手級應用程式。杜爾稱之為「應用程式經濟」[7]，一個超越網際網路和桌上電腦的年代，注重行動性和獨立創造，因為 iPhone 所提供的可能性而成為可能。

杜爾這樣的創投人很清楚這套經濟會如何運作。App Store 的消費者如此之多、對新軟體的興趣如此之大，不知名的年輕高手所寫的 app 勢必會如流星般竄出，這是必然的。但是只有頂級創投支持的 app 能夠脫穎而出，因為創投跟可能合作的大企業有接觸管道、有快速網羅人才的管道、能提供策略性建議，當然還會投入數百萬元於行銷，讓成長加速。

紅杉資本（Sequoia Capital）、KPCB、安霍（Andreessen Horowitz）、標竿創投、Accel 等等，矽谷所有頂級創投都開始尋覓新人才。它們要找年輕、飢渴、對自己的點子著魔成痴的創業人，它們要找願意挑戰自己（和規則）極限的人，它們要找能從日常煩惱看到創新機會的人。

它們尤其喜歡某個年輕創業人的突發奇想。那個年輕人已經名利雙收，但是在舊金山市區卻搭不到計程車，令他煩惱不已。那個人名叫蓋瑞特．坎普（Garrett Camp）。

第五章
寸步難行的有錢人

蓋瑞特．坎普氣噗噗。時間是二〇〇八年（已經進入二十一世紀），他站在全世界最富裕、最具前瞻思維的城市，卻耗費半個小時都搭不到計程車。

只有一百二十六平方公里的舊金山，說大不大，沒有車子也能活得好好的，但要說小嘛，沒有車子還是會叫人氣惱。

是啦，他是有腳踏車可騎，騎到舊金山任何角落都沒問題，只是六段變速在迪維薩德露街（Divisadero Street）這種爬坡山路並不管用，而且腳踏車也不能讓他在凌晨兩點從酒吧回家——除非冒著酒駕或撞頭的風險。

他還有BART可搭——灣區捷運（Bay Area Rapid Transit），舊金山嘈雜的鐵路通勤系統——

但是髒兮兮的布片補丁座椅和擁擠車廂令人作嘔，遠遠不敷近年湧入灣區的二十多歲年輕人使用，更何況 BART 過了午夜就不營運，對追逐夜生活的年輕男子來說並不理想。

一開始這只是個煩惱。出生於加拿大、流著創業血液的坎普，念完商學院就搬到舊金山，希望來此壯大他所創立的公司——一家優秀的 Web 2.0 公司，名為「StumbleUpon」（邂逅）。他對這座海灣城市有很高的期待，這裡是年輕創業者可望揚名立萬的應許之地，甚至可能是下一個太空船公司誕生之處。

坎普很聰明，但他不是賈伯斯。他生性內向，走在舊金山斜坡路上的時候，喜歡在腦袋裡琢磨創業點子或思考問題的解決方法。即使已經三十歲，他的外表仍然像個大學生，一頭金棕髮理成短短的小平頭，身上穿的是領尖有鈕扣的牛津襯衫。他腦袋有料，有點宅，能解釋網際網路複雜的架構，但是缺乏伊隆．馬斯克（Elon Musk）那種光采和吸引目光的能力，笑起來露出整排牙齒，看起來傻氣多過瀟灑，有點像「住在隔壁的鄰家創業人」。

不過跟他在一起很好玩。他喜歡旅行，熱愛在灣區到處品嚐美食，熱中於泡熱水澡，喜歡那種非租禮服不可的主題派對。隨著他離加拿大的根愈來愈遠、愈來愈像加州人，他也把頭髮留長過肩，故作新嬉皮的調調，彷彿他拿著衝浪板出沒於長灘跟拿著 MacBook 出沒於 Creamery 小吃店一樣怡然自得。後來他還年年參加「火人祭」（Burning Man）——內華達沙漠每年為期數天沒水沒電的狂歡祭典，西岸成千上萬的科技迷和嬉皮趨之若鶩。

StumbleUpon 是他的成名之作。那是一種早期的社交網路，是他在加拿大卡加利（Calgary）念大學時的構思，當時 Facebook 連個影子都還沒有。StumbleUpon 很適合桌上電腦網路的年代，用戶可以隨意在不同網站之間切換，StumbleUpon 會提供驚喜建議給用戶「邂逅」、享用。這個網站就像最初的網路論壇 Reddit，匯集眾多網站連結，以新鮮有趣的事實、癡迷事物和次文化來取悅用戶。

StumbleUpon 在二〇〇〇年代初坎普剛成立的時候是個好點子，但是到二〇〇七年就顯得過時了，尤其是隨著行動裝置的興起，精明投資客的資金突然都流向行動 app，StumbleUpon 這種以桌上型電腦為主的工具就變得愈來愈邊緣。

朋友都知道他是個固執的人，被當面質疑就大動肝火，一旦認定自己是對的就不願意改變。對新創公司的創業人和執行長來說，固執通常是美德，但是前提是想法可行，要是想法不可行，固執硬幹就不再是「嚴格」、「有遠見」，而是「難搞」。

儘管如此，StumbleUpon 還是成功了。坎普把網站的好口碑轉化為一筆好買賣，以七千五百萬美元賣給線上拍賣巨擘 eBay，這筆錢不是小數目，尤其對一家只募到一百五十萬創投資金的小公司來說。坎普很聰明，公司所有權大多握在他手上，所以這筆交易讓他搖身變成有錢人。交易一簽定，現金就進了他的口袋，他也博得創業有成的名聲——這位年輕創業人的矽谷夢，實現了。

但是也不盡然。雖然大把金錢進了口袋，坎普依舊無法在市區隨意移動。計程車系統已是陳舊古董，東拼西湊的黃色老車隊常常處於崩潰邊緣。計程車基地臺業者不願投資於汽車的保養，派車系統也很老舊：由基地臺派車人員負責接聽乘客電話，再用無線電把叫車需求傳給在街上繞來繞去的計程車司機，但是乘客完全不知道車子到底會不會來。

計程車系統這麼不可靠，逼得坎普只好另謀變通之道。他想出一招：把舊金山所有大型計程車業者都叫車叫一遍，一個一個打電話，誰先來就搭誰的車，其餘就擺爛不管。這招很賤，但是他覺得理直氣壯，畢竟**他**才是常常被放鴿子的人。

計程車業者發現了坎普的伎倆。他搞鬼的次數實在太頻繁，業者乾脆不派車去載他。「我被列入黑名單了，」坎普心想，「這下麻煩了。」

這個問題一直困擾他。他嘗試過昂貴的黑頭車服務，但是只要共乘的朋友一多就得先把下車地點喬好，他不喜歡。他也會安排自己喜歡的司機晚上到餐廳接他，但是也不盡理想，因為原本應該好好享用的一頓飯卻只能草草了事。

賣掉公司後，坎普大手筆買了一輛賓士新車，但是他不想完全只靠這輛車移動。每次停車都是惡夢，能找到小於三十五度斜坡的位子就算運氣很好了。

坎普的煩惱依舊。在舊金山移動是個問題，似乎沒有人願意跳下來解決問題。

靈光第一次乍現是他看〇〇七電影的時候。

當時坎普在他位於南方公園的豪華公寓休息——距離 Twitter 孕育地點、Instagram 早期辦公室只有幾碼——並決定看部電影：《〇〇七首部曲：皇家夜總會》（*Casino Royale*）。這部二〇〇六年由丹尼爾．克雷格（Daniel Craig）擔綱重拍的〇〇七電影是他的最愛，不知道看什麼的時候就拿出來看。[1]克雷格飾演的龐德有一種低調的酷感，某種程度來說，也許坎普喜歡的是這部戲把全世界最厲害的間諜塑造成跟他一樣脾氣火爆、金髮碧眼的平頭男。

然後他看見了。有一段是龐德開著一輛福特汽車穿過拿騷（Nassau）陽光明媚的街道，奔向巴哈馬藍色海邊波光粼粼的濱海度假村。

吸引坎普目光的一幕是，龐德一邊駕車馳騁於濱海風光，一邊刻意秀出手機上的小亮點。[2]那是一支四四方方的愛立信手機（Ericsson），以後來的標準來說已經是老古董（上面甚至是數字按鍵！）但是小小的手機螢幕卻出現 GPS 地圖，龐德在手機上看著自己的車子在拿騷路上移動（車子以一個小箭頭顯示，滑行於深綠色的點陣網格上），一點一點緩慢往海洋俱樂部（The Ocean Club）前進。

這是一個快速帶過、觀眾看過即忘的鏡頭，主要是為了凸顯龐德那些很酷的小玩意，同時置入行銷愛立信產品，製片常常收錢做這種事。

但是這個畫面在坎普腦海徘徊不去。幾個月前剛剛問世了一支美麗手機——iPhone，大概是他所見過最強大的手持科技之一（比龐德那支愛立信更厲害），配有 Wi-Fi 連線和加速度感測器，未來的版本勢必還會加進 GPS 功能——這正是能在地圖上定位的三大要素。

要是不必整晚在那邊打電話叫車呢？要是有個 app 可以代勞呢？

最重要的是：要是他能像龐德一樣，擺出一副狠角色模樣一邊使用呢？

在另外一頭，拚了六年的卡蘭尼克也想好好休息。

以兩百萬美元獲利了結並不足以讓他變成下一個馬克．祖克柏，甚至連下一個蓋瑞特．坎普都不是。卡蘭尼克和坎普都是賣掉公司致富，也都在二〇〇七年賣出，只相隔一個月，但是坎普當然賣得比較好。在矽谷這樣的地方，坎普這種熱門的個人消費性 app，一定比分享檔案的 P2P 基礎建設公司售價高——占據的報紙版面也比較顯眼。

不過，卡蘭尼克的結局也夠體面了，已經為他賺到足夠的錢，不必再工作，可以把時間用於在舊金山到處繞繞，品評新創活動、參加初期投資基金舉辦的派對。這是他人生第一次做個自由人，口袋裡有幾百萬美元，行為舉止也想像個百萬富翁。

《黑色追緝令》（*Pulp Fiction*）是卡蘭尼克最喜歡的電影之一，他很迷戀哈維．凱托（Harvey Keitel）在戲裡的角色。一大早八點鐘，留著稀疏小鬍子，穿著熨燙整齊的黑色西裝禮服，凱托開著銀色的本田NSX，只用了九分三十七秒就飛車穿越整個洛杉磯市（這是不可能的壯舉），趕抵現場協助藏屍，解決約翰．屈伏塔（John Travolta）和山謬．傑克森（Samuel Jackson）製造的麻煩（兩人的車子一片血腥狼籍）。凱托這個角色的名字是「狼先生」，他的工作是迅速介入，解決待解問題。

卡蘭尼克想成為狼先生這種「解決達人」。買下卡斯楚區的山頂豪宅之後，卡蘭尼克開始小筆投資各種新創，認為自己能成為它們的「解決達人」，只要創辦人需要幫忙，他隨時樂意立即介入解決問題。

應付不了激動焦躁的投資人？狼先生可以處理；要招募新工程師卻不知道從何下手？打電話給狼先生就行了；深夜裡突然對公司的下一步有些想法，想找人聊聊？別擔心，狼先生隨時恭候。

卡蘭尼克開始在部落格推銷他所投資的公司，部落格取名為「勾勾」（Swooshing），向他那家已被收購的公司致敬。[3]部落格放了一張卡蘭尼克的大頭照，照片中的他儼然是新創界的牛仔，身穿珍珠扣休閒衫，頭戴寬邊牛仔帽，帽子上架著黑色太陽眼鏡。自我推銷是所謂「天使投資人」常見的做法，「天使投資人」是指小型創投人，他們給創業人提供五位數的投資和建言，換取入股日後可能大紅大紫的公司。對卡蘭尼克來說，部落格是推銷自己的方式＊，跟他偶爾在新創聯誼會和雞尾酒會上發表演講一樣。

「我所投資的人把我看成『資金牧羊人』。」卡蘭尼克有一次在「新創混搭」聚會（Startup Mixology）對著滿屋子年輕工程師說，這是個定期的喝酒聚會，與會者都是二十幾歲科技迷。❹站在臺上，卡蘭尼克按了一下遙控器，身後一張投影片啪的一聲映入眼簾，是披著長袍、戴著頭巾、手握牧羊人手杖的耶穌。「我是個好奇心爆表的人，」他一邊說，一邊又按了一下，這次換成一隻毛茸茸的貓，繞著一個玩具又咬又打，「把我想成『狼先生』就對了。」

這種推銷方式很俗氣、像是開玩笑，但是他神氣活現又自信滿滿的模樣至少能激起幾個創業人的好奇心，他最後成功入股 Expensify（一家經手營業場所記帳管理的公司）、Livefyre（社群媒體管理）、CrowdFlower（數據蒐集管理）、Formspring（社交網路），以及其他大約六家公司。他後來還考慮加入 Formspring，這家公司在社交媒體起飛的年代看起來前途無量，不論是在創投

＊在現在這個年代，創投不能再像以前隱身幕後，必須夜以繼日成為年輕創業人想合作的對象，把握任何行銷自己的機會。

界還是一般大眾眼中。

他開始購買領尖有鈕扣的襯衫、沒那麼笨拙的藍色牛仔褲、有趣的運動鞋、彩色條紋襪。他投資新創像在買油畫，用來妝點網路上的個人簡介，彷彿他家裡也有一整面畫作展示牆似的。他都對朋友說他的投資組合是「藝術收藏」。

但是做個資金牧羊人還不夠，他覺得自己還能貢獻更多。從紅勾勾創立到賣掉，他付了該付的學費——甚至超過了。每天聽上千次的「不」，連續聽四年，任何吃過這些排頭的年輕創業人都會變堅強。在他內心，有個鬥士蠢蠢欲動。他讓自己成為布魯斯．班納（Bruce Banner）這樣的角色，那個體內一直藏著「綠巨人浩克」的漫畫英雄。

同時，做個全職投資人並不能讓他完全心安自得，在創投和新創圈看到的不公不義令他氣憤。「我們的營收成長快到靠北，我們的經營團隊能幹到無法無天，創投卻要把創辦人砍掉。」他對著一群年輕創業人說，這時的他是挺身捍衛創業人的成功創業家。「為什麼要幹掉他？我不懂。可以告訴我嗎？」❺

在卡蘭尼克看來，創投加入的動機並不正當。它們並不像他是為了改變世界，甚至連稍微改變世界都不是，它們只在乎一件事：盈虧。

在那幾個月，卡蘭尼克的自命不凡更臻化境。他在幾十場新創活動一次又一次用PowerPoint推銷理念，但是他真正需要的是一個可以展示自己長才的地方，一個可以讓年輕創業人跟他一起激盪新想法的地方，他想打造一個安全空間，給渴望透過科技革新力量改變世界的年輕人。這個想法很快就實現了，「即興公寓」（JamPad）對外開張——他把他那間位於卡斯楚區、價值百萬美元、裝潢簡陋的公寓取名為「即興公寓」。

卡蘭尼克把「即興公寓」當成個人沙龍，一個非正式論壇，科技人可以在此放鬆、癱在沙發上，在一杯杯啤酒和一盤盤烤丁骨牛排之間閒話未來（卡蘭尼克希望大家用「丁骨」（T-Bone）這個綽號稱呼他，他那個發表「沉思以及常具爭議性言論」的 Twitter 帳號是 @KonaTbone，大頭照是一塊帶血牛肉）。❻

可是這間公寓一點也不華麗。幾乎完全沒有家具，牆上沒有藝術裝飾，車庫裡沒有法拉利，客廳沒有伊姆斯躺椅（Eames Lounge Chair），燈光昏暗，看起來比較像陰暗洞穴，不像「新創沙龍」。朋友都認為，以他這種身分地位來說，這個地方實在貧乏得很，他們以為他會花大錢買些有趣擺飾，因為常聽他把新創收藏比喻為藝術品。其實卡蘭尼克從來沒想過這麼做，裝飾完全不在他的思考範圍內。

最令人難忘的是網球賽。卡蘭尼克是個鍥而不捨的網球手——任天堂 Wii 上面的網球手。所有朋友和全球大部分玩家都是他的手下敗將。他一邊手握 Wii 白色塑膠遙控器來回揮舞，一邊在幾乎空空如也的客廳跳來跳去，就像科技圈的馬克安諾（John McEnroe）或阿格西（Andre Agassi）朝著倒楣對手用力發球。

「即興公寓」主要有兩個用途：一是給卡蘭尼克睡覺，一是給卡蘭尼克和科技迷朋友激盪想法。按照卡蘭尼克的說法，所謂「即興」，就像爵士四重奏或迷幻搖滾樂團的即興表演。他對冒險者的熱情和支持，讓他身邊聚集了一小群死忠朋友，他說這一切都是始於「即興」。

「那是臨時興起，但是最後匯集成美妙音樂。」卡蘭尼克說。

蓋瑞特．坎普還是拋不開那個想法。

他所在城市的計程車爛透了，更爛的是他還被大部分計程車業者拒於門外，只好求助黑頭車服務。他甚至蒐集了舊金山最優秀私人司機的名單，晚上需要搭車出門的話就輪流重複打給這些人。

可是這麼做也不完美。所費不貲、乘車安排很複雜、跟朋友共乘很混亂，林林總總加起來太麻煩了，他需要一種最好的計程車，可以讓他和朋友直接用 iPhone 叫車的那種。他需要ÜberCab（超級計程車）。

ÜberCab 就成了他腦袋所想像的 app 暫定名稱（另外還有其他幾個選擇，譬如 BestCab），最後他把U上面那兩點拿掉，因為美國人會搞糊塗。但是他一直沒放棄這個念頭，幾乎每個朋友都聽他講過，包括一個既是新銳創業家又是天使投資人的人，這個人最近才賣掉一家公司，他叫做崔維斯・卡蘭尼克。

坎普來到即興公寓加入卡蘭尼克，另外有一群年輕創業人也來了，他們多半來自卡蘭尼克關心或入股的公司。大衛・巴瑞特（David Barrett）和盧卡斯・畢瓦德（Lukas Biewald）是卡蘭尼克投資的兩家公司執行長，他們是常客；卡蘭尼克還投資即興公寓另外一個朋友，美樂蒂・麥克洛斯基（Melody McCloskey），她後來創立了StyleSeat。

還有那個嘴巴上總是掛著UberCab的坎普，他老是不停地跟卡蘭尼克叨念UberCab的可能性。「你知道計程車車牌一年要價五十萬美元嗎？」他會這樣問朋友，然後繼續問：「你有看過基地臺的運作嗎？」接著他會說基地臺的技術沒有效率，破舊、一加侖汽油勉強跑二五・七公里的黃色福特維多莉亞王冠（Crown Victoria）老車，完全只靠雙向無線電和眼睛睜得老大來找乘客。一定有更好的搭車方式可以提供給人們。

坎普也沒漏掉最精華的部分：UberCab要主打住在人口稠密都市的專業人士，也就是跟他們自己一樣的人，並且要營造尊貴感，類似俱樂部的感覺，必須加入會員才能搭，保證顧客「備感尊榮」[7]，而且只接受頂級豪華車輛加入，就是你會想讓大家看到你坐在裡面的那種車子：賓士、BMW、林肯。順利的話，坎普認為能成為民營運輸市場的龍頭，年營收上看數億美元，最不濟也能打造出小規模的黑頭車服務，專門提供給舊金山的高階經理人，基本上就是給他自己和朋友使用的高檔運輸服務，所以，就算失敗了，他還是贏家。

他毫不掩飾地推銷自己的點子。用 uber 代替 great 來表達讚美，開口閉口都是這個「uber」、那個「uber」。那輛車怎麼樣？Uber cool（超酷）！晚餐吃好吃的披薩？Uber slice（超好吃的一片披薩）。他希望 uber 不只是德文介系詞，而是「酷」的同義詞。

坎普和卡蘭尼克都喜歡這個點子，問題是兩個人都不想跳下來經營。經過多年在紅勾勾不間斷的打拚，三十二歲的卡蘭尼克還沉浸在「狼先生」這個新角色裡，扮演「資金牧羊人」。沒在幫年輕執行長出謀劃策的時候，他會跳上前往歐洲、南美、東南亞的飛機，彌補他以前蟄伏在新創洞穴無法滿足的旅遊欲望。另外，坎普想自己養車隊和車庫，而卡蘭尼克完全沒興趣管理這些，這只是個小細節，卻是卡蘭尼克退避三舍的主因。

但是坎普不願放棄這個點子。最後，他打消養車隊和車庫的想法，終於把卡蘭尼克磨到舉白旗投降。兩人有一次到巴黎參加科技會議時同住一起，經過幾個醉醺醺的夜晚在燭光餐桌上算數學、爭論每輛車能賺多少錢、該不該養車隊，兩人帶著滿滿的衝勁和希望返家。雖然卡蘭尼克要再過幾個月才全職開工，但是坎普終於成功說服他。

Uber 需要一個鬥士來帶領，這個人必須能與計程車業根深柢固的壟斷力量對抗，還必須在競爭激烈的創投世界與對手一較高下。他們兩人都很清楚，卡蘭尼克是不二人選。

Part Two

第六章
「讓專業的來」

就算是不二人選，工作也不會比較輕鬆。

創辦一家新創公司非常非常困難。要做出真正的軟體，創辦人必須先說服工程師願意把部分薪水換成公司股票，接著還要讓行銷人員、業務員、公司其他人員也點頭答應，薪資、財務、稅負等都必須一一搞清楚——沒有車庫的話還得租個辦公室。

創辦人必須能扮演多種角色，今天是人資，明天是論壇演講人、公關經理。創辦人還必須是樂觀主義者、啦啦隊、心理治療師、解決問題的專家，必須兼顧公司整體成長的需求和個別成員的需求，同時也不能疏忽自己的配偶或子女。銀行戶頭的錢開始減少時，創辦人必須趕緊再到矽谷籌錢，等錢進了戶頭，又得應付金主的要求——金主總是期待公司成長不停歇。

就算創辦人對以上這些事都得心應手，也不保證公司一定會成功。有可能時機不對，點子開花結果之前資金就告罄；也有可能點子和現金流都沒問題，但是產品本身引不起共鳴。有好點子確實很重要，但是如何執行更重要。矽谷滿街都是點子宏大但銀行戶頭空空的人，在這裡，第一個想出點子的人不代表就是最後贏家。

坎普和卡蘭尼克都不想挑起創辦人的重擔去建立那個以 app 為基礎、隨叫隨到的豪華黑頭車隊，於是他們上 Twitter 發文，徵求有志之士。

二〇一〇年一月五日，卡蘭尼克在 Twitter 發文：「尋找有創業拚勁的產品經理／市場開發高手。本產品是以行動定位為基礎的服務……尚未推出，配股**很多**，很多人一起做。有哪位要加入？？」[1]

就在當下，二十六歲實習生萊恩．桂夫斯（Ryan Graves）剛好在逛 Twitter，看到卡蘭尼克的徵求，很感興趣，但是不想給人迫不及待的感覺，於是過了三分鐘才在卡蘭尼克的推文下面厚顏回覆：「這裡有一位，請來信；) graves.ryan@gmail.com。」[2]

桂夫斯當下並不知道，這則回覆後來替他帶進十億多美元，是他這輩子最幸運的決定。

但是在二〇一〇年初那個當下，桂夫斯只是個漫無目標的二十多歲年輕人，只是眾多想在新創世界揚名立萬的人之一，只覺得到 UberCab 冒個險似乎是件很酷的事。

桂夫斯外表像個美式足球隊長。身高一百九十公分，一頭金棕色頭髮，下巴壯碩，體格結實健壯，「衝浪哥」可能是另一個適合他的綽號。他在聖地牙哥靠近海灘的地方長大，從小就在太平洋浪花中划水戲潮，隨便哪個星期六只要到「海洋海灘」（Ocean Beach）或托馬琳衝浪公園（Tourmaline Surfing Park）八成找得到他。[3]他離家到俄亥俄州念大學後，衝浪就換成了水球和ßθπ兄弟會（Beta Theta Pi）。他的暖男作風讓人如沐春風，在科技圈很少見；朋友喜歡說他的EQ很高，迥異於矽谷位居高位的工程師和以分析見長的人，朋友和同事對他的評語都一樣：萊恩．桂夫斯是「好哥兒們」。

桂夫斯很早就有創業魂。他崇拜史蒂夫．賈伯斯、Google的賴利．佩吉和謝爾蓋．布林等創業家，仰慕他們只靠一個點子和一臺電腦便成就了豐功偉業。他的Tumblr滿是傑夫．貝佐斯的照片、愛因斯坦的名言、伊隆．馬斯克的文章。[4]他個人最愛蕭恩．卡特（Shawn Carter）——嘻哈粉絲比較熟悉他另外一個名字傑斯——的一句經典名言：「我不是生意人，我本身就是一門生意。」[5]

二〇〇九年，桂夫斯厭倦了芝加哥奇異（GE）醫療部門的資料庫管理工作，想找一份「很酷」的工作，也許他的iPhone主介面上那幾家新創可以試試。其中一家是Foursquare，一家話題性十足、以行動定位為基礎的手機打卡app，矽谷精英幾乎人人手機上都有。他試過循正常管道應徵，但馬上就被打槍，Foursquare滿手都是渴望進入科技圈工作的人寄來的履歷。他不但沒有放棄，還想出一個好點子。每到晚上和週末，他就給芝加哥的酒吧和餐廳一一打電話，鼓吹老闆和經理加入Foursquare，就這樣假裝自己真的在Foursquare工作，他成功替Foursquare在芝加哥地區簽下三十個合作商家。❻然後他再應徵一次，把這三十個商家名單寄給 Foursquare 以及 Foursquare 的部分投資人。

Foursquare 的主管立刻對他留下好印象，像他這種積極主動的人在新創界通常會有出色表現。他們讓他進來當實習生，替這家位於芝加哥的公司開發業務。

任職 Foursquare 期間，桂夫斯貼過一張金屬小雕像照片，上面的雕像是個猿人，棒球帽反戴，手上揮舞一根骨頭，站在一堆破爛的電子產品上❼——這個猿人形象是擷取自電影《二〇〇一太空漫遊》（*2001: A Space Odyssey*），一部比 Foursquare 大部分實習生還要老兩倍的電影。這座猙獰的獎座是「小兵獎」（Crunchie Award），是 Foursquare 那一年以「矽谷最佳行動 app」獲頒的獎項，有科技界奧斯卡之稱。桂夫斯也想拿一座。

桂夫斯到處參加新創交流活動和酒吧優惠時段，閱讀 TechCrunch、VentureBeat、《紐約時報》、the Journal、Techmeme，掌握科技界即時脈動，目光時時緊盯 Twitter，上面追蹤了所有創投人、科技執行長和創業人。他希望自己有朝一日能登上麥克·阿靈頓（Michael Arrington）的文章（阿靈頓是矽谷知名律師，後來創辦 TechCrunch，他的文章可以決定一家新創公司的成敗），他需要的只是一個機會，所以當他看到卡蘭尼克的推文，便立刻抓住機會回覆。

這兩個人馬上一拍即合。桂夫斯喜歡卡蘭尼克的世故和「資金牧羊人」的氣概，卡蘭尼克欣賞桂夫斯的無畏、拚勁、活力。桂夫斯樂於嘗試任何事，很快地，二十六歲的他就成了 UberCab

第一個全職員工。

準備離開中西部的時候，桂夫斯在 Facebook 貼文：「我要加入一家仍在草創、有機會改變世界的新創，即將踏入那個沒有健保、搞到深夜、責任沒完沒了的世界，我將得到人生至今最有趣的經歷，好興奮啊！」[8]

他和新婚妻子莫莉（Molly）把行李搬上後車廂，駛離他們的芝加哥公寓，向西往舊金山開去。

由於坎普和卡蘭尼克都沒有意願接下擔子，所以兩人決定由年輕又充滿幹勁的桂夫斯擔任公司首位執行長。桂夫斯欣喜若狂，他終於有機會證明他能在新創大顯身手。

但好景不長，雖然朋友都認為桂夫斯是「A+的人」，但事實證明他只是個「B−執行長」。公司開始募資的那段日子，他走進重要會議跟創投人碰面，每每把統計數字等重點講得七零八落，雖然自信滿滿，但是每次的推銷都不夠有說服力，不足以令創投願意掏錢。桂夫斯不像坎普有創建公司的經驗，也不像卡蘭尼克有快速消化數字的能力，儘管討人喜歡又勤奮，但是這些優點也只能讓他走到這裡，投資人對他們的點子很感興趣，但是並不認為他有能耐把點子做大。

科技圈有一種常見思維：好點子是很重要，但是創投的重點是在對的時間在對的人身上下注。衡量一個創業人的時候，創投人會問：這個男的（在有性別歧視的科技業，確實幾乎都是「男的」）有辦法把一家只有幾個勤奮年輕人的新創變成《財富》五百大企業嗎？衰事連連的時候，這個男的會堅持不退嗎？我願意把幾百萬美元賭在這個男的身上嗎？桂夫斯人見人愛，但是對於見過他的創投來說，以上幾個問題的答案是否定的。

桂夫斯一上任執行長，坎普就開始在 Twitter 故作神祕用代號提起 UberCab。他們並沒有宣布這項新事業，但三個人會繞著他們的「隱形新創」打趣——「隱形新創」是勾起好奇心的常用字眼（至於到底有沒有這麼神就另當別論了）。

羅伯・海斯（Rob Hayes）——第一輪資本（First Round Capital）的合夥人——看到坎普在 Twitter 的文字遊戲，很感興趣，於是寄了一封 email，見了這幾個人，很快就開出一張將近五十萬美元的支票，參加這家公司初始的種子輪募資。克里斯・薩卡（Chris Sacca）——卡蘭尼克在「即興公寓」那段期間認識的朋友——也投了一大筆資金，另外還有幾個很熟的人也成了「顧問」（「顧問」是給早期金主的「吹捧」頭銜）。不過，這些最早期的種子投資人當中，海斯和薩卡是最有實務經驗的人，他們會提供建議和策略，這兩人在種子輪的投資日後會價值數億美元。

種子輪資金給了 UberCab 足夠的餘裕，可建置一家真正新創該有的必需品。先在海斯的第一輪資本辦公室運作了幾個月之後，UberCab 在共享辦公室租下辦公桌，開始引入早期團隊成員。

海斯、薩卡等人都認同：桂夫斯是個好人，但不是好的執行長，他必須走。一次跟卡蘭尼克、坎普、海斯的會議上，他們試圖盡可能溫和地把這個消息告訴桂夫斯。桂夫斯自尊受損，但是坦然接受，並接下總經理和業務副總的職位。

卡蘭尼克趁這個機會奪取掌控權，一同意接任執行長就堅持提高持股。他認為領導人對公司走向有決定權是很重要的，也就是說他應該握有過半數股票。他不在乎薪水多寡，他賣掉紅勾勾之後已經嚐到財富的滋味，現在他要的是權力。

他如願以償。坎普和桂夫斯把自己的持股切出一大塊給卡蘭尼克，作為他擔任新職的薪酬，從此，卡蘭尼克跟這家公司的下場永遠緊密相連，不管是成功還是更有可能的……難堪失敗。

這段組織重整的過程中，桂夫斯達成了長久以來的願望。二〇一〇年十二月二十二日，TechCrunch 一篇文章以「Uber 第一個全職員工」為題發表，只是並不是他所希望的那種主題。文章標題為「Uber 執行長『超興奮』（super pumped）被創辦人取代」，美化了他被踢下臺的事實（他私下絕對沒有那麼「興奮」）。[9]

至於卡蘭尼克就不必假裝了，他的熱情再真實不過，他對記者麥克·阿靈頓說：「能夠全職加入 Uber，我興奮到靠北！」阿靈頓雖然很早就看出這家新創的潛力，但還是忍俊不禁。「看來，大家對這項人事異動都『興奮』得很。」他寫道。

UberCab 第一個版本並不是 app。用戶必須用桌上型電腦瀏覽器登入，到 UberCab.com 叫一輛黑頭車，理論上不到十分鐘就能搭上車，車資是一般黃色計程車的一．五倍。沒錯，車資比較貴，因為他們認為民眾會願意為隨需服務的可靠性和便利性多付點錢。不久他們便把開發工作外包出去，由承包工程師共同亂試亂寫出一個初步的 iPhone app 版本，錯誤百出、速度又慢，但是能用。

打造品牌的部分由迷戀高級精品的坎普負責。他對於養一支林肯、雪弗蘭 Suburban、加長版凱迪拉克 Escalade 高級黑頭車隊的想法念念不忘，就連一開始推出的口號——「人人都有私人司機」——也是為了傳達一種專屬感、一種用高級方式在城裡趴趴走的感覺。他認為品牌每個細節都應該散發酷感。

在起步階段，這意味著必須一一打電話給舊金山幾百名豪華轎車司機，說服他們加入這個新服務。這項單調重複的工作大致落在桂夫斯頭上，他會先上網搜尋舊金山各地的黑頭車服務，親自到他們的車庫跑一趟，向一頭霧水的車隊司機推銷，慫恿他們替 UberCab 開車。

UberCab 一開始就跟 AT&T 敲定一筆交易，以折扣價大量購買幾千支 iPhone，這些手機會預先設定成可執行 UberCab 的軟體，免費發給司機。AT&T 這筆交易以最快的速度把排斥革新的司機帶了進來。花了好幾萬美元買來的 iPhone 排列在 UberCab 辦公室牆上，像白磚一樣堆起來，堆疊的速度快過送出去的速度。麥特．斯威尼（Matt Sweeney）是早期員工，他在 Instagram 放了一張自拍照，是他閉著眼睛雙手張開趴在一整個貨板的 iPhone 4 上面，包在收縮膜裡的手機裝在嶄新極簡的蘋果盒子裡，鋪成了他的床。[10]

這招奏效了。寥寥幾個早期員工開始到處宣傳 app 的同時，新加入 UberCab 的司機也開始湧進舊金山市場；app 在 App Store 的下載排名直線上升，尤其是獲得媒體好評之後。TechCrunch（這個媒體這時已經成為 UberCab 最愛的產業部落格）盛讚 UberCab 的模式既創新又具顛覆性，等於是「汽車界的 Airbnb」。[11]好笑的是，短短幾年後會有一堆新創開始把自己比喻成「XX 界的 Uber」。

「汽車、司機、價格都任你選，你付的一分一毫都絕對值回票價，」阿靈頓在 TechCrunch 的文章中寫道，「有望終結計程車牌照邪惡帝國。」[12]Uber 自己都沒辦法說得這麼好。

好口碑開始傳遍舊金山，試過 UberCab 的人讚不絕口。對於曾經困在公車到不了的波特洛山（Potrero Hill），或是卡在日落區（Sunset district），又或是灣區捷運午夜停駛後受困於市區的人，UberCab 正是舊金山居民期盼已久的救星。

這款 app 之所以能讓用戶滿意，是因為卡蘭尼克和坎普花了很多時間思考「用戶體驗」，也就是科技業所謂的「UX」（user experience）。他們認為 UberCab 的每個搭乘環節都必須盡可能簡便、愉快，從叫車一直到下車都是，如同卡蘭尼克所說：「無阻礙」是促成「愉悅 UX」的關鍵。

舉例來說，如果打電話叫傳統計程車，通常不知道車子到底是幾分鐘就到還是根本不會到，而如果是叫 UberCab，就能在自己的 iPhone 螢幕上看到車子在地圖上移動，一格像素一格像素移動。又例如，舊金山老舊的計程車老是髒兮兮，座椅黏乎乎又破損，而 UberCab 的黑色私家車則是一塵不染地現身，有光滑的黑色皮椅內裝和舒適空調，還供應冬青口味薄荷糖和冰鎮過的 Aquafina 瓶裝水。

UberCab 體驗最重要的一環是車資的支付。卡蘭尼克很堅持要讓用戶連想都不必想到付錢這件事。UberCab 會直接從用戶帳號中的信用卡扣款，乘客只要開車門、踏出車外，這趟搭乘就結束了，不需要給小費，不需要找錢，不需要手忙腳亂。

沒多久，新創執行長和創投人開始搭 UberCab 出入，拿車資報公帳；擁有 Uber app——這代表你知道如何叫 Uber，不會去叫計程車碰運氣——成了一種身分象徵。UberCab 員工印製幾十張推廣用的預付卡，送給有影響力的 Twitter 用戶以及灣區知名的科技菁英，鼓勵他們談論 UberCab、發推文。

不到幾個月，卡蘭尼克和坎普的新創已經成為矽谷當紅話題。

不過，要證明這家公司能擴大規模，卡蘭尼克必須把 UberCab 的成功複製到灣區以外的地區才行。舊金山給人感覺是個喜歡擁抱科技、容易成功的地方，這裡有大量的年輕人口，他們有錢可以揮霍、樂於一開始就接納新點子，要是你的消費性科技 iPhone app 不能在舊金山開花結果，那你可以直接打包回家了。

肩負起這項任務的人是二十四歲的奧斯汀．吉特。二〇一〇年吉特剛從加州大學柏克萊分校（UC Berkeley）英文系畢業的時候，對自己的人生毫無頭緒，更從未做過零售業以外的全職工作。她應徵 UberCab 實習生的那一天，才剛被米爾谷（Mill Valley）市中心的皮爺咖啡店（Peet's Coffee）回絕她所應徵的咖啡師工作——米爾谷是北加州人均最富有的地區之一，是 Uber 最終希望招攬的族群大本營。

吉特獲得 UberCab 實習機會的時候，UberCab 還沒有真正的辦公室，客戶群也沒有多少。既沒有行銷技能也不知道自己在做什麼的她，結果就是樣樣都做一點。她會打電話給舊金山各地的豪華禮車公司，說服他們加入 UberCab 服務，她會到 Craigslist 網站張貼數不清的廣告，把市區人行道貼滿廣告和傳單，這是打雜的工作，但是她很感謝有這份工作，也展現了卡蘭尼克最愛的

「拚勁」。

她是 Uber 第一位「城市開拓人」（city launcher），這是 Uber 自創的工作，工作內容是空降到新市場、設立據點、推出服務。她很縝密規劃了最早的城市開拓計畫，從尋找辦公室、跟當地黑頭車公司打好關係，到「替團隊的上市派對買蛋糕」這種小事都包含在內。

她很快就發現，大都市到處都是提供黑頭車和禮車服務的小企業，大多是因應單身派對、週末包車到景點旅遊、接送有錢客人往返機場，但是中間有很長的時間沒有客人可載，司機苦不堪言，只能在車庫或小街上枯等，等待無線電派車調度人員傳呼。

吉特會給他們提出一個解決方法：「我們會給你們的司機一支免費 iPhone，裡面有個 app，由我們公司提供。司機在平常的出車之間有空檔的話，可以打開那個 app，另外賺一份外快。」而提供網路替乘客和司機牽線的 Uber，則是從每趟車程抽取兩到三成的佣金。

「大家都是贏家。」吉特說。

「這對出租車業者來說幾乎是連考慮都不必的好康，反正車子閒著也是閒著。」一個早期員工說。為了啟動市場需求，UberCab 會分別給司機和乘客祭出誘因，這個方法最後證明是這家公司最歷久不衰的行銷招術。舉例來說，乘客只要註冊 app 就能獲得第一趟免費的優惠，司機只要一週內的車趟達到某個數量就能獲得數百美元的獎金。為了鼓勵顧客再來光顧，往後可享有兩成到五成的折扣，甚至完全免費——其中所衍生的差價則由 UberCab 買單，把差價付給司機。

這個策略所費不貲，因為每趟補貼都是 UberCab 的虧損，但是只要民眾開始愈來愈常使用這項服務，策略就算成功。「出租車業者看到他們可以從 Uber 那邊接到很多生意，就會開始買新車、僱用更多全職司機來處理多出來的生意。」一個員工說。

每到一個新城市，吉特就會組織一個當地團隊，以便在她離開後繼續運作。媒體公關經理負責處理行銷、訊息傳達、激起乘客和司機的興趣。另外，吉特還會聘請幾個 MBA 來處理所謂的「司機營運」，也就是運用試算表，從不斷變化的乘客和司機人數當中控管供給和需求。總經理則是團隊最高層，等於是 UberCab 在那個城市的老闆。

吉特終於有找到專業立足點的感覺，把 UberCab 引進新城市變成她的日常。她把這整套方法系統化，放到公司內部一個類似維基百科的網頁，給城市業務開拓立下可依循的腳本。派遣一支開拓團隊到西雅圖、聖安東尼奧（San Antoino）、芝加哥等隨便一個城市，要他們照著腳本做，然後就能看著顧客需求被帶動成長。她在啟動地方營運方面極有效率，人生接下來八年都在飛機上度過，不斷把她在舊金山所做的事複製到全世界其他城市。

吉特在美國不斷優化這套腳本的時候，在國外城市推出 UberCab 似乎還是個難以想像的想

法。不過，他們連加州都還沒跨出去就面臨生存危機。

二〇一〇年十月二十日，就在桂夫斯答應卸下執行長職位幾天後，交通部官員出現在這個年輕新創的辦公室。這些官員沒有看「TechCrunch」，一上門就要求見桂夫斯，他們說有禁止令要給UberCab，舊金山交通局說UberCab遊走於現行交通法規邊緣，已經違法，每營運一天就得面臨**每趟車程**最高五千美元的罰款。

UberCab每天在舊金山的出車已經有數百趟，這樣罰款下來足以造成公司倒閉。這還不打緊，只要公司在十月二十日後繼續營運，每營運一天，桂夫斯、卡蘭尼克和其他員工就得面臨最多九十天的牢獄之災。

收到禁止令的當下，桂夫斯、吉特、卡蘭尼克和董事海斯正在UberCab狹窄的共享辦公空間裡，一起不可置信地瀏覽這封信。

桂夫斯嚇壞了，「我們該怎麼辦？」他大聲說，一面從一張紙上唸出自己的名字，紙上說他有可能入獄。海斯這位創投人不知道該說什麼，他投資消費性科技公司已經是老手了，但是很少有公司觸犯法律。才剛大學畢業幾個月的吉特，靜靜站著，也很緊張，這是她的職場初體驗，卻面臨坐牢的命運。

卡蘭尼克不疾不徐，對著房間裡的人說：「不要理它。」

其他人看著他，好像他頭上長了角似的。「『不要理它』是什麼意思？」桂夫斯問。這位剛下臺的執行長望向海斯尋求建議，至少創投有一些管理新創的經驗。海斯回以聳肩。

「不要理它，」卡蘭尼克又說了一次，「我們把名字裡的 Cab 拿掉。」他的律師說過，Cab 這個字會讓公司暴露於更大的法律風險，以廣告不實為由遭到索賠。

UberCab 當下立刻變成 Uber，繼續開門營業。

第七章
創投界最高的男人

這筆交易比爾．格利非參與不可。他過去十多年的創投經驗看多了成功與失敗的新創，很清楚這個標榜「人人都有私人司機」的 Uber 很特別，不只因為這家公司成長快速，更因為它是 iPhone 最完美的應用，而 iPhone 正在改變這個世界。

跟坎普和卡蘭尼克不一樣，奢華或「賺翻」並不是格利追求的願景，他出門也沒有多大困難，他自己有車，住在林邊市（Woodside）近郊——林邊位於舊金山和矽谷中間，是極為富裕的地區。

格利看上的是 Uber 擴大規模的潛力。大多數新創都是切入已經存在的生意，再試圖做得更好或更有效率一點，Uber 卻是企圖顛覆整個行業，翻轉一個幾十年來幾乎沒有什麼創新的行業。光是計程車市場的規模就足以讓 Uber 價值數十億美元（只要它的成長曲線能持續的話），更棒的是，這個有數十億潛力的新事業體是橫空出世，理論上幾乎一夕就能把整個運輸業從類比世界拖到數位世界，而最棒的是，誰來拖誰就是整個市場遊戲規則的制定者。

只要下載 Uber app，乘客就擁有隨時召喚車子的力量和自由，可以在任何時間到達任何地點；司機也不必為了跟乘客接上線而花幾百美元在儀表板裝個累贅盒子，不過花個十塊錢在儀表板裝個手機支架倒是有必要——手機就不必擔心了，Uber 會免費奉送。

「這很神奇。」格利說。❶

Uber 在格利的雷達上出現的時間點很剛好。職場生涯中，格利一向對他所謂的「市集式商業」（marketplace）情有獨鍾。市集式商業是一種生意類別，既不是製造新商品也不是銷售商品，而是擔任中間人的角色，把一端的市場需求跟另一端的商品串接起來，然後從中抽成。

格利來到標竿創投的時候，已經對「市集式商業」深深著迷。eBay 是標竿創投最成功的投資之一，這家公司就是一個天然的市集，媒合數百萬個買家和賣家，憑藉的是網際網路這股新崛起的力量。Zillow 也是，它是房地產界的 eBay。還有 OpenTable，這是格利最早的投資之一，專門媒合民眾和餐廳訂位。Grubhub 也是把人和食物外送連結起來，DogVacay*則是給狗狗住的 Airbnb，從名字就不言自明。

格利的投資幾乎每一筆都是根據一個基本論點：網際網路自帶一股強大力量，能滿足真實世界人們對體驗、地點、事物的種種欲望。以前，豆豆娃公仔（Beanie Baby）愛好者要找某個長頸鹿絨毛公仔可能得上山下海，現在網際網路就可以讓那個人聯繫上某個已經囤了一整個倉庫的人。有數不盡的買家和賣家等著媒合，也有好幾百個潛在市集不斷從年輕創業人腦中冒出來，等著標竿創投的祝福和……資金，協助他們化為真實。

在格利加入之前，eBay 是標竿創投最有價值的投資。這家凝聚力很強的小創投在一九九七年投資 eBay 六百七十萬美元，兩年後的持股部位價值超過五十億美元。

格利在加入標竿創投之前就戰功彪炳。HW 創投（Hummer Winblad Venture Partners）是他前一個老東家，這家公司第一個五千萬美元基金就替投資人回收兩億五千萬。[2] 一九九九年中加入標竿後（沒過幾年科技泡沫就破掉），他也做了一些非常成功的投資。

但是他還想打一支全壘打。這筆交易他非參與不可。

格利的全名是約翰・威廉・格利（John William Gurley），小名比爾（Bill），一九六六年

＊ vacay 是 vacation，假期。

五月十日出生於人口七千的德州小鎮迪金森（Dickinson），遊客從加爾維斯頓（Galveston）前往德州東部海岸會經過這個休士頓郊區。在一九二〇年代，迪金森最有名的是馬賽歐（Maceo）黑幫家族經營的賭場，如今更出名的是一年一度的「紅，白，河口小龍蝦節」（Red, White and Bayou）。

格利的父親名叫約翰·格利（John Gurley），是NASA早期的航太工程師，在休士頓的詹森太空中心（Johnson Space Center）工作。[3]父親對數字和分析特別有天分，兩者都傳給了兒子。母親叫做露西雅（Lucia），是個充滿幹勁的人，除了在鎮上學校擔任代課老師，還做了十一年的市議員，甚至到當地圖書館當志工，替當地公立學校籌募數萬元獎學金，閒暇之餘還協助迪金森的市容美化工作，幫忙清潔街道。[4]格利很愛媽媽，但是更多的是欽佩，佩服她的職業道德、忠誠、對社區的責任感。

進入迪金森公立學校系統就讀之後，格利很快就迷上電腦運算。一九八一年，他得到一臺要價二九九美元的Commodore VIC-20桌上型電腦，換算成現在幣值大約八百五十美元——那是第一臺相對平價的家用彩色電腦。[5]上了九年級，他開始自己寫程式，用他在電腦雜誌背面看到的模板來寫。

格利從小就高人一等，從小學到高中都是鶴立雞群。他很清楚自己跟別人不一樣，對此也不是沒有怨言，但是身高在他念大學時變成優勢。在密西西比州念了幾年大學後，他轉學到蓋恩斯維爾（Gainesville）的佛羅里達大學（University of Florida），以「非獎學金」球員的身分進入籃球校隊，後來獲得NCAA一級籃球獎學金。雖然佛大打的是東南聯盟（SEC），但格利在隊上打球的日子並不風光，大多坐冷板凳。❻NCAA錦標賽一場大敗給密西根大學的比賽中，他上場打了一分鐘，唯一一次投籃機會沒有命中。❼不過，他還是拿到了電腦工程學位。

大學畢業後，格利繼續與電腦打交道，在休士頓的康柏電腦（Compaq）找到工作，距離家鄉不遠。一九八九年那時候，康柏電腦是蒸蒸日上的電腦製造巨擘，能在這家公司做軟體除錯（debug）工作是很幸運的事，這有部分要歸功於他主修電機的姊姊，她是康柏電腦編號六十三號員工。

沒上班糾錯時，他都在密切追蹤技術進展。他用自己的Prodigy網路個人帳號買賣股票，大量閱讀科技雜誌、鑽研新興科技公司密密麻麻的財務分析報告。他停不下來，深深著迷。❽他看到了科技令人興奮的變革力量，想更靠近一點。

在德州大學奧斯汀分校（University of Texas at Austin）取得MBA之後，格利在超微半導體（Advanced Micro Devices）找到行銷工作（超微是電腦晶片公司），但是這份工作很快就無法滿足他，他想做更大的工作，想進入新興科技領域，做能發揮分析與數字長才的工作。

念商學院期間，他曾經短暫涉獵一個領域，深受吸引：創投。這種公司再適合他不過。消化數字、挑出新崛起的科技趨勢本來就是他的樂趣，現在還有薪水可領，根本就是夢幻工作。但是，光憑著履歷就想進入創投界並不容易，奧斯汀好幾家創投都回絕了他，說他太年輕、沒經驗。於是他決定轉戰華爾街試試運氣。

一九九〇年代的華爾街跟矽谷有截然相反的思維。矽谷的創投要找的是「登月」點子，就是創業人花數年光陰只領低薪或少少預支薪也要試試看的宏大點子、可以在宇宙留下痕跡的點子，而華爾街的思維則是以三個月的增長狀況來判斷。

格利是成長於東西兩岸正中央的德州人，這兩種思維都有。他欣賞創業人的膽識以及橫眉冷對短期利潤的豪情，但他也是個務實主義者，只顧著夢想未來計畫而不顧眼前財報，很可能夢想還沒實現就發現好運和現金已經用完。

這位新科MBA開始一家一家打電話給知名公司。西裝筆挺的東岸生意人發現他們面試的是一個高個子德州人，單純、侷促不安，說要找份可挑選科技公司的工作。到了一九九三年，格利終於如願以償。他在瑞士信貸第一波士頓（Credit Suisse First Boston）找到一份工作，擔任賣方（sell-side）分析師，這對一個二十七歲沒有分析師或交易經驗的年輕人來說是一大突破。不過這份工作非常適合他。他負責個人電腦產業的綜合研究和分析，其他公司會根據他的報告來決定是否買進或賣出數百萬美元的股票。看到公司裡比較年長、有經驗的分析師——查理．沃爾夫（Charlie Wolf）、大衛．寇爾斯（David Course）、丹．班頓（Dan Benton），都是當時個人電腦產業聰明睿智的分析師——講的話登上報紙，上電視接受專訪，格利也想要有那樣的尊榮以及那樣的財富。這份工作極具挑戰性，但是對格利來說，更多的是樂趣。一想到有人請他發表科技方面的意見，還有錢可拿，他就興奮不已。

格利很快就成為華爾街明星。他快速竄升的同時，年長同事一個個離開這個產業，他們把自己的財務模型分享給年輕的格利，傳授累積多年的寶貴洞見，同事查理．沃爾夫甚至協助他打進Agenda，舊金山著名的年度科技菁英盛會。格利像個追星族在會議現場逛來逛去，以前老是坐冷板凳的他，很難想像自己現在竟然可以跟比爾．蓋茲、賴利．艾利森（Larry Ellison）、麥可．戴爾（Michael Dell）這些電腦歷史上響叮噹的名字平起平坐。

他的成功並非全靠導師們的提拔，他之所以能快速打響名號，是因為他對科技股和市場走勢的判斷精準無比，精準到瑞士信貸的大人物法蘭克．柯創尼（Frank Quattrone）都對他刮目相看——柯創尼是矽谷的傳奇投資銀行家，許多史上最受矚目的科技公司交易都有他的影子。兩人在瑞士信貸共事的時候就日益緊密，後來到德意志銀行（Deutsche Bank）再度攜手合作。柯創尼很早就看出，這個受過工程師訓練的分析師對於自己研究的領域有犀利洞察力。

格利所研究的企業高層也看得出來。一九九七年亞馬遜準備ＩＰＯ時，傑夫．貝佐斯和團隊高層並沒有選擇知名度最高的兩家投資銀行（摩根士丹利和高盛），而是挑了沒那麼知名但也很優秀的德意志銀行來主導亞馬遜上市。促成這筆交易的人，正是德意志銀行的明星銀行家和首席分析師：法蘭克．柯創尼和比爾．格利。這個雙人組合憑著他們對線上書店和其潛在生意的知識，令貝佐斯和董事會大為驚豔。摩根士丹利和高盛有名聲耀眼的人才，但是德意志銀行有柯創尼和格利。

就這樣，格利成了亞馬遜這家全球最大網路書店最權威的分析師。他老早就看出亞馬遜機會無窮，絕非只是一家書店而已。

格利最大的能耐是他敢於逆勢。在九〇年代末股市狂飆到樂昏頭的年代，格利這樣的科技股分析師往往被視為極力吹捧網路股的人，他卻逆勢而行，走自己的路。他在德意志銀行最出名的一份報告是看壞網景（Netscape），就是做出第一個網路瀏覽器的早期網路先趨。當時大多數分析師都給網景正面評等，即使微軟IE瀏覽器即將推出搶市（甚至承諾要免費發送）也不改評等，格利獨排眾議，他認為微軟會威脅到網景的瀏覽器龍頭地位，對網景在微軟進逼之下的商業決策不表樂觀，他認為網景的股價過高了，因此調降評等。隔天，網景股價暴跌將近兩成，此後從未完全恢復*。

雖然在德意志銀行功成名就，但是格利告訴柯創尼，他不想只做個分析師，他想實地做投資。柯創尼幫他在一家備受敬重的HW創投找到工作，但是他很快就上到大聯盟。短短一年半後，他就被一家叫做「標竿資本」的一流創投挖角過去。

格利和標竿創投的關係持續很久，但這也是必然。標竿是一家小而緊密的創投，每個合夥人都可以參與決策，也可以給旗下投資公司提出建言，每個新加入的合夥人都必須跟其他人同步。

凱文・哈維（Kevin Harvey）是標竿的創始合夥人，他有一次帶格利去打獵。在樹林裡，哈維見識到格利長於分析的腦袋，不過最讓他印象深刻的是格利的鍥而不捨。

「他跟動物沒兩樣，」哈維事後告訴其他合夥人，當時兩人坐在灌木叢裡，哈維看著格利突然站起身、跳過陡峭的懸崖、爬下山去追他們追蹤的一頭野豬，這種事哈維是打死不做的，「他覺得我有點懶，『因為我不想做』」。[9]

標竿資本一九九九年的時候有五位合夥人，格利成為第六位，每個都特別高大，活脫脫就像大學籃球隊先發陣容。長期下來，合夥人來來去去，但是格利一直都在。

他一直是最高的那個。

＊格利這次給的評等也惹毛一個年輕創業家，這個人後來也成為喊水會結凍的創投人，他就是馬克・安德森（Marc Andreessen）。安德森是網景的共同創辦人，是消費性網際網路問世的功臣之一，雖然網景最後陷入困境，以賣給AOL了結，但是安德森從沒忘記格利的評等報告。多年後，兩人都已功成名就且身價不凡，宿怨卻仍然未解。安德森多年後接受《紐約客》（*New Yorker*）採訪，提到格利：「我受不了他。如果你看過《歡樂單身派對》（*Seinfeld*）就知道，比爾・格利就是我的紐曼（Newman）。」（註：Newman是主角Jerry Seinfeld的頭號敵人。）

即使到了現在，他已經在創投界打滾將近二十年，表現過人，每個見到他的人第一印象一定是：他好高。

除了職業籃球員，二〇六公分的格利幾乎鶴立所有人。處在格利這種位置的人，很可能會利用高大的身材優勢，也許去威嚇競爭對手，或用來展現創投的狂傲不凡。

但是格利不會。他對自己的身高感到痛苦，常常竭盡所能避免顯露高人一等的身材，參加晚宴時，遠遠站在最後面或躲在窗簾後會讓他比較自在（這招從未見效，朋友、記者、創業人一看到他就立刻圍繞上去）。他似乎很不習慣住在這個身軀裡，老是盤算著如何擺放瘦長雙腿和粗壯骨架。一個好朋友說，如果有一天，就像《ＭＩＢ星際戰警》（*Men in Black*）的場景一樣，格利的頭打開，裡面有個遊走星際的小小太空旅人手忙腳亂地想控制這艘格利造型太空船，他一點也不會感到驚訝。

談話中或上臺演講出現停頓無語時，格利不會用閒聊來填補，他會保持沉默。有時有人說了什麼重要的話，他會後退一步，彷彿用身體吸納意見。

格利就是這樣在思考、分析當下發生了什麼、別人說了什麼、接下來會說什麼。也可以說他只是尷尬癌發作，因為他就是個容易尷尬的人。在矽谷這樣的生態，尷尬會被視而不見，甚至會被鼓勵，你有沒有腦袋來支撐你的想法才是唯一的重點。

腦袋，以及另一個東西：熱情。跟矽谷許多同行一樣，格利對科技和創新的顛覆力量深信不疑。他很欣賞年輕創業人靠一個宏大點子和幾百萬美元就能對世界產生正面影響。科技媒體特別喜歡放大他對矽谷的負面評價，但是他堅持自己是樂觀主義者。

即使在科技業最危殆的時刻，他也沒有棄守創投的角色。世紀之交網路泡沫化時，他沒有缺席，他在尋找有前途的創業人；二〇〇八年金融危機動搖全球經濟根基時，他也沒有缺席，他在加碼投資新創公司。

「動盪的環境往往能淘洗出真正的創業家。」格利在金融危機達到最高點的時候寫道，「矽谷熱錢充斥、很容易募到錢的時候，往往會吸引到只想賺快錢、不是想建立永續公司的短線投機者，只有最優秀的創業家才會在波濤洶湧的惡海中揚帆啟航。」[10]

第八章 雙人舞

創投與其說是一門職業，不如說是一種鬥毆。如果創投是一種運動，那鐵定是沒戴護齒套的橄欖球。沒有所謂**真正的**比賽規則，只要能搶下交易，大家什麼事都願意做。

這份工作看起來不難，就只是把別人的錢送出去罷了，但其實不然。創投人的行程表天天排滿會議，跟創辦人、金主、業界分析師、記者等開會。跟老牌大公司執行長談論市場趨勢和人才招募，跟投資銀行家討論未上市公司和公開市場，同時還得打發大批上門尋求金援的飢渴創業人，即使得空在紅木飯店（Rosewood）的酒吧放鬆一下（豪華的紅木飯店位於帕羅奧圖，向來是矽谷科技熱錢的社交中心），也可能被尷尬的電梯推銷給打斷。

創投的工作是在眾聲喧嘩中找出有前途的新創公司，替勞退基金、捐贈基金、家族基金、甚至高淨值資產人士（high-net worth individual）——這些人或單位都是以有限合夥人的身分把錢投入創投——賺取超額報酬。創投的生命週期一般是十年，有限合夥人通常期待最初的投資在十年後能有至少兩成到三成的回報。

創投是高風險行業，大約三分之一的投資會以失敗收場，但是高風險是必然的結果。[1]機構投資人要是偏好低風險投資，大可選擇穩定可靠的市政公債或貨幣市場基金，而風險低當然報酬也低。

為了彌補這麼高的失敗率，創投往往把投資分散到多種不同的產業和領域。只要有一筆報酬率高達十倍、二十倍甚至五十倍的大滿貫投資，就能彌補一整個投資組合的所有虧損和疲軟新創。對創投來說，第一首選是所謂的「登月」公司（以重塑、稱霸整個產業為目標的公司），也就是可以帶來最大榮光的公司。

投資方程式很簡單：創投提供資金給新創公司，換取持股。而新創公司如果決定接受創投投資*，就會開始籌募其生命週期最初的首輪資金，也就是種子輪募資，金額通常不大，介於幾萬美元到幾十萬美元之間。種子輪之後的募資則以字母為序，A輪、B輪……以此類推，一直募到

---

*不是所有新創都願意讓創投投資，這些公司就是所謂的「不求人新創」（bootstrapped），資金完全靠自己。不求人新創的股份全部掌握在創辦人手裡，如果成功，便由創辦人獨享所有報酬；如果失敗，創辦人也可能以破產收場。

公司：

A：死亡。這是最有可能的情況。

B：被其他大公司收購。

C：股票IPO，讓外部投資人能在公開股市購買公司股票。

不管是創投還是創辦人，目標都是引導公司走向B或C，也就是「變現」，這時創投才終於能把持股換成現金。

每一輪募資都是某種政治角力，傳遞出不同的狀態。一般來說，某創投愈早投資某家熱門公司，這家創投的聲望就愈高，外界會往前回溯認為這家創投慧眼獨具，能在新創尚未成長為利潤豐厚大公司之前就給予投資。貴拉克創投（Greylock Partners）的大衛．斯澤（David Sze）就是一例，世人會永遠記得他在Facebook和領英的估值還只是幾百萬美元而不是幾十億的時候就慧眼投資。還有克里斯．薩卡，他除了在種子輪就投資Uber，還早早就押注Twitter和Instagram，這兩筆投資後來都讓他入袋十幾億。

創投希望儘早投資入股還有個簡單的理由：愈早投資，就能用愈少的資金取得愈多股份。找到對的公司、對的點子、對的行業不見得是創投工作最難的部分，找到對的人來經營公司才是，也就是找到對的創辦人。

在矽谷，最受人吹捧的頭銜是「創辦人」，過去是如此，現在是，以後也會是。這與其說是個頭銜，更像是一個聲明，是創辦人在宣告：「這是我做的。我從無到有創造出來的，我憑空變出來的。」崔維斯．卡蘭尼克就常常把打造一家新創比喻為養育年幼小孩。❷一個好的創辦人會跟公司同生共息。創辦人要擁抱「駭客」精神，要做海盜船的船長，就像馬克．祖克柏所說的：「創辦人必須快速往前走，打破既有事物。」一個好的創辦人明天會比今天更努力；一個好的創辦人會做到死才睡覺（去火人祭玩一個星期回來也會睡啦）；一個好的創辦人會像卡蘭尼克打造紅勾勾的時候一樣，帶領公司度過艱難的籌錢困境，但也會明智地挑選金主；一個好的創辦人會享受公司成功的光環，也會承擔公司缺失的責難。一個好的點子不管出現的時機和地點再怎麼好，最後還是要取決於創辦人如何執行，重點是，真正厲害的創業家是千年一遇。

如果這聽起來很像救世主，那是因為真的就是。「創辦人文化」，更精確地說是「創辦人**崇拜**」，是從幾個類宗教哲學興起而成為矽谷的信仰基石。六〇年代的舊金山，擁抱的是一場跟性和毒品有關、由嬉皮帶領的革命，這場革命是源自對意識解放和烏托邦社會結構的追求。這種反建制的反文化，跟當時興起的「個人貪婪有其效能」以及「信仰創造性破壞」風潮一拍即合。

以這兩股力量為素材，科技人開始創造另一種反文化，這種反文化將根深柢固的權力結構連根拔起，為社會開創新穎有創意的運作方式。創辦人看到城市基礎建設、支付系統、住宅的無效率，於是透過現代資本主義的工具，成立軟體公司來改善我們的生活，同時也奪走懶惰菁英手中的權力。這些創辦人成了哲人王，一個個吃苦耐勞，將社會從官僚、不公平、過時的體制中解救出來。

馬克·安德森有句名言：「軟體正在吞噬這個世界。」[3]科技人早在當時就認為這是好事一件，世界上其他人則是直到近年才開始認同。創投交易從二〇〇〇年代初到二〇一〇年代增加了七成三[4]，全球創投投資從二〇〇五年的幾百億美元飆升到二〇一〇年之後的幾千億[5]，舊金山成為創投交易的世界中心。[6]

但是接下來，權力開始出現轉移。新創以前所未有的速度顛覆全球基礎建設時，創業家們發現舊有權力中心被侵蝕，甚至被他們身邊冒出來的新競爭者給取代。克雷頓·克里斯汀生（Clayton Christensen）的「創新的兩難」理論對此有清楚的闡述：一家公司如果大到看不見比較靈活的競爭對手帶來的威脅，勢必會步入險境。有創投在背後支持的新創，成了新的建制派（establishment）。

另外還發生了一件事：創辦人發現自己喜歡全權掌控。他們不要股東、投資人、大眾等外人的干預，久而久之，他們找到保護自己權力的方法，以自己的遠見為名，成功說服投資人把掌控權讓給他們。

Google 創辦人佩吉和布林進一步鞏固了這種做法，予以制度化。一九九八年一個狹小車庫裡，佩吉和布林創建一個搜尋引擎，要執行一個聽起來很瘋狂的任務：「歸納整理世界各地的資料，讓它變成人人都能用，而且有用。」[7]這正是創投所鼓勵的「登月」思維。

但是，兩位 Google 創辦人雖然躍躍欲試要改變世界，卻不想根據金主們的意願做決定。「不作惡」(Don't be evil)＊成了兩位創辦人和他們行事態度的代名詞，這三個字所傳達的訊息是：「即使成長為一家成熟公司，我們也不會為了錢做可惡的事。」

二〇〇四年股票IPO的時候，Google 動用了一種備受爭議的金融工具：雙級股權制(dual-class stock structure)。[8]民眾在公開市場買到的 Google 股票是「A級」，創辦人持有的股票是「B級」，兩種股票的貨幣價值相同，但是B級多了特權，每一股B級股票有十張「投票權」，等於是十個可以對公司領導決策投出贊成或反對票的機會；相對來說，每一股A級股票只有一張「投票權」。佩吉和布林這麼做是為了確保手中持股經年累月下來仍然夠多——更重要的

＊Google 已在二〇一八年將「不作惡」從企業行為準則中剔除。

是，IPO 時也要給自己發行夠多的B級股票——足以讓他們保有過半掌控權。

佩吉和布林其實並不想讓股票上市，對兩人來說，股票到那斯達克（Nasdaq）上市代表必須把 Google 開放給那些對科技一無所知的討厭人士監督。投資人都想從 Google 身上賺錢，一旦覺得營收成長不夠強勁，他們就會想改變公司，把他們的集體意志強加於兩位創辦人身上。

就像某個投資人所說的，布林和佩吉是見了華倫·巴菲特（Warren Buffett）才答應股票上市，就是這位美國傳奇商業大亨建議他們採用雙級股權制。

在「給 Google 投資人的使用手冊」這封標題輕佻風趣的信裡，佩吉寫道：「我們的目的是打造一個長期穩定的企業架構。各位投資 Google，就是下了一個長期賭注在這個團隊身上，尤其是謝爾蓋和我，以及我們創新的方法……新加入的投資人可以完全共享 Google 長期的經濟成果，但是無法透過投票權影響 Google 的策略性決策。」❾

許多創辦人紛紛跟進這種玩法，他們問自己：「佩吉和布林可以，我們為什麼不可以？」馬克·祖克柏不屑微軟提出的十億美元收購價碼時，外界都認為他瘋了。等到二〇一二年 Facebook 股票上市後，他之所以能繼續大權在握，在沒有董事會的阻力之下將整個公司轉往行動裝置發展（這個大賭注後來帶進豐厚報酬），就是拜雙級股權制之賜*。

Facebook 之後的網路 2.0 公司，譬如領英、Zynga、Groupon，紛紛仿效雙級股權制。由另一位科技奇才艾文·斯皮格掌舵的 Snap Inc.，二〇一三年拒絕了 Facebook 開價三十五億美元的收購，名噪一時。[10]這家公司二〇一五年股票上市，時值二十六歲的斯皮格一躍成為全世界最年輕的億萬富翁。

只有在矽谷這種「創辦人光環最盛」的地方，才會出現斯皮格這種不屑誘人收購的經營高層，而且還因此博得勇氣過人的美名。對於不信「創辦人教」的人來說，這種選擇並不理性，但是對於信徒來說，不管創辦人做什麼選擇應該都是對的，因為一開始他就是那個做對的人。

二〇一〇年權力往創辦人那一端傾斜的時候，為了能投資最優秀的年輕公司，創投得**用盡全力**擊敗競爭對手才行。創投會替創辦人辦趴，到 Nopa、Bar Crudo、Spruce 這些時髦餐廳用美酒佳餚招待他們，甚至動用更浮誇的方式：包下一臺 Learjet 31 飛機，載一群二十幾歲科技人去參加西南偏南音樂節（SXSW），向創辦人證明創投的旅行也可以很奢華。沒有什麼比私人飛機更

＊祖克柏的創辦人光環在二〇一六年之後褪色殆盡，美國總統大選、緬甸種族清洗等事件接連登上新聞版面，給人感覺 Facebook 這個平台疏於監督。專家說，祖克柏這個天才大男孩自己也沒意識到他的軟體有這麼大的影響力，同時也這麼脆弱。

能傳達「賺翻」的味道了。

格利不光是靠所費不貲的花招，他還提供無懈可擊的指導。深夜十一點半接聽創辦人的電話，在孩子們都睡著、他也快打瞌睡的時候討論策略，或是把某個年輕創業人從某個嚇人的高樓窗臺上引導下來。他專門競逐最重要的交易，常常都是他贏。

標竿創投一直在尋覓叫車或計程車業的投資標的，已經找了好一陣子，格利已經見過Cabulous、Taxi Magic以及舊金山幾家叫車公司。高人氣的叫車公司可以迅速產生技術專家所稱的「網絡效應」（network effect）：使用的人愈多，所產生的效益會隨著時間遞增。Uber在舊金山人氣愈來愈高，代表它在乘客和司機兩端都產生強大的網絡效應。

在克里斯．薩卡和羅伯．海斯的注資之下完成種子輪募資之後，不到幾個月，卡蘭尼克就開始到處尋找A輪的投資人，新一輪募資將會提供幾百萬美元資金，驅動新成長。格利在Uber種子輪就跟標竿合夥人談過投資事宜，但是沒有獲得公司所有人的首肯，這次他不會再讓舊事重演，他一**定要**投資Uber，這個商機太大，不能錯過。

格利不知道的是，不只標竿創投想要Uber，卡蘭尼克也超想獲得標竿的注資（標竿的名號響叮噹），此外，他也希望Uber董事會有格利這種搶手人物加入，格利不僅能幫Uber打開大門還能參與關鍵決策。還有一點，卡蘭尼克知道標竿多年來在許多公司下的賭注都是大手筆。

標竿是績優創投，聲望崇隆，即使金融危機後有大量創投湧入矽谷也無損它的地位。卡蘭尼克要找「最好」的，而且是「最好」裡面「最適合」的那種。紅杉資本（Sequoia Capital）也是科技業投資最具聲望的創投之一，卡蘭尼克也多次向紅杉提出挹注請求，但在早期幾輪募資屢遭拒絕。

格利是因為個人部落格「眾聲喧嘩之上」（Above the Crowd）而名聲漸開，他不時在部落格發表科技投資的論述和想法（部落格名稱除了格局宏大，也是對自己身高的消遣，令人會心）。他是在擔任分析師時以傳真通訊的形式開始寫，當時還沒有無所不在的網際網路，直到一九九六年他開了一個公開的部落格才愈寫愈多人看。一篇三千字文章他會思索好幾個月，跟朋友同事一起仔細審視自己的想法，然後才公諸於世。只要他更新部落格，就會有人湧入閱讀，一篇文章就能讓矽谷談論好幾個星期——卡蘭尼克很看重這一點。

兩人互相追求的期間，二〇一一年某個週日夜晚，十一點左右，住在卡斯楚區山頂公寓的卡蘭尼克打電話給格利，希望這位創投人從位於郊區的家中開四十分鐘的車去見卡蘭尼克，聊聊幾個想法。

格利二話不說立刻跳上車，一路往北開四十八公里到W飯店見卡蘭尼克——W飯店是舊金山週日夜晚唯一營業到這麼晚的高檔酒吧。兩人一起在酒吧為Uber「即興激盪」想法，來回推敲產品概念和長期策略目標，持續好幾個小時。直到凌晨時分，格利的家人都在床上熟睡，這創投人和創辦人敲定了Uber的投資。兩人握手言定，Uber的估值在五千萬美元左右，標竿創投將持有近兩成的股份。

第二天，標竿創投立刻著手準備文件，沒多久便把一千一百萬美元的投資款交給了卡蘭尼克。格利也搶下 Uber 一席董事，當時的董事只有三位：蓋瑞特．坎普、萊恩．桂夫斯以及卡蘭尼克自己。格利從卡蘭尼克身上看到一個頑強的執行長，雖然小自己十歲，才三十多歲，但是頑強程度不輸標竿所投資的任何創辦人。這股頑強會讓卡蘭尼克敢於挑戰全球各地根深柢固的運輸利益，而兩人不知道的是，這股頑強也會讓卡蘭尼克成為格利所見過最強大、最無法控制的創業家。

但是在那一刻，格利壓根沒想到這些。終於，在最後一次點酒時間過後，喝著啤酒，格利捕獲了一家交通網路新創，他的野豬。

他加入了。

第九章

冠軍心態

在卡蘭尼克看來，創業家所獲得的讚美都是應該的。像他這種創辦人，每天為了維持公司的運作拚死拚活，賭上自己的名譽、錢財和幸福，反觀創投賭上的只是ＯＰＭ——別人的錢（other people's money）。創投本來就預期投資組合裡的公司會以失敗了結，所以才會分散投資，把現金分散到多個行業。如果年輕的 Uber 失敗了，創投不會受傷，首當其衝的是卡蘭尼克和他的員工，所以卡蘭尼克枕戈待旦，隨時準備上戰場。

Uber 準備到全國攻城掠地的時候，卡蘭尼克暗自發誓這次絕對不同以往。前面兩次創業經驗已經讓他學到教訓。Scour 那次，他給投資人太多太多掌控權了，Scour 遭到攻擊時，投資人保住了自己，卻把他丟去餵狼；紅勾勾那次，他是存活了下來，但時機太差，產品也不夠強。

這次，Uber 是個有贏面的商品，問世的時間也很理想，最重要的是，卡蘭尼克全權掌控。

Uber裡裡外外都是他的，從app的設計到喧鬧、毫不留情的文化都是。他自認在打一場生存戰，敵方是腐敗、根深柢固的計程車業者以及收錢保護那些業者的政客，而他是前線將軍。

他意識到戰爭的比喻似乎太過了，所以通常用選戰來類比。有一次在一場科技業會議的講臺上，他說：「候選人是Uber，對手是一個名叫計程車的混蛋，沒人喜歡他，他也不是個好人，但是他跟政治結構盤根錯節之深，導致欠他人情的人太多太多。」❶

但那只是表面上做做樣子，卡蘭尼克真正的意圖是要拿Uber來打仗。要是政府決定在哪個城市打壓Uber，卡蘭尼克就會快速武裝用戶，群起對戰市府。Uber會廣發電郵給乘客，請他們聯繫當地民意代表，表達對政府取締Uber的不滿；另一方面也會廣發簡訊給司機，慫恿他們留在街上繼續做生意，即使被執法人員開罰單或車子被拖走。

「計程車業的腐敗、用人唯親太嚴重，監管單位又形同業者的俘虜，如果你直接公開要求批准某件本來就合法的事，你永遠得不到。」卡蘭尼克有一次告訴記者。❷他顯然認為Uber照著規則走是不可能贏的，對手當然不可能容許這種事發生。

事實證明這位創辦人的直覺是對的。Uber的游擊戰術遠優於政府人員或計程車業者的資源和科技靈敏度。以西雅圖為例，奧斯汀．吉特像傘兵一樣空降當地，快速招募地面支援部隊，撩起乘客和司機的興趣；萊恩．桂夫斯接著高速俯衝而入，向禮車公司大力推銷：「我們要給你們的司機一個賺外快的機會。」就這樣，Uber乘客數量短短幾週就大舉成長，市府連發生了什麼都還搞不清楚，等到監管人員回過神來，Uber 已經太受市民歡迎，不可能關掉。一旦 Uber 達到一定的運量，交通部門的人力就不足以阻擋這支車隊大軍。

在卡蘭尼克看來，Uber 並沒有做錯什麼。這些畢竟都是官方核可的豪華轎車和禮車司機，開的是保養良好、有保險的汽車，在生意清淡空檔透過 Uber 服務賺點外快。每個開 Uber 的人都是有駕照的職業駕駛，還有什麼好說的（讓任何有車的人都可以開 Uber 是後來的事）。隨著 Uber 的足跡踏遍美國——西雅圖、紐約、洛杉磯、芝加哥——Uber 愈來愈受歡迎，各市政府想圍堵這家公司也更加困難。

卡蘭尼克從不透露數字，但會用哥兒們的口吻來描述 Uber 的爆紅。「我能給你的最佳衡量指標是，Uber 在舊金山超殺的，而且碾壓全紐約。」Uber 剛在西雅圖推出時他告訴記者。[3]卡蘭尼克僱用了大批野心勃勃的二十幾歲年輕人，他們剛從大學畢業，天真樂觀地聽著卡蘭尼克夸夸而談，在他描述的故事裡，Uber 終將無所不在，提供「像自來水一樣可靠的交通方式」＊。一個只有星巴克管理經驗的新人一進入 Uber 總部就被派去接管一個城市，這種例子並不罕見。

＊卡蘭尼克和其他高層常常用這種說法來激勵員工，其實這個世界有很多地方並沒有自來水可用，它們應該比較希望先滿足對自來水的需求。Uber 這位執行長和同事從未處理這個引喻欠妥的小細節。

卡蘭尼克信任員工，賦予極大權力。每個城市的總經理都類似執行長，擁有重大財務決策的自治權，每個人都必須為自己的職務擔起責任。卡蘭尼克認為授權好過事必躬親。後來Uber的銀行帳戶有幾十億美元的時候，就給城市經理幾百萬美元的財務空間，讓他們用於給乘客和司機的「獎勵金」——也就是鼓勵人們使用Uber的贈品——以刺激需求，以及把乘客從其他叫車公司那裡吸引過來。城市經理通常不必向總部報告。Uber舊金山總部的高階經理對芝加哥或費城的同事幾乎不認識，也不怎麼監督錢的運用，城市經理光憑直覺或個人試算表上的數據就放行高達七位數的行銷活動。

從很多方面來看，卡蘭尼克的做法確實很高明。邁阿密當地的員工一定比舊金山派來的員工更適合把Uber帶入自己的城市，因為後者對當地風土民情一無所知。

但也有缺點。給二十多歲大軍**太多**自治權，難免出現一些混蛋。法國就出現用「超級辣妹免費載你一程」來促銷[4]，紐約辦公室的兄弟文化更是惡名昭彰。在賈許．莫爾勒（Josh Mohrer）掌舵之下（他是兄弟會公子哥兒，後來取得MBA學位），紐約管理團隊的蠻幹逞強和冒犯進逼，導致辭職和騷擾指控不斷。每個城市辦公室都有自己的文化氛圍，無論好壞。

不過，也因為這種自由放縱的自治意識，員工把卡蘭尼克的領導奉為圭臬。卡蘭尼克彷彿僱了一支私人的迷你創業人軍隊，給他們下了一道命令：去攻城掠地！他們個個都是自己領地的創辦人，個個都必須信守新創、駭客信條（這些是卡蘭尼克重視且不希望公司喪失的精神，即使

Uber 如野火般快速茁壯），卡蘭尼克會拍拍麾下軍官的背，接著就把他們派到戰場去建立步兵部隊，為 Uber 征戰。「永遠拚到底！」他會這麼說。

卡蘭尼克期許他的公司成為矽谷一種新體制、一股鼓勵創業精神的巨大力量。他希望「前 Uber 人」扛起矽谷的文化資本，在 Uber 待一段時間後去創辦自己的公司，就像「前 Facebook 人」、「前 Google 人」一樣。在他眼中，創業這個行為本身就是一種美德。

卡蘭尼克或許是近似艾茵．蘭德（Ayn Rand）*風格的自由主義者，開口閉口都是庸俗的新創陳腔濫調，也可能把團隊操到過勞邊緣，但是他會站在員工背後相挺，這對員工來說才是重點，他們是一起戰鬥的。

他們找不到比他更好的創辦人了。

Uber 把「病毒式成長」帶到完美境界。

*艾茵．蘭德是俄裔美國哲學家和小說家，強調個人主義、理性利己主義、徹底自由放任的資本主義。她的小說所要傳達的英雄樣貌是：一個因為其能力和獨立性格而與社會產生衝突的人，但卻依然奮鬥不懈朝他的理想邁進。

繼西雅圖和紐約之後，接著是芝加哥、華盛頓DC、洛杉磯，但是卡蘭尼克的野心不止於此，他要走向世界。到二〇一二年他們已經進駐巴黎，下一步是擴展到倫敦、雪梨、墨爾本、米蘭以及其他幾十個城市。他們透過游擊式行銷把傳單發到乘客手上，透過好口碑把消費者自然而然地帶向Uber。

卡蘭尼克和坎普的隨需黑頭車願景（也是他們的「賺翻」願景），是有利可圖的。Uber在舊金山已經開始賺大錢，這裡每個創投人和創業人都樂於用手機就可享受私家車服務，但是，真正把開關切到巨大成長模式的，是Uber不再侷限於豪華車。

孫尼爾．保羅（Sunil Paul）是連續創業家，也是資深的交通宅，他在舊金山有一家新創公司Sidecar，正在實驗另一種乘車服務。保羅看到Uber正在做的事，很欣賞他們的力度和進取，但是他發現有個更大的市場商機存在，他稱之為「P2P共乘」，也就是不侷限於職業禮車司機，他想說服一般有車子的人也變成兼差司機。他是這樣看的：滿街都是未充分利用的汽車，有四人座、六人座，卻只有一個人坐在裡面開車，這是運能過剩，也可說是浪費空間。

保羅是第一個想到這個的人，比他認識的人都有先見之明，但是在矽谷，「第一個」不是重點，「最好的那個」才是。

保羅試圖將他的P2P願景付諸實現的同時，有另一家公司也在思考這種方法。Zimride是灣區一家共乘（carpool）新創，兩位創辦人一個是交通迷、一個是雷曼兄弟（Lehman Brothers）

前員工（他在雷曼兄弟二〇〇八年破產前三個月逃離），他們當時正在考慮轉型。Zimride 原本鎖定大學校園之間的長途共乘，這是創辦人羅根．葛林（Logan Green）就讀加州大學聖塔巴巴拉分校（UC Santa Barbara）時就想做的事，但是儘管他跟夥伴約翰．季默（John Zimmer）全心投入，Zimride 卻遲遲不見起色，於是 P2P 共乘（就是孫尼爾．保羅在 Sidecar 做的那種）就成了一個有意思的機會。

卡蘭尼克愈來愈緊張。在市區另一頭的 Uber 總部，他聽說了 Zimride 的計畫，也聽說了孫尼爾．保羅的冒險。卡蘭尼克把馬克．祖克柏當成朋友（至少是熟人），這位 Facebook 執行長也給了卡蘭尼克好心提醒：Facebook 員工很瘋 Sidecar。祖克柏警告卡蘭尼克需要注意這家公司。

過了沒多久，葛林和季默宣布他們的轉型計畫：Zimride 決定放棄長途共乘，推出一項名為 Lyft 的新服務。這個計畫的目的是讓臨時湊人的共乘變成充滿樂趣、友善的經驗，乘客必須坐在副駕駛座，在往目的地駛去的路上建立友誼。Lyft 用可愛的粉紅鬍子給這個計畫增添色彩，送給每個駕駛一個超大的古怪毛茸茸鬍子，讓駕駛裝在車頭作為裝飾*，立刻爆紅。

---

*令人啼笑皆非的是，Lyft 的粉紅鬍子創意來自一個員工發現「卡車睪丸」人氣很旺，那是司機掛在汽車保險桿的假睪丸。不知道為什麼，鬍子跟睪丸都紅到不行。

卡蘭尼克馬上跳起來採取行動，他要兩位副手（萊恩．桂夫斯和奧斯汀．吉特）在Lyft成為真正的威脅之前搞定它。

桂夫斯和吉特都不是那種不屑耍陰招的人，卡蘭尼克更是。他們開始跟舊金山監管人員密會，慫恿監管人員追捕Lyft和Sidecar。原本對市政府百般嘲弄的Uber，現在竟然開始哀求市府官員關掉別的公司。「他們是現行犯！」吉特和桂夫斯對著一副事不關己的監管人員說。孫尼爾．保羅的Sidecar雖然不見起色，但是Lyft快速走紅，大家都愛笨笨的粉紅色鬍子。

理論上，監管人員是該取締Lyft的可笑噱頭，畢竟這家公司「正在」違法。Uber雖然招募司機好一陣子了，但都謹守限制，所有司機都是領有證照的出租車職業駕駛，在當地交通單位登記有案。Lyft卻完全不管這些，只要有車、有普通的C類駕照，就可以替這家小鬍子公司開車。

但是正如當時一位Uber員工所說的：「法律怎麼寫不是重點，怎麼執行才是。」舊金山交通當局連個鬼也沒執行，卡蘭尼克大失所望。他雖然大聲嚷嚷要把監管人員當空氣、要顛覆整個產業，但是並不像Lyft和Sidecar做得那麼過火，他一直不願意跨過那條線到極端共乘那頭。他的遲疑不定是錯的。他搭過一次Sidecar就恍然大悟：人人都是司機的P2P共乘有龐大的潛在市場，Uber得跟進才行。

格利站在場邊，震撼於自己所看到的一切，就像被閃電擊中一樣。Uber不只在爭奪計程車和豪華禮車的市場，它是在跟每一種現行的交通模式競爭。

「會不會有一天，Uber在價格和便利方面達到某個程度，成為自有汽車的替代選項？」格利後來在部落格寫道。[5]

Uber決定把賭注全押上。一份公布於公司網站的政策文件中，Uber宣布推出一個低價的共乘選項：UberX。[6] Uber要跟Lyft正面對決。

「我們大可循求法規途徑來阻撓對手，」卡蘭尼克言不由衷地寫道，提及切換到UberX的決定，「但是我們沒有，而是選擇走一條可反映我們核心價值的道路：正面競爭。」

認識崔維斯．卡蘭尼克的人大多會提到一件事：他不管玩什麼遊戲、參加什麼競賽、跟別人競爭什麼，都只有一個目標：完全制霸。

跟他一起長大的朋友說，他滿腦子都是拿第一，不管是中學田徑賽對上中央谷（Central Valley）的隊伍，或是參加辯論比賽——他是出於好玩參加的——全都是為了贏。

「他以前常讓某些老師精神崩潰。」媽媽邦妮有一次說到卡蘭尼克的頑強。[7] 辯論尤其令他亢奮，他喜歡從論點中找出有邏輯的前進路徑，揭露對手的弱點（即使過了幾十年他還是老樣子，沒有什麼比發現對手弱點並用力猛踩更讓他興奮了）。

他不只喜歡贏，也**必須**贏。贏是唯一的選項，唯一的目標。要是沒打算把金牌帶回家，那幹嘛參加比賽？

在Uber，所謂「贏」，就是除掉任何對手。他認為市場不足以讓Uber和Lyft共存，這是一場零和遊戲。路上每一輛叫來的車都必須有個Uber司機坐在方向盤後面，每個重要市場都是一定要完全壟斷才行。

卡蘭尼克很享受這場戰鬥。一開始他會在Twitter刺激Lyft共同創辦人約翰．季默，用開玩笑的方式酸他，問他Lyft的保險政策、商業流程和其他看似深奧的行話，接著就開始批評季默和Lyft的營運。

「你們還有一大段距離要追趕哦。」卡蘭尼克會在Twitter對季默這麼說[8]，還喜歡在推文後面加上「#山寨（Clone）」這個標籤，影射Lyft模仿Uber。季默採取不想跟他一般見識的回應，但是卡蘭尼克實在令他火大。

「他光是贏還不滿足，」Uber一位前高管說到卡蘭尼克的內在驅動力，「他還要讓你難堪，就像主人訓練狗順從一樣。很激烈。」[9]

每次把人弄到流血了，卡蘭尼克不但不停手，還會更用力。Lyft開始有人氣之後，季默花了好幾個月在路上奔波，到處懇求矽谷創投、避險基金經理人、私募基金注資，每次前腳才結束跟某個潛在投資人的會面，卡蘭尼克後腳就跟上去搞破壞，他就是有辦法知道季默去了哪裡。

「我們知道Lyft要募一大筆錢。」卡蘭尼克有一次公開承認，大剌剌談起想癱瘓對手的企圖。[10]他會清楚讓投資人知道只能在這兩家公司二選一。他的首要考量是資訊的分享。他會告訴潛在投資人：「只是讓你知道一下，我們接著會開始募資，所以在你決定要不要投資他們之前，我只是想確保你知道，我們馬上就會進行募資。」

這招果然有效。季默沒多久就會接到那位投資人的電話，道歉、退出Lyft最新一輪募資。Lyft走到哪，Uber就跟到哪去騷擾。Lyft最有效的草根戰術是舉辦所謂的「司機活動」，那是Lyft為招攬司機所辦的百人小派對。活動上有滿滿的酒水、披薩、蛋糕、派對遊戲，通常會讓司機們對Lyft產生好感，覺得這家公司真的在乎他們。

卡蘭尼克當然也要搞破壞。他會派員工混進活動現場，這些員工穿著墨黑T恤（Uber的招牌顏色），拿著裝滿餅乾的盤子，每塊餅乾都用糖霜寫上「Uber」字樣，員工身上的黑色T恤背後還印有推薦碼，讓Lyft司機註冊Uber的時候可以輸入代碼拿獎金。

沒在Lyft的派對搞破壞的時候，Uber還是有辦法玩弄Lyft。Uber在舊金山到處買下路牌和廣告，專門衝著Lyft來。每塊廣告上面都有一個大大的黑色拋棄式刮鬍刀，手柄上印有「Uber」，磨刀霍霍向著Lyft那個可愛的粉紅鬍子商標，圖片旁的文字清楚傳遞出Uber的訊息：「刮掉鬍子。」[11]

除了惡搞、在Twitter噴垃圾話，為了幹掉對手，卡蘭尼克還想出一個更有效的方法。

就像他曾經引用吹牛老爹（Puff Daddy）的歌對員工所說的：「說穿了就是班傑明（It was all about the Benjamins.）。」＊

Uber 已經找到攻城掠地的勝利方程式，但是每進軍一個城市都需要資金，需要先投入一筆錢來啟動他們所謂的「飛輪」。對司機來說，除非乘車需求夠大，不然他們不願替 Uber 開車；對乘客來說，除非司機達到一定的數量，不然他們不願註冊或繼續使用 Uber。這是典型的雞跟蛋的問題。

「Uber 的解決方法是直接買雞。」Uber 剛進駐舊金山時的經理伊利亞・阿貝佐夫（Ilya Abyzov）跟朋友談及這項策略。[12] Uber 開始燒掉幾十萬美元，當做補貼送給司機。司機只要在一定天數裡完成一定數量的車趟，Uber 就發給現金獎勵。另外，Uber 也在乘客端市場投入大筆現金，發放數千美元給新乘客免費搭乘。它的理論是：只要先讓人們願意使用，他們就會知道我們的服務有多好，一試成主顧。

它是對的。Uber 每進軍一個新城市，好口碑就快速傳開來，消費者超愛這種新奇感：看著自己叫的車子在 app 上蜿蜒前進，朝著自己駛來。民眾也超愛（補貼後）便宜到嚇死人的車資，超愛下車時不必笨手笨腳掏現金、不必給司機小費。這個 Uber 不知道是從哪裡冒出來的，太神奇了。

不過，要讓使用者享受到便宜的魔法，需要錢。卡蘭尼克知道 Uber 必須快速擴張到幾百個城市，必須快到競爭對手和監管人員阻擋不了，而要做到這點，他很清楚需要什麼：作戰資金。

卡蘭尼克很擅長表演給創投看。他從小就是表演天才，做天使投資人那幾年又有很多機會對年輕創業人發表激勵短講與建言。現在準備募資簡報的時候，他會花上好幾個小時準備漂亮的 PowerPoint 圖卡，配上讓人瞠目結舌的財務數據。他會自己先排練，一遍又一遍，確認按下遙控器換下一張圖卡的時間點分秒不差。時間點非常重要。

他一上臺簡報，那個表演天才立刻上身。他對投資人來說是大自然一股不可抗力，是科技奇才賈伯斯加上亞歷．鮑德溫（Alec Baldwin）在《大亨遊戲》（*Glengarry Glen Ross*）飾演的霸氣勵志演說家。「A—B—C，」卡蘭尼克喃喃自語，腦袋裡重複著鮑德溫戲裡的臺詞，「A是Always，B是Be，C是Closing，Always be closing. Always be closing!（每一筆都要成交！）」他可不是在耍笨，他是真的知道如何成交。

＊指美元最大面額紙鈔上的開國元勳班傑明．富蘭克林（Benjamin Franklin），在此延伸意指金錢。

一開始幾輪募資給 Uber 帶進幾千萬創投資金，但是卡蘭尼克需要更多資金，更多更多。這家公司正要進入募資大聯盟，不再只是向有錢科技迷要五百萬、一千萬美元這種零星小錢。Uber 需要的是數十億美元。

第十章
家演

卡蘭尼克募資的祕密武器是格利幫忙牽線的。

好的創投會協助新創公司網羅人才。格利想幫卡蘭尼克找個募資左右手，而且心中已經有理想人選：一個出身 Tellme Networks 的成交大才。Tellme Networks 是一家通訊軟體公司，從一九九〇年代末開始營運，是電話應用軟體（譬如語音個人助理）的推手，航空業接聽誤點航班憤怒旅客來電的自動化軟體也有這家公司的貢獻。

埃米爾．邁克（Emil Michael）是 Tellme 的成交高手。雖然他的幽默很魯莽，但在客戶面前是個優雅自信的創業家，很懂得如何堆滿笑容熱情招呼矽谷那些ＭＢＡ。Tellme 之所以能從網路泡沫全身而退，原因之一就是邁克跟幾家大企業談成合作，像是 AT&T、西南貝爾電話公司（Southwestern Bell）、Fandango 票務公司、美林證券（Merrill Lynch）。甚至在泡沫破掉必須裁員、縮減營運之際，

Tellme 還能善用資產人才打出全壘打，二〇〇七年以超過八億美元出售給微軟*。❶邁克就是知道該如何談成交易。

邁克是第一代埃及移民，成長於紐約的威斯徹斯特郡（Westchester County），父親是藥劑師，母親是化學師，小時候住在新羅謝爾（New Rochelle）郊區，街坊鄰居大多是有色工人階級。為了融入當地，邁克廣結善緣。從小就喜歡與人接觸的他，一面在父親的小鎮藥房櫃檯後面工作，一面跟年紀比他大一倍的客人聊天。大家都認識邁克父子，小邁克和家人也認識他們。

邁克成績優異，順利擠進哈佛大學（Harvard University），主修政治，接著進入史丹佛法學院（Standford Law School）就讀，就這樣來到矽谷心臟地帶。他以優秀成績畢業，在高盛的通訊媒體科技部門找到工作，在那裡展開了交易撮合領域的歷練，每天看著同事買賣公司。同事們就像羅馬角鬥士一樣，重整公司資本結構、翻轉拆解公司，但是真正令邁克興致勃勃的是快速崛起的科技公司，最終把他帶進矽谷一家新創。

離開高盛後，他在 Tellme 做了九年，接著轉往華府接下歐巴馬政府白宮研究員的工作，擔任國防部長特別助理。華府經歷讓他的資歷技能更加完整，有華府人脈的交易人到了民間企業勢必能走得更遠，而且他覺得還是在民間企業最自在。在政府部門做了幾年之後，邁克去了 Klout，一家評量社交影響力的公司。透過獨有的演算法，Klout 能給消費者在 Facebook、Twitter、Tumblr 等社交網站上的觸及量打分數，分數高的人就可獲得 Klout 合作商家的優待，可能是維珍美國航空（Virgin America）的座艙升等，也可能是賭城棕櫚樹飯店的免費早餐。邁克就是負責跟商家敲定合作的人，Klout 高層很喜歡他的幹勁。

比爾．格利在二〇一一年就牽線介紹邁克和卡蘭尼克認識，但是兩人當時沒什麼交集，直到二〇一三年格利打電話給邁克，詢問是否願意聽聽一個大好機會。格利說：「我們需要你過來幫忙。」他說加入 Uber 這家剛起步的公司是個不容錯過的機會，他欣賞卡蘭尼克的雄心進取，但也很清楚需要有個人來制衡這個執行長，需要有個人來抑制卡蘭尼克的劣根性，格利認為邁克很適合做公司裡那個大人*。

除了做卡蘭尼克的保母，邁克也要做他以前在 Tellme 和 Klout 做的事：跟其他公司談成有利潤可圖的交易合作。邁克是格利見過最有天分的交易高手，他的能言善道與和藹可親可以收服開發業務的人。

這位藥劑師之子有卡蘭尼克欠缺的特質，他的EQ足以適應任何情勢，而卡蘭尼克剛愎自用。有著黝黑外型的邁克，一頭黑髮往後梳，帶著燦爛笑容握手招呼你，讓你如沐春風，即使他正在

---

* Tellme 離職人員對新一代網路發展有廣泛影響。執行長麥克．麥庫伊（Mike McCue）後來去創立 Flipboard，林君叡（Alfred Lin）去 Zappos，最後落腳紅杉資本創投。帕托維兄弟（Hadi and Ali Partovi）這對受人敬重的創業家成立了 Code.org，還有其他人進入 Stripe、Facebook、亞馬遜等等。埃米爾．邁克待了一家好公司。

* 格利想錯了，兩人後來漸行漸遠。

掂你的斤兩。每一次互動都是談判，每一次開口都可能讓他抓到弱點。他口操市井小民語言，在科技公司打滾超過十年，這樣的背景用於推銷 Uber 的可能性，適才適所。

但是讓他成為成交達人的那些特質，也有不好的一面：他往往會模仿合作夥伴，為了融入團體而吸納團體的特質。這是他從小在威斯徹斯特養成的本能，為了避免成為外人，他努力成為如假包換的自己人。好的地方是：他會是很棒的酒友，做朋友更棒；不好的地方是：他會成為助紂為虐的人，不只協助策劃，還會共謀掩蓋。

卡蘭尼克立刻就喜歡上邁克，聘他為第二把手，正式頭銜是「業務長」，類似營運長，只是實際運作起來成了「交易長」。

他實際的工作最後會跟他另一份工作——成為卡蘭尼克最好的朋友——牽扯不清。邁克和卡蘭尼克開始形影不離，白天一起聊策略和業務，晚上和週末一起出去玩。兩人會一起吃飯，一起開車上路到各家合作公司拜訪，後來也開始一起度假，卡蘭尼克、邁克和兩人的女友一共四人行，一起結伴去伊比薩島（Ibiza）和希臘。兩人之間的界線逐漸消融，於公於私都是。他們是「兄弟」，也以兄弟相待，在夜店和高檔晚餐豪擲千金，這就是卡蘭尼克心目中他和好朋友應該過的生活。

不過，卡蘭尼克和邁克真正的過人之處在於募資。他們不斷重複一套方法，把兩人的技巧磨練到完美境界。以華爾街的ＩＰＯ為例，決定ＩＰＯ的新創會進行所謂的「路演」（roadshow），由投資銀行家代表新創巡迴一座又一座城市，向投資機構推銷這家新創。不過卡蘭尼克無意股票上市（至少短期內不打算），所以他和邁克開發出一套自己的方法，取了一個很親切的名稱：家演（homeshow）。對 Uber 感興趣的人夠多，所以兩人順勢強迫投資人到 Uber 舊金山總部來搶奪與**他們**共舞的機會，一起隨著**他們**的旋律翩翩起舞。

卡蘭尼克和邁克自創了一個制度，建立於「稀少」之上。Uber 每天只跟銀行家們開三場會議，持續一週，所以各家投資機構必須用搶的才能跟 Uber 開上會。

他們稱呼卡蘭尼克是「表演者」，也的確是。他表現得泰然自若、懂得拿捏時機、有令人「哇」聲連連的能耐，足以激起臺下銀行家、創投、避險基金的興趣，這些觀眾一年可是看了幾百場新創推銷秀。卡蘭尼克會帶來精心製作的幻燈片，穿插對自己有利的數據，證明 Uber 有龐大的「曲棍球桿成長潛力」（這是每位創業家和創投都希望看到的成長曲線形狀），而且這些數據信手捻來就有，Uber 本來就有所謂的「客戶負流失」（negative churn）現象[2]——這個詞通常用於提供訂閱式軟體服務（SaaS）公司。「客戶負流失」是指顧客用了這項產品就持續用下去，「也就是說顧客帳戶就像高收益儲蓄帳戶一樣，」一位創投人曾經用這樣來形容，「每個月進來的錢只會增加不會減少，不須花太多力氣。」

根據卡蘭尼克的數據，Uber 客人平均使用二．七次就會成為終身客戶。這個產品**就是這麼厲害**。

卡蘭尼克這套方法是師法他的偶像：賈伯斯、馬克．祖克柏、賴利．佩吉和謝爾蓋．布林。

他把 Uber 定位為跟那些改變世界的知名科技公司一樣，也暗示自己可以媲美那些傳奇創辦人。他在會議上的表現讓每一批新高管都相信：他的做法可能是對的。

然後，在卡蘭尼克驚豔全場之後，埃米爾．邁克以終結者之姿上場。卡蘭尼克在臺上一頁一頁快速翻著簡報的同時，臺下的邁克在觀察會議桌上每個人的肢體語言。誰的身子往前傾？誰看到我們的成長數字就眼睛一亮？誰等不及想出價投資？投資機構後續都會寄來充滿熱情的信件，但是邁克不急著馬上回覆，故意讓他們焦急；一個星期後潛在投資人會收到一個 Excel 表格，把他們願意投資多少、對 Uber 的估值是多少填入表格裡。卡蘭尼克把他們撩起來，但是邁克又把他們壓下去。這整個過程從頭到尾歷時三週，就這樣，這支雙人舞在接下來五年不斷重複，一次又一次。

卡蘭尼克和邁克還有另一項優勢，主要是運氣和時機所賜。矽谷一開始的募資生態比較小，只是當地創投投資當地新創。創投裡面有專精技術的合夥人，這些人懂得鑑別旗下所投資公司的複雜性和邏輯，會明智挑選公司，至少是根據某種邏輯和重要投資論點來挑選。這樣的投資動能持續了好幾代的榮枯循環。

但是科技公司的興起引來另一種資金。隨著小小的新創開始產生超大報酬，外面的人開始有 FOMO 情結——害怕錯過。YouTube 從二〇〇五年初開始不到兩年就募到一千萬美元，到二〇〇六年底被 Google 收購的時候，收購價已經超過一百五十倍；Instagram 還只有十三個員工的時候，就被馬克・祖克柏以十億美元買下。沒有人想錯過科技熱錢湧入的浪潮。共同基金、投資銀行家、海外主權財富基金、外國政府注意到 Google、Twitter、Facebook 透過 IPO 所創造的龐大財富，也看到最大那筆是落入早期投資人手中，也就是在新創未上市之前就投資的人。

避險基金傳統上只專注於它們熟悉的市場，只投資各種上市公司，但是漸漸地，這些機構投資人——普信集團（T. Rowe Prices）和富達投資（Fidelity Investments）——也開始流向矽谷。手握幾億美元操盤金額的避險基金經理人，很清楚他們必須投資科技公司才不會錯過這股熱潮，而矽谷所有正在募資的未上市公司裡面，Uber 是最重要的一家，是獨角獸當中的獨角獸，投資人都搶著要分一杯羹。

卡蘭尼克充分利用這股需求。早期跟麥克・歐維茲打交道的傷痕仍在——就是 Scour 被娛樂產業控告時背叛他的創投人。那次經驗之後，卡蘭尼克再也不相信投資人，設下種種令人不快的條件作為投資門檻。未上市公司確實沒有義務公開內部統計數據，但是通常會讓持股多的投資人一窺公司財務，卡蘭尼克卻是漸漸剝奪某些大股東的所有「知情權」，也只提供一定程度的資料給其他股東。不僅如此，投資人還得同意卡蘭尼克繼續持有「超級投票權股票」，而新來投資人只能取得投票權薄弱的股票。卡蘭尼克所持有的超級投票權股票每一股等於十張票，其他普通股則是一股一張票，另外，他還有蓋瑞特・坎普和萊恩・桂夫斯的效忠，這兩位早期共同創辦人是他的強大盟友，各自也有超級投票權股份。

卡蘭尼克等於有個權力很大的小圈子為他這個執行長背書，沒有投資人能干涉他怎麼花錢，沒有股東能左右他僱用誰、開除誰等等。Uber 是崔維斯．卡蘭尼克的公司，如果你運氣好，他會允許你投資。

Google 創投（Google Ventures，以下簡稱 GV）積極奔走想受邀入股 Uber，但是每前進一步，崔維斯．卡蘭尼克就要求更多。

大衛．克蘭（David Krane）是 Google 老員工，後來轉為 Google 創投合夥人，他追蹤 Uber 好幾個月了。聽說 Uber 又要募資，他只需要有個機會到卡蘭尼克面前施展魔法，讓這位創業家願意收下他的錢。

克蘭只要一逮到機會就積極向前。二〇一三年初他在長灘表演藝術中心（Long Beach Performing Arts Center）的 TED 年度大會看到卡蘭尼克，當時卡蘭尼克正在跟卡麥蓉．狄亞（Cameron Diaz）說笑，被這位女明星的光環所迷倒。克蘭一發現空檔就悄悄挨近兩人，禮貌性地把狄亞輕輕擠到一邊，將自己安插到卡蘭尼克面前。克蘭替 GV 做過幾筆大投資，包括 Nest（做智慧恆溫控制器的公司）以及藍瓶（Blue Bottle，精品咖啡連鎖品牌），但是Uber是他夢想釣到的大鯨魚。

在TED上那段經歷給卡蘭尼克留下了深刻印象，知道Google這種各方誇讚的企業在追求自己，他樂得很。那年稍後，克蘭跟GV其他高層合夥人花了幾個月追求卡蘭尼克，希望在Uber的C輪募資上分一杯羹。雙方人馬互相打量對方斤兩的同時，卡蘭尼克發來慣常、直截了當的要求：「你們到我們公司來，提一份投資計畫書給我們，我們再決定要不要讓你們加入。」

這幾個Google人對這種事很不習慣。獲得GV的投資青睞向來是「特權」，不是需要考慮的事。GV雖然不像KPCB或紅杉資本這種知名創投歷史悠久，但是獲得GV的資金挹注就是一個強烈訊號，代表你的公司很酷。

克蘭和其他合夥人來到Uber總部，向卡蘭尼克和邁克做了一次出色簡報，他們保證給Uber各種支援，不管是從GV龐大的人脈網羅優秀高管，還是提供GV深厚的策略經驗都沒問題，當然還有滿盆滿缽的資金。克蘭和合夥人做得好極了，他們深信Uber會答應這筆交易。

然後卡蘭尼克給了他們兩個數字：他說Uber的估值有三十五億美元，換算下來，每個投資人要出資兩億五千萬美元。

這幾個Google人皺起了眉頭。兩億五千萬可是驚人的數字，即使對創投來說也是。GV一般不做這種規模的投資，通常會選擇在新創初期或「成長階段」出手投資，它覺得開出比較小額的支票會安心點，大約介於幾百萬到上千萬之譜；再者，愈早在新創初期注資才能換取較多股份，種子輪投資的風險雖然比較大，但是如果最後證明是支全壘打，投資報酬也比較大。

但是這次的 Uber 不一樣。Google 創投被要求開一張兩億五千萬的支票，這可是**整個投資基金**的一大塊，卻只給單單一家公司，而且對方還說有這個機會就要偷笑了。克蘭和合夥人很不習慣。

經過漫長的來回磋商，克蘭終於說服合夥人咬牙接受。他們開出 Google 創投有史以來給單一公司的最大一張支票，獲得的待遇卻跟其他人沒有兩樣。

跟對待以前的投資人一樣，卡蘭尼克也不讓 Google 創投定期收到 Uber 詳細的進展資料，那張兩億五千萬支票只夠買到一席 Uber 董事會觀察員——就算只是觀察員也是眾人垂涎的位子，大家都想入股這家高知名度公司。一般來說，領銜完成這麼大筆投資的人可以取得一席有投票權的位子，但是卡蘭尼克卻把克蘭撇到一邊*，他要 Google 另一個層級更高的人：大衛．莊蒙德（David Drummond）。

卡蘭尼克給了莊蒙德一個妥適的董事席位，這可不是小事。莊蒙德在 Google 還是個嬰兒就開始跟 Google 合作。他認識佩吉和布林的時候，已經是矽谷知名律師事務所 Wilson Sonsini Goodrich & Rosati（簡稱 WSGR）合夥人。後來他協助 Google 完成初期幾輪募資，跟兩位創辦人建立了交情，二〇〇二年全職加入 Google，一路協助帶領這家公司完成後來的 IPO。由於來得早，莊蒙德成為佩吉和布林最信任的副手之一，最後在 Google 取得崇高頭銜：「業務開發資深副總」和「法務長」。他同時也負責監督 Google 創投的投資，以及 Google 另一家投資公司「Google 資本」（Google Capital）的投資。簡單說，矽谷只要有所謂的「BFD」——大到靠北的交易（a big freaking deal）——一定會找莊蒙德諮詢。他有策略眼光、人脈豐沛、地位崇高，對卡蘭尼克來說，有莊蒙德加入 Uber 董事會就等於釋放一個訊息：Uber 獲得了 Google 整套策略力量的加持。莊蒙德默許，同意加入董事會。

卡蘭尼克在最後一刻又給克蘭一個突襲。一直到即將拍板定案那一天，克蘭都知道 GV 在跟另一家身分不明的創投競爭，而且克蘭被引導相信 Uber 最後選擇 GV 捨棄另一家，但是到了第十一個鐘頭，克蘭和卡蘭尼克幾個星期來的協商終於敲定後，卡蘭尼克告知克蘭，他要納入另一個投資人：TPG 資本（TPG Capital）。

克蘭氣炸了。TPG 資本是全世界著名的私募基金之一，企業史上許多最受矚目的槓桿收購案都有這家公司的影子。二〇〇七年 TPG 攜手高盛，以大約兩百七十五億美元收購當時全球第五大手機業者奧特爾（Alltel），是當時電信業最大一筆槓桿收購。Google 創投已經是矽

＊克蘭協商取得一席「董事會觀察員」，他可以參與會議，但是沒有投票權。這件事讓他很不爽，因為這筆交易是他自己談成的，不過總好過被完全排除於董事會之外。

谷灣區的大魚，但是卡蘭尼克不滿足，他還要隨ＴＰＧ資金而來的走路有風和全球人脈，而且ＴＰＧ還招待他一趟企業專機之旅，給他頂級企業才有的物質享受＊。雖然跟他談成交易的人是大衛・楚希約（David Trujillo，ＴＰＧ合夥人），但是他想要ＴＰＧ另一個名號更響亮的人進入Uber董事會：大衛・邦德曼（David Bonderman）。邦德曼是私募基金界的傳奇，也是ＴＰＧ創始合夥人，往來都是名流、企業高層、監管高官、世界各國元首。就像莊蒙德的名號給科技界發出某種訊息一樣，邦德曼的加入也把Uber的重要性傳到整個商業界。搞半天，原來卡蘭尼克只認錢不認人，一拿到錢就把克蘭和楚希約拋到一邊。

到最後，雖然在這一輪投資了兩億五千八百萬美元，Google創投和克蘭也只能摸摸鼻子默許。ＴＰＧ最後直接從蓋瑞特・坎普手中買下八千八百萬美元的股份（坎普願意賣出部分持股＊），克蘭無從阻擋。

卡蘭尼克的要求還沒完，他接下來想要的是矽谷那顆最叫人垂涎、象徵身分地位的甜梅：跟賴利・佩吉見面。

＊如果這是為了誘惑卡蘭尼克，那麼並沒有達到效果。他這趟ＴＰＧ專機飛行只是北京單程之旅，回程還是得搭商業航班。

＊很不可思議，坎普竟然繼續把這筆錢拿去押注StumbleUpon，他仍然相信StumbleUpon能在社交網路成為一方之霸。掙扎多年後，他終於在二〇一八年六月收手。

Part Three

第十一章 大哥與小弟

帕羅奧圖的四季飯店（Four Seasons Hotels）是高聳的半圓形，整個外牆都是反光玻璃，矗立於一〇一國道之上，正午陽光照射下，窗戶閃耀著銀色光芒，彷彿這是一顆投宿於矽谷心臟的超大晶片。

這裡距離 Google 山景城（Mountain View）總部也只要十分鐘車程。不知道克蘭怎麼辦到的，反正他滿足了卡蘭尼克最後的要求，跟佩吉、莊蒙德約好碰面時間，早上九點，卡蘭尼克和他的成交高手埃米爾．邁克受邀到 Google 總部共進早餐。

可是卡蘭尼克是夜貓子，習慣工作到晚上十一點再跟附近其他創業人喝一杯，要他早上九點到山景城開會是**不可能**的，所以克蘭替他訂了四季飯店的套房。

當天早上克蘭給卡蘭尼克準備了一個驚喜。卡蘭尼克步出飯店，走向門外等他的 Uber，背包住後座一扔，準備往南前進。

Uber 司機還沒把車子開走就來了另一輛車，跟停在代客泊車區的保時捷和特斯拉完全不同。原來，克蘭成功說服 Google「X」部門工程師，把 Google 著名的自駕車借給他。這輛白色 Lexus 休旅車停了下來，車身有 Google 標誌，車頂配備了雷射和攝影機。卡蘭尼克的無人戰車到了。

克蘭的花招奏效了。卡蘭尼克看得目瞪口呆，樂得像青少年似的，連忙取消 Uber，跳上 Lexus 後座，隨車往南開向未來（他興奮到忘了拿 Uber 後座的背包）。

這場會面正如卡蘭尼克所想的一樣美好。一群人——佩吉、莊蒙德、卡蘭尼克、邁克、Google 創投執行合夥人比爾．馬里斯（Bill Maris）——像老朋友一樣談天說地，一起思考兩家公司的合作可以給世界帶來什麼成果。

卡蘭尼克尤其興奮能跟佩吉見面。佩吉正是卡蘭尼克從小崇拜的創辦人典型，白手起家，給一個極為困難的問題設計出優雅解方，用搜尋演算法梳理整個世界的資料。卡蘭尼克喜歡效率——他前面兩個創業，Scour 和紅勾勾，就是為了追求效率——而 Google 正是史上最有效率的搜尋引擎。他覺得，有佩吉做他的導師，Uber 一定勢不可擋。

「就好像大哥和小弟。」卡蘭尼克後來談起那場會面。[1]

卡蘭尼克對那場會面的印象並不完全跟事實同步。認識佩吉的人都知道，他**絕不是**平易近人的人，更不可能是誰的「大哥」。佩吉是工程師中的工程師，拙於社交，不喜歡跟生活圈以外的人見面，滿腦子只想解決那些複雜到不可思議的問題。

對佩吉來說，投資 Uber 是基於策略思考。這位 Google 創辦人對交通有濃厚興趣，早在科技公司和汽車大廠認為可行之前就啟動 Google 的自駕車研究，還投入數百萬個人身家研發飛行車。他並不是關心崔維斯・卡蘭尼克，他關心的是未來交通。

再說，卡蘭尼克並沒有搞清楚佩吉的內部競爭哲學。賴利・佩吉給予每個分支單位很大的自治權，Google 創投還特別向外人言明自己完全獨立於 Google 之外，意思是不見得要向母艦回報。很顯然，獲得 Google 創投的投資並不等同於獲得 Google 支持。

儘管佩吉在早餐席間看不出有流露關愛眼神，但卡蘭尼克自認締結了重要盟友。一群人談了雙方可能的合作方式，也許可以根據 Uber 每天幾百萬次的車趟來改進 Google 地圖（Uber 則是獲得 Google 地圖導航的加持）。

佩吉停留的時間很短暫，談談合作就告退了，逕自閒逛廣闊園區去了。卡蘭尼克則是迫不及待想再見他一次，再來一場「即興激盪」。

卡蘭尼克在Google總部與高層商定Uber燦爛未來的同時，就在幾棟樓之外，有個安東尼·李文道斯基（Anthony Levandowski）沮喪地坐著。

李文道斯基一輩子都投入於科技和機器人。出生於比利時布魯塞爾的他，十幾歲移民到美國，落腳馬林郡（Marin County），過了金門大橋就是舊金山。從小他就對地圖和車輛情有獨鍾，很喜歡建造東西、修補改造，大學在東灣（East Bay）的加州柏克萊大學度過，主修工業工程，在那裡做出他第一個機器人：一個用樂高組成的機器，可以撿拾大富翁紙鈔並且分類。[2]他很快就說服同學一起參加國防部的「DARPA機器人挑戰賽」，參賽者自行造出自動車，然後到莫哈韋沙漠（Mojave Desert）賽車。他們滿懷希望參加比賽，但是造出的自動車（一輛暱稱為「幽靈騎士」的摩托車）開賽不到幾秒鐘就撞到東西*。這次失敗令他很洩氣，他是個喜歡贏的人，喜歡的程度跟他對機器人的熱愛不相上下。

*李文道斯基這隊最後還是贏了：「幽靈騎士」陳列於史密森尼學會（Smithsonian Institution）。

大學畢業後，他找到 Google 的工作，參與街景計畫。他是 Google 最愛的那種工程師，好奇心強、聰明優秀、工作之餘興趣廣泛。

李文道斯基是 Google 園區一個不會被誤認的存在，原因之一是他兩百公分的身高，也因為他的個性跟個子一樣難以忽視：喜歡交際、有吸引力、犀利，以及對科技懷抱救世主般的熱情，尤其是他自己的計畫。

在他任職 Google 期間，公司鼓勵員工採行「兩成時間」制度：八成上班時間專心於分內工作，兩成時間可用於鑽研其他興趣。

而他的興趣就是建造機器人。他在外面成立一家新創，取名 510 Systems（510 是柏克萊的電話區碼），自己找了一群員工開始打造後來對 Google 很有用的技術，包括自駕車專用的感應器和其他軟體。Google 這家搜尋巨擘渾然不知，它的街景計畫有很多裝置是購自李文道斯基這個自家員工——他是透過中間人販售。

Google 後來發現李文道斯基的詭計，不但沒有開除他，反而決定以兩千萬美元買下他的新創。

510 Systems 這種副業定義了李文道斯基這個人。他喜歡錢，但是更喜歡尋找速成解方和變通辦法，雖然身在大企業出賣勞力，但內心是敢打敢拚的創業人。建立一家公司再回頭賣給 Google 證明了一件事：他找到「兩成時間」制度的漏洞，充分利用，然後贏了，外加兩千萬意外之財入袋。

不過他倒也不是只追求金錢和速成解方。多年來他總認為人類在這世界的移動方式很沒道理，每年有幾萬人死於車禍，大都會區的交通爛透了，尤其是舊金山灣區，大家開著效率低落的汽車塞在路上，每輛車只坐一個人，既沒有效率又浪費，如果有一支自駕車隊，有需要才使用，不是環保又節省成本多了嗎？

Google 一買下他的新創，他就一頭栽進地圖繪製和自駕技術，加入神祕的 X 部門。同事說，是李文道斯基說服 Google 高層（尤其是佩吉）投注幾百萬美元於自駕研究[3]，也因為他負責的計畫是佩吉的心頭好，所以開始跟這位執行長建立起特殊關係。

但他也很精明。Google 收購 510 Systems 的時候，李文道斯基開出的價格剛好低於法律規定必須與員工共享的金額門檻，大約五十個員工就這樣被奪走一個大撒幣發薪日。[4]更慘的是，Google 只承接不到一半的 510 Systems 員工，其餘員工辛苦替李文道斯基建造機器人，到頭來卻落得兩手空空。

照理說李文道斯基應該欣喜若狂才對，但是並沒有，幾年後佩吉跟卡蘭尼克在那頭討論合作的時候，這頭的李文道斯基卻覺得被上了手銬。他來 Google 是為了打造自駕車、顛覆交通世界，但是，Google 儘管有遠見卻畏首畏尾。

Google 不敢批准李文道斯基真正想要的：自駕車實地上路測試。除了擔心負面輿論，舊金山老是塞車的棋盤道路蠢設計也是極為棘手的工程問題，小小失誤就可能導致危險事故。反對者已經在腦中想像一幅景象：掛著Google標誌的休旅車纏繞著另一輛車子殘缺不全的底盤，更可怕的是纏繞一個殘缺不全的行人肢體。

但是李文道斯基很清楚，Google必須實地上路測試才能讓自駕車跨出概念階段。他已能想像出一個沒有車禍死亡或塞車的未來，在那裡，共乘既簡單又自動化，而Google卻在這邊拖拖拉拉，只因為不敢打破區區幾條規定。

李文道斯基的領導作風常常惹怒其他Google人，蠻幹、一意孤行、強硬粗魯，對不認同他的同事冷嘲熱諷。Google是個小心謹慎、按部就班的地方，但是員工眼中的李文道斯基卻是喜歡抄捷徑、不時魯莽行事。在沒有知會上司的情況下，他擅自聘請內華達州說客撰寫新法，允許自駕車毋須安全駕駛即可在內華達州上路。Google高層震怒不已，但是法律竟然在二〇一一年通過，施行於內華達全州。

備受非議的行事作風給李文道斯基樹敵不少，等到他有意爭取X部門的自駕車單位主管時，員工群起反抗，要求佩吉親自介入，並欽點他的死對頭克里斯·厄姆森（Chris Urmson）擔任主管。[5]李文道斯基難堪大敗，也無意掩飾，甚至一度連班都不上了。

他陷入煎熬，他替這家公司做出最先進的自駕車技術，卻得強顏歡笑被一個更好鬥挑釁的死對頭帶領。一定還有別的路可走。

第十二章 成長

不成長便成仁。

這是矽谷創業人個個遵行不悖的箴言。簽下第一份金主投資條件書那一刻起，他們就已經做出承諾，要不斷奮戰，讓這家新創好好活著並且成長、成長、再成長。

「成長」已經變成卡蘭尼克的口頭禪。每天早上他會打開 MacBook，瀏覽前線副官們的進度報告。他追蹤每個城市的新用戶人數，追蹤「供給」（這是他給一個個有血有肉司機取的稱呼），他靠這些數字維生。有朝一日，人們打開 Uber app 就能取得各式各樣商品（從尿布到 iPhone 充電器都有），隨時隨地都可以。Uber 會成為物流公司，運送地球上的人和物品，是打了類固醇的亞馬遜。

自己整天都在工作的卡蘭尼克，也期待員工這麼做。畢竟在 Uber 工作不只是一份工作，而是一種使命、一種天職，如果不打算在辦公室待很晚、不打算在夜晚和週末工作，你就不該進Uber。公司的晚餐供應——這是多數矽谷大公司為加班同仁提供的福利——要到晚上八點十五分才開始，也就是說，盤算著五點下班、多做一個小時就能撈到免費晚餐是行不通的，你得多做三小時又十五分鐘才吃得到。

而且工作永遠做不完。每進軍一個新城市，Uber的「曲棍球桿成長」都會引來關注和競爭，換句話說，員工必須加班擊退對手（對手通常是市府監管人員、計程車司機與業者，不然就是替他們服務的市議員）。受到這種態勢的影響（Uber一跨入新城市，計程車司機就憤怒反擊），卡蘭尼克開始表現得好像他被人圍攻一樣。

在卡蘭尼克看來，當地「法律」是當地官員應交通團體要求而制定的偽規則。在他眼中，Uber打的是一場聖戰，努力爭取消費者的同時，還得分神應付盤根錯節利益所發動的暗黑巷戰——從市議會到州長辦公室都是盤根錯節利益，這些人沆瀣一氣，把計程車服務搞得又爛又貴。他認為計程車業操縱於壟斷集團手中，整個體系墮落貪腐。

不過那些「壟斷集團」可不是省油的燈。

計程車司機知道他們必須把 Uber 擋下來。某些大都市的計程車司機買「牌照」（當地政府規定的營業許可）就花了幾十萬美元，牌照價格可以貴到無法無天，譬如在紐約市這種高價市場就要價上百萬美元，司機和業者為了買牌照背負龐大貸款。牌照數量有限的情況下，就形成人為限制的市場，也就是說，司機和業者的收費足以讓他們過上不錯的生活（也足夠他們繳納牌照貸款）。

然後 Uber 出現了，這套完全建立於稀缺與排他性的牌照制度突然岌岌可危。有了 UberX（Uber 推出的 P2P 服務），只要有車，人人都能開 Uber，這個簡單概念摧毀了計程車業的進入門檻，牌照價格應聲大跌。二〇一一年紐約曼哈頓的牌照一張要一百萬美元[1]，六年後有四十六張皇后區牌照整批大拍賣，平均一張只要十八萬六千美元[2]，生計全繫於清償高額牌照貸款的計程車司機，頓時資不抵債。

計程車司機嚇呆了。曼哈頓司機道格・席夫特（Doug Schifter）面臨財務崩潰，Uber 的崛起摧毀了他以傳統計程車營生的收入。二〇一八年二月一個寒冷的週一早上，他把車開到曼哈頓下城的市政府，拿出獵槍指向自己的頭，扣下扳機。[3]

他 Facebook 上最後一則貼文寫著：「一九八一年進入這一行的時候，我平均一週工作四十到五十個小時，現在連工作一百二十個小時我都活不下去了！我不是奴隸，也不願做奴隸。」[4]從 Uber 成立到二〇一八年為止，紐約和其他大都會區還有另外十多個司機自我了結。[5][6]

不過，不願向絕望屈服的司機開始反擊。有些人決定以其人之道還治其人之身，組成計程車聯盟，推出自己的 app（像是 iRide、Arro、Curb 等等），但是計程車業者很快就發現，最好的反擊方法不是用 app 來競爭，而是守住原有地盤。

Uber 到某個城市推出的時候，計程車業者通常仰仗當地交通單位和計程車管理當局出面處理，它們會派遣官員到 Uber 當地總部。帶著一本厚厚的法規、沉著一張臉，紐約、內華達、奧勒岡、伊利諾、賓州等地的官員會向 Uber 指出它違反的法條，然後說：這些法規標準是用來計算乘車成本的，不是讓你們寫成複雜演算法放進 app 的。要是這招沒效，當地議員就會派出市級和州級單位去勒令 Uber 停業。

要是這些通通沒效，也還有一個好用的老方法：來硬的。計程車壟斷集團在拉斯維加斯等地跟黑幫掛勾很深，也就是採取嚴厲甚至暴力的報復手段：偷車，有時計程車司機還會攻擊 Uber 司機，把他們的車子燒了。

在義大利，畢妮迪塔．盧契尼（Benedetta Lucini）就面臨當地計程車惡霸的反擊。身為 Uber 米蘭分處總經理，她沒日沒夜加班說服 Uber 司機繼續留在路上，即使計程車業者會叫到他們所在位置，再把司機從車裡拖出來痛毆。

最後計程車司機把目標鎖定盧契尼。他們在市區計程車招呼站到處張貼印有她臉部照片的海報，海報還寫上「我喜歡偷竊」的字樣。在某場記者會上，計程車司機朝她扔雞蛋；還有一次她晚上下班回家，看到自家公寓不遠的電線上掛著一個牌子，上面有她家住址，還說她是「服務」米蘭交通主管的妓女。[7]

不過，在卡蘭尼克的帶領下，Uber並沒有退縮。跟地方官員纏鬥的同時，Uber團隊設計了規避取締的教戰守則。鬆綁法規——追求一個乾淨的、自由的市場，不受政府和計程車業者貪腐的雙手染指——是Uber在每個城市的終極目標。

「先硬闖再說」的策略給了Uber一大優勢。費城就是如此，Uber一下子就非法強行進入市場，令當地的公用事業委員會（Public Utility Commission）大為震驚。後來費城告發Uber違反交通法規達十二萬次，開出一千兩百萬美元的罰款（Uber以三百五十萬解決）[8]，但為時已晚，Uber已經成功運作起來，旗下司機已超過一萬兩千名，也已帶動消費者的乘車需求加速成長。

如果交通單位開始嚴格執行交通法規，Uber當地經理就會狂發電子郵件和簡訊給司機大軍，表明Uber會做他們的靠山。卡蘭尼克認為罰款和罰單只是做生意的成本之一。Uber會發出以下簡訊向司機承諾，如果車子被警察扣押，Uber會全額賠償損失：

> UBERX：溫馨提醒：如果您被費城停車管理局（Philadelphia Parking Authority，簡稱PPA）開罰單，請來電XXX-XXX-XXXX。只要您在路上開Uber，不管任何時候，我們百分之百做您的靠山，我們隨時在這裡守候，一定會讓您安全回家，所有衍生的費用都由我們負擔。謝

謝您努力為費城市民提供安全可靠的乘車服務。Uber，前進！[9]

同時，城市經理手握幾百萬美元的「獎勵金」，用於啟動市場需求。人人都有智慧型手機。人人都受夠了地鐵和計程車服務。人人都喜歡搭免費的車。

Uber把司機的註冊方式盡可能簡化，藉由一套背景查核系統，讓司機很快就能完成整個流程。傳統計程車業者是透過指紋審查取得司機完整的歷史，但往往耗時幾個星期。Uber則是透過外部公司Hirease，號稱平均「不到三十六小時」就能完成，不要求做指紋審查。

要Uber等幾個星期審查司機背景是不可能的，對這家公司來說，一個星期等同一年，一個月就是永遠。這套快速查核系統一優化完成，Uber的政治機器立刻啟動。在法律規定要用指紋審查的那些州，Uber聘請說客遊說重新立法，企圖把要求指紋審查的法律改掉。[10]

Uber在政治遊說上花錢不手軟，常常名列紐約、德州、科羅拉多等州的榜首（以及其他幾十個法律不利於它的州），每年豪擲幾千萬美元去說服立法議員。曾任職於歐巴馬政府的大衛·普洛夫就是Uber找來做政治遊說的要角，他不僅知道如何左右全國政治，也能影響地方政府。在波特蘭，Uber聘請馬克·韋納（Mark Weiner），他是波特蘭最有影響力的政治顧問之一；在德州奧斯汀，Uber和Lyft付給前任民主黨州長五萬美元，請他帶頭反對法規。後來隨著Uber日漸成熟，員工人數快速膨脹，裡頭包括全美四十四州將近四百個領薪遊說人員。領薪替叫車業遊說的人數，超過亞馬遜、微軟、沃爾瑪（Walmart）的領薪遊說人員總和。[11]

這筆錢花得很值得。Uber 成功左右很多州的立法，議員很少（甚至不曾）提起 Uber 對其「司機夥伴」的僱傭責任，換句話說 Uber 可以把司機歸類為契約工（也就是美國稅務代碼一〇九九），失業稅、保險、醫療等員工福利也一併免了。規避這些正常的僱傭成本替 Uber 省下龐大金額，也大幅免除 Uber 對司機行為的連帶責任。

遊說並不是永遠的萬靈丹，Uber 有時得來硬的。只要眼見議員在指紋審查或司機人數上限等問題不肯屈從 Uber 的要求，卡蘭尼克就會下令副官們揚言暫停為消費者提供服務或完全停止營運。

Uber 的態度不像要跟你談判，反倒比較像綁架市場。卡蘭尼克可以豪不猶豫就完全退出某個市場（就像在德州奧斯汀那樣），尤其在 Uber 營運幾個月之後，這時的 Uber 已經立於不敗之地：民眾喜歡搭 Uber。Uber 的「產品市場契合度」（product-market fit）——這是科技業術語，形容某個服務與民眾需求的契合程度——幾乎在每個大都會區都接近一百分。民眾痛恨計程車，喜歡用自己的手機叫車，把這種服務奪走會激起眾怒。

卡蘭尼克看出這個弱點，並且使出他最擅長的一招：充分利用弱點。Uber 各城市總經理會展開有計畫的作戰，利用民眾的失望不滿，要民眾把怒氣指向當地議員和民選官員。

二〇一五年在紐約，市長比爾．白思豪（Bill de Blasio）揚言給路上的 Uber 車輛設上限，

Uber把app稍做調整，給紐約乘客的app增加一個選項：「白思豪的Uber」。點進去可看到地圖上行駛的Uber車輛變少了，大約等候時間拉長到半小時，是平常等候時間的五到六倍，一旁彈出的小通知寫著：「這就是白思豪市長的『Uber上限法案』通過後的景象。」[12]接著用戶被邀請「採取行動」，app裡面有個按鍵，按下按鍵就可寄出一封Uber事先寫好的信件，直接寄到市長和市議員的信箱。這場作戰的結果是，市長辦公室接到幾千封不滿用戶來信，抗議市長的禁令。白思豪最後擱置此案＊。

這招非常有效，有效到Uber決定系統化，廣泛推行到全公司，作為武器之用。為此，Uber請來班．梅卡夫（Ben Metcalfe），一個言語尖酸、有話直說的英國工程師，他在領英上形容自己的工作是打造「量身定做的工具來協助公民參與立法」，以推動「社會公益和社會變革」。確實，梅卡夫和團隊打造了可以狂發信件給立法者及動員用戶的自動化工具。透過內建於app的簡易按鍵，每當有重要立法陷入爭辯，用戶就能立刻寄發電郵和簡訊、打電話給民選官員。到二〇一五年為止，已經有超過五十萬名司機和乘客在數十州簽署支持Uber的請願。只要Uber發出大量簡訊請求支持，簽名就會快速湧入，每秒甚至多達七個。[13]

如果通通沒效，也還有誇張作秀和虛張聲勢這招。Uber在聖路易斯（St. Louis）遭到大都會計程車管理局（Metropolitan Taxicab Commission，簡稱MTC）禁止之後，Uber當地總經理薩格．夏爾（Sagar Shah）打電話把當地電視和平面記者找去MTC辦公室，一排Uber員工在那裡大步前進，拿著九個十五乘以十二英吋白色文件箱子，上面貼有「二千份請願書」的標籤。⓮他們把九個箱子高高疊起放在MTC門口，接著夏爾發表陳義崇高的短講，高舉民主理想和「傾聽Uber支持者的心聲」。

攝影機關掉、Uber人員也走了之後，一個記者決定打開箱子一探究竟，結果裡面是一手約四八〇公克塑膠瓶裝水，另外八個箱子也是。

還有一次在紐約市，賈許．莫爾勒（Uber曼哈頓分處那個自以為是、充滿爭議的總經理）在市政府的臺階上辦了一場集會，表達反對市長白思豪的立場。他的團隊幾天前向司機和乘客發出提醒，請他們在酷熱的六月天站出來，「讓民選官員聽見你們的聲音」。⓯

現身抗議的司機或乘客並不多，為了製造Uber獲得廣大草根支持的假象，莫爾勒命令員工從雀而喜區（Chelsea）辦公室趕到市政府，在莫爾勒的帶領下高呼口號抗議。莫爾勒沒跟記者或市府官員說的是：這些穿著Uber黑色招牌T恤、汗流浹背的抗議者都是領Uber薪水的員工。

無所謂，反正不管是聖路易斯還是紐約，Uber的招數都見到成效，立法議員退讓了。

＊白思豪在二〇一九年報了仇，正式實施上限。

第十三章 討好攻勢

崔維斯．卡蘭尼克不懂為什麼每個人都恨他入骨。商場不是講情感的地方。殘酷無情是一個執行長應該被稱頌而不是該隱藏的特質，用「爭強好鬥」形容一個高階經理人絕對不是侮辱。

卡蘭尼克已經向所有懷疑者證明自己的能耐。二〇一四年的Uber已經是交通巨擘，有創投界最頂尖的創投支持，足跡拓展到全世界。他的公司成長之快，競爭對手幾乎無法匹敵。

可是他每次在Twitter看到自己的名字，隨便都至少有兩三則說他是爛人，尤其有兩個科技線記者——莎拉．雷希（Sarah Lacy）、保羅．卡爾（Paul Carr）——好像在打一場反卡蘭尼克聖戰似的，把矽谷盛行的「混蛋文化」都怪到他頭上。❶《GQ》雜誌諷刺他是漫畫搞笑版的「兄弟」（這兩個字在科技圈是髒話）❷，他原本以為比較公允的《浮華世界》（*Vanity Fair*），一開頭就說他有張「像拳頭的臉」。[3]

「這在寫三小？」卡蘭尼克不解。他覺得外界對他的看法與事實不符。

每次只要有人講到 Uber 好鬥成性，就會提到卡蘭尼克如何對待頭號對手 Lyft。「Uber 員工叫了 Lyft，然後試圖挖角司機」這種報導有人看了作噁，但是卡蘭尼克和 Uber 感到不解：做生意不是本來就要競爭嗎？Lyft 執行長羅根．葛林是很優秀的戰略家，但是卡蘭尼克每次都更勝一籌，而且他覺得把對手打到趴在地上沒什麼不妥。

有個例子很經典。卡蘭尼克在矽谷的間諜網（多半是科技工作者和創投人）聽說 Lyft 要推出新的共乘服務，為了搶先一步，卡蘭尼克下令產品長傑夫．霍登（Jeff Holden）放下手邊工作，立刻複製 Lyft 的共乘服務，然後搶先 Lyft 幾個小時宣布 Uber 即將推出 Uberpool 共乘[4]，等到 Lyft 的葛林和季默按下企業部落格的「發表」按鍵，已經像是跟在人家屁股後面的魯蛇。[5]卡蘭尼克是贏了競爭，但是他推開對手洋洋得意搶站舞臺中央的模樣也引來眾怒。

卡蘭尼克知道自己犯了幾個非受迫性失誤（unforced error）＊。在《GQ》的人物側寫中，他不小心說溜嘴，說他有了科技名人的身分以及隨之而來的財富後，現在釣起馬子比當年創辦紅勾

＊非受迫性失誤是網球用語，意指不是因為對手打出致勝球而失分，而是自己的失誤所造成。

勾跟父母同住的時候容易多了，他開玩笑說：「隨需女人」唾手可得。「我們戲稱為boob-er＊。」他告訴記者。

讀者猛然發現，卡蘭尼克不只是長個子不長心智的幼稚男人，還是公然厭女的男人。《GQ》那篇文章有個段落特別叫人尷尬，卡蘭尼克引用聲名狼藉的演員查理・辛（Charlie Sheen）掛在嘴上的口頭禪，用「#勝利（winning）」形容Uber成功在望，他一一點名Shore Club、SLS之類邁阿密高檔飯店，說他寧願待在那些飯店也不想在Uber拚死拚活。他本意是想表現坦率（也許還有點酷），但是聽在民眾耳裡卻是刺耳討人厭。

不只討人厭，卡蘭尼克完全符合人們對狂妄科技創辦人的**想像**。他把自己想像成自己故事裡的英雄，Twitter大頭照甚至用艾茵・蘭德的《源頭》（*The Fountainhead*）封面，一本鄙視政府、讚揚自給自足而廣受自由派推崇的書。

而對另外一些人來說，他們看到的卡蘭尼克是又一個富裕白人，乘著創投浪潮而起，卻造成辛苦藍領計程車司機失業，更爛的是，他過著闊綽生活——女人、美酒、歌舞作樂——還到處招搖炫耀。

卡蘭尼克不懂，又不是只有他大肆享受成功果實，馬克・祖克柏和西恩・帕克（Sean Parker）完成頭幾輪大筆募資也開趴狂歡，佩吉和布林還真的從飛機上跳下去，還為了建造機器人燒掉幾百萬美元。

「然後卻只有**我**被罵混蛋？」卡蘭尼克大表不解，一面在Uber總部踱步。他把這股怒氣帶回家，無法釋懷，一面跟女朋友抱怨，一面繼續在客廳裡踱步。

每次Uber有負面新聞（這種情況愈來愈常發生），卡蘭尼克就發火，認為記者是藉機修理他，他們見不得Uber成功，他們嫉妒他所打造的公司。「這是觀感跟實際狀況的落差，」他對擔心公司形象的員工說，「他們對我們的觀感跟實際狀況相差太大。」這成了他掛在嘴邊的說詞，他非這麼相信不行，非這樣不行，不然就只能相信如洪流爆發的負面報導或每天如瀑布傾瀉的刻薄推文：

「剝削人的垃圾。」

「你他媽一點也不在乎司機的死活。」

「爛貨。」

這些隨意批評對他不造成干擾，但是莎拉．雷希可就把他惹毛了。雷希是資深科技線記者，成名於《彭博商業周刊》（*Bloomberg Businessweek*）和《時代》（*Time*）雜誌，常常以手上的筆痛斥卡蘭尼克。其他記者都在寫Uber又募到叫人瞠目結舌的金額，雷希的重點卻是Uber的「兄

＊ boob-er 跟 Uber 押韻，Uber 是隨需（on-demand）計程車，boob 是女性乳房，他用 boob-er 意指女人像 Uber 一樣隨叫隨到。

弟」邪教。她在 Twitter 寫道：「我很驚訝 Uber 竟然說謊說得一副理所當然。」指的是 Uber 某些遊說做法。❻她還說：「Uber 司機撞死六歲女孩，搬出一句『這不是我們的問題』就算了事嗎？」指的是 Uber 對一起悲劇車禍裝聾作啞。❼她有一篇熱門文章的標題是這麼寫的：〈由上而下的可怕混蛋文化：為什麼我剛把手機裡的 Uber 刪除了〉。❽根據卡蘭尼克身邊人的說法，這個執行長覺得雷希對他的攻擊完全是莫名其妙。

「如果我們也這麼對待他們，他們做何感想？」卡蘭尼克問埃米爾．邁克，他的第二把手。卡蘭尼克的壞小子形象開始礙事。

卡蘭尼克對媒體耿耿於懷的同時，比爾．格利對他的創辦人也愈來愈氣惱。

一開始他們是活力滿滿的雙人組。格利腰間皮帶掛著一張鑰匙卡，可自由進出市場街一四五五號的 Uber 總部。他會從臨街的玻璃大門走進來，搭電梯直上五樓，掃描通過安檢，一路通行無阻，腳步停都不必停。Uber 每個人都知道格利是誰，沒有人認不出這個又瘦又高的德州人。

那時的卡蘭尼克還很在乎格利想法、還很仰賴格利給意見，那時的格利也還很悍，不斷鼓勵卡蘭尼克競爭再競爭。兩人對現行法規抱有同樣的挫折感，卡蘭尼克猛踩市府弱點的做法大獲老大哥讚賞，格利看出這套交戰守則可以輕易複製到全世界各地，也為卡蘭尼克踏出的每一步喝采歡呼。

但是到了二〇一四年已經有所不同。卡蘭尼克開始對格利感到厭煩，而格利表面上雖然仍是卡蘭尼克頭號啦啦隊，私下卻不掩飾內心的疑慮。格利的疑慮令卡蘭尼克愈來愈不耐，格利擔心每個潛在市場都跨入要花太多錢，擔心卡蘭尼克連自己的財務長都要規避。

格利尤其擔心卡蘭尼克對中國的執念。[9]中國是西方資本主義眼中的黃金國，少有科技公司能成功打進，卡蘭尼克想一路殺進去拿下滴滴打車*（素有「中國的 Uber」之稱），格利卻不是那麼熱衷，他看到的中國是個摸不透的市場，自有一套 Uber 員工不熟悉的文化常規，還有一個敵視美國企業的保護主義政府。每次格利把目光望向這個地區，只看到滿滿的赤字虧損。

幾年來卡蘭尼克一直認為格利是自己的啦啦隊，現在卻開始把他視為討厭的牛虻，認為格利老是煩他、挑他點子的毛病。卡蘭尼克看到的是機會，格利看到的卻是問題。

卡蘭尼克如果喜歡一個人，那個人就是他最好的朋友。他身邊的人形容那是一種脆弱的迷

*滴滴打車最終與一個中國競爭對手合併，更名為滴滴出行。

戀，一種精神上的小戀愛，在他眼中，被他愛上的人絕對不會有錯。格利和卡蘭尼克兩人剛認識的時候，格利就是他迷戀的對象。

卡蘭尼克如果**不喜歡**一個人，那個人就完蛋了。如果有人用錯誤的方式挑戰他——不是基於「有原則的衝撞」——就會被打入冷宮。如果有人沒有達到他的高度期待呢？打入冷宮。或者像格利一樣拿一些問題和疑慮去挑剔他呢？打入冷宮。

卡蘭尼克很少直接叫人滾開，而是慢慢地、從小地方開始冷凍對方。重要策略會議的與會名單開始看不到那個人的名字，邊走邊談活動也不見那個人，然後那個人突然就不屬於「天團」（A-Team）——卡蘭尼克的核心幹部。「TK」如果不再愛某個人，大家都心知肚明。

格利看得出來怎麼一回事，但是手上沒有什麼工具能左右卡蘭尼克。當初這些創投心癢難耐急著想投資 Uber 的時候，卡蘭尼克已經把他們這些投資人的權力掏空，他們空有董事席位但權力有限，所以格利無法動用董事投票權來影響卡蘭尼克，至少靠他自己是做不到的。

所以格利開始另謀他法。他試圖用耳語攻勢影響卡蘭尼克，開始接觸卡蘭尼克信任諮詢的人，甚至幾乎天天跟埃米爾．邁克通電話。

「他必須認清他有義務對股東的付託負責，」格利說，「這太誇張了。」卡蘭尼克所有逾矩行為當中，最惹格利生氣的是他趕走財務長布倫特．卡里尼克斯（Brent Callinicos）。卡蘭尼克認為不需要卡里尼克斯，覺得財務長的工作交給負責管財務的人就行了。格利懷疑根本就是卡蘭尼克不要有個財務長監督他怎麼花錢。

格利不只擔心財務，他知道 Uber 的法務部門也不是很強，而且是故意的。法務長劉莎莉（Salle Yoo）是卡蘭尼克覺得可以掌控的人，她偶爾會反駁卡蘭尼克，但是很怕被「打入冷宮」，所以不是每次有疑慮都敢當著卡蘭尼克的面提出。

劉莎莉在人生其他領域幾乎都是領袖人物。她是舊金山亞洲藝術博物館（Asian Art Museum）理事會成員，是韓裔美國人協會（Council of Korean Americans）成員，先後擔任大灣區亞裔美國人律師協會（Asian American Bar Association）祕書長、會長、司法委員會主席，那年稍晚還被《舊金山商業時報》（*San Francisco Business Times*）選為灣區商界最有影響力的女性之一。[10]可是她常常影響不了自己的老闆，有時候是不願影響。每次她好不容易決定向卡蘭尼克提出異議，卡蘭尼克卻總把她的疑慮當成是找碴，尤其每當她的疑慮跟法規遵循有關的時候。

Uber 的法規遵循部門是邊緣人。法規遵循部門是一家公司最重要的防護罩之一，因為這個單位是在確保公司行事沒有逾越法律，但是如果一家公司在快速擴張過程中想方設法要鑽法律灰色地帶，「遵循法規」當然就不在優先考慮之內。Uber 到二〇一四年底已經在幾百個城市上路，遍及全世界數十個國家，就算劉莎莉有工具可用，也不可能一一掌握每個城市總經理的所作所為。

有一次在總經理高層會議上，萊恩・桂夫斯（當時所有營運都歸他管）對於 Uber 在法規遵循的立場做了清楚表示。雖然法務在會議上要求同仁遵守法律規定，但是桂夫斯更在乎該做的工作有沒有搞定。

事實上，Uber 完全放任總經理為所欲為。卡蘭尼克希望 Uber 不要覺得自己是 Google 或蘋果之類的「大企業」，也就是他不要員工染上企業官僚習氣，他要員工無視所有規定，除了他鍾愛的十四條原則。每次看著他一手打造的帝國，他總是為自己所見感到自豪：數十個年輕飢渴的創業人，自動自發地順應情勢所需而隨機應變。

但是格利看到的是一片混亂。他試過說服卡蘭尼克另聘財務長，沒成功，私下跟邁克講也沒用，卡蘭尼克完全不打算減緩支出。每次格利在董事會提起財務上的顧慮，卡蘭尼克總是有辦法迴避，不然就是再三保證他知道自己在做什麼。

所以格利決定採取他多年來處理棘手問題的做法：寫部落格。他原本就是逆風之人，總是在向創辦人和創投人預警他們那個不可預測的行業有哪些陷阱，但是二〇一四和二〇一五年的他是個全新版本的格利。透過個人部落格「眾聲喧嘩之上」一連串文章，他慢慢化身為矽谷的卡珊卓(Cassandra)＊。

跟希臘神話裡的卡珊卓一樣，格利預見到末日等級的崩潰。他狂喊創投衰退之日將近，大舉湧入的新錢將使情況更加惡化，但是矽谷精明投資人認為這是格利的把戲：把愈多鎖定晚期投資的機構基金嚇到不敢投資，科技新創就愈有可能重回舊有模式，亦即時間到了就ＩＰＯ，格利這些投資人就能早點盼到豐收日。

其實格利的部落格文章是寫給卡蘭尼克看的，他是在傳達他對Uber——這家令他既驕傲又歡喜的公司——的擔憂。他寫道：「我們正處於一個『風險』泡沫中，新創公司為了證明它們向創投募來的龐大資金本來就是要花掉的，於是猛燒錢，這麼做的結果就是危及它們長期的生存能力。」

在德州奧斯汀的「西南偏南音樂節」——每年春天舉辦的音樂、電影、科技盛典——「預言之神」格利在數千名群眾注視之下走了進來。穿著超長藍色牛仔褲、棕色皮靴、印有德州大學火焰橘長角牛吉祥物的白色套頭衫，格利站上擠得水泄不通的禮堂舞臺，接受作家麥爾坎・葛拉威爾（Malcolm Gladwell）訪談一小時。

他一開頭就向葛拉威爾提出他向來的論調：「矽谷現在的氛圍是：什麼都不怕。」⓫他指出現在有一百多隻「獨角獸」在矽谷到處亂竄，在他看來這個數量太誇張。獨角獸之所以得名，是因為罕見到無法言喻的地步，然而幾乎一夕之間竟然有幾十家消費類新創的估值高達幾十億美

＊卡珊卓是希臘神話中阿波羅（Apollo）的祭司，被阿波羅賜予預言能力，但又因為抗拒阿波羅的追求，於是被詛咒其預言無人相信。

元，其中很多幾乎連營收都沒有。在格利看來，這一百隻獨角獸有很多只是裝了紙糊角的小馬。

「我敢說，你今年一定會看到一些獨角獸陣亡。」他告訴葛拉威爾。

同一時間在約兩千七百公里外的 Uber 舊金山總部，卡蘭尼克和邁克正在嘲笑他們這位自以為是的金主，這個金主老是覺得天要塌下來。他們給格利取了個綽號：「小雞」（Chicken Little）*。

韋弗利酒館（Waverly Inn）是討好東岸媒體菁英的好地方。

隱身於幽靜、綠樹成蔭的班克街（Bank Street），地處時尚的格林威治村（Greenwich Village），韋弗利酒館是紐約媒體口中的老地方，因為《浮華世界》老總編葛雷登．卡特（Graydon Carter）喜歡在這裡獨家宴請曼哈頓社交名人而聲名大噪。夏日晚上路過這裡，常會看到名人在戶外爬滿常春藤的前庭用餐。到韋弗利酒館吃晚餐別具意義。

對卡蘭尼克的意義則是：用一頓飯的花費來討好痛恨他的東岸記者。那週他到紐約巡視曼哈頓辦公室，順便跟銀行家們見見面，公關主管奈芮．霍達君（Nairi Hourdajian）認為可以一石二鳥，她有把握，只要記者親自接觸卡蘭尼克，就會了解他不是那麼糟糕的人。

霍達君自己就有這樣的親身經驗。以亞美尼亞裔美國人身分為豪的她，一路從喬治城大學（Georgetown University）順利念到哈佛，完成政治學位，出身政治圈的她，見多了巧言令色之人和偽高管，雖然明白卡蘭尼克有待琢磨的稜角不少，但也漸漸認為這個老闆骨子裡是個好人。

霍達君和卡蘭尼克一起度過 Uber 最早期、最艱難的日子。他對她很信任，放手讓她從頭組建、帶領公關團隊，Uber 早期對抗最不友善的對手時（包括計程車業者和政府官員），兩人也一起在壕溝並肩作戰。她知道卡蘭尼克這個人是不可能改變的，不過如果讓記者近距離接觸他，他們或許會像她一樣改變對他的看法。

霍達君在週五下午安排了一場記者見面會，地點在曼哈頓熨斗區（Flatiron District）吸睛的格拉梅西公園飯店（Gramercy Park Hotel）。[12]在一間隱蔽的客房裡，坐在皮沙發上，在一盤盤布利起司（brie）和迷你瑪芬之間，卡蘭尼克向記者們說明他不是怪物，還表達 Uber 希望打好關係之意＊。

＊ Chicken Little 是童話故事主角，某一天被橡樹果實砸中就以為天要塌了，於是驚慌到處走告。

＊我參加了那場見面會，並且答應「不對外公開」，所以我無法詳細敘述這場活動，但是 BuzzFeed 事後報導了這場會面，對細節做了詳盡描述。那晚接下來的媒體晚餐我沒有參加。

晚餐的安排則交給伊恩・奧斯本（Ian Osborne），他是英國一個人脈很廣的媒體掮客，專門替重要商界人士引介同樣重要的媒體人和好萊塢人。

賓客坐在韋弗利酒館後頭一個包廂，遠離公共用餐區。雞尾酒過後，大夥兒被請到一張窄長木桌坐下（木桌幾乎窄到不能在上面用餐），一個挨一個坐著，距離近到不舒服。卡蘭尼克坐在主位，一側是亞瑞安娜・赫芬頓（Arianna Huffington），一個在政界和出版界深具影響力的媒體大腕名人，她和卡蘭尼克近年走得很近，兩人初識於二〇一二年一場科技會議。

赫芬頓旁邊坐著莉・蓋樂格（Leigh Gallagher），《財富》（*Fortune*）雜誌資深主編，負責商界「四十位四十歲以下」最具影響力領袖專題。卡蘭尼克另一側是霍達君，接著是奧斯本、Uber 業務長埃米爾・邁克、幾位有影響力的紐約媒體作家，然後是愛德華・諾頓（Edward Norton），那個投資 Uber 的演員。諾頓跟卡蘭尼克已經成為好兄弟，Uber 在洛杉磯推出時，他是第一位正式乘客。

卡蘭尼克在那一頭跟雜誌作家們聊得起勁時，他的副手埃米爾・邁克在這一頭向媒體作家麥可・沃爾夫（Michael Wolff）示好，沃爾夫還帶了網路媒體 BuzzFeed 總編輯班・史密斯（Ben Smith）。

個性開朗的史密斯是很棒的晚宴賓客，他的平易近人也常常讓採訪對象卸下心防，但是這些特質掩蓋了他的爭強好鬥，他在華府是出了名從不退縮的人。早在《政客》（*Politico*）雜誌擔任記者的時候，他就常常在 Twitter 跟他所報導的人以及跟他搶獨家的人爭吵，二〇一二年跳槽到 BuzzFeed 之後，他的任務是將這個以梗圖和榜單式爆紅短文聞名的媒體轉型為可敬的、犀利的新聞組織。⓭史密斯把 BuzzFeed 重新命名為 BuzzFeed News，很快就建立起一個嚴肅媒體，在報導標準和追求獨家的積極性都能與最傳統的新聞編輯室媲美。

也因此，當他發現對面這個 Uber 高層竟然公開表達對媒體的不屑時，他才會這麼震驚。正當一群人大啖烤比目魚和肋眼牛排，自以為滿屋子都是 Uber 友人與同情者的埃米爾．邁克突然大暴走，開始大聲抱怨 Uber 受到媒體不公平的針對、為自己的盛名所累。

晚餐繼續吃著，史密斯發現邁克益發狂妄起來。邁克沒聽出史密斯藏在話裡的質疑（史密斯反駁了 Uber 幾個說法：「Uber 服務是公共財」、「司機只是不懂數學才會抱怨薪資」），也沒注意到進入更爭議性話題的時候史密斯開始用手機做筆記。

「都是鬼扯，」邁克說，指的是一波又一波的負面報導，「我們是特別被挑出來修理的。」他說修理最用力的人是莎拉．雷希。

雷希不是個人見人愛的人，她和搭檔保羅．卡爾跟其他記者吵架的頻率不下於他們對筆下人物的批評。邁克非常清楚這點，或許有點太清楚了。

「要是我們以其人之道還治其人之身呢？」邁克繼續說。「要是我們花個……譬如一百萬之類的，僱幾個記者或敵蒐專家，」他指的是敵情研究人員，就是收錢挖別人黑資料的人，「他們可以把你的私生活、你的家人都查一遍，幫助我們反擊媒體。」他深深相信，只要去查查雷希的婚姻以及她和工作搭擋卡爾的關係，一定有糞可挖。

還沒說完，邁克繼續：「去問問一百個女性，搭 Uber 比較安全還是搭計程車？」他指的是雷希剛在一篇報導上說她不再搭 Uber，因為 Uber 司機害她擔心自己的安全，「如果有哪個女性決定學她刪除 Uber，繼續去搭計程車，然後不幸被攻擊呢？她應該要負起責任。」

史密斯不敢相信自己的耳朵。矽谷最為人詬病的科技公司高層竟然把責任甩鍋給媒體？他知道他正在跟媒體講話嗎？

重點是，這場晚餐是不對外公開的（或許邁克就是因此才敢大放厥詞），但是麥可．沃爾夫把晚宴邀請函轉寄給史密斯的時候，忘了轉告這個細節＊。

史密斯想給邁克一個解救自己的機會，於是問道：如果 Uber 真的這麼做，報導焦點就不會是雷希，而是 Uber 了，要是像在座有人說的，有人爆料是 Uber 在背後指使挖雷希的糞呢？

「不會有這種事，」邁克說，「不會有人知道是我們幹的。」

繼續做筆記的史密斯，禮貌性地耐心等候這頓晚餐吃完，心不在焉，聽著眾人談話聲飄蕩在韋弗利燈光昏暗的包廂裡。

然後他站起身，謝過東道主，回家開始敲打 MacBook 鍵盤。

奈芮・霍達君週日早上醒來，滿心相信 Uber 的討好攻勢很順利。這位公關長知道稱不上百分之百完美——卡蘭尼克在飯店跟記者見面時脫稿演出，給人感覺有點自我貶低、討拍，霍達君這麼覺得——但是她為自己感到驕傲，她擋掉了賈許・莫爾勒的要求，沒讓那個狂妄傲慢的 Uber 紐約總經理參加週五晚宴。她挺住了。沒錯，這個週末非常順利，跟預期一樣，情況已經開始好轉，或許她已經說服全世界相信她的老闆其實不是混蛋，最起碼會有**幾個**記者開始相信吧。公關團隊收拾好行李，準備飛回舊金山，他們的任務已經圓滿達成。

三十六個小時後，週一晚上八點五十七分，班・史密斯的文章在 BuzzFeed News 網站上線。史密斯在文中略述了那兩天討好攻勢的細節：週五下午在格拉梅西飯店那場試圖討好記者的見面會、韋弗利酒館那頓有明星貴賓參加的豪華晚宴。報導中還揭露 Uber 打算出動敵蒐小組，

＊在那封轉寄給史密斯的電郵主旨欄，麥可・沃爾夫連卡蘭尼克的名字都錯寫成 Travis Zalanick，這在史密斯看來，代表沃爾夫對卡蘭尼克的臭名以及這場晚餐的緣由所知甚少。沃爾夫後來說他以為史密斯知道那場晚餐不對外公開，這部分是沃爾夫的重大過失。沃爾夫後來出了一本以川普政府為主題、臭名昭著的暢銷書。

意圖給一位批評 Uber 的知名人士貼上「淫婦」標籤。

文中寫道：「邁克說，Uber 的挖糞小組能揭發雷希，尤其能證實某個跟她私生活有關的傳聞。」[14]

反彈來得又快又猛。《紐約時報》、《華爾街日報》以及一票平面媒體立刻緊抓這篇報導不放，NBC、ABC、CBS 的晨間節目也把火愈搧愈大，拿這篇報導證明邁克、卡蘭尼克——Uber 的領導階層和主管——真的就像大眾所想像那麼貪婪、虛偽墮落。

這篇文章的殺傷力之所以這麼大，是因為聽起來不假。卡蘭尼克**確實**是為了贏可以不擇手段的人，「動用敵蒐攻擊對手」也**確實**是他會喜歡的點子，而且他不只想贏，他還會在對手的傷口上灑鹽。

畢竟他和邁克早在那頓晚餐之前就有過這種念頭，還私下詳細討論過，身邊朋友都知道這兩人很痛恨媒體的聳動無知，認為媒體只是為了破壞 Uber 好不容易取得的進展。這兩人不知道的是，用他們對付企業對手的方式來對付媒體是行不通的，他們一路輾壓開拔進城的攻擊方式是無法拿來嚇退記者的。卡蘭尼克儘管天縱英才，卻看不出這不是一場地盤爭奪戰，而是一場人氣競賽。這個盲點這下成了包袱。

那個週一晚上，Uber 舊金山總部的同事驚慌失措，霍達君只能搖頭皺眉。

Uber 的討好攻勢宣告失敗。

第十四章
文化戰爭

如果真如蘋果的「不同凡想」廣告所說，矽谷是由「瘋子、格格不入者、叛逆者、麻煩製造者」所定義[1]，也就是由駭客和技術革新者組成的反文化勢力所定義，那麼，後經濟衰退年代的矽谷則是由另一股勢力所形塑：MBA畢業生。

二〇〇八年金融崩盤之前，商學院學歷可以在高盛謀得資淺投資銀行員的工作，也能在管理諮詢公司麥肯錫（McKinsey）找到一份年薪六位數的顧問工作，但是時代不同了。金融業和顧問業在金融危機後光環盡失，商學院畢業生開始意識到西岸有新的機會。

矽谷的氣候比較好，三餐、洗衣、健身房都是公司買單，不必做摩根大通菜鳥替資深交易員做的苦差事，最棒的是，科技人（還）沒有被百分之九十九的人痛恨，「占領華爾街」那群人也沒有跑到公司前面露宿紮營。到二〇一五年，已經有百分之十六的MBA畢業生進入科技業，是人數第三多的產業。❷當時矽谷一百五十多家「獨角獸」當中，有將近四分之一是商學院畢業生所創❸，Lyft共同創辦人約翰．季默投身科技業之前就是雷曼兄弟的實習生。

Uber比其他科技公司更看重MBA（這個學歷意味著具備商業嗅覺，而且通常具有雄性支配欲的心態），這並不是說每個MBA畢業生都是混蛋，只是很多混蛋MBA畢業生進了Uber似乎都如魚得水。

在Uber，殘酷好鬥是資產，不是負債。根據Uber核心價值第二條：在唯能力是問的體制裡，一定是最佳點子勝出，一定是最狂熱追尋真理的人脫穎而出。❹卡蘭尼克認為鬥爭是好事，「冠軍心態」（核心價值第四條）讓他身邊都是「勝利者」，他也只想跟勝利者共事。

不過，等到Uber讓一群充滿雄性支配欲的MBA畢業生同處一室，「冠軍心態」就完全不是那麼一回事了。「不是弄死別人就是被別人弄死」成了Uber的不成文守則，一不注意背上就會被某個想超前的同事刺上一刀，只有踩著別人才能往上爬成了很多人的信條，只有具備奪權意志才能受到卡蘭尼克青睞。

賈許．莫爾勒就是Uber的模範員工。身為紐約市總經理，他掌管的是Uber最大金雞母之一。大學主修數學、擁有紐約大學（New York University）MBA學位的他，體現了Uber所謂的完美典範。莫爾勒結實矮胖，有張拳擊手臉孔，下巴厚實，隨時準備挨一拳的模樣，稚氣笑容加上稀疏髮際線，讓他看起來既年輕又年老。剛邁入三十歲的他，給下屬很大壓力（如有需要甚至不惜恫嚇），絕不接受藉口，而且對鬥爭樂此不疲——在紐約這個有全世界最強勢運輸工會的城市，這點非常重要。

莫爾勒會讓同事互鬥，看看誰的表現能獲得他讚賞或取得較好成果——這也是卡蘭尼克信奉的策略。他對部屬的小恫嚇有時是從個人小缺陷下手，譬如同仁要跟他討論某個企畫案的時候，他會檢視同事日漸後退的髮際線。他會當著全辦公室面前大談某個同事的缺點，稱讚贏者，羞辱輸者。

莫爾勒覺得他是在增強同仁的自信，他認為設下高期望是很好的管理策略，但是根據兩個同事的說法，他在辦公室根本就像矮小版的畢夫·譚能（Biff Tannen），也就是電影《回到未來》（*Back to the Future*）裡的高中生惡霸。

莫爾勒有一隻小小的、蓬蓬的白色迷你貴賓犬，叫做溫斯頓（Winston），老是對著某些同仁又吠又咬，一刻也靜不下來。莫爾勒總愛把溫斯頓交給來到紐約辦公室的公司高層，拍下他們抱著溫斯頓的照片（愛狗之情程度不一），然後貼到溫斯頓自己的 Twitter 帳號 @WinnTheDog。他離開 Uber 後，有一天在 Twitter 貼出溫斯頓在 Citi Bike 旁邊大便的照片——Citi Bike 是紐約市的藍色出租自行車，由 Lyft 經營。[5]

紐約辦公室一些女性則有被管理階層孤立的感覺。在某些同事看來，莫爾勒似乎跟自己的「兄弟們」在一起比較自在，也就是跟他一樣有兄弟會公子哥心態、雄性支配欲旺盛的男性，這點從辦公室文化可明顯看出。

但無論設下的業績數字多高，莫爾勒總能達標，而這才是 Uber 最重視的。業績上的成功讓莫爾勒在位子上安安穩穩坐了好多年。

要維持那樣的好表現，辦公室上上下下勢必壓力爆表。每個城市的同事個個都工作到很晚，有人週末從來沒休息，無法跟家人好好享受假日。上司半夜打電話給同事司空見慣，紐約同事如果要跟東南亞或澳洲同事說上話，必須凌晨兩點開電話會議。公司雖然有免費員工餐，但是莫爾勒仿效卡蘭尼克的做法，晚上八點十五分才開始供應。

有個主管是同事眼中違法亂紀之人，卻是卡蘭尼克的愛將，換句話說，不管他對部屬如何惡形惡狀都不會有事。有一次在一場氣氛緊繃的同事聚會上，這個人說某某同事是「死娘砲」，雖然有人投訴，他還是沒受到任何懲罰。有卡蘭尼克罩著就不必承擔任何後果。

還有些主管會用威脅的，揚言把業績不好的同事通通降級。里約熱內盧有個主管一不順心就大吼大叫或把咖啡杯扔向部屬；同事要是沒達到業績，主管們就拿著棒球棒威脅伺候。有一次，里約那個主管狂罵某個同事的表現，罵到那個同事當著全辦公室面前落淚。這位主管後來跟一個直屬部下交往，公然在辦公室偏袒她，造成同仁不滿。儘管如此，里約熱內盧是 Uber 績效最好的市場之一，雖然有不少人向人資（HR）投訴，那個主管依舊我行我素。對領導階層來說，只要能達到業績數字，你做什麼都沒關係。

人資部門在 Uber 並不是特別強大，跟法規遵循部門一樣，比較像聊備一格，由營運總監萊恩．桂夫斯兼著做。人事主管蕊內．愛特伍德（Renee Atwood）碰到問題照理說應該向桂夫斯報告，但是桂夫斯的心思並沒有放在 HR 繁雜的日常瑣事，愛特伍德顯然有心無力，HR 連員工投訴的速度都跟不上，更遑論處理或解決。

就連應徵者在應徵過程中也受到苛刻待遇。Uber 設計出一套演算法[6]，能算出應徵者能接受的最低薪，這套方法很無情但好用，替 Uber 省下幾百萬美元的配股。

卡蘭尼克也找到其他省錢方法。在比較先進的市場，Uber 人氣高，需要投注的補貼比較少，公司高層於是想方設法提高利潤。Uber 的利潤通常是固定比例抽成，每趟車抽走百分之二十到二十五的車資，其餘才是司機所得。

這套做法一直持續到二〇一四年，有個高層靈光一閃想出一個新的收費名目：「安全乘車費」（Safe Rides Fee），每趟車加收一美元。當時 Uber 在企業部落格一一羅列這筆費用有其必要的原因：「安全乘車費讓我們能持續致力於提供最安全的平台給 Uber 乘客和司機，包括領先業界的司機背景審查、定期車輛檢查、道路安全駕駛教育、app 內建安全功能的開發、保險。」[7]乘客就算注意到多了這筆費用也少有抱怨，很多人認為反正可以讓自己更安全，多付點無妨。

實情可沒那麼崇高。根據負責這次加收費用的員工所述，是因為 Uber 的保險成本呈倍數上漲，才想出用「安全乘車費」的名義把每趟車的純利提高一美元。換句話說，美國人每搭一趟

Uber 就多貢獻一美元給 Uber，當然沒有司機的份，一美元幾年累積下來也是上億，是相當可觀的收錢門路。然而，這筆錢收了之後卻從來沒有專門用於提高安全。「道路安全駕駛教育」只是一個簡短的線上影音課程，app 內建安全功能也是過了幾年才列為優先事項。一位前員工說：「表面上說是為了提高乘車安全，其實是為了提高利潤。噁心死了。」

反正 Uber 整體調性本來就不是講究專業的組織，員工（往往剛從大學畢業）不時會在企業部落格貼一些不成熟的內容，有個員工還創了「光榮搭車」（ride of glory）一詞，形容一夜情過後的清晨所搭的 Uber。「以前，你醒來會開始恐慌，連忙在黑暗中翻找你的毛皮大衣、天鵝絨吸菸外套（smoking jacket）、或是你們這些趕流行年輕人穿的任何衣服，」那則貼文寫道，作者是布萊德利．佛泰克（Bradley Voytek），Uber 的數據科學家，「然後在黎明晨曦下走長長一段路回家。」佛泰克是專業的認知神經科學家，加入 Uber 是因為 Uber 這麼龐大的數據庫讓他有機會深入窺探人類行為，即時看著各城市人們上上下下 Uber，彷彿觀察他自己養的人類螞蟻窩。

「不過那是以前，」佛泰克繼續寫道，他說那些人現在改搭 Uber 了，一夜情過後的清晨從陌生人家裡搭 Uber 回家。他開玩笑說：「世界不一樣了，『羞愧步行』（Walk of Shame）＊已經不再。我們現在活在有 Uber 的世界。」[8]

除了不成熟員工和惡霸主管，真正的戰爭其實發生於部門之間，爭奪這家公司最有價值的獎品：獎勵金。

「獎勵金」是 Uber 免費發給乘客和司機的錢。這筆錢是 Uber 的虧損，但是無所謂。一來，如果靠這筆錢帶動市場需求，就算 Uber 日後不再提供免費優惠，民眾仍然會繼續搭乘。再者，卡蘭尼克有把握錢再募就有，**一定有**。

到二〇一五年，Uber 每年在全球各地獎勵司機和乘客的花費已經超過二十億美元，即使是資金最雄厚的新創，這種燒錢速度還是很嚇人。在 Uber 內部看得很清楚，誰掌控這筆獎金誰就掌控權力，所以各個部門無不卯足全力，企圖分食更多這塊大餅。獎勵金是業績成長的最短捷徑，而業績成長就會有紅利、升遷、高層讚賞隨之而來。Uber 有個業務成長部門，由艾德·貝克（Ed Baker）領軍，他過去是 Facebook 副總，為 Facebook 帶進數百萬新用戶；另外加入這場戰局的部門還包括產品、營運、財務。

卡蘭尼克很喜歡這樣。他的管理方式就是讓各部門互鬥奪權，直到勝利者出線，他認為用這種方式來判定誰最有才幹是最公平的。

但他沒看到的是（也有可能是他選擇無視），種種政治惡鬥在他背後上演。大家都很清楚，如果要繼續受寵的話就不能「真的」挑戰 TK——TK 是員工對卡蘭尼克的暱稱。

＊ Walk of Shame 是指一夜情過後羞愧走路回家。Uber 員工發明的「Ride of Glory」就是從 Walk of Shame 衍生而來。

如果你膽子夠大敢挑戰卡蘭尼克，你最好要有客觀確實的數據能佐證，卡蘭尼克聽不進別的。多年來，總經理們不斷懇求卡蘭尼克讓他們在 app 內建小費功能，讓乘客下車時可以多給司機幾塊錢，簡單一個動作就能博得廣大司機們的好感，更何況 Lyft 早就提供了。可是卡蘭尼克仍然堅決反對給小費，他認為 Uber 的好就好在「無阻力」（frictionless）的支付方式，乘客下車的時候完全不必想到錢的事，增加小費功能等於要乘客再打開 app 一次，這在卡蘭尼克看來完全沒有必要，他並不明白（或不在乎）小費對 Uber 司機的生計有多大幫助。

偶爾會有人反駁他。有一次卡蘭尼克跟艾朗．修克勞特（Aaron Schildkrout）一對一辯了起來，高瘦精實的修克勞特當時是產品主管，後來高升司機部門總管。修克勞特頭腦犀利，是天生好辯的文青類型，總是穿著一身黑，戴著厚框黑色眼鏡，一頭深棕色亂髮很少梳理，跟他談話最後常常會談到哲學領域，他在哈佛和芝加哥大學（University of Chicago）念社會理論，喜歡思考人類行為背後的原因，而不只是探究人類有哪些行為。進入 Uber 之前，他自己創業當執行長，開了一家約會新創，做領導人的那些年學到了很寶貴的經驗，其中最重要的一個就是知道什麼時候該挑戰執行長。

一次會議上，卡蘭尼克做了一個產品方面的決定，是他一整天下來所做的十幾個決定之一，但是修克勞特不贊同，開始連珠炮點出卡蘭尼克的計畫可能出錯的地方，同時也提出自己的做法。兩個人來來回回，爭論到後來變成隔空互吼，滿桌子同事坐在兩人之間，個個尷尬無語。等到兩人吵完，修克勞特身上的灰色套頭運動衫已經溼透，但是他吵贏了，也贏得卡蘭尼克的敬重。

對這群年輕有為的工程師來說，贏得卡蘭尼克的青睞是有價值的。他很擅長激起人們內心的熱情，既像戰時將軍也是勵志大師，總是把 Uber 的戰鬥定位為「敵我對抗」。只要卡蘭尼克認為你是真正的信徒，是隨時可以為了目標「超熱血」的人，他就會注意到你，或許會打賞一些關注的眼神給你、在 Uber 大廳跟你很快「即興激盪」一下、跟你走一圈迸出一些點子，或者在公司全員大會時大喊你的名字，不管是哪一種，員工都喜歡獲得他的青睞，也拚命維持得來不易的青睞。

對卡蘭尼克核心圈子的人來說，最高榮譽是獲准參加晚上十點在 Uber 總部進行的祕密會議。在這個夜間會議上，卡蘭尼克跟他欽點的一組人馬會構思新方法，謀劃如何用他募來的龐大創投資金跟對手比拚。他喜歡給計畫取代號，這個夜間戰略會議就取名為「北美冠軍系列賽」（North American Championship Series），簡稱 NACS，意指 Uber 跟 Lyft 的競爭。

最最幸運的員工可以參與「黑金」計畫（Black Gold），「黑金」這個代號是為亞洲戰略會議所取，背後有個特殊緣由：「黑金」是指政治腐敗，「黑」勾當則由黑道負責執行——也就是亞洲惡名昭彰的幫派犯罪。

Uber 以「黑金」為代號也意味要「玩陰的」，因為它面對的是一個手握大把金錢的中國對手。

第十五章 建立帝國

幾十年來，將美國軟體成功引進中國是西方科技高層的夢想，但是成功者幾希。卡蘭尼克望向中國，看到的是一個近乎完美的市場。有將近十四億人口的中國，是一片未開發海洋，有取之不盡的潛在Uber用戶。十四億人有將近三分之一是千禧世代❶：年輕、城市化、向上發展，可支配所得不斷成長，熱中於學習科技和科學，而且幾乎**隨時**掛在網路上。

跟美國一樣，中國的千禧世代成長於網路無所不在的環境。十四到四十七歲的中國網民有高達九成七擁有智慧型手機❷，西方人是經歷一場大遷徙才從桌上電腦過渡到智慧型手機，但中國千禧世代卻是跳過桌機直接跨入智慧型手機。中國人也跟卡蘭尼克一樣信奉科技，擁抱科技的速度快過西方人。卡蘭尼克希望他們也擁抱Uber。

這說起來容易做起來難。過去二十年來，矽谷有影響力的領袖——賴利・佩吉、謝爾蓋・布林、馬克・祖克柏、傑夫・貝佐斯、迪克・卡斯特洛（Dick Costolo）、艾文・斯皮格——幾乎都曾向中國示好，希望進入這個叫人垂涎的國度，但也幾乎都鎩羽而歸。他們每個人碰到的中國問題各有不同，過去是如此，現在仍是。

卡蘭尼克一副信心滿滿的樣子，好像他很清楚如何敲開中國市場。中國人仍然仰賴計程車代步（卡蘭尼克最痛恨的敵人），但他有信心，只要中國人看到 Uber 的服務比較好就會集體跳到 Uber 這邊。更何況他還有一個祕密武器：幾十億美元的司機與乘客補貼，他相信用這筆錢來點燃中國市場需求綽綽有餘。中國將會成為 Uber 到目前為止最艱困的戰役。其實他私下對於能否在中國人的地盤打敗中國人也心存疑慮，但是依舊滿心期待即將有一場硬仗可打。

他擔心中國政府會採敵視態度。共產黨一向以促進、保障中國企業在中國土地上成功為榮，在習近平治下，中國政府投資了幾億美元於國營創投，再由創投挹注種子資金給一波波興起的新創，造就中國有史以來成長最快的經濟產業。中國政府還在深圳等城市成立所謂的「經濟特區」，促進中國創新發展，並提供新創孵化溫床。全球科技的主導地位雖然仍握在西方手中，但是如果用市值來計算，全世界二十大科技企業有九家是中國所有。[3]

網際網路掌控在政府手中，這意味著共產黨可以「造王」，可以用選擇性執法來創造它覺得最有利於國家的結果。中國政府本質上就不可能歡迎外來入侵者，更何況是卡蘭尼克這種蠻橫強硬的人，習近平有看新聞，對卡蘭尼克的名聲想必略知一二，但是卡蘭尼克仍然有信心自己能夠戰勝。

比起老大哥作風的中國政府，卡蘭尼克更擔心另一個「兄弟」，這個兄弟是一家新創：滴滴出行。這四個字大致翻譯是「弟弟出遊」，比較通俗的意思是「叭叭計程車」，滴滴是汽車喇叭聲的擬聲字。

名字聽起來很搞笑，但這家公司和領導階層可一點也不搞笑。滴滴出行是中國最著名的叫車新創，奠基於中國十幾億公民如何行進於壅塞道路的長年分析，執行長程維不到三十歲就創辦這家公司，之前只做過幾份業務工作。他二〇一二年押注打造的叫車公司，在騰訊、阿里巴巴這兩家中國最大、最受歡迎科技龍頭龐大的資金挹注下，短短三年就膨脹成幾十億美元的叫車巨擘。

滴滴出行擁有 Uber 渴求的成功要件：規模、知名度，以及最重要的，政府的支持。而且滴滴出行的口袋深到難以想像，營運不到幾年就從中國投資人那裡募到幾十億美元。公司高層也有魄力。滴滴出行原本名稱是滴滴打車，一直跟主要對手「快的打車」大打撒幣戰，兩家公司在二〇一五年休兵合併，但是已經燒掉幾百萬人民幣的免費乘車金。等到兩家公司合併，叫車 app 已融入民眾日常生活。

卡蘭尼克並不畏懼。他戰勝過美國各大城市的腐敗政客和計程車工會；他智取過 Lyft 的領導班子；他闖進世界各大城市，花掉的錢比對手多，挫敗了政府，用更好的產品贏得了更多消費者。勇往直前這招以前都成功，再成功一次一定沒問題。

「做別人認為做不到的事，這讓我很興奮。」卡蘭尼克後來說。[4]

達成不可能的任務會讓卡蘭尼克很興奮，但是不可能任務的日常卻得由范順（Thuan Pham）來面對，他到二〇一五年已經整個人陷在滿滿都是麻煩的池子裡。

Uber 成長速度之快，超過所有人預期。范順在中國幾十個城市部署了團隊——成都、北京、武漢等等——奮勇抵抗步步進逼的滴滴出行。卡蘭尼克對此很高興，只要老闆高興，范順就高興。

身為技術長，范順負責帶領 Uber 整個工程部隊，那是一個由數百個年輕聰明駭客組成的龐大團隊。團隊上下都很敬重這位律己甚嚴的主管，一頭黑髮的他，一身古銅色皮膚，方形青銅色眼鏡跟臉上的笑容形成強烈對比。對他手下很多工程師來說，他是稀有品種的技術長，不僅能同理部屬的心情，處理棘手問題甚至懂得訴諸情感。他們最敬重他的職業道德，尤其是他會二十四小時隨時回覆部屬的電子郵件，即使去度假也會在機場打開筆電，飛機都開上跑道了還在回信，直到空姐告訴他該收起電子裝置。

但是范順現在高興不起來。Uber 在中國的搭乘次數雖然飛快成長，但是 Uber 發出去的獎勵金也是。

Uber 內部每個人都知道，要在中國取得有意義的市占率，必須先提供大量的免費搭乘才行。為了消除燒錢速度過快的疑慮，卡蘭尼克寫了一封信給投資人，打預防針說 Uber 可能要大撒幣才能在中國站穩腳跟。

身為技術長，范順看到了投資人看不到的東西。Uber 每個星期在中國送出的獎勵金高達四千萬到五千萬美元，光是為了說服乘客和司機搭滴滴換 Uber 就耗費如此鉅資。

媒體聽到風聲開始到處打探[5]，卡蘭尼克派埃米爾．邁克出來抵擋愛探聽的記者。他告訴記者 Uber 在中國的營運比很多人想像得「更有成效」，不過記者若對數字稍有了解（邁克不願在記者訪問中討論數字），下巴一定會集體掉到地上。

卡蘭尼克在一封寫給投資人的信上提到（這封信隨後被洩漏給媒體），在短短九個月內，拿同樣長的進駐時間相比，成都、杭州的 Uber 乘車次數是紐約的四百倍之多，而紐約甚至是 Uber 最大的市場之一。「這種程度的成長既驚人又前所未見，」卡蘭尼克在那封信寫道，「講白了，中國是 Uber 最大的未開發處女地之一，可能比美國還大。」[6]

卡蘭尼克沒說的是，在很多城市，半數以上的乘車是假的，只是白白浪費投資人的錢。

負責處理假乘車的范順，對艱難環境並不陌生。一九六七年出生於越南的他，十二歲就被扔進戰爭中，媽媽把他和弟弟塞進一艘破舊的木製漁船，航行於波濤洶湧的南海，逃離一九七九年的中越戰火。[7]歷經致命暴風、被泰國海盜洗劫之後，能落腳印尼難民營已經讓范順滿心感恩，只是他們沒多久就被送到另一個缺乏基本衛生設備、東南亞移民聚集的島嶼。最後范順一家終於來到美國，他們在馬里蘭州跟另一個家庭合租一間蟑螂出沒的小公寓，母親兼幾份工養他們。

范順在學校很用功，漸漸喜歡上他小時候就發現的ＩＢＭ個人電腦。惠普（Hewlett-Packard）一份初階電腦工作把他帶到新創世界，最終遇到大好機會，在Uber取得技術長這個高薪的高階工作。他跟卡蘭尼克一樣努力，對公司急劇擴大過程中的壓力、困難、長工時從不喊苦。

不過，中國市場的挑戰是前所未有。范順的工作是把中國這個經濟惡夢轉變成合理的財務操作。

范順組建了一個危機團隊，把灣區最擅長處理資安與詐騙的偵查人才都挖來，在舊金山總部組成一支五十人的打假小隊。他下令中國各城市經理嚴格審查新註冊用戶，導入身分驗證功能等招數來過濾司機和乘客。

中國並不是唯一有漏洞的市場，詐騙是全世界每個市場普遍的現象。知情者指出，Uber二〇一四年在紐約的毛營收有兩成被詐欺吃掉，倫敦的小偷偷走的金額也相去不遠。從華府到洛杉磯，Uber在幾個最重要市場失血的金額是以百萬美元計。

范順的打假專家很快就證明他們的價值，而且不只是在中國。在紐約布魯克林，打假團隊發現信用卡竊賊利用偷來的卡號，透過Uber車輛販毒賣淫，招數很簡單：毒販先到暗網（Dark Web）購買失竊的信用卡卡號，再把卡號輸進app，用被盜帳號支付Uber車資。就這樣，每個星期透過幾百趟 Uber 把毒品和應召女郎運送到紐約市各角落，車資不是用 Uber 獎勵金支付就是 Uber 扣款成功卻又被發卡公司追回，因為原持卡人向發卡公司通報盜刷。

監控了犯罪分子幾個月，Uber 最後跟紐約警察局合作，透過複雜的臥底行動將詐騙者一網打盡。透過一趟 Uber 叫車，警方取得信用卡公司的通報，打電話給那輛 Uber 的司機，要他靠邊停車，接著以信用卡詐欺、持毒、賣淫等罪名逮捕車上乘客。打假團隊雖然從未公開嚷嚷，但確實是他們協助紐約警察局破獲整起犯罪。

隨後，范順的團隊便根據過去的犯罪行為建立機器學習模型，訓練 Uber 的系統在同樣的詐騙模式出現時偵測出來。隨著打假團隊漸上軌道，紐約等市場的詐騙也下滑到百分之一到三，范順對自己的團隊感到很驕傲，卡蘭尼克也是。

可是，打擊中國的詐騙需要另一種等級的警覺。中國詐騙犯跟 Uber 工程師打的是激烈的軍備競賽，詐騙手法日新月異，打假團隊只能疲於應付。美國的詐騙手法比較單純，通常不是坐霸王車就是利用 Uber 運送非法物品，全都是盜刷偷來的信用卡，但在中國是司機和乘客聯合串通，詐騙並瓜分 Uber 幾十億的獎勵金。

詐騙者多半上中國網路論壇尋找同夥，這種文字討論區簡單又匿名，可以媒合想賺快錢的人。他們發展出自己一套術語[8]，尋找假乘客的司機會上網求「打針」，指的是 Uber app 顯示用戶位置的紅色小小大頭針，然後會有「護士」（也是詐騙者）在貼文下面同樣回以「打針」，開設新的假帳號，跟那個司機來一趟假乘車，兩人再瓜分 Uber 獎勵金。這種模式在幾十個城市一再重複，小額的司機獎金也能快速累積成幾百萬美元的浪費。

卡蘭尼克不能喊停獎勵金，因為不能落後於滴滴出行（滴滴出行為了吸客也同樣燒錢不手軟）。為了搾出成長，卡蘭尼克要求簡化新用戶的註冊流程，只要提供姓名、電郵地址、電話號碼、信用卡卡號就能加入 Uber，但這些資料很容易複製，詐騙者只要輸入假名、假電郵，再利用 Burner 或 TextNow 等 app 就能假造幾千個電話號碼，搭配偷來的信用卡卡號一起使用。但是如果要求中國用戶提供其他更精確的身分驗證方式，會增添註冊流程的麻煩，而根據卡蘭尼克的數據科學家的研究，麻煩增加就會減緩成長，對卡蘭尼克來說，任何會稍稍影響到成長的事都不在考慮之列。

卡蘭尼克的解決方法是成長與打假並行。但是詐騙者的狡猾程度不斷與時俱進，他們最終發現到討論區找假乘客沒有效率又耗時，最後乾脆自己製造「乘客」。有的司機會一箱箱購買廉價手機，每支手機各開多個司機和乘客的帳號，先用「乘客」手機叫車，再用「司機」手機接受叫車，然後開著前後座都「坐滿」手機的車子到成都街上繞，每完成一趟假乘客的叫車路程就有車資入袋。

打假團隊終於發現這種奧步。Uber 舊金山總部的控制室裡，一字排開的螢幕顯示著中國城市地圖，上面有小光點沿著複雜地形游移，每個小光點就是一個詐騙者的車輛，後面長長拖著十幾個也在車上的假「乘客」，打假團隊彷彿看著幾十條數位蜈蚣在電腦螢幕上爬來爬去，每一條都被Uber的獎金養得肥滋滋。

有的詐騙者甚至製作簡陋電路板，上面布滿幾百個可插入SIM卡的插槽（SIM卡就是手機用來連上行動網路的小晶片），每張SIM卡就是一個新號碼，可以自動回應新開帳號的驗證簡訊，然後詐騙者就能用新開帳號瘋狂假叫車、瘋狂累積獎金。電路板上的SIM卡都用過之後，詐騙者會全部換一批新的，換另一批新號碼再把整個過程重來一遍，每天有幾百個甚至幾千個「司機」重複這個過程幾十次，一個星期七天，累積下來的就是Uber龐大的虧損。

范順的打假團隊很厲害，但能做到的程度有限。相較於Uber在紐約和舊金山等城市的成功，中國卻是個大錢坑，卡蘭尼克繼續不斷丟錢進去，范順和工程師能做的只有努力止血。

詐騙不是中國市場唯一的問題。在做生意方面，中國人跟Uber有個共同點：都很願意玩陰的。滴滴出行跟Uber搶奪市場的過程中，道德早扔出了窗外。

滴滴的城市經理會付錢給當地計程車業者去抗議Uber的P2P服務，他們還會傳假簡訊給Uber司機，宣稱Uber已經關閉中國營運，司機應該轉到滴滴旗下。滴滴最愛用的一招是把新人派到 Uber 做工程師，一經錄用就變成臥底，把 Uber 獨家資料傳回滴滴，並且暗中破壞 Uber 內部系統。

滴滴忙著滲透 Uber 的同時，也獲得幾個最大、最有力量的盟友助攻。Uber 在美國有 Google 在背後支持，同樣地，滴滴其中一個最大的投資人也是中國前三大科技公司之一：騰訊。

騰訊不時會封殺 Uber 的微信帳號（微信是中國最多人使用的社交平台和傳訊 app），這對 Uber 是個嚴重打擊。微信是中國的 Facebook，騰訊在微信上封殺 Uber，等於把 Uber 從中國最重要的社交媒體拿掉。更嚴重的是，被微信封殺也跟著切斷了「行動支付」——這項功能可讓人不必用現金或信用卡也能購買商品和服務。

Uber 起初並不了解行動支付在中國多麼普及，一開始只接受信用卡，但是中國人根本就不用信用卡，Uber 花了一段時間才開始接受「微信支付」和「支付寶」這種行動支付（有人認為花太久時間），最後好不容易擠進中國各種行動支付，卻不時被騰訊擋在最大的支付系統之外。

Uber 在中國碰到的問題有些是自找的。首先，Uber 仍然仰賴 Google 地圖引導司機接送乘客，事實證明這是個糟糕的選擇。Google 雖然以無人能及的精準度繪製了多數已開發國家的地圖，但中國仍然是 Google 的盲區，Google 地圖的錯亂導航常常讓 Uber 司機搞不清楚方向，司機走了較慢的路徑還會惹得乘客不高興。

Uber 在中國以外的地方也有嚴重問題。不管在亞洲哪個地方，卡蘭尼克都得對抗計程車業者、政府、資金充沛的競爭對手，譬如印度的 Ola 和東南亞的 Grab，這兩家不擇手段的新創玩得跟滴滴一樣骯髒。

卡蘭尼克派二十四歲的阿克謝 BD（Akshay BD）擔任印度班加羅爾（Bangalore）第一線社群業務經理。BD 是拚命三郎，為了招攬司機，滿街追著計程車跑，他有卡蘭尼克希望總經理具備的拚搏精神，尤其是在全世界最大市場之一帶動需求的總經理最為需要。

但是 BD 對 Ola 和計程車業者的反擊毫無防備。在孟買，當地計程車業者聚集到 Uber 公司秀肌肉威嚇 Uber 員工，暴力行徑並不少見；在班加羅爾，BD 每次下班回家都不讓 Uber 司機直接開到他家，他知道對手可能會跟蹤；在海德拉巴（Hyderabad），二〇一七年初有個 Uber 司機付不出汽車貸款而自殺，一群憤怒司機（有些是 Uber 司機，其他是樂於煽風點火的計程車業者員工）現身 Uber 公司外頭，抬著自殺的三十四歲司機康德芽（M Kondaiah），把屍體丟在 Uber 門口，那群人宣稱：要不是因為 Uber 給司機的薪資太低，康德芽也不會死。[9]

調降車資通常會觸發安全事件。端坐舊金山 Uber 總部的卡蘭尼克，不時會調降 Uber 車資，一次就調降幾十個市場，激起的漣漪從灣區向外擴散到世界各地，數百萬司機的生計頓時受到影響。卡蘭尼克這麼做是為了激起乘客數的成長，但往往激起的是暴力。

有一次一個印度男子歇斯底里跑到 Uber 據點，不滿 Uber 又砍價，他拿出一個罐子，往自己身體潑灑汽油，手裡揮舞著打火機，威脅如果不提高車資就要自焚，警衛把男子撂倒，在地上扭打，搶下他手中的打火機。這並不是單一事件，沒多久也發生多起自焚事件。

印度最嚴重的一起司機事件發生於二〇一四年十二月。有個二十六歲做財務工作的女子在工作晚餐後叫了 Uber，要回古爾岡（Gurgaon）的家，位於新德里郊外的城市。上了 Uber 沒多久，她就在後座睡著，司機雅達夫（Shiv Kumar Yadav）發現她睡著就改道行駛。

雅達夫關掉手機，讓警方和 Uber 總部追蹤不到，然後找到一個隱蔽地點，停下車，爬到後座性侵這名年輕女子，事後還威脅她不可以說出去，如果報警就殺了她。然後雅達夫把女子載回她家。女子在星期六凌晨一點二十五分報警，雅達夫從她的公寓開走的時候，她拍下了車牌，警方隔天便逮到他。

這件事隨即瘋傳開來，不管是印度國內還是國外，社會大眾立刻歸咎於 Uber 安全措施鬆散。幾個星期前卡蘭尼克對記者莎拉．雷希的攻擊才剛被踢爆，Uber 的討好攻勢也砸鍋，如今這起性侵事件更坐實了 Uber 的厭女形象，這是一家不關心女性、提供的服務也不安全的公司。美國媒體為這起性侵案群起撻伐 Uber，更強化了大眾對 Uber 的負面印象。

印度的反應更是嚴厲。印度官方察覺到大眾的怒火，立刻關閉新德里所有叫車服務，直到調查結果出爐。[10]班加羅爾等印度城市的 Uber 總經理也拉下總部大門，搬進飯店，試圖躲避沒完沒了的抗議和威脅。有長達六個星期的時間，印度的 Uber 員工甚至把父母家人一起帶進飯店，還有計程車業者當街毆打 Uber 員工。

東南亞也是災難一場。那個區域最主要的叫車公司是 Grab，是個頑強的對手。Uber 後來花了將近十億美元跟 Grab 對打，結果竟然流失將近五成的市場。短短四年後，Uber 在東南亞的市占率只剩兩成五，幾年後不得不把東南亞業務賣給 Grab，換取 Grab 百分之二十七．五的股份。＊

以上種種——虧損、企業詭計、無止盡的赤手空拳街頭互毆、文字暴力——都對卡蘭尼克的心理造成影響。他本來就是個情緒緊繃又好勝的人，中國和東南亞市場沒有成長，益發助長了他的被害妄想症，他開始覺得老是有人扯他後腿、朋友或員工都想欺騙他或傷害公司。中國一役過後，他的憤世嫉俗甚至蔓延到其他地方，不見平息。

遠在美國觀察 Uber 的人，儘管注意到 Uber 在海外碰壁連連，但大多仍認為這家公司沒有做錯。卡蘭尼克依舊揮霍如昔。

手上有空白支票任他開，投資人和董事會也沒人向他究責，於是卡蘭尼克開始大興土木，到處興建能象徵 Uber 成就的辦公室。

在匹茲堡（這裡是 Uber 自駕車工程的重點城市），卡蘭尼克聘請建築師和工業設計師興建了一棟未來感十足的辦公室。這棟大樓是奢華的典範，是幾百個員工的辦公處所，裡面放置二十幾種不同風格的椅子，散置於廣闊的辦公空間，沒有特別目的，只因為設計師知道卡蘭尼克喜歡不同類型的椅子。大樓興建成本高達四千萬美元以上，相當於這個衛星分公司兩百個員工每人二十萬。加州聖塔莫尼卡（Santa Monica）的分公司則是大手筆租下海景第一排，同樣耗資幾千萬。

不過，Uber 王冠上最貴的那顆寶石在舊金山。由於辦公室已經不敷使用，於是卡蘭尼克租下市場街一四五五號另外幾層樓——市場街一四五五號是位於市中心的碉堡狀建築——改裝成 Uber 奢華風格。兩層樓之間的水泥地板敲出洞，搭起透明的玻璃階梯，這道耗資幾百萬美元的階梯可以通往卡蘭尼克最愛的空間，這個空間的設計體現了他的品味，他將這種美學取名為「銀翼殺手遇上巴黎」*，一系列用黑色花崗岩和透明玻璃隔成的會議空間，是伏身於銀色 MacBook 前工作的工程師二十四小時的棲息地。

經理人則是長時間在大樓最隱密的地方擬定戰略：「作戰指揮室」。在精品建築師和家具設計師的量身設計下，「作戰指揮室」位於主樓層正中央的大會議室，是包覆於玻璃之內的箱型空

---

*這個地區的總經理麥可．布朗（Mike Brown）後來被趕出 Uber，離職條件包括數千萬美元的股票。

*《銀翼殺手》（*Blade Runner*）是黑色科幻電影。

間，用於召開重要策略會議。牆上的數字時鐘顯示舊金山、紐約、倫敦、杜拜、新加坡的時間（都是採二十四小時制），彷彿這家公司的領導人是置身白宮戰情室。

如果是祕密會議，只要按個開關，玻璃就會變成半透明的毛玻璃，以免外人或公司其他單位窺探。

卡蘭尼克的新辦公室一個比一個豪華，他卻絲毫不擔心錢的問題，因為錢再募就有。

第十六章
蘋果事件

Uber 在中國那頭一桶一桶大失血，卡蘭尼克在這頭緊盯著工程師趕快解決。這是 Uber 一再出現的主旋律：出了問題，老闆要求馬上處理，他不管你用什麼方法，反正**趕快解決**就是了。

卡蘭尼克的技術長范順開始組建打假團隊的時候，獲得極大的空間。打假工程師必須心思縝密、行事敏捷，還得做好隨機應變的準備，所以卡蘭尼克打包票會保護團隊免於內部政治鬥爭，保證給予任何必要的資金或支援。

其中一位新成員是昆汀（Quentin）*，一個頭腦犀利、三十歲的產品經理，念 MIT 研究

*我給線人改了名字，以免他們曝光。

所的時候就拿獎，畢業後進 Google 做搜尋產品。同事形容他聰明、對同事友善、說話和顏悅色，跟雄性支配欲旺盛的典型「Uber 兄弟」截然相反，不會跟第一線營運經理玩「倒立喝酒」遊戲。

同事說，昆汀最鮮明的特質之一是神經質，待人處事謹慎小心，就連肢體語言也充滿戒心，跟人談話時身體會微微向外，而且會注視對方良久，好像在打量人似的。同事認為，這種個性很適合做風險評估和安全方面的工作。

Uber 二〇一四年初的員工人數大約五百名，到同年十月已經增加到三倍多，每天都有新人加入。在昆汀的帶領下，風險、帳戶安全、詐騙預防的團隊擴大到一百五十多人。Uber 每個人都很努力，但是昆汀團隊的努力更勝大多數人。他和幾個親近同事協助策劃了紐約幾起緝毒行動、遏抑了中國普遍的詐騙行為、幫忙補救了 Uber 在其他地方的失血和麻煩。他是價值連城的存在。

二〇一四年三月剛進公司時，昆汀的團隊就面臨一個特別頭痛的問題。兩年前蘋果推出新版 iOS，阻斷了外界取得 iPhone 身分識別碼的權限。每支 iPhone 都有個身分識別碼，就是所謂的 IMEI，國際行動設備身分識別碼（international mobile equipment identity number）。

這項更新宣告蘋果正式進入提姆·庫克（Tim Cook）年代。跟 Google、Facebook、亞馬遜這幾個對手不一樣，蘋果不是靠蒐集消費者個資來做生意。Facebook 和 Google 是廣告公司，很需要握有消費者日常生活的數位資料細節，以便鎖定對象投放廣告，而 Uber 為了揪出詐騙者，也採用了矽谷各大企業常用的數位監控技術。

那些企業的做法有違蘋果長年奉行的原則，特別是個人隱私權。賈伯斯已經很重視消費者隱私，但他的接班人庫克更是重視到狂熱地步。庫克認為蘋果用戶對自己的數位私生活應有百分之百的掌控權，要是用戶決定把 iPhone 裡的資料全部清掉，就不該再有任何人能在手機上找到任何蛛絲馬跡，任何個人、家人、公司、執法者都不行，清掉就是清掉，資料就永遠沒了。

意料之外的 iOS 更新，對 Uber 是個超級壞消息。中國詐騙分子喜歡拿偷來的 iPhone 開假帳號、註冊 Uber，要是被 Uber 安全團隊發現並封鎖了，只要清除 iPhone 裡的資料再另開新帳號就行了，只要幾分鐘就能完成，而且可以一再重複。為了打擊這招，Uber 花了好幾個月建立 IMEI 資料庫，把已經有 Uber 帳號的 iPhone 一一列表追蹤。二〇一二年 iOS 更新之前，Uber 只要看到有人拿同一支手機一再開新帳號就知道是詐騙分子，可以立即封鎖，但是 iOS 更新之後，Uber 不再能取得 iPhone 身分識別碼，一切又回到原點，必須從頭再來。

但是昆汀團隊在二〇一四年找到解決方法。蘋果釋出 iOS 更新後，一夜之間冒出大約六家號稱能查出神聖 IMEI 的公司，昆汀測試了其中幾家，最後選擇 InAuth，一家位於波士頓的小公司。只要在 Uber 的 app 置入一小段程式碼，InAuth 就能查出 iPhone 身分碼，這個技術就是資安界和詐騙界所稱的「指紋技術」(fingerprinting)，只要手機「被按指紋」，Uber 要辨識是不是詐騙者所用的手機就容易多了。剛進 Uber 幾個月，昆汀就跟 InAuth 簽約合作。

這套方法運作得**很完美**。以前沒用 InAuth 的時候，中國和其他大城市的詐騙案件**每個星期**要耗掉 Uber 幾千萬美元，有時甚至更多，把 InAuth 的程式碼裝進新版的 Uber app 之後，詐騙案件就直線下滑。只要詐騙者試圖用「被按指紋」的手機開新帳號，Uber 的打假系統就會自動啟動，把那個帳號封鎖。被偷了好幾年的 Uber，終於找到反擊方法。

只是有個問題：InAuth 的做法公然違反蘋果的用戶隱私規定。所以 Uber 和 InAuth 的合作必須偷偷進行，要是被蘋果發現，Uber 和 InAuth 都會有大麻煩，蘋果甚至可能把 Uber app 從 iPhone 下架。

矽谷每個手機軟體工程師總有某個時刻必須面對 App Store 模糊又複雜的規定。蘋果每年會更新 iOS，只要做點簡單調整，就可能決定某家新創公司整個營運計畫的成敗。做手機軟體，尤其是做蘋果手機軟體，就得有隨時陷入焦慮和挫折的準備。工程師一向 App Store 遞出 app 上架申請，接下來就只能像德爾菲神廟（Delphi）的朝拜者一樣靜候佳音，有時蘋果會給個有幫助的回應，有時一句也不吭。

昆汀和團隊自認是別無選擇才遊走隱私規定的邊緣。他們有龐大的詐騙問題必須解決，而蘋果又不給 Uber 其他選擇。要是 Uber 和 InAuth 能保持低調，也許就能躲過雷達偵測。

可惜他們沒有那麼走運。二〇一四年十一月中旬，BuzzFeed 報導了那場臭名遠播的晚宴，就是埃米爾．邁克說要對記者進行敵蒐那場。當時大眾目光大多集中在邁克身上。❶

但是在那波「討好攻勢」中，賈許・莫爾勒（Uber 紐約分公司那位傲慢自大的總經理）鑄下了大錯。那週某一次受訪中，莫爾勒說溜了嘴，提到 Uber 有「天堂」（Heaven）這個初具雛形的工具，能用「上帝視角」即時查看乘客搭車過程。那個記者那天下午是搭 Uber 去跟莫爾勒見面，莫爾勒洋洋得意炫耀說她全程被他追蹤。他這句話有個人特別注意到了。

第一篇報導引爆後過了八天，有一顆炸彈擊中昆汀的團隊。連日來醜聞連環爆的結果是外界對 Uber 的檢視力道與日俱增，亞利桑那州有個極具進取心的年輕駭客名叫喬・基龍（Joe Giron），他破解了 Uber 的安卓（Android）手機 app，找到 Uber app 安裝時要求用戶開放權限的項目清單[2]，洋洋灑灑一大串遠超過大部分用戶的預期：電話簿、相機、簡訊對話紀錄、Wi-Fi 連線等等。隨便哪個 app 要求取得這些權限就足以令人起疑了，更何況是個計程車服務。為什麼叫車 app 需要取用客戶的簡訊或相機？這已經是大舉侵犯隱私的行為。原來 Uber 不只樂得追蹤記者，還想把你和你手機裡的資料摸得一清二楚。

基龍的部落格貼文炸了開來。在資安論壇和其他網站傳開來之後，輾轉傳到「駭客新聞」（Hacker News），一個聚集很多工程師和矽谷精英的論壇。[3]

「駭客新聞」的讀者不知道的是，那個成天窩在電腦前的駭客無意中發現了 InAuth 的祕密程式庫，這個程式庫寫在 Uber app 裡面，是 InAuth 跟 Uber 祕密交易的一環。為了按手機指紋，InAuth 要求索取的資料**遠超過**一般 app，也就是要求用戶開放各式各樣的權限，根據這些資料建立每支手機的檔案，再用三角量測方法計算出用戶的IMEI號碼。這個方法很聰明，不只Uber採用，也有其他公司付了幾百萬美元採用，但是消費者如果發現自己不知不覺給了Uber這麼多資料一定會不爽。

在Uber總部這頭，打假團隊個個都嚇呆了。跟InAuth合作本來就是見不得光的事，現在卻連程式庫都攤在陽光下，這下該怎麼向大眾交代？要是蘋果開始查起來怎麼辦？Uber才剛把最新版iOS的app遞交給蘋果審查，要是蘋果發現Uber違反規定，該怎麼辯解？

一開始一切平安無事，但是幾個星期後答案出來了：App Store駁回Uber最新的軟體更新。昆汀團隊被逮個正著。

身為App Store的負責人，埃迪・克尤（Eddy Cue）看盡了新創世界的美好——以及醜惡。埃迪・克尤直接對提姆・庫克負責，也只對庫克一人負責。每當有新創明星竄起，他幾乎一定是全矽谷第一個看到的人，因為那些明星app就在他手中報表上竄居首位，這時他還會特別見見創辦人。到二〇一四年，蘋果這位五十歲網路軟體服務資深副總已經知道卡蘭尼克大概一年了，他和庫克很早就看出Uber的潛力，也**愛死**Uber運用iPhone的方式。Uber向Google創投和

TPG募到幾百萬美元後，克尤和庫克找了卡蘭尼克好好坐下來談。會後，克尤和庫克都對卡蘭尼克的熱情和才幹印象深刻，但並沒有被迷倒。卡蘭尼克和埃米爾．邁克滔滔不絕講起Uber的雄心壯志時，克尤對這位創辦人的狂妄特別有印象，至於Uber在媒體上的負評以及面對的法規威脅，卡蘭尼克則不以為意。

「我知道自己在做什麼，」卡蘭尼克跟兩位蘋果高層說，兩人在電腦產業高階職位打滾的經驗加起來可有五十年，「共乘業其他人都不知道他們在做什麼，但是我們很清楚。」

會談中，克尤以為挑戰一下卡蘭尼克可以引出他謙虛的一面。「為什麼讓Google投資呢？」克尤把內心的疑惑說了出來，「感覺有點像把狐狸放進雞舍。它做自駕車好多年了，我們一直認為，你們做的東西遲早也會是它的發展路線。」

庫克點了點頭，指出這股潛在威脅可能也會延伸到Uber董事會。「你完全不擔心莊蒙德待在董事會？」庫克問道，他指的是卡蘭尼克把董事席位給了大衛．莊蒙德，Google法務長兼企業發展資深副總裁，庫克和克尤都認為他是Google執行長佩吉的代理人。

「董事會無足輕重，」卡蘭尼克說，對他們的問題不以為意，「這些人都是我親手挑選的，我說什麼他們就做什麼，按照我的方法，做我想做的事。」

克尤聽了大吃一驚。很多創辦人至少在公開場合會「表演」謙虛的樣子，這種策略性的謙遜顯然在卡蘭尼克身上看不到。

會談結束後，克尤和庫克仍定期與 Uber 聯絡。唯有人們愛用的 app 好，iPhone 才會好，所以跟高人氣 app 保持聯繫是蘋果的優先事項。克尤和庫克每三到六個月就聯絡一次，幾乎都是請卡蘭尼克和邁克搭一小時 Uber 南下，到陽光燦爛的庫比蒂諾（Cupertino）郊區，蘋果總部所在地。

不過，Uber 從來不是蘋果所謂的「完美夥伴」。這家新創常常令 App Store 高管氣惱，也就是克尤手下負責追蹤高人氣合作夥伴的主管們。

問題多半出現於 Uber 的軟體更新。App Store 上面的公司若要更新 app，必須先把新版送交 App Store 核准，對蘋果來說，處理 Uber 的新版 app 特別頭痛。每次 Uber 送來更新，蘋果工程師常常逮到它試圖在程式裡偷渡見不得光的小手腳。舉個例子，Uber 有一版消費端 app 能從給乘客用的 app 變成只給司機用的 app（目的是減少新用戶的「麻煩」），雖然只是個小違規但對蘋果來說卻不容忽視。這個版本沒有得逞。蘋果逮到 Uber 的取巧做法，只輕輕斥責一番，要求 Uber 必須把乘客和司機的 app 個別分開來。

長時間下來，在 Uber app 發現的小蝨卵愈累積愈多，克尤的副手們對 Uber 的更新更是嚴加看管。工程師對 Uber 程式碼的檢查之嚴格，甚至連 Uber 什麼時候又要動手腳都摸得一清二楚。

有一段時間，克尤還很願意相信卡蘭尼克的工程師，畢竟蘋果的規定並不是每一條都清清楚楚，而 Uber 又是極受 iPhone 用戶喜愛的 app。駭客就是駭客，App Store 審核人員看盡各式各樣小手腳和抄短路，更惡劣的所在多有，Uber 持續不斷的小花招雖然令他們頭痛，但是耗費 App

Store 團隊的資源來監管仍然是值得的。

但是情況到了二〇一四年底急轉直下。App Store 主管看到「駭客新聞」上那篇貼文：Uber 的安卓 app 遭到反編譯（decompile），被踢爆其實是一隻狂吸個資的怪獸。果不其然，Uber 的 iOS app 也要求同樣類型的權限。Uber 的「按指紋」方法不會得逞的。就在耶誕假期逼近，工程師希望趕在放假前取得程式核准之際，蘋果開始駁回 Uber 內建在 iOS app 裡的按指紋招數。

在舊金山的 Uber 總部，工程師忙著解決 App Store 一再的駁回。依照蘋果慣常的作風，駁回並不會說明原因，Uber 員工知道八成是因為 InAuth 的程式碼，但又不想說破，以免蘋果其實沒有發現，反倒自己先露了餡。

Uber 打假團隊和手機團隊腦力激盪了很久，一個沮喪的手機工程師站了起來，他以前是蘋果員工，知道如何避開 App Store 這個問題。「我有個點子，」他說，逕自走出會議室回到他桌上的筆電，「我有辦法解決。」

Uber 工程師時不時在新版 app 閃躲規則是一回事，一堆工程師送交 App Store 審核的時候都這麼做。

但是這次的點子跟特洛伊木馬一樣明目張膽。那個工程師的點子是利用所謂「地理圍籬」（geofencing）來騙過蘋果，也就是利用手機的 GPS 和 IP 位址得知用戶位置。「地理圍籬」顧名思義，只要用戶在某個地理範圍內，app 就能採取某種相應措施。以 Uber 的例子來說，只要在灣區或蘋果庫比蒂諾總部附近使用 Uber app，為了按指紋而要求個資的 InAuth 程式庫就不會啟動。

那個工程師的假設是 App Store 審核人員全都在庫比蒂諾和舊金山灣區——事實證明這個假設是錯誤的——結果，一個不在加州的審核人員無意中發現 InAuth 程式庫。Uber 的詭計就這樣曝光。

克尤氣炸了。閃躲蘋果規定是一回事，但是主動耍詐（故意向蘋果人員隱瞞 app 某個功能）是滔天大罪。Uber 這是用精心設計的老練手法欺瞞蘋果。

一肚子氣的他，坐回蘋果總部辦公室的椅子上，拿出 iPhone，撥了一個號碼。

卡蘭尼克接起，口氣和悅。他知道絕對不能讓克尤不開心。

克尤可就沒那麼和顏悅色：「我們必須談談，現在有個大麻煩。」克尤直接講起 Uber 在 app 裡面動的手腳，清楚表達他的不爽。

「你必須下來好好說清楚，」克尤說，「我會交代我的人安排，再見。」說完就掛斷電話，甚至沒等卡蘭尼克說再見。

卡蘭尼克嚇壞了，擔心蘋果會祭出什麼激烈手段。

他連忙召開會議，把昆汀和幾個團隊成員叫進會議室，一關上門就立刻開始發問，每個問題都等於是在問：「到底在搞什麼鬼？」

昆汀的團隊知道是怎麼一回事（至少心裡有底），昆汀把那個手機工程師叫進來（這個人這時已經嚇到手足無措），要他解釋他那套騙蘋果的方法。

卡蘭尼克照例在會議室踱來踱去，逐漸意識到事情的嚴重性。他可以辯稱他並沒有要工程師說謊或欺騙蘋果，畢竟那個團隊的人比他低了好幾階，管理職責本來就在他們的主管手上。

但是卡蘭尼克一再跟團隊說：「我們無論如何都必須贏，不計任何代價。」這句話已經成為Uber從上到下每個團隊的基本認知。贏，不計任何代價。

打假團隊開始準備解釋說詞——以及對埃迪·克尤的道歉。

雖然是矽谷最神祕、不透明的公司之一，但是蘋果庫比蒂諾園區裡裡外外無一不在努力傳達公開與透明。

白色辦公大樓矗立於無限循環路一號（1 Infinite Loop）蓊蓊鬱鬱、修剪整齊的草坪上，入口處呼應蘋果零售店的美學：整面玻璃、純白牆壁，加上半圓屋頂，遮擋加州酷陽。

Uber 一行人一走進大樓，就被帶到一間隱密會議室。他們為東道主準備了周詳的報告。

克尤大步走進會議室，身後跟著幾個 App Store 副手。在克尤一旁坐下的是菲爾．席勒（Phil Schiller），蘋果的行銷資深副總。席勒從一九九七年就開始在蘋果工作，直接向賈伯斯負責。在賈伯斯領軍下，席勒一九九八年負責行銷改款後的 iMac（一款色彩鮮亮的蛋形電腦，有亮橘、嫩綠、深青綠等顏色），各世代 iPod 的行銷也是他經手，幫忙打造出破紀錄的熱銷商品。這兩位蘋果高層都是五十出頭年紀，身價加起來有幾億美元。

克尤劈頭就沒給卡蘭尼克好臉色：「你們給我說清楚到底怎麼一回事，從一開始到我們今天是怎麼坐在這裡的，全部交代清楚。」

卡蘭尼克支支吾吾，心驚膽跳，但開始細說從頭。他一一向克尤、席勒說明 Uber 平台的大規模詐騙、詐騙分子巧妙的手法、蘋果 iOS 更新對他們打擊詐騙造成的困擾。負責處理克尤與蘋果震怒的埃米爾．邁克，事先給卡蘭尼克做了充足準備。

卡蘭尼克為這場會議換上新面孔，一張乞求和解的懊悔面孔。他知道他能對著政府與市府當局大嗆「舔我屁眼吧」，不過極少極少情況下，他還是意識得到必須謙卑一點。這種事幾乎從來沒有過，但是今天在這裡，在蘋果總部，在蘋果高層面前，他低頭親吻對方手上的戒指。

漫長又緊繃的會議最後，克尤對卡蘭尼克說：「我們要聽到你親口承諾，永遠永遠不再犯。

做承諾，不然就走，你就不用玩了。」

克尤是認真的。他已經把這件事告訴老闆提姆．庫克，兩人都認為這是嚴重違規。不管你的app或公司多麼成功，沒有人可以欺騙蘋果還沒事。侵犯用戶隱私更是庫克眼中的重罪。庫克後來公開槓上FBI，拒絕解鎖聖伯納提諾（San Bernardino）一個濫殺槍擊犯的手機，也在公開場合抨擊Facebook侵犯隱私的做法，他百分之百支持克尤的決定：如果Uber不住手，庫克和克尤就把Uber從App Store下架。

卡蘭尼克也知道他們是認真的。這次攤牌要是傳開來會變成大醜聞，更嚴重的是，他很清楚被App Store下架會有什麼後果。他的公司現在的估值高達幾百億美元，其中絕大多數生意是來自iOS的下載，如果把Uber從世界上每支iPhone拿掉，他的公司形同死亡。他向蘋果高層保證絕不再犯。

克尤接受他的保證，但是把Uber打入觀察期，會議結束時做了幾個明確規定，主要是要求Uber工程師現在開始每次送審新版app都得附上說明。

如果卡蘭尼克的團隊再耍這種花招，克尤就不再這麼寬容了，Uber就玩完了。

* * *

幾個星期後，卡蘭尼克再次南下蘋果與庫克、克尤例行會面。前一次跟克尤、席勒、App Store 高層的會議是很難熬沒錯，但這次才是卡蘭尼克望之卻步的。

卡蘭尼克刻意耍酷。再次踏進蘋果大門的他，腳上踩著一雙最愛的 Nike——非常鮮豔的紅色達爾文系列，鞋帶和網狀外層也是紅色*——配上深粉紅與藍色相間的條紋襪，給自己增添了活潑色彩。外表看起來很不錯。

但他的內心卻緊張死了。這是蘋果和 Uber 的風暴過後他首次當面見庫克，他不知道蘋果這位執行長會有什麼反應。

會議一開始，庫克就用淡定的長長南方口音提起這個問題。他想確定這個問題真的過去了。

卡蘭尼克在椅子上不安地扭動，他早料到這個問題會被提出來，但實際聽到還是很不自在。他解釋說確有其事——畢恭畢敬的程度前所未見——但他已經向克尤保證絕不再犯。

庫克點點頭，緊張時刻就這樣過去了，一群人繼續討論其他議題。但是庫克已經用幽微的方式畫出紅線，要是 Uber **再**想欺騙蘋果，Uber 就不必在他公司的平台繼續玩了。

卡蘭尼克搭 Uber 離開蘋果園區北返，隨後跟一個朋友碰面。他向朋友說起當天下午的情況，坦言自己很害怕，但只是短暫的。這場攤牌讓他腎上腺素激增，他擋住了不爽的提姆．庫克，是他媽的提姆．庫克啊！——這是卡蘭尼克的用語——而且他的公司依然健在。

Uber 這次活了下來。根據朋友的觀察，卡蘭尼克的害怕消失無蹤，取而代之的是一種新的自信，甚至自命不凡。如果 Uber 連蘋果都惹得起，那還有什麼好怕的。

＊卡蘭尼克特別喜歡達爾文在 Uber 總部水泥地的抓地感，他出席大部分公開場合都是穿這雙鞋，包括二〇一六年接受《浮華世界》總編輯葛雷登．卡特專訪時。

第十七章 「最好的防守是……」

跟蘋果攤牌是個大麻煩，但就在那場危機如火如荼之際，崔維斯．卡蘭尼克還有個更大的麻煩。為了解決這個**更大**的麻煩，他的技術長范順聘請了一個名叫喬．蘇利文（Joe Sullivan）的人。蘇利文看到的是一場資安惡夢。

擔任Facebook資安長的時候，蘇利文就對混亂習以為常，那六年見慣了各種亂象。當時他負責保護Facebook用戶免於身分盜竊、販毒、販槍、兒童色情散播，馬克．祖克柏在大廳忙著發現有待拓展的網路新疆域，他則是忙著追蹤數位小偷，那種偷走女性手機裡的裸照再行恐嚇勒索的男子。

不過，收到Uber技術長范順的求助email時，他的興趣被勾了起來。他讀過這家叫車公司的報導（沒有人躲得過這隻陷入困境獨角獸的新聞），看起來Uber似乎亂成一團，追蹤乘客、挖記者的糞、大口猛吞用戶個資——至少這就是 Uber 在外的名聲。

追蹤乘客尤其是荒唐的隱私侵犯之舉，但在卡蘭尼克眼中卻純屬派對把戲。二〇一一年 Uber 在芝加哥推出服務時，邀請了一小群芝加哥名人到伊利森飯店（Elysian Hotel）參加私人派對，「天堂」就在那時候首度亮相。巨大螢幕即時秀出幾百個 Uber 乘客正在芝加哥地圖上奔馳，卡蘭尼克和合夥人萊恩．桂夫斯咧嘴笑呵呵，賓客個個看得目瞪口呆。

雖然已經有「天堂」，但是卡蘭尼克對「地獄」也展開追求。[1]「地獄」是 Uber 內部一套最祕而不宣、最有價值的程式，目的是監看也替 Lyft 開車的 Uber 司機位置。Uber 總部員工會先開設 Lyft 假帳號來追蹤附近車輛（一個假帳號最多可追蹤八輛），再把那些車子的資料回傳 Uber 存進資料庫。「地獄」能讓 Uber 即時監看 Lyft 司機的位置，而因為很多 Lyft 司機同時也開 Uber，所以 Uber 能看到 Lyft 給司機的費率並且給出更高的費率，用這種方式讓司機更願意替 Uber 開車。如同蘇利文所看到的，「地獄」很鬼祟，也極不道德，要是洩漏出去勢必是一場公關惡夢。

「天堂和地獄」只是開端。那兩個程式都屬於「競爭情報」（competitive intelligence）——這個詞比「企業監視」（corporate surveillance）友善許多——縮寫更是良善可親：COIN[2]。矽谷每家公司都有自己的 COIN 版本，最普遍的是從網站、app 等公開資料庫搜刮（scrap）對手的數據。「搜刮」是電腦用語，意思是透過寫好的程式和編碼的腳本（script）將蒐集資料的動作自動化。Uber 最有用的工具就是搜刮 Lyft app 裡面的價格變動資料，讓 Uber 得以系統化地削價競爭。

另外，Uber 也向 Slice Intelligence 之類的公司購買收據。Slice Intelligence 這種數據仲介公司會向信用卡公司和零售商大量買進匿名的消費數據，再將數據切片，按產業別進行分析，重新包裝賣給其他公司。舉個例子，Uber 把 Lyft 的乘車收據買來就能確認對手的費率，再加上 Uber 自己搜刮的位置和價格數據，就能拼湊出 Lyft 的生意全貌。蘇利文知道這麼做很沒有運動家精神，但是很有用。

除了監視，還有嚴重的安全問題。印度性侵醜聞只是冰山一角，外界不知道的是，Uber 營運團隊每年處理的不當行為高達數千件，其中包括愈來愈多的性侵案。隨著 Uber 服務日漸成長，乘車趟數從幾百萬到後來高達幾十億，這麼龐大的數字代表攻擊和性犯罪大概難以避免，但是 Uber 降低了司機門檻，被計程車業者拒於門外的人也能輕易加入 Uber，導致這個問題後來嚴重到 Uber 自己採行一套分類法，歸類二十一種性騷擾與攻擊行為，以便整理每年數不勝數的案件。

要是民眾知道有幾百個 Uber 司機曾被指控性侵乘客，一定會是一場公關惡夢。每次一有性侵指控或訴訟指向 Uber 或 Uber 司機，就會有 Uber 員工搬出「無罪推定原則」，卡蘭尼克本人也常常覆誦這幾個字，尤其是對資安和法務團隊講話時。理論上是這樣沒錯，Uber 當然一定也碰過假指控和欺詐的例子，但是卡蘭尼克說這句話大概不是為了受害乘客或被控司機，在他內心深處，受到迫害的是 Uber，外界老是在密謀對付 Uber，敵人想看到他的公司失敗。他心裡覺得，Uber 才是受害者，所以他會如此提醒同事：「無罪推定」。偶爾，性侵被害人決定不提告或警方的證據不足以起訴，Uber 總部五樓就會響起一陣歡呼。

除了隱私和安全問題，Uber 還有另一個大問題，蘇利文聽了簡直不敢置信。根據 Uber 高層透露，Uber 在二〇一四上半年曾遭到大規模駭客攻擊，數據嚴重遭駭，五萬多名司機的名字和駕照號碼外洩。[3] Uber 對這起事件保密到家，不知道怎麼公開是一個原因，更大的原因是不想公開。卡蘭尼克不懂法律，也無意報警處理，原因當然是不想引起大眾反彈，但也因為他總認為這是法務和資安團隊該想辦法解決的事——最好的解決辦法是讓這件事完全消失。蘇利文知道事情沒有那麼簡單，根據加州法律，Uber 必須主動向當局呈報遭駭。

駭客事件發生於五月，Uber 在九月發現後續影響，等到蘇利文準備加入 Uber 的時候已經是十二月，這家公司卻從頭到尾隻字未提。

應試過程中，卡蘭尼克請蘇利文向 Uber 高層報告他對 Uber 資安工作的願景，蘇利文說他想讓安全成為 Uber 行銷策略的一環。他認為，應該讓消費者覺得 Uber 是比計程車更安全的選擇，「應該讓安全成為我們跟其他品牌不同之處，而不是只求有就好。」他說。

蘇利文對手上的選項做了一番思量。眼前有個資安長的工作機會，負責監督一支雜牌軍資安團隊，三十個左右的員工分散於 Uber 內部幾個單位，如果要在 Uber 這麼龐大的全球營運系統中發揮作用，資安團隊勢必要擴大，他也要能直通執行長才行（Uber 接受了這個要求）。

現在是 Uber 需要他，不是他需要 Uber，但是他已經做好迎接挑戰的準備，而且這時的他已經被說服，也喜歡上崔維斯．卡蘭尼克這位能言善道的執行長。

蘇利文並不是科技界出身，身為家中七個小孩的老大，他「違逆」嬉皮父母去念了法學院——爸爸是雕塑家和畫家，媽媽是學校老師和作家。❹年輕科技創業人憑著天真樂觀去開發軟體的時候，二十幾歲的蘇利文選擇擔任聯邦檢察官，直視人性最醜惡的一面。他獲得羅伯特．穆勒（Robert S. Mueller，戰勳彪炳的英雄，後來接手調查川普總統）欽點，進入電腦駭客和智慧財產網路犯罪單位，那是舊金山的美國聯邦檢察官北區辦公室（Northern Distric US Attorney's Office）中一個眾人嚮往的職位。蘇利文在邁阿密大學（University of Miami）修過網路法，在那裡取得法律博士，一九九〇年代晚期網路一片榮景時，他投身於棘手的商業機密、企業間諜案件，等到二〇〇〇年網路泡沫化的時候，他已經是個成名人物。

蘇利文身高有一八八公分，卻老是微微駝背，雙手插在口袋，棕色濃眉和梳理整齊的栗色頭髮給他一副不具威脅性的長相。卸下多年的公職制服後，他妥協於老爸風牛仔褲和領尖有扣子的襯衫，最後改穿更具科技風的牛仔褲加T恤。高顴骨、寬額頭以及略寬的眼距，給他內建了一種平靜堅忍的表情，即使面對複雜的資安問題也是這副表情。

他講話速度快，不帶感情，這種冷靜理性是多年的律師工作所養成。最大的情緒波動也只是揚起眉毛，或是講到檢察官時期作戰過往時露出一抹會心微笑，笑聲也僅止於抿嘴輕笑，彷彿這個玩笑是他個人私藏。

蘇利文並不像亮眼的庭審律師自帶魅力，但是受人喜愛。他是不全然反社交的宅男，樂於努力工作，而且會抓壞人，認識的人都說他很實在——完全可以信賴的人。

領政府薪水辦過網路犯罪之後，蘇利文心癢想進入業界。二〇〇二年他找到 eBay 的工作，當時 eBay 是科技巨擘，營收不斷攀升，前景光明，每天在網路上交易的買家和賣家有幾百萬。其中當然也充斥著騙子。身為信任與安全部門高管的蘇利文，大部分時間都在追拿那些利用 eBay 騙取網路菜鳥幾千美元的騙子。有幾百萬人因為是首次上網，根本沒想到會有騙子兜售不存在的貴重絨毛玩具和棒球卡。

大部分詐騙很單純，只是賣方完成買賣卻沒把商品寄給買方，不過也有比較複雜的。有一種是騙子說要私下付款給賣家，寄出的卻是空頭支票，商家也投訴無門，因為買賣並不是在 eBay 完成的。最可惡的詐騙往往最簡單：賣家寄給買家的是空箱子。eBay 每年發生的詐騙有幾萬件，而且隨著網站人氣漸高，詐騙只有愈發猖獗。

蘇利文在eBay的工作有偵探的成分，也有數位警察的成分，很像他做檢察官追捕小偷和騙子，只是eBay的工作更好一些。他在法庭上費盡心力做周詳準備也才撂倒一個被告，如果被告是一個集團才有機會一次撂倒幾個，但是在eBay，他的打假團隊每天就能逮到幾百個騙子，將他們踢出eBay。他打造了一整套遏阻壞人的體系，只要有大型犯罪集團企圖在eBay耍詐，他和團隊早就等在那裡。

蘇利文最愛的故事是跟羅馬尼亞人有關。羅馬尼亞是詐騙聯絡站，到二〇〇三年都還沒有任何網路犯罪入法，立法懈怠加上有組織的幫派犯罪，再加上精通程式的新世代，就這樣構成了海盜窩。那裡的詐騙通常是用超低價販賣高價電子產品，這招能立刻吸引到eBay上的競標者，只要有人付了譬如兩千美元買一臺大螢幕電視，那些羅馬尼亞人就會拿錢落跑。詐騙分子都跑到布加勒斯特（Bucharest）的網咖工作，而且只接受西聯匯款（Western Union）轉帳，所以警方很難查出他們的位置，再加上這些詐騙集團都是羅馬尼亞或俄羅斯的黑幫在經營，當地執法單位害怕自身安危也不敢追查下去。

可是蘇利文不害怕。他和同事抓到羅馬尼亞最大一宗eBay詐騙後，eBay派他飛去布加勒斯特出庭作證（應他自己的要求）。站上證人席的他，左右兩側各有一個健壯的當地警察護衛，兩人都拿著AK－47步槍，罩著烏黑毛織頭套，只露出眼口鼻，怕身分曝光會被當地黑幫殺害。身上還是那套西裝領帶舊制服的蘇利文，作證幾個小時後，將詐騙犯關進了大牢。他沒有戴面罩。

離開 eBay 到 eBay 姊妹公司 PayPal 短暫做了兩年，蘇利文迎來一個更令他感興趣的挑戰。二〇〇八年底，一家年輕活躍的新創來找他。當時用戶人數已接近一億五千萬的 Facebook，有個法務單位的職缺，蘇利文抓住了機會。Facebook 的成長是爆炸性的，馬克．祖克柏野心無窮，他想把整個世界帶到網路上，並且串接到他的社交平台，這是蘇利文連想都不必想的大好機會，他一口答應。

eBay 讓蘇利文有機會做類似海豹部隊（SEAL）的工作，Facebook 則讓他有機會號令自己的私人部隊。Facebook 是詐騙取財者每天流連之地，這點跟 eBay 一樣，但是 Facebook 還窩藏了戀童癖者、騷擾狂、心存報復的前男友、恐嚇勒索者——你想得到的都有。蘇利文在 Facebook 工作那六年半，Facebook 躍升為全世界最大個資庫，而他就是看管這座個資庫的人。他進 Facebook 才一年就被拔擢為資安長。

蘇利文的團隊會主動追拿所謂的「壞分子」，就是企圖在網路上作惡的人。他們會以訴訟為武器，遏止在 Facebook 狂發垃圾文的人和騙子；他們會智取網路霸凌者，也會向 FBI 告發俄羅斯網路犯罪集團。

他的手法有別於矽谷其他資安做法。

「很多公司只是防守，」蘇利文有一次接受採訪的時候說，「我們則是花很多時間了解網路犯罪那一頭坐著哪些人。」[5]

蘇利文的戰術在某個週末完美體現。當時在 Facebook 工作的他，接到一個朋友狂 call，朋友是 Facebook 女同事，晚上在交友網站 Match.com 找對象，跟聖荷西（San Jose）一個建築工人開始熱絡起來，調情逐漸升溫之下，她寄了一張上空照給對方，接著對方傳來令她驚恐萬分的訊息：那個男子說他查了她的背景，知道她在矽谷知名企業上班，要是不匯一萬美元給他，他就把上空照寄到她公司。

蘇利文知道該怎麼做。他和一個同事接手她的 Match.com 帳號，打算引誘出恐嚇者的真實身分。蘇利文知道最好的方法是把騙子誘到支付系統，像他這樣的數位偵探都知道，線上支付是最有機會查出身分線索的管道，比方說，有些銀行會阻擋某些區域的轉帳，因此就能縮小騙子所在地的範圍。另外，蘇利文也在付款時輸入錯誤資料，故意造成轉帳失敗，只要失敗次數夠多，騙子就會多提供帳號位置其他細節，蘇利文就能進一步縮小對方所在地的範圍。

透過支付系統循著恐嚇者的足跡追蹤，蘇利文找到奈及利亞一個曾在 Google 實習的人。一查出那個人在拉哥斯（Lagos）的地址，蘇利文就聘請當地律師在奈及利亞咖啡店跟對方對質，對方當場承認，交出電腦和 email 帳號。

透過那個人的電腦和 email 帳號，他們進一步發現他不只恐嚇勒索蘇利文的女性友人，他還涉及 Match.com 一個大規模詐騙，連月來敲詐了矽谷幾十個女性員工，威脅不付錢就把裸照寄到她們公司。蘇利文不只保住朋友的名聲，也通知其他被害女性已經逮到敲詐者，結束她們幾個月來的痛苦。

不管是大規模的羅馬尼亞駭客詐騙還是恐嚇勒索無辜女性，循著網路找人、保護民眾安全是蘇利文的專長，也是他被 Uber 相中的原因，更是他答應 Uber 的原因。望向 Uber，他看到一老鼠窩的問題：詐騙橫行，競爭對手遍及四大洲，駭客對這家公司寶貴的個資庫虎視眈眈。更何況進入 Uber 不只是做做網路警察，Uber 的服務屬性代表他有機會處理實體世界的弊端，畢竟每天實際坐上 Uber 的乘客可是有好幾百萬。

還沒加入 Uber，蘇利文就花了幾個月幫忙清埋系統被駭之後的混亂。Uber 在二〇一五年二月依照法律要求呈報系統遭駭，距離事件發生已過了整整九個月。那不會是這家公司最後一次資料被駭（二〇一六年又有攻擊者侵入系統），但會是蘇利文和卡蘭尼克最後一次主動出面承認被駭，然而事實會證明，不公開的代價遠超過他們兩人的想像。

不過二〇一五年四月正式到職後，蘇利文才發現眼前有個比詐騙偷竊更嚴重的問題。他必須防止 Uber 司機被殺。

新工作還做不到兩週，蘇利文的手機就傳來一通緊急電話。墨西哥有個 Uber 司機在瓜達拉

哈拉（Guadalajara）被殺害，當地營運經理懷疑是當地計程車業者所為。

幾個月來，墨西哥的 Uber 一再遭到當地計程車壟斷集團的襲擊。不是一開始就這麼暴力的，起初只是這裡有點肢體衝突、那裡搞一下破壞，但是很快就愈演愈烈。墨西哥計程車業者跟美國各城市的同行一樣，花了幾千美元在駕照、營業許可、訓練課程等政府規定項目上才得以載客，但是工會現在卻只能眼睜睜看著 Uber 把生意搶走。計程車司機的絕望與日俱增，毆打、搜索、搶劫 Uber 司機也愈來愈司空見慣，許多攻擊事件是為了殺雞儆猴，恐嚇其他人不要加入 Uber。

「我們不會讓他們好過，」埃斯特班密薩·克魯茲（Esteban Meza de la Cruz）當時說，他是計程車司機，也是代表一萬三千名司機的工會領袖，「我們會跟蹤他們，窮追到底。」[6]

等到蘇利文到職的時候，暴力已經不只是嘴唇破掉、頭部瘀血，開始有人死掉，而且全世界各地都有。執法單位沒有什麼作為，計程車司機死掉並不是瓜達拉哈拉警方的首要任務，蘇利文打過去的電話也沒人接聽。氣餒的他，開始打給情報圈的老朋友，一個曾任 FBI 的舊識點出重點：「瓜達拉哈拉是毒梟之鄉，我們不派人去那裡。」

巴西這樣的國家更糟糕。卡蘭尼克請來負責南美市場的人是 Facebook 前業務高層艾德·貝克，他鼓勵聖保羅和里約熱內盧的經理盡量招攬乘客和司機，愈多愈好。為了減少註冊流程的「麻煩」，Uber 允許乘客不必提供身分證明，只需要 email（很容易假造）或電話號碼即可。再者，巴西是以現金為主的國家，信用卡並不普遍，所以無從蒐集個別乘客的付款、身分資料。

對小偷和憤怒的計程車業者來說，這是完美的犯罪溫床。他們可以用假造的email到Uber匿名註冊，然後開始大玩Uber版的俄羅斯輪盤：先叫Uber再製造混亂，於是車子被偷被燒，司機被打被搶甚至被殺。然而即使暴力頻傳，Uber仍然堅持使用貝克的少麻煩系統。

五十二歲司機奧斯瓦多．莫多洛（Osvaldo Luis Modolo Filho）就被殺了，兇手是一對青少年情侶，他們用假名叫車，選擇現金付款。這對情侶拿兩把藍色手柄菜刀反覆猛刺莫多洛，再開著莫多洛的黑色SUV匆匆離去，把他扔在馬路中央。[7]

Uber二〇一五年來到巴西的時候，巴西正陷入動盪，失業率創下歷史新高，全國各地的暴力犯罪和殺人案件直線上升。雖然失業讓更多巴西人願意開Uber，但是每天賺來的現金就擺在車上，容易成為盜賊下手的目標。在Uber產品團隊改進app身分驗證和安全性之前，至少已經有十六個巴西司機遇害。

卡蘭尼克等高層並不是對這些司機面臨的危險無動於衷，但是他們的眼睛只盯著成長，看不到其他，而不嚴謹的獎金補貼機制也常常激化原有的社會文化問題。卡蘭尼克認為Uber軟體內含的機制就足以使Uber比一般計程車更安全，因為GPS會全程記錄、追蹤乘車路線，他希望用更多科技來解決司機的安全問題。

但是蘇利文目睹這一切之後，知道自己必須趕快採取行動。他打算建立一支世界級的資安組織，再分成幾個單位分頭處理詐財、數位間諜、人身安全的威脅。他要求增加幾百個人手：增加資安工程師來處理 Uber 系統，增加 CIA 和 NSA 經驗的人來處理現場作業和實地調查，還要增加其他人員等等。卡蘭尼克同意，給了蘇利文一張空白支票。

但是卡蘭尼克有個非常重要的要求：Uber 不能只是防守。

第十八章
自駕車衝突

崔維斯・卡蘭尼克氣得七竅生煙。他人在特拉尼亞度假村（Terranea Resort）大宴會廳——加州帕洛斯佛迪市（Rancho Palos Verdes）一個富人海濱樂園——參加二〇一四程式大會（Code Conference）開幕夜，一個科技菁英齊聚的年度座談。謝爾蓋・布林正在臺上發表有歷史意義的演說，卡蘭尼克卻低頭在 iPhone 狂發簡訊給大衛・莊蒙德。表面上是卡蘭尼克合夥人和投資人的布林，剛剛在臺上公布了一個可能威脅 Uber 生存的東西：一輛完全自動化的自駕車。

「我非常興奮，因為這個自駕車計畫會改變你我周遭的世界。」[1]布林告訴群眾，臺下科技人、創投人、記者一片興奮。這位 Google 共同創辦人是那晚的主講人，他身上穿著白色T恤、黑色長褲，腳上是一雙穿舊的卡駱馳（Corcs）。布林在乎舒適更勝有型。

影片開始播放，群眾看到一輛蛋形純白兩人座車子在停車場繞圈子。車子又醜又小，車頭正面像一張笑臉，就好像蛋頭先生（Humpty Dumpty）變成高爾夫球車，一點都不「銀翼殺手」。無所謂，反正這車不需要方向盤，什麼形狀都可以。蛋頭車坐著兩個人，兩人什麼開車的動作都沒做，車子就自己輕鬆滑順地繞著山景城一座停車場。在卡蘭尼克眼中，Google 的蛋形自駕醜八怪是藝術品。

他一直視為盟友和夥伴的 Google，突然像在背刺他。Google 的小車會摧毀 Uber，而且是**面帶微笑地**摧毀。要是 Google 推出一個不需要司機的共乘服務，就可以幾乎不收費，搶走 Uber 的客人，摧毀 Uber 的生意。

布林在臺上接受記者卡拉．斯威瑟（Kara Swisher）訪談。卡拉．斯威瑟是程式大會主持人，她直接問布林有沒有計畫打造叫車服務，像 Uber 一樣。卡蘭尼克應該很想聽到布林否認，但是布林沒有。

「我想，這些跟生意層面有關的問題，服務要怎麼提供、是不是我們自己做、會不會跟別人合作，都要等到車子接近大量部署階段才來釐清，」布林告訴斯威瑟，沒有清楚表態，「我想，這些初步的測試車，大概只會由我們自己做，因為這是很專業的事，但是以後會怎麼樣就很難說了。」

卡蘭尼克氣死了。Uber 正逐漸成為一股重要勢力——從科技公司和運輸機器的角度來看都是——卻沒有一輛完全自動化的車子，甚至連研究都沒有。

卡蘭尼克還是滿腦子認為 Uber 不管到哪都是弱勢者，也用這種思維行事——這種心態在他擔任執行長期間從沒變過。一開始，Uber 對抗的是貪婪、不道德、有齷齪地方政客任他們使喚的計程車業者；後來，Uber 對抗的是 Lyft，一家資金充裕的新創，用溫暖模糊的品牌形象（就是那個粉紅色小鬍子啦）掩飾他們冷酷無情的高層；現在，看起來 Uber 要對抗的是 Google，全球科技巨人。

他的怒氣漸漸轉為恐懼。Google 搜尋的廣告生意簡直就是印鈔機，所以 Google 才有餘裕追逐瘋狂計畫，就算計畫虧錢或一看就很荒謬*也無所謂。Google 的自駕車研究（到那時已經進行多年）放到矽谷其他公司都是主要的成本支出，但在 Google 卻只是小數點後面的零頭。

卡蘭尼克後來告訴朋友，他是在二〇一四年的程式大會之後開始焦慮。布林走下臺的時候，卡蘭尼克還在狂發簡訊和 email。

不行，他得找大衛・莊蒙德當面談。

＊Google 眼鏡（Google Glass）就是一個荒謬的例子。這個戴在臉上、要價上千美元的電腦最後以華麗姿態下臺一鞠躬，因為 Google 發現這個產品竟然製造出一批「眼鏡混蛋」（Glasshole）：這些人用這項科技偷拍毫無防備的人。這項計畫並沒有持續很久，但已經燒掉幾億美元。

結果，莊蒙德也在等卡蘭尼克的簡訊。

陣亡將士紀念日週末後的星期二，Google 灣流V從舊金山機場的跑道起飛，前往洛杉磯。飛機上是準備參加程式大會的 Google 高層們，他們仔細盤算過如何把當晚布林要上臺發表一事告訴卡蘭尼克，最後決定由擔任 Uber 董事的莊蒙德去說最合理。

莊蒙德通常知道如何處理這種情況：用同理心。他身材高大、體格健壯，說他是厲害的美式足球線衛也不會有人懷疑，但是淡褐色眼睛和露齒笑容又看起來很無害，依舊是過去那位聰明和善的企業律師。這些特質，加上身為少數爬到矽谷企業頂端的非裔人，使他突出於同儕之中，只是能力和自信卻不足以讓他願意面對衝突，直到最後一刻才把 Google 計畫告訴卡蘭尼克。

莊蒙德早就知道這個話題很敏感。卡蘭尼克在矽谷到處都有眼線，Uber 的「競爭情報」作業——就是喬．蘇利文和副手麥特．亨利（Mat Heley）主導的龐大、有系統的 COIN 計畫——一天比一天壯大，卡蘭尼克常常聽到 Google 自駕車計畫的耳語，偶爾也會聽到 Google 要推出自駕計程車服務的錯誤傳聞，每次只要聽到這類傳聞，他就狂發 email 給莊蒙德。

「我實在不想收到這些，」卡蘭尼克有一次寫 email 給莊蒙德，隨信轉寄一份 Google 自駕車服務的情報[2]，「如果這不是真的，賴利（佩吉）跟我見個面講一講就沒事了，但是他從去年秋天到現在一直不肯見我。不溝通的話，我們就只能假設 Google 近期會變成對手，而且很可能已經計劃好一陣子了。」這種情況持續幾個月了，有某個傳聞冒出來，莊蒙德出手按捺下來，一切回歸常態，直到下個傳言再冒出來。

程式大會當天，莊蒙德終於打電話給卡蘭尼克，知會他有這場發表演說。知道那通電話內容的人事後轉述兩人對話很緊張，卡蘭尼克的不高興可想而知，他覺得被自己的金主背叛了。

布林的訪談結束後，莊蒙德邀請卡蘭尼克一起在特拉尼亞度假村走走。根據熟知對話內容的人描述，卡蘭尼克情緒大崩潰，莊蒙德則是照例說些陳腔濫調，陳腐程度甚至更勝以往。身為合夥人也是業務人，莊蒙德很清楚如何做兩位老闆（佩吉、布林）從來不屑做的安撫工作。

卡蘭尼克試著冷靜下來，很想相信莊蒙德的話。眼前這位 Google 高層是 Uber 董事，他的公司看好 Uber 的未來，投資了好幾億美元，對卡蘭尼克來說，確實可以期待他說的是實話。

但是那晚稍後，「冷靜」的卡蘭尼克消失得無影無蹤。程式大會主辦單位每年都在開幕夜為與會者辦一場大型海邊晚宴，可是最有影響力的企業高層參加的是另一場私密晚宴，在飯店另一個角落舉行，那年卡蘭尼克獲得邀請，帶著迷人的樂手兼舞者女友蓋比．霍茲華絲（Gabi Holzwarth）赴宴。他們兩人是機緣巧合下透過薛爾文．皮謝瓦（Shervin Pishevar）的牽線認識，皮謝瓦是 Uber 早期投資人，也是卡蘭尼克的朋友。

霍茲華絲當時二十四歲，是受古典音樂訓練的小提琴手，從小學音樂長大。她常常在她成長的舊金山和帕羅奧圖街頭公開演奏，皮謝瓦就是在一家糖果店前看到她演奏，聘請她到他家為柯瑞．布克（Cory Booker，民主黨政治人物）的募款活動表演，她和卡蘭尼克就是在那裡首次碰面。霍茲華絲有顆狂烈靈魂，很小就開始追求藝術，卡蘭尼克喜歡她的炙熱靈魂、熱情個性、堅韌態度，以及她幾乎任何人都聊得起來。隨著卡蘭尼克如星星竄起，這對情侶的知名度也水漲船高，一起參加數十場上流派對──《時代》雜誌百大人物盛會、《浮華世界》奧斯卡派對、紐約大都會藝術博物館慈善晚宴──他一襲晚禮服，她一襲設計師長禮服。

在程式大會那場私密晚宴上，卡蘭尼克和霍茲華絲被安排跟重量級人物坐一起，都是矽谷大企業喊水會結凍的執行長，照理說他這頓飯應該吃得很開心才對，畢竟他的成就和影響力終於獲得肯定，但是並沒有，他大部分時間都盯著謝爾蓋．布林跟自己女友聊天。

霍茲華絲很客氣，連這位最難聊的工程師都聊得起來，而布林呢，因為跟員工有染而處於一場混亂、沸沸揚揚離婚風暴的他，完全無視卡蘭尼克的存在，渾然不覺卡蘭尼克的目光瞪視。晚宴結束前，卡蘭尼克用 iPhone 拍下布林跟霍茲華絲聊得很愜意的表情，傳給莊蒙德。後來他告訴莊蒙德，他看到布林把手放在霍茲華絲腿上，還說他覺得布林的行為是 Google 的包袱。

莊蒙德雖然有安撫人的長才，卻沒對那晚發生的事做什麼安撫動作。晚宴過後，布林還請霍茲華絲一起到游泳池畔聊到深夜。卡蘭尼克則是在一旁生悶氣：Google 故意要搞他，現在他又眼睜睜看著這個要弄死他公司的人想搶走他的女朋友。

在自駕車方面，卡蘭尼克落後的幅度遠超過他自己的認知。到了佩吉和布林覺得夠滿意、可以把他們的蛋形車秀給世界看的時候，運輸迷佩吉已經投入十億美元以上、數萬小時工時，沒有人比佩吉更有決心要把機器人車輛化為現實。

除了安東尼・李文道斯基。這個身材瘦長、愛爭吵愛抱怨的工程師雖然還在做「司機方案」（Project Chauffeur，Google 給自動化車輛研究取的小名），但是他的地位愈來愈無足輕重。一來，他是糟糕的領導者，不斷跟同事爭執 Google 在自駕計畫的前進速度（或者說沒有速度）。但是佩吉**喜歡**他不照規矩走。佩吉認為，李文道斯基這樣的人才能把 Google 帶入自動化研究下個階段。

李文道斯基對佩吉也有一定的影響。雖然常常引發分歧，但他還是有可愛的一面，他和佩吉偶爾會一起吃飯（這件事本身對佩吉來說就很不尋常），想像一個由機器人車輛驅動的未來。不管他有什麼缺點，佩吉需要他留在 Google。

但是到了二〇一五年，佩吉的關愛眼神和幾百萬美元獎金已經不足以讓這個自動化界金童滿意。李文道斯基厭倦了身邊這些不願冒險的同事，厭倦了公司老是對他說「不可以」。他覺得Google似乎不是心甘情願做這個計畫，老是拖拖拉拉，他認為他們不該只有這樣，**他**不該只有這樣。

於是他開始向幾個他信任的同事推銷一個新點子：長途卡車運輸，這塊領域上最近一個偉大創新還只是No-Doz提神藥丸，大有可為之處。他會在公司外面請同事吃飯，一面推銷他的點子：想像一個新世界，自駕卡車不斷南來北往，將商品從一個城市運到另一個城市，在那個世界，睡眠不足的卡車司機不再構成威脅。卡車運輸是個龐大產業，每年僱用七百四十萬美國人、創造七千三百八十九億美元的營收。❸根據美國運輸部（Department of Transportation）的數據，美國車輛總行駛里程有百分之五．六是卡車貢獻的，有百分之十左右的公路死亡事故是卡車造成的。❹卡車自動化可以創造幾十億美元的價值，而且做自駕卡車不會直接挑戰Google，至少他是這麼跟同事說的。他們把這項計畫取名為Ottomotto，簡稱Otto。

到了二〇一六年，李文道斯基已經離開Google，從同事中帶走一小隊戰力，包括他的好搭檔：在Google受歡迎的地圖軟體工作多年的李歐．朗恩（Lior Ron）。李文道斯基最後寄給佩吉的email清楚表達了他的感受：「我想坐的是駕駛座不是副駕座，但現在卻感覺被丟進後車廂。」❺

不到半年，二〇一六年總統大選那個夏天，Otto已經步上軌道。李文道斯基和朗恩（他的頭銜是Otto共同創辦人）已經把這家新創擴大到四十一人的規模，他們那三輛裝了實驗配備的

Volvo 卡車已經上路行駛一萬六千多公里。跟他們一起過來的 Google 人有十五個，其中有半數以上是自動化車輛專家，是矽谷珍貴少見的品種。[6]

Otto 有個罕見舉動：不收創投的錢。這群前 Google 人（Xoogler，他們喜歡用這個字取代 ex-Googler），全都很有錢，負擔得起這個計畫的資金，李文道斯基是其中最有錢的一個，幾年前他把公司賣給 Google 賺了幾百萬美元。

不過，Otto 的祕密武器並不是創始團隊滿滿的荷包，也不是衝進無人領域的先見之明，而是李文道斯基終於擺脫 Google 那種大企業體制、照章行事的官僚作風，現在他可以按照「他自己」的方式做事了。以前在 Google 他老挨罵說他破壞規矩、違反法規，現在在 Otto，那些限制通通沒有了。

Otto 要拍影片展示它的自駕硬體套組時（硬體套組可以直接買回來自行安裝），李文道斯基打電話給當初說服內華達監管單位為 Google 自駕車另立新法的說客，請對方代為申請公路拍攝許可，內華達車輛管理局（Nevada Department of Motor Vehicles）駁回申請，李文道斯基卻置之不理，逕行拍攝。[7]從高空往下俯瞰，一片暖色調的莫哈韋沙漠中，一輛漆有 Otto 黑色標誌的純白十八輪卡車格外醒目。監管人員抱怨李文道斯基的行為違法，但是他從頭到尾也沒承擔什麼後果。

對李文道斯基來說，這麼做是值得的：每個看過影片的人都愛死了。要是他按照規矩來，就像在 Google 那樣，他一定還在等批准。而在 Otto 內部，工程師印出橘色貼紙，貼在舊金山總部四周，貼紙上寫著李文道斯基一定會喜歡的幾個字：「安全第三」。[8]

他們的相遇似乎是命中注定。

卡蘭尼克和李文道斯基是在二〇一五年認識，提議兩人見面的是賽巴斯群．川恩（Sebastian Thrun），前 Google 高管，也是自駕車界大老。過了沒多久，李文道斯基準備離開 Google 重新開始的時候，他開始跟這位 Uber 執行長密會。

兩人一拍即合。李文道斯基是天生的未來學家，也是很好聊、兩百公分高的表演家，他撩起了卡蘭尼克內心某個東西。兩個都是四十幾歲的人，湊在一起想像一個自駕車滿街跑的未來，運用李文道斯基的工程天分，再配合卡蘭尼克龐大的叫車網絡。從李文道斯基身上，卡蘭尼克彷彿找到「同父異母兄弟」，他後來這麼形容。[9]

首次見面逐漸發展成一連串密會。李文道斯基白天到山景城替 Google 工作，晚上回到舊金山跟卡蘭尼克碰面，討論將來的合作。為了不引起注意，兩人會分頭抵達舊金山渡輪大廈這個受人喜愛的城市地標，各自拎著一袋外賣食物，往北走再往西，走上碼頭，往金門大橋走去，在那裡討論兩人的自駕夢。

卡蘭尼克對自動化技術幾乎一無所知，不過李文道斯基會告訴他技術細節。一輛自駕車光要了解周遭地形就需要大量配備，更遑論還要安全導航。車子底盤安裝了雷射、三百六十度攝影機、一系列感應器、雷達信標，還有光達（Lidar）——「光學測距」的簡稱，協助車子的軟體接收以TB單位計算的地形數據。

有一次見面，卡蘭尼克在白板寫下：安東尼（李文道斯基）的雷達是「醬汁」。他們會花幾個小時取代號，用密語溝通。卡蘭尼克心想，如果自動化車輛能夠自己駕駛，他們就能打造一種Super Duper（究極）版本的Uber，那就成了「Uber Super Duper」。[10]到時Uber就不只是抽走三成車資（Uber現行營運模式），而是整筆車資都收進自己口袋，也就是說營收會多出幾十億美元，而美元的縮寫USD本身就有個很酷的代號：$，簡單的金錢符號。

他們討論起來就像兩個沉迷於科展計畫的青少年。結束跟李文道斯基會面後，卡蘭尼克會興致勃勃回到家，拿出iPhone在女友面前揮舞，一面說：「你看我們這次走了多遠！」手機裡的計步器記錄了他們在舊金山到處走的步數。

後來李文道斯基一離開Google就成立Otto，彷彿對自己的卡車事業興致勃勃。接下來他會沿著沙山路跟創投開會（沙山路是矽谷有名的頂尖創投聚落，安霍、KPCB都在這裡），為新事業找錢，不過他最後都回絕了，選擇不對外募資（既然要讓外界覺得是獨立運作，就沒有道理把股份交到外部投資人手上）。然後就是政變：Uber以數百萬美元收購Otto，隆重宣告有意跨入自駕領域。

卡蘭尼克則是開始招兵買馬，以抗衡Google的自駕部門。他在匹茲堡成立了專門研究自駕車的「先進技術中心」（Advanced Technologies Group），跟卡內基美隆大學（Carnegie Mellon University，簡稱CMU）共同合作。[11]這個技術中心只是個幌子，是用來掩護Uber對CMU機器人部門的突襲。Uber老員工、也是卡蘭尼克副手的麥特．思威尼（Matt Sweeney），帶著四十個CMU工程師走出校門，越過匹茲堡幾座橋梁，投奔Uber新成立的研究中心。CMU校方氣炸了。

可是買下Otto的意義就不同了。收購李文道斯基的新創，等於是偷走Google的自動化研究單位，代表卡蘭尼克的決心。成交價是六億八千萬美元整，相當於Uber當時估值的百分之一，另外，李文道斯基和團隊還能從每筆自駕卡車生意抽走兩成利潤。這是一筆天價交易，也是對Google的一記重拳。

卡蘭尼克獲得的回報是Otto所有資料數據、發展路線圖、所有智慧財產和專利，以及「一磅肉」——這是卡蘭尼克語，是指效力Uber麾下的李文道斯基。[12]

二〇一六年八月十八日，卡蘭尼克和李文道斯基對外宣布這筆收購。媒體形容這是一場政變：找來賴利．佩吉的愛將掌舵，Uber突然準備參與自駕車競賽，挑戰Google。

卡蘭尼克跟一位高階工程師主管開會談起這筆交易：「黃金時期結束了，現在是戰爭時期。」[13]六十四公里以南的Google園區，高層醒來就聽到收購消息。

他們暴跳如雷。

第十九章
一帆風順

卡蘭尼克事事稱心如意。

不久前他才跟Lyft共同創辦人（羅根・葛林和約翰・季默）碰面，商討合併的可能性。Uber雖然在搶客大戰把Lyft打得落花流水，這家粉紅小鬍子公司還是能每半年募到一次錢，苟延殘喘。Uber高層認為，與其繼續打價格戰，不如直接把Lyft買下還比較便宜。

卡蘭尼克邀請了約翰・季默（Lyft總裁）到他高踞卡斯楚山坡的豪華公寓，他的副手埃米爾・邁克也一起來了。一面吃著盒裝的外賣中國菜，雙方各自提出自認為公平的交易條件，只是雙方對何謂公平有截然不同的想法。Lyft創辦人希望能用自家公司換得Uber百分之十的股份。

卡蘭尼克和邁克則希望百分之八以下。雙方努力各退一步的同時（顯然那一步不包括百分之九），也在現場的一個創投合夥人索求更多：百分之十七。談判基本上到這裡就結束了。

反正卡蘭尼克並不是真的想買 Lyft。他不喜歡季默，他對這位 Lyft 總裁的個性很感冒，根本不想跟他共事，只是想用專業的方式羞辱他。反正 Lyft 的錢快燒完了。

現在回頭看，卡蘭尼克覺得幸好沒買成。透過他和邁克，Uber 現在的募資技巧已經達到爐火純青。這次他們說服了沙烏地阿拉伯一個公營投資部門投資 Uber 三十五億美元，Uber 的估值一下就推升到六百二十五億美元，這是前所未有的數字，從來不曾出現於任何未上市科技公司。❶

二〇一六年六月宣布的沙烏地投資，讓卡蘭尼克有機會鞏固他在 Uber 的權力。明知會引發後續效應，卡蘭尼克還是指示交易人員起草文書，讓他，也只有他，有權任命新增的三名董事。❷這個動作讓部分董事很緊張，尤其是比爾．格利。要是通過，卡蘭尼克在董事會的權力將無人能撼動。

但是那幾個董事同時也看到卡蘭尼克帶著三十五億美元現身。沙烏地這筆投資不只是資金挹注，更是作戰資金。眼下 Uber 正在中國對戰滴滴出行、在東南亞對戰 Grab 和 Go-Jek、在印度對戰 Ola、在美國對戰 Lyft，這些都是燒錢又痛苦的戰爭，同時在多條戰線對戰資金雄厚的敵人，沙烏地這筆資金適時提供火力支援，可以讓卡蘭尼克一次殲滅所有敵人。

於是，幾經思量，Uber 董事會通過這筆投資案。

Lyft 的現況更是讓卡蘭尼克心情大好。到二〇一六年底這時候，Lyft 已經舉步維艱，跟 Uber 大打補貼戰的結果是資金大失血，卻又不像卡蘭尼克有金錢奧援。卡蘭尼克以傷害葛林和季默為樂，對他們毫不留情。Uber 資安長喬．蘇利文負責監控 Lyft 的網站、開源軟體庫和數據，企圖給予致命一擊。

有一組工程師在 Workation＊中研發出一種好玩的祕密武器，獻給卡蘭尼克。Workation 是 Uber 的年度傳統，員工自願在十二月為期兩週的假期中工作，做自己想做的計畫案。有一組員工在某一年 Workation 做出一款司機 app 的原型，可以利用司機手機的某些零件——精確來說就是加速度感測器和陀螺儀——偵測 Lyft app 發送的通知聲，只要偵測到哪個司機也替 Lyft 開車，Uber 就能針對那個司機做行銷（譬如提供獎金），誘使司機遠離粉紅小鬍子。

會議上，那幾個工程師向主管們、律師們、卡蘭尼克本人介紹這項計畫案。全桌的高管們既興奮又不安。這的確是對戰 Lyft 的強大新武器，但是，未經同意就偵測司機車裡的聲音可能會越過道德紅線。聽完報告後，卡蘭尼克靜靜坐著，沒有人出聲。

「OK，」卡蘭尼克大叫一聲，劃破緊張，「我想應該可行。」他點點頭表示贊同。他站起身，盯著工程師的眼睛說：「不過我也不想接到 FTC（聯邦交易委員會）的電話。」謝過大家後，他轉身向門口走去，會議立即結束。後來這項功能並沒有實施。

矽谷公司為了滿足蒐集個資的欲望，向來不把消費者隱私當一回事，但是 Uber 又把這種輕

＊ workation 是 work 加 vacation。

忽提升到另一個層次。用戶隱私是卡蘭尼克事後才會想到的東西。有一次他把 Uber app 的設定改成能追蹤乘客下車後的行蹤，消費者提出抗議，要求更嚴格的隱私設定，但是他推遲多年不願同意，他想從乘客下車後的去向來窺探用戶行為。

Uber 幾乎在每個彎道都能超車 Lyft。葛林和季默是爭強好勝又野心勃勃的人，但卡蘭尼克總是更快、更樂於動用可議招數。他不只攻擊 Lyft 的用戶資料庫，他還追求它最厲害的人才。崔偉斯·范德贊登（Travis VanderZanden）是個創業人，二〇一三年把他自己創辦的 Cherry 賣給 Lyft（Cherry 是洗車版的 Uber）。他是個無所不用其極的人，就是卡蘭尼克最欣賞的那種，短短一年就爬到營運長的位子，Lyft 最高的職位之一，直到二〇一四年出賣同志投靠 Uber。

這是典型的卡蘭尼克。每當屬下傳來好消息（通常是對手的壞消息），他總是咧嘴笑呵呵——就是那個迷人又孩子氣的笑容——搓搓雙手，如果坐著就起身踱步，思考 Uber 下一步。他痛恨以前的導師麥克·歐維茲，恨他在 Scour 那段日子搞他，但他同時也學他。歐維茲這個超級經紀人執掌「創新藝人經紀公司」、縱橫好萊塢那二十年，《孫子兵法》是他的聖經[3]，現在也是卡蘭尼克的聖經：

兵之形，避實而擊虛。

Lyft 是虛，Uber 是實。兩家公司都樂意開戰，但是 Uber 速度更快、資本更雄厚，也更殘忍無情。葛林和季默扮演好人的角色，卡蘭尼克則是為了贏**不擇手段**的人。現在 Lyft 的金庫空了，創辦人籌不到錢，看來 Uber 贏定了。

「挖靠！我是不是惹上什麼大麻煩？」傑夫．瓊斯（Jeff Jones）納悶。

站在 Uber 總部前廳一張沒人用的站立式桌子前，瓊斯和助理看著 Facebook 跳出一個又一個司機名字，全都用不堪字眼或憤怒問題飆罵他。對於習慣明尼蘇達州人溫和脾氣的他來說，這些咒罵令人不舒服。「這些人**氣瘋了！**」他說，看看四周想尋求同情，但是除了助理以及附近黑色皮沙發上寥寥幾個埋首 MacBook 的員工，他只有一個人。

傑夫．瓊斯是資深高階經理人，過去也曾有勞工對他不滿，但不是天天發生，大家都很喜歡他。年近五十的他雖然已經白了頭，外表仍然像個童子軍。他一臉開朗、氣色好——甚至是興高采烈——只要露出大大的燦爛笑容就給會議定了調。在福克聯合軍校（Fork Union Military Academy）打棒球的那一年，養成他自律、儀態挺拔，這些條件再加上天生的活力與魅力，幫助他順利遊走於美國各大企業，先是蓋璞服飾（Gap Inc.）和可口可樂，接著在目標百貨（Target）打響行銷奇才的名號。

他任職目標百貨期間，消費者大多喜歡這家有個又大又紅牛眼商標的公司，還會搞笑用法國腔唸公司名字。不過，他這個行銷長也曾經帶領公司度過史上最難熬階段，二〇一三年資料遭到入侵，數千萬顧客的個資和財務資料落入駭客手中，所以他很了解被人破口大罵是什麼感覺。

了解歸了解，但怒氣依舊存在、必須解決，而這次是來自 Uber 司機的怒氣。卡蘭尼克知道 Uber 正在展翅高飛，搭乘人數屢創新高，但是他也知道司機問題必須解決，營收已經開始受到波及。Uber 司機的「流失率」——一個司機從開始開 Uber 到不開且永不再開是多久時間——高到無法無天。

公司每個人都知道為什麼，瓊斯很快也會知道：開 Uber 太血汗了。司機覺得這家公司故意耍他們，費率說調整就調整，總部的溝通管道也爛透了。Uber 在紐約推出共乘商品時，為了了解成效，紐約辦公室對司機做問卷調查，一屋子 Uber 員工檢視回收問卷的時候，一個經理對問卷上的拼字文法錯誤很不屑：「天啊，不敢相信這些人手中的一票跟我們的一票是一樣的。」他對下屬說。

司機因此覺得自己對 Uber 來說是可割可棄，事實上也的確如此。Uber 內部做簡報時，產品經理強調司機「滿意度」——本來就很低——在二〇一六年初大跌，大約有四分之一司機開三個月就不幹。眼見大家這麼討厭開 Uber，這家公司只好從最廣大的勞動人力庫招募新司機，包括最明顯的 Lyft 和計程車司機，再來是沒那麼明顯的，像是在麥當勞、沃爾瑪領最低基本工資的勞工，甚至是傑夫・瓊斯的老東家目標百貨最低階員工。

瓊斯跟之前的李文道斯基一樣，都是在TED大會一見到卡蘭尼克就被吸引。卡蘭尼克一走下TED舞臺，兩個人就針對如何改善Uber爛到底的聲譽聊了起來。這項產品本身是受人喜愛的，但是這個品牌卻惹人討厭，而瓊斯正是做品牌的，沒多久卡蘭尼克就把他引誘進Uber，給他的頭銜是「共乘總裁」，一個空泛又模糊的職位。

在實務面上，瓊斯接手了（營運資深副總）桂夫斯大部分行銷工作。桂夫斯是Uber元老，從公司一成立就在，但他並不是行銷大師。這家公司的名聲已經被沖進馬桶，需要專業的來，所以桂夫斯被推到一邊，被塞了一個安慰獎：「專心致力於Uber某些實驗商品」，譬如食物和包裹的快遞服務。[4]

至於瓊斯，他的工作有兩方面：讓行銷動起來，解決司機問題。桂夫斯向來不在乎這些，從來沒有為員工建立一套妥適可運作的人力資源機制，也沒有建立一套有效的方法來處理幾百萬自僱「司機夥伴」的投訴。

現在，這份新工作才做幾個星期，瓊斯就已經站在Uber總部一臺筆電前，面對幾百個憤怒司機。他本意是想透過Facebook問答來介紹自己，跟司機打好關係，沒想到反而成了司機狂吐怨氣的機會。

「無司機的車子上路後，你打算怎麼處理『你們的司機』？」[5]、「無司機的車子上路後，你會給司機認股權嗎？」、「Uber忘了是司機替你們建立起公司的嗎？」、「為什麼司機幫助

Uber 成功了卻要被逼到沒工作？」連珠炮的問題和指控猛烈攻向瓊斯，他承接的是司機大軍**多年**的積怨。預定的半小時他只回答了十二個問題，半小時顯然不夠，無法處理多年的憤怒與包袱。助理跳進留言串宣布瓊斯必須下線了，留言區馬上大爆炸。

「你這是在親身示範 Uber 是如何**不管**司機死活（這下不會有人懷疑了吧），我們打從心底給你這隻（豎起中指）。」某個人寫道。[6]

瓊斯在 MacBook 螢幕前搖搖頭，他這是把自己捲進了什麼麻煩？

瓊斯在數位世界被噓爆的同時，卡蘭尼克卻在擁抱他的新生活——身價億萬*花花公子生活。

做 Scour 的時候，卡蘭尼克一直跟父母同住；Uber 剛成立那幾年，他覺得泡在 Excel 表格比去黃金俱樂部（Gold Club，脫衣舞俱樂部）把鈔票塞進丁字褲更溫暖舒適（有一晚，他和幾個朋友人都已經到了黃金俱樂部，他卻拿出筆電開始工作）。現在 Uber 已經是獨角獸，他也跟著提升了，主要是有個人在拉他：薛爾文·皮謝瓦，卡蘭尼克的朋友，也是 Uber 早期投資人。皮謝瓦把卡蘭尼克內心那個暴發戶拉了出來。

皮謝瓦，矮壯、頭髮光滑整齊的創投人，是那種亦敵亦友的矽谷投資人。他可以今天猛灌創業人迷湯，明天卻為投資條款翻臉。重點是，他喜歡攀權附勢，而且嗅覺敏銳，一有機會馬上就嗅到。

隨著新朋友卡蘭尼克出現，一個攀附權貴的機會也慢慢浮現。他後來成功說服卡蘭尼克讓他的創投「門羅創投」（Menlo Ventures）投資 Uber，這筆投資大部分工作是合夥人尚恩·卡羅萊恩（Shawn Carolan）經手，但是皮謝瓦卻對外收割功勞，還一度將後腦勺頭髮剃成 UBER 字樣，試圖證明他對卡蘭尼克的公司一片赤誠。

後來皮謝瓦被多名女性指控性騷擾，其中一起事件跟奧斯汀·吉特有關，她是卡蘭尼克最早聘用且任職最久的員工。二〇一四年 Uber 的「咆哮二〇年代」主題派對上——皮謝瓦牽著一匹活生生的小馬現身——據說皮謝瓦把手滑到吉特腿上，伸進裙裡。皮謝瓦駁斥吉特的指控，那晚另一個在他身旁的人聲稱皮謝瓦「沒辦法摸吉特，因為他一手握著小馬繩鍊，一手拿著酒」。❼

皮謝瓦說卡蘭尼克已經是搖滾明星了，鼓勵他好好享受明星的生活。有一次卡蘭尼克從巴拿馬飛到洛杉磯，皮謝瓦派助理去機場接機，車子後座放了一套西裝讓卡蘭尼克更換，接下來他們要搭

＊其實是紙上億萬富豪。當時卡蘭尼克仍然靠他賣紅勾勾賺的錢過活，他執掌 Uber 期間，從頭到尾連一股 Uber 股票都沒賣。

Uber去比佛利山跑趴，跟索非亞．布希（Sophia Bush）、愛德華．諾頓等名人一起鬼混。李奧納多．狄卡皮歐（Leonardo DiCaprio）也是他們社交圈的常客。

卡蘭尼克身邊友人說那是「暴發戶夢想成真症候群」。早在成立Uber之前，卡蘭尼克就一直想成為那種跳進豪華轎車、泡最辣女生、在派對上大出風頭的狠角色。如今可以實現夢想了，他要彌補多年來的渴望，入場費是：數量雖小但金額可觀的Uber股票，主要是給他新交的名人圈朋友＊（有時也是行銷策略的一環，在新創圈，名人常常替新興app代言，換取股份或現金）。

到遙遠的異國開趴尤其吸引卡蘭尼克和埃米爾．邁克——邁克後來成為卡蘭尼克新的把妹搭擋。女友蓋比．霍茲華絲幫他在西班牙伊比薩島辦了一場聚會，朋友和明星都來了。對卡蘭尼克和他身邊那夥人來說，坐噴射機遊歷世界、名氣、玩樂充滿吸引力。

跟名人混了一段日子，卡蘭尼克和邁克開始思考是不是該找個「大明星」加入董事會。他們認為，當紅新創就是該找個好萊塢大人物來吸引回眸注視。

歐普拉．溫芙蕾（Oprah Winfrey）是首選。卡蘭尼克在伊比薩島認識溫芙蕾，從此一心想要拉她進入董事會。矽谷每家公司的董事會都希望有溫芙蕾。她是白手起家、有創業精神的黑人女性，有數百萬死忠粉絲，還有一個橫跨全球的帝國。很多人都是從蓋兒．金恩（Gayle King）下手〔CBS《今晨》（*This Morning*）節目聯合主持人，也是溫芙蕾老友〕，但很少人有進展。皮謝瓦辦過一場晚宴試圖鬆動她，卡蘭尼克也派蓋比．霍茲華絲發動甜言蜜語攻勢，能用的方法全用上了，金恩還是不上鉤，歐普拉也從頭到尾都沒什麼興趣。

在蕭恩．卡特身上倒是有不錯的進展——就是嘻哈大亨傑斯。卡特是Uber早期投資人，他的太太碧昂絲也是，這對夫婦有先見之明，知道Uber會鴻圖大展。有一輪募資，卡特匯到Uber銀行戶頭的錢超出預定金額，企圖增加持股，卡蘭尼克和邁克（當時兩人已經合體）一想到竟然有機會拒絕「超屌」巨星傑斯就高興死了。他們用很委婉的方式潑卡特冷水，把超出的錢匯回，解釋說有興趣的投資人實在太多。

到脫衣舞俱樂部狂歡成了常態，通常是報公司帳。幾個高層通常以招待客戶或開發業務的名義報帳，再由另外一或兩個高層核准，二〇一四年的南韓事件就是如此，那次事件後來會回頭糾纏這家公司。刷公司信用卡看脫衣舞被他們戲稱為：崔董招待看奶。

＊有個創業人名叫歐倫．麥可斯（Oren Michels），他在Uber草創初期就開了一張五千美元支票給卡蘭尼克，這筆錢到二〇一七年底已經翻了三千三百倍，價值將近兩千萬美元。這筆五千美元投資替麥可斯先生賺到的錢，比他二〇一三年把自己整家公司賣給英特爾賺得還多。

Uber 的文化基調是由上面決定的。卡蘭尼克知道他想要什麼樣的員工——主要是白人、男性、二十幾歲——並且根據這種直覺來聘人，結果招來的員工基本上就是卡蘭尼克的分身。

世界各地每個分公司都是獨一無二。卡蘭尼克希望充分授權——Uber 有個核心價值：「讓專業的來」——也鼓勵員工為自己的領地負完全責任。可是 Uber 僱用了數千個卡蘭尼克翻版，所以很多分公司有雷同之處。

比方說，東南亞是 Uber 第一線員工與經理的狂歡溫床，古柯鹼和酒精司空見慣，性騷擾也是，甚至還有更糟的。

二〇一五年某個晚上，馬來西亞辦公室有個女員工下班回家，路上發現有一群男子跟蹤她。她發現是當地幫派分子，開始狂發簡訊向人求助，其中一封簡訊發給了上司，Uber 當地總經理，她說她需要幫助，怕自己會被性侵。

她繼續搭車回家，總經理回了簡訊：「別擔心，Uber 有很好的醫療照顧，醫藥費公司會付。」

當時的泰國辦公室可能更糟糕，根本就是個有毒的工作環境，吸毒召妓樣樣來，完全沒有人遏止。

某個特別喧鬧的夜晚，一群泰國員工熬夜喝酒、吸食古柯鹼，這幾乎是常有的事。裡面有個女員工不想跟同事一起吸毒，刻意迴避。就在她要離開時，主管一把抓住她、搖晃她，把她抓到瘀傷，然後抓住她的後腦，把她的臉朝桌上那堆古柯鹼按壓下去，強迫她在大家面前吸食。

紐約辦公室的劣跡大致是大男人主義、性別歧視、語言或人身攻擊。聖保羅辦公室是憤怒主管不滿意業績就對員工狂扔咖啡杯或大吼大叫，主管睡部屬也時有所聞。

管理階層很少為這些暗黑事件承擔後果，其他員工（要是知道這些胡作非為）則是視而不見，不然就是壓抑內心的不安。不過對很多員工來說，這些缺點還是壓不過興奮的感覺。即使有捏把冷汗的時候，Uber內部還是瀰漫一種氛圍：這家全球最知名叫車服務就快成為與Google、亞馬遜、蘋果齊名的全球巨擘。Uber在銀行有幾十億美元，挖走矽谷各企業頂尖人才，放眼國際市場，員工每拿到一批股票都是甜美到不行的大豐收。

卡蘭尼克的四十歲生日是一場他不會忘記的狂歡：愛琴海上的多遊艇派對，有頂級美酒，還有一群特地飛過去的模特兒。到二〇一六年底之前，崔維斯・卡蘭尼克的日子都過得很滋潤，有錢有權勢，而且他的帝國一天天在擴張。

二〇一七年剛開始，一個年輕女子剛展開她在Stripe的工作，那是舊金山一家支付新創。她離開Uber兩個月了，沒跟任何人講她為什麼離開那家熱門新創。每次回想起在Uber那一年，噁心、難過、憤怒就湧上心頭，在Uber工作完全不是她所想那樣。

家人朋友不停問她為什麼離職，她一直不知道該如何講起。不過到了二月，她總算好好盤點了自己的遭遇，開始在個人部落格（susanjfowler.com）描述她在Uber的日子。這篇發文有三千多字，相當於一篇雜誌文章的長度。她很緊張地掃視標題〈我在Uber那非常非常詭異的一年〉[8]，會有人讀這種東西嗎？會有人關心嗎？

「這是一個很詭異、很有意思、有點恐怖的故事，應該趁我記憶猶新的時候講出來。」蘇珊・佛勒（Susan Fowler）在部落格貼文的前言寫道。

「那我們就開始了。」

Part Four

第二十章 三個月前

蘇珊．佛勒按下「發布」鍵的三個半月前，整個科技界錯愕到無以復加。二〇〇〇年初網路股崩盤以來，當然也包括整個智慧型手機時代，媒體對美國科技產業大多是溢美之詞，《華爾街日報》、《紐約時報》等主要刊物的標題都是讚賞科技界天才小子促成的進步。馬克．祖克柏有遠見，他的社交網站把散居世界各地的朋友家人聯繫起來；Twitter 促成民主在中東開花結果；Google 奇才做出讓生活更便利的漂亮地圖，還給每個人免費的 email 帳號；伊隆．馬斯克的雄心超越宇宙，他將用特斯拉電動車拯救世界，用 SpaceX 征服星球。

雖然科技界不好的一面也有人寫，但美國媒體和大眾通常無視 Facebook 強力壟斷社交媒體、亞馬遜宰制網路基礎建設、Google 廣告技術造成隱私蕩然無存、Twitter 製造有種族偏見的討厭酸民、YouTube 自動演算法餵給用戶荒誕有害的理論：地球是平的、疫苗會導致自閉症、九一一恐怖攻擊是美國人自己搞的鬼。這種對科技界特別寬容的輿論觀點在二〇一六年十一月八日晚上凝結，因為唐納．川普（Donald Trump）意外贏得美國總統大選。

這場大選雖然給整個科技界蒙上陰影，但也是Uber的轉捩點。當然，這家公司的麻煩並不是肇因於這場大選，大選結果也不是它造成的，但是它即將捲入選後的漩渦裡，這場大混亂將開啟美國企業史上最慘烈的十二個月。

科技業員工在大選後的早上醒來，他們心目中的自己——他們是青年和民主理想主義的堡壘，在幫忙創造一個更有效能、更健康、更緊密相連的國家——被打碎了。

川普已經當選美國總統。那個結過三次婚的地產大亨，那個過去十年老在Twitter用出生地質疑歐巴馬沒資格當總統的人，現在是三軍總帥了。矽谷捐了幾百萬美元給希拉蕊陣營，科技專家甚至已經把目光望向希拉蕊政府的職缺。

現在大眾開始找戰犯了。Facebook、Google、Twitter、Reddit、Instagram幫川普拿下大選；劍橋分析（Cambridge Analytica）操縱了社交媒體（Facebook安插自己員工進川普陣營）[1]，科技已經不是把歐巴馬送進白宮那股由青年主導的平權力量，而是邪惡的心理宣傳機器。大眾突然意識到 Google 和 Facebook 的廣告引擎影響之廣、目標之精準，國會議員察覺到這股不安，開始拿科技公司開刀。媒體也是。

《紐約》（*New York*）雜誌一篇報導斷言：「是 Facebook 讓川普當選，最明顯的地方是，Facebook 無力（或拒絕）處理惡搞或假新聞的問題。」[2]這篇報導的標題〈唐納．川普的勝選是因為 Facebook〉點出一股正在蔓延的情緒，這股懷疑和擔憂也開始擴散到科技人內心，就連 Facebook 內部最狂熱的信徒，也開始質疑自己打造的平台對世界的影響力。[3]

Twitter 也是被譴責的對象。它給一個到處引戰的富豪酸民提供了平台，川普把這個平台運用到極致，二十四小時無休，等於賺到二十億美元的免費媒體曝光，遠遠超過任何候選人，這下他的每則推文全都等同總統文告了。[4]

以前，大眾和媒體崇敬科技巨頭（Big Tech）——Facebook 和 Twitter 讓人人都有發聲管道，Uber 和 Lyft 讓人人都有車可搭——現在，大眾卻瘋狂閱讀一篇又一篇國家資助駭客利用個資影響大選的報導。一夕之間，矽谷的邪惡勢力把國家帶到了懸崖邊，科技巨頭卻從中賺飽飽。

卡蘭尼克過去兩年都在為希拉蕊上臺做準備。

他在每個重要市場都組建了遊說團隊，要他們準備好即將面對一個親工會、敵視以契約工為主之企業的政府。希拉蕊還沒有對科技巨頭下手，她跟矽谷大金主關係密切，包括 Facebook 的雪柔·桑德伯格（Sheryl Sandberg）、KPCB 創投的約翰·杜爾、Salesforce 創辦人馬可·貝尼歐夫（Marc Benioff），但是如果她上臺後要挑一家公司下手，大概就是最多美國人討厭的 Uber 了。

可是川普的爆冷勝選讓 Uber 人人措手不及。Uber 同事大多支持民主黨、左傾，一想到總統是川普，個個焦慮到狂扯頭髮（就連支持共和黨的同事也覺得荒唐可笑）。技術長范順寫了一封內部信，狂轟川普的勝選是「大倒退」，說新總統「不學無術」，還把他的勝選跟毛澤東這種無情獨裁者上臺相提並論。[5]

不過，大選那晚眼看川普的勝利愈來愈不可逆，卡蘭尼克便轉而觀望危局之下顯露的希望。共和黨政府不太可能對 Uber 下手，尤其只要他把公司定位成有史以來創造最多工作機會的新創，有車就有工作可做，而且他還能攬下這筆功勞。接下來四年也許不會那麼糟。

更何況，他頭痛的事夠多了。經過了兩年以及幾十億美元的虧損和詐騙，投資人開始要求他放棄中國市場，沒有任何美國科技公司能攻下中國，Uber 也不會是第一個。卡蘭尼克已經盡了最大力量，中國政府還是選擇支持中國本土的滴滴，對 Uber 的敵意依舊。

卡蘭尼克不願認輸，他還想在傷口上灑鹽。《紐約時報》刊出 Uber 獲得沙烏地三十五億美元投資的同時，Uber 的「策略服務團隊」（Strategic Services Group）企圖偷拍滴滴總裁柳青。[6]

雖然卡蘭尼克還有力氣再戰一場，但是金主們沒有了。

比爾．格利（Uber 董事會裡面那個「小雞」）對中國市場的燒錢速度感到愈來愈焦躁，董事會另一個與卡蘭尼克不對盤的大衛．邦德曼也開始出聲。邦德曼（TPG 資本創投的私募基金大王）是卡蘭尼克透過二〇一三年的募資帶進董事會的，現在卻批評起卡蘭尼克的做法：眼看中國這場仗就要輸了還繼續扔錢。

Uber 幾個機構投資人跟滴滴最大股東進行了電話會議，商討如何解決衝突。❼卡蘭尼克氣炸了，但不意外，他一直都認為投資人到頭來就是會搞你。八月一日，Uber 認輸，滴滴接手 Uber 的生意，Uber 停止在中國的營運。❽

但是對投資人卻是一場勝利。❾資金不再大失血，賺錢市場的獲利不再被揮霍殆盡，更好的是，Uber 獲得滴滴百分之十七．七的股份，只要滴滴決定股票上市，這些股份的價值勢必會成長，到時就可證明這是一筆獲利龐大的交易。埃米爾．邁克在這筆交易的談判過程著力甚深，自認這是他在 Uber 的巔峰成就之一，但是對卡蘭尼克來說，這場失敗苦多於甜，他不可能超越佩吉、多西、祖克柏成為第一個征服中國市場的美國科技 CEO 了。

他腦袋裡還盤算著另一件事。既然川普贏了，親商的共和黨政府可能會不再詆毀科技，刪減勞動和交通的法規。但是他們的動作要快。總統當選人川普已經開始組織幾個政策委員會，邀集科技大咖共同商議，卡蘭尼克想加入。他和團隊靠關係搶到了一席。大選結束一個月後，政權交接之際，重量級的科技CEO被找去跟川普共同參加一場科技高峰會⑩，當時卡蘭尼克人困在印度，錯過了媒體曝光機會，不過他還是樂於擁有直通川普的管道。

但是員工可不樂見。埋怨響徹市場街一四五五號的走廊，很多同事不解老闆為什麼需要擁抱一個排外、無知、有種族偏見的人。一場全體員工大會上，同事力勸老闆重新考慮，不要加入委員會。

卡蘭尼克為自己的決定辯護，認為加入總比不加入好。同仁小小的不滿他還壓得住。

第二十一章

#DeleteUber

卡蘭尼克在那頭想方設法要擠進川普的企業諮詢委員會，芝加哥這頭卻有個名叫丹．歐蘇歷文（Dan O'Sullivan）的科技業員工認為川普滿嘴胡說八道。

這個總統剛上任整個星期都在跟媒體吵就職典禮人數（「有史以來群眾最多的就職典禮！」川普的新聞辦公室如此公布，明顯是不實聲明）。歐蘇歷文覺得川普是個小丑，是被福斯新聞（Fox News）下毒的選民硬塞進總統府的白痴，他祈禱川普四年都在白宮顧問的反對中度過，二〇一六年的競選支票張張跳票。

丹．歐蘇歷文出生於紐約長島（Long Island），是護士與愛爾蘭電話線工之子，他成長的世界跟曼哈頓鍍金的川普大樓截然不同。他以自己的藍領背景為榮。曾叔公麥可．奎爾（Mike Quill）早在一九三四年就在紐約市共同創立運輸工人工會（Transport Workers Union），因為與共產黨關係匪淺而被稱為「紅色麥可」。歐蘇歷文的姊姊出生那一晚，爸爸還在外頭跟通訊工人聯盟（Communication Workers Union）的同事一起罷工。

在長島和緬因州（Maine）的學校繞了一圈後，歐蘇歷文落腳芝加哥，一個他所知甚少但喜歡的地方。身高一百九十公分、體重一百公斤的他，比較像另一種線工（lineman）——芝加哥熊那種美式足球線鋒（lineman），而不是他父親這種大西洋貝爾電話公司的電話線工。他很快就學會芝加哥口音，U和A的音比較短，他的鼻母音常讓人誤以為他是芝加哥本地人。

歐蘇歷文有作家夢，於是他開始替網路媒體Gawker、《雅各賓》（*Jacobin*）雜誌等左翼刊物撰寫政治文章。為了付帳單，他進入一家科技公司的電話客服中心，是負責回答憤怒顧客的低階勞工，工作很壓抑，但他下班後可以追求自己的熱情，爭取寫作機會。

比起沉悶的客服工作，他在Twitter的數位生活有生氣多了。他的Twitter主要是用來追蹤政治帳號和新聞，以及跟其他作家聯繫，但他也開始跟其他左派人士閒聊，跟一些人開玩笑，這些人一開始只是他Twitter上的匿名頭像，後來慢慢變成網路上的朋友。對川普的勝選和高人氣感到絕望的他，至少還有Twitter上的朋友可以一起取笑川普的小丑行徑。

他很珍惜數位世界的匿名機制。他在Twitter的發言既固執己見又不顧別人感受，他知道他噴向川普的穢言穢語可能會惹公司不高興，如果走到必須另謀高就的地步，他跟網友講的那些難懂低級笑話也不會讓他贏得招募人員的青睞。

但是，Twitter 仍然值得他冒險。他給自己選了一個化名，是網友一看就能聯想到他的雙關語：@Bro_Pair＊。

這項禁令宣布於一月二十七日週五天色漸暗時，川普才剛宣誓就職一週就下令關閉國界，即刻生效。他主要是衝著穆斯林國家，禁止敘利亞等地的難民入境，而當時敘利亞正陷入殘暴內戰，為了避開可能會發生的大屠殺，成千上萬人逃離家園尋求庇護。

「我們不要他們來這裡，」川普在簽署儀式上說，他指的是所謂的「伊斯蘭激進恐怖分子」，這是他對穆斯林的通稱，「我們想要確保沒有讓那些對我們在海外作戰的軍人造成威脅的人入境，我們只讓支持我們國家、熱愛我們人民的人入境。」[1]

川普在二〇一五年底的競選活動就預示他會這麼做，當時他呼籲禁止所有穆斯林進入美國，以回應加州聖伯納提諾和法國巴黎的血腥恐怖攻擊[2]；他說，基督徒和其他宗教信徒應該比尋求庇護的穆斯林優先取得移民權。這番禁止穆斯林的論調在造勢大會的效果非常好，川普的基本盤選民愛死了，當然，當時兩黨政治人物都譴責這種想法不人道、違憲，但是怒火來得快去得也快。

如今到了二〇一七年，川普已經當上美國總統，他在逐一兌現競選承諾。對歐蘇歷文這種從去年十一月九日就怒火悶燒的超級川黑來說，穆斯林禁令把這把火熊熊煽起，川普的宣告坐實了他們的想像：川普全身上下每一寸都醜惡不堪。

這次的怒火沒有白費。全美幾百萬人湧向機場以及尋求庇護移民可能被ＴＳＡ（美國運輸安全管理局）、ICE（美國移民及海關執法局）或其他聯邦機構拒絕的地方，有幾千個律師也來了，他們穿著T恤和霓虹黃色帽子，給困在邊境外的移民提供無償法律諮詢。❸大批抗議者湧進行李提取區和TSA安檢線，高聲喊出對川普的憤怒，手拿倉促寫成的紙板標語和海報，上面都是支持移民的文字。

抗議從週五晚上持續到週六上午，紐約的穆斯林計程車司機也合流到機場罷工，除了表示聲援，也讓美國看看沒有穆斯林勞工會是什麼景況。週六下午兩點剛過，紐約計程車勞動聯盟（New York Taxi Workers Alliance）在Twitter發文：今天晚上六點到七點停止甘迺迪機場（JFK）載客服務，司機與成千上萬抗議不人道與違憲的民眾站在一起。#穆斯林禁令（MuslimBan）❹

計程車勞工組織起來的同時，Uber紐約辦公室看著情況演變，開始擔心起來。民眾多半是搭Uber成群前往機場，JFK機場會被擠爆，那個週末美國最大批的群眾就聚集在那裡，要是民眾繼續一批一批搭Uber去JFK，Uber的「尖峰計價」就會自動啟動，換句話說，民眾為了去抗議得付出比基本費率多幾倍的錢（兩倍、三倍、四倍甚至更多）。要是尖峰計價啟動，紐約

＊pair跟bear諧音，取其身材壯碩有如芝加哥熊的線鋒。

和舊金山的經理不難想像媒體標題會多麼負面：正直公民進行人道抗議，大壞蛋 Uber 趁機敲竹槓。

Uber 現在不需要惹這種麻煩。舊金山一個經理給紐約辦公室打了個訊號：可以關掉 Uber 到 JFK 機場的尖峰計價了。那晚稍後，@Uber_NYC（Uber 紐約官方帳號）發出推文：「JFK 機場的尖峰計價已關閉，可能會造成等車時間變長，請耐心等候。」

這則推文最後會讓 Uber 付出幾百萬美元。

歐蘇歷文不敢相信他眼睛所見。

大選那晚讓他崩潰。他給左翼雜誌《雅各賓》寫了最後一篇文章，評論川普的勝利——這篇文章是半語無倫次的沉思，評論川普主義以及在背後促使美國把這種人推上勝利的種種勢力——寫完就此封筆，發誓不再寫政治文章。[5]選舉勝負底定後，他在芝加哥空蕩蕩的街頭亂晃，恍恍惚惚，他感覺到深沉的憂鬱襲來，這股憂鬱他會一路帶進二〇一七，也會給他的身軀帶進四．五公斤的肉。

一月的宣誓就職典禮難以卒睹。他皺著眉頭看著國會大廈有一群大亨和強盜富豪圍繞著川普，歡慶邪惡戰勝良善。不到一週就執行的穆斯林禁令在他看來是虐待狂的行為，其冷血程度，完全顯露出史蒂芬．米勒（Stephen Miller）和史蒂夫．班農（Steve Bannon）這兩個川普顧問的排外、國族主義，以及他們想在移民身上施加痛苦的變態欲望。

不過他看到了一絲希望，他從新聞報導看到群眾聚集機場抗議不公禁令，有成千上萬跟他一樣滿懷恐懼與憤怒的人，用最美國式的舉動抗議這個政府；而且他用@Bro_Pair這個化身瀏覽Twitter時，也看到記者、報紙、他的數位朋友群起聲討這個總統。當週六慢慢進入尾聲時，@Bro_Pair注意到他的Twitter上出現一則紐約計程車勞動聯盟的推文，宣布JFK機場的罷工行動，這份團結之心令他激賞。

幾分鐘後他又注意到另一則推文，這次是Uber發的，宣布要關閉JFK機場的尖峰計價。在這之前，他從沒真正喜歡過Uber。Uber的種種爭議他都是被動得知，反正科技圈不就是那副德性嗎？對左派的他來說，崔維斯．卡蘭尼克正是矽谷資本家的化身，只在乎用戶和營收成長，不在乎他這種勞工的日常生計。他偶爾會搭Uber（畢竟Uber是很棒的產品，非常方便），但事後總有罪惡感。

但是在那個當下，一在Twitter上看到Uber的推文，他馬上覺得Uber在搞破壞，破壞團結。歐蘇歷文這些人對Uber推文的解讀是：這家公司企圖趁計程車司機罷工的時候大賺其錢，趁大眾陷入脆弱的時刻大撈一筆。即使不論眼前的情況，這則推文也讓他想起他在意識形態上對

Uber、對其商業運作核心有更大的不滿，他們以承攬契約模式規避聘僱司機的責任，千方百計阻止司機組織工會，在他看來，這家面目不明、很難改變的科技公司絕不可能捍衛穆斯林計程車司機的權益。他不知道到底是他家族與工會的深厚關係使然，還是客服那份爛工作給他的挫敗感，又或者是內心深處那股非反擊川普不可的欲望，反正他就是理智啪一聲斷線：我受夠 Uber 了！

在芝加哥的隆冬裡，他一個人坐在冷冰冰的公寓，開始打字回覆 Uber 推文，依舊怒氣沖天：「恭喜 @Uber_NYC 成功破壞罷工，人家把難民送進地獄，你們發大財。去吃屎吧！去死吧！」[6]寫完隨後想到應該創個主題標籤（hashtag），讓別人也能加進自己對這家公司的憤怒推文：#deleteUber（#刪除 Uber）。

「不喜歡 @Uber 剝削式的反勞工政策以及跟川普狼狽為奸，現在甚至要靠排外發大財嗎？#deleteUber」，他發推。[7]他還挖出 Uber 的客服網頁，搞清楚到底要如何刪除 Uber 帳號，結果沒想到這是個困難的大工程，必須填寫表格，還要寄給 Uber 工程師，於是他把表格的螢幕截圖和網頁連結發推出去，方便其他人找到、刪除自己的帳號。

#deleteUber 標籤開始引起共鳴。有人開始加入 @Bro_Pair 的行列，發推文怒斥 Uber，大家開始在推文後面加上 #deleteUber。一股怒氣無處宣洩的美國人，一想到 Uber 不只破壞抗議還積極想從中獲利就抓狂，有幾百個人開始回覆、轉推 @Bro_Pair 的推文，引起其他憤怒旁觀者的注意，幾百人變成幾千人，最後變成幾萬人，同聲在數位世界高喊：#deleteUber。

令歐蘇歷文吃驚的是，大家開始在他的推文下方附上自己刪除帳號的截圖，其中一個人的截圖寫著：「你們是跟工賊勾結的法西斯分子」[8]，另一個人寫道：「趁計程車罷工賺錢是個噁心示範，顯露資本主義的掠奪本質，勾結一個公然搞法西斯的政權」[9]，還有一個寫說：「搭 Uber 共乘下地獄去吧！」[10]

歐蘇歷文驚訝到說不出話，連**名人**也出現在他的推文下方，附上他們刪除 Uber 的截圖，媒體也開始打電話來，要採訪他。他挖掘出一股遠比他想像還要大的憤怒。最直接的憤怒來自那些為了表達對川普和其歧視行為的憤怒而轉推的人，但是憤怒不僅止於此，#deleteUber 是人們做得到的一件事，是一個能大聲放送抗議之聲的動作，是拒絕科技文化、拒絕假新聞、拒絕矽谷那個從一開始就誘騙美國人選擇川普的產業。#deleteUber 不只是刪掉一個叫車 app，更是給貪婪、給「兄弟文化」、給科技巨頭、給這個 app 所代表的一切比出一個大大的中指。

歐蘇歷文在那個深夜登出 @Bro_Pair、關掉電腦的時候，幾個月來第一次感到一絲幸福。#deleteUber 成為 Twitter 上的潮流，流竄到整個世界，媒體紛紛報導這起餘波，Uber 則是亂成一團，試圖停損。

「好了，我得去睡覺了，」@Bro_Pair 發推文，「但這是我這輩子第一次看到主題標籤能產生這麼大的力量。謝謝大家，繼續加油。」

他在推文附上一個標籤：#deleteUber。

市場街一四五五號完全亂了套。

隨著 #deleteUber 風潮捲起，幾千個來自四面八方的刪帳號申請湧向工程師。在這之前，Uber 很少收到刪除申請，大家都喜歡這個產品，就算不喜歡也只會從手機上拿掉，不會刪除整個帳號。Uber 並沒有一個自動機制來處理這種申請，直到 @Bro_Pair 的抗議激起大規模叛離，卡蘭尼克這才不得不指派一個工程師負責建立一套系統來處理大量湧進的帳號刪除請求。

Uber 公關團隊急著試圖說服記者，Uber 其實無意破壞罷工，反而是想藉由關閉尖峰計價來「協助」民眾到 JFK 抗議。卡蘭尼克在那個週末道了一個扭扭捏捏的歉，提到他打算下週跟川普總統見面時提起 Uber 和禁令的問題。[11]他再過幾天就會參加川普的企業政策委員會首次會議。但是他的說明造成反效果，反而提醒大家他正在積極跟這個政府合作。外界把他加入委員會視為幫川普背書，最後連他自己的員工也開始這麼認為。

「我明白內部和外界都有很多人不認同這個決定，沒關係，」卡蘭尼克在一封寫給員工的 email 寫道，「這就是生活在美國最棒的地方，每個人都有不贊同的自由。」[12]

他堅持留在委員會的想法並沒有持續多久。短短一個星期就有超過五十萬人完全刪掉 Uber

帳號，這還不包括那些只刪掉手機 app、難以計算的人數。Uber 最重要的乘客數成長曲線——多年來這條曲線都是像曲棍球桿往上、往右走——開始反轉向下。卡蘭尼克開始冒汗。

當時錢已經快要燒完、眼看就快要投降的 Lyft，成為這波反彈最大受益者。民眾開始拋棄 Uber，改搭 Lyft（抗議的感覺很好，但是有時還是需要叫得到車）。接著 Lyft 高層做了一個很高明的公關表演，公開宣布分四年捐贈一百萬美元給美國公民自由聯盟（American Civil Liberties Union）*，在 Uber 對川普卑躬屈膝之際把自己塑造成正義之師。[13]

隨之而來的乘客數竄升，把 Lyft 從破產邊緣拉了回來。終於出現正面的成長跡象之後，Lyft 很快就吸引到私募基金 Kohlberg Kravis Roberts 的投資，以五億美元的注資讓這家公司免於下沉。Lyft 募資成功讓卡蘭尼克的心情跌落谷底。他花了整個夏天試圖打敗中國最大的對手，沒有成功，現在新的一年才剛開始，他擊敗美國最強對手的機會也溜走了。**就差那麼一點點**，他就能把約翰．季默打趴，讓他難堪。機會不再了。

不到一個星期後，星期二的全體員工大會上，多名員工當面質問他是不是戀棧川普的委員會席位。有兩個工程師問他如何才願意退出那個席位，他一再迴避問題。[14]但是到了星期四，乘客

---

*美國公民自由聯盟是非營利組織，宗旨是「捍衛和維護美國憲法和其他法律賦予每個公民的權利與自由」。

數的損失繼續擴大，員工對他這位領導人的信心也快速流失，卡蘭尼克退讓了。

距離他到白宮參加預定的首場委員會會議不到二十四小時，他安排了一通給川普總統的電話，告知他要退出。

這通電話簡短又尷尬。卡蘭尼克道歉，給了一個可憐兮兮的解釋，川普埋怨個不停。兩人以前從沒見過面，但是卡蘭尼克結束通話的時候知道他惹到美國總統了。

那天稍後，他寫了封和解 email 給同仁，提到他已經離開委員會，只是 Uber 內外很多人都認為他的退讓太少、太晚，Uber 的乘客數也沒有因此停止下滑，外界對這家公司的惡意仍然繼續傷害這個品牌和整體乘客數。不過，目前他總算阻止了立即的威脅，讓 Uber 的名字從負面新聞標題撤下。

只是目前而已。

第二十二章
「在 Uber 那非常非常詭異的一年……」

二〇一五年十一月，就是那場把川普帶到權力頂峰的總統大選的一年前，Uber 來了一個新的工程師。這位二十四歲工程師主修哲學和物理，是那年一月招募的幾十個工程師之一，同梯的新員工有幾百人，女性不到四成。這個新工程師加入的部門絕大多數是男性，根據後來一項研究，Uber 工程師有八成五都是男性。❶成長於亞利桑那州小鎮的蘇珊・佛勒，不像是有機會到 Uber 當工程師的人，這對她來說是夢想成真，就像在「月球上」航行，她後來這麼告訴記者。❷

佛勒大學一畢業就在兩家新創工作過，但是到矽谷最當紅的公司做工程師對她來說是個意料之外的大成功。她通往頂尖企業工程師的路並不典型，她沒有 MIT 學位，大學時期對電腦並沒有特別專注，也沒有比較正式的電腦實習經驗。但她很有動力。

佛勒是家中七個小孩的老二，在亞利桑那州的亞內爾（Yarnell）長大，這個農村小鎮只在二〇一三年一場致命野火短暫出名，除此之外，外人對那裡一無所知。她和兄弟姊妹都在家自學，她大部分知識來自圖書館，狂啃普魯塔克（Plutarch，希臘史學家）、愛比克泰德（Epictetus，羅馬哲學家）、塞尼加（Seneca，羅馬政治家、哲學家、悲劇作家）——她喜歡斯多葛學派（Stoics）。佛勒家並不有錢，父親是福音派傳教士，銷售公用電話維持家計。她的第一份工作是馬廄助手和鐘點保母，幫忙貼補家用。全家有上帝同在，小蘇珊也悠遊於探索哲學各分支，只是她喜歡自己一個人在當地圖書館探索。

十六歲時，她突然興起上大學的念頭，但是家裡無法提供實質幫助。她瘋狂搜尋申請大學的資訊，完全不知道申請書長什麼樣子，也不知道需要推薦信，更不知道連高中都沒上的她要上哪取得推薦信，但是上大學是她的夢想。好運氣加上一篇出色的入學申請論文，讓她取得亞利桑那州立大學全額獎學金，她在那裡完成低年級課程，然後轉學到賓州大學（University of Pennsylvania）。一個主要靠亞內爾公立圖書館藏書學習的女孩，進了常春藤盟校。

矽谷很多工程師都符合外界的刻板印象：二十幾歲的白人男性，瘦弱，怪裡怪氣，不夠社會化，擅長數字但不擅長與人相處。佛勒正好相反，她溫暖，對陌生人友善，與人交談自如。羞怯瘦小的她，講話有著西南方傳教士女兒的腔調，嗓音輕揚，用很多長母音和「y'all」＊。她頭髮及肩，有一雙深邃棕色眼睛，是天生美人，五官端正，栗色瀏海剛好落在眼睛上，看到別人總是一臉興奮的模樣，當她給你一聲溫暖的「哈囉」，你很難不回以一個大大笑容。

她甜美的外表下藏著一顆火熱的心，下定決心的事非做到不可，不管是寫申請書把自己送進大學或打進新創圈的兄弟文化，她總是奮勇向前，無視前方的困難。

但並不是每次都很容易。她在賓州大學的第一學期跌跌撞撞，輔導老師對她在「蘇珊佛勒家庭學校」所受的教育感到懷疑，企圖引導她放棄物理。

佛勒不依。她去找賓大校長艾咪．葛特曼（Amy Gutmann），在校長辦公室留言。她告訴校長，到常春藤盟校念物理是她的夢想，而校長曾在畢業典禮致詞說過，賓大會幫助學生完成夢想。校長無從辯駁。校長告訴佛勒她說的完全沒錯，鼓勵她繼續前進。經過一開始的困難，佛勒慢慢站穩腳跟，最後在二〇一四年畢業，取得物理和哲學的學位。

現在，離開賓大才幾年，她已經是 Uber 這隻矽谷閃閃發光獨角獸的外場維運工程師（site reliability engineer）。Uber 對她是個全新挑戰：如何在矽谷最激進好鬥、最陽剛、最受人矚目的公司取得成功。

錄取 Uber 的那個月，佛勒也遇到畢生摯愛。查德．李蓋棣（Chad Rigetti）有影星麥可．法

＊y'all 是 you all（你們大家）的縮寫，流行於美國南方的用法。

斯賓達（Michael Fassbender）的俊俏外表，還有對量子電腦理論的熱情，佛勒幾乎第一眼就被他吸引。兩人第一次約會要結束的時候（晚餐加電影），佛勒伸手掏出 iPhone，正要叫一輛 Uber 搭回家。

「不行，不行，不行，」李蓋棣說，「我不搭 Uber。」[3]

佛勒不解。她畢竟是 Uber 員工。

李蓋棣說這家公司的種種負面新聞讓他不舒服。同為創業人的他，有自己的新創在經營，他不喜歡 Uber，選擇不支持，發誓絕對不搭。

這是一個徵兆，佛勒後來會回想起來。

二〇一五年十二月，兩個星期的新人訓練結束後，蘇珊·佛勒開始跟新團隊一起工作。同一天，她收到經理發來的聊天訊息。

當時她還是個志得意滿的新人。這個團隊是公司讓她自己挑選的，很意外的驚喜。外場維運工程師，簡稱 SRE，在 Uber 扮演至關重要的角色，負責平台的順暢運作——所以才稱為「維運」。在 Facebook 和 Twitter，SRE 必須讓服務二十四小時全天候全年不斷線，人們才能隨時更新狀態或發推文[4]，而在 Uber，SRE 的工作是讓幾十萬個 Uber 司機隨時在線上，SRE 被告知，哪怕只是斷線幾分鐘都可能危及 Uber 的生存，乘客要是無法叫到車就會選擇其他服務。這份確保 Uber 隨時連線的工作，讓佛勒非常興奮。

Uber 幾次最大危機都落到疲於奔命的 SRE 肩上。二〇一四年的萬聖節夜晚是 Uber 員工銘記在心的日子：那晚公司的供需系統停擺，在一年最繁忙的夜晚瘋狂向乘客超收錢，隔天早上，乘客醒來看到信箱裡的 Uber 帳單高達三百六十美元，紛紛氣炸了。

然後，加入這個重要新團隊的第一天，經理就開始挑逗她。他沒頭沒腦就開始說他跟女友的關係是開放的，他女友找性伴侶很容易，但他就傷腦筋了。他說他盡量「不要惹工作上的麻煩」，但是「無法避免」，因為他的時間都花在工作上。

經理的暗示讓佛勒驚訝愣住。她知道矽谷對女工程師是個險惡之地，每家科技公司每個部門似乎都有一兩個噁男以同事為獵物，但是在她「第一天正式上班」就用公司的 uChat 系統求歡，那就真的低級到一個新境界了，而且這還是個她不能不理會的人，是她的頂頭上司。

更何況 Uber 並不是什麼名不見經傳的小新創，到二〇一六年初的時候，Uber 已經是羽翼豐滿的未上市企業，幾十個國家都有分公司。她有信心，如果她舉報新經理的行為，Uber 這麼大的公司一定會採取應有的作為。這個新上司繼續閒扯他想征服的對象清單時，佛勒把對話截圖，向人資部門告發。Uber 是大企業，HR 知道該怎麼處理，他如果不是今天就打包走人，也會是這個週末之前，她心裡這麼期待。

佛勒有所不知，卡蘭尼克最大的惡夢就是Uber變成「大企業」，變得跟矽谷其他那些公司一樣。在他心中，Uber應該保持肯打肯拚的精神，「以少做多」、「永遠拚搏」，要是長成無趣、毫無個性可言的超大企業，員工就會自滿、懶惰、沒有效率。沒有比變成思科（Cisoco）那樣更廢的了，待在那個臃腫龐然大物的中階經理人到現在還把Polo衫塞進褲子裡。

但是，避免成為「大企業」也等於避掉官僚機制，譬如一個像樣的人資部門。卡蘭尼克只在乎招聘的部分，他眼中的HR是網羅大量新人才、速速辭退不適任者的工具，而不是用來留住、管理Uber長期員工的管道。管理方面的指導和訓練幾乎完全被漠視，幾千個全職員工*的職場生活只靠寥寥幾個人照顧。在他看來，HR這兩個字就等於行為規範、敏感性訓練、性騷擾政策、不當行為舉報流程、正式考核，這些都會讓一個積極進取的年輕人大翻白眼。儘管他這麼認為，但這家公司的規模每年成長一倍，到二〇一六年初已經超過六千人，還不包括司機，他或許不想注入會給人「大企業」感覺的制度，但是他無法否認：Uber**已經是**大企業了。

除了投訴和職場問題，員工也覺得HR並沒有建立一套適當的考核制度。Uber的績效考核只是一張列舉員工三大優點、三大缺點的清單——就是所謂「T3B3」，是卡蘭尼克自己設計的——後面再加上一個隨意打的分數❺，分數落差很大，通常取決於員工跟打分數的經理或部門主管的親疏關係。整個評分制度是以 Uber 十四條文化價值為依歸，員工可能因為欠缺「拚勁」而分數不佳（Uber 的文化價值不是「有時」有拚勁，而是「隨時」）。主管會私下評量，再把分數發給員工，不會多做解釋，不管分數好壞，反正這就是你的分數，而年終紅利、加薪、在 Uber 的生涯發展全繫於這個分數。

久而久之，分數和升遷都需要玩政治手段、討好該討好的領導人，還有最最重要的：創造能帶動成長的產品或點子。至於你是什麼樣的員工、你是什麼樣的人，並不是那麼重要。說到底，成長才是一切：乘客數、用戶、司機、營收。

一味強調成長往往會產生意想不到的副作用，用管理學術語來說就是「負外部性」（negative externality）。經理們只顧追求成長，即使造成公司**其他**環節效能低落也不在乎。舉個例子，Uber 最早期會送給每個新司機免費 **iPhone 4**，經理為了讓司機盡快上路，只要一有人註冊就馬上送 **iPhone 4**，但是有些急於追求成長的經理，連司機的背景審查都還沒通過或文書工作還沒完

＊湧入的新人從沒斷過，到二〇一六佛勒「那非常詭異的一年」結束時，Uber 的員工人數膨脹到將近一萬。

成，就迫不及待把手機郵寄出去。新司機的人數成長確實大爆發，負責的經理看起來很能幹，但是 iPhone 失竊、註冊詐騙也層出不窮，公司損失慘重，等於把 iPhone 送給了騙子。

Uber 命運多舛的 Xchange 租賃方案也是一例。Uber 裡曾經有人想出一個點子：可能有成千上萬人想開 Uber，但是受限於擔保品不夠或信用不好，辦不成車貸，Uber 可以不管這些直接就把車子租給他們，唯一條件是承租人必須立刻開 Uber 清償貸款。於是 Uber 開始租賃給信用不佳或根本沒有信用紀錄的高風險族群，這招成功了——某方面來看算是。成長直線上升，因為以前沒有資格貸款的人突然辦成車貸，幾千個司機加入這個平台，負責的經理也因為這個點子獲得豐厚獎勵。這等於是叫車服務版的次級房貸。

也跟二〇〇八年的次級房貸風暴一樣，負面效應很快就浮現。Uber 發現，Xchange 租賃方案開始之後，安全事故發生率激增，他們後來發現，這些超速或性侵等事故的肇事者，有很多是透過 Xchange 方案租車的司機，也就是信用不佳甚至沒有信用紀錄的人。Uber 經理製造了道德風險，間接給成千上萬人造成傷害，還可能引發公關與法律上的惡夢。

還有，車商給這些邊緣司機的租賃方案比較昂貴，司機要從工作中獲得盈餘的機會就降低了，而且司機為了賺錢晝夜不停開車，等到車輛歸還時，車況已經比承租時惡化很多。雖然司機人數成長，但是 Uber 很快就發現，Xchange 每輛租賃交易的損失最高達九千美元，遠高於當初預估的五百美元。[6] 這家公司給人一筆還不起且有損信用的次級貸款，這還不打緊，它還叫人做一份零工經濟工作，再把收入扣走，讓人一年賺得比一年少。

不過，儘管後天失調的獎勵措施造成種種浪費和負面效果，卡蘭尼克從不停止獎勵成長。成長是區分平庸員工和高績效員工的方法，而高績效員工是碰不得的。

這也是 Uber 另一項價值所在：冠軍心態。

佛勒沒有得到預期的回應。

HR 人員告訴她，她的經理是初犯，所以只會受到嚴厲的口頭訓誡，再加上他是「高績效員工」，不太可能只因為「也許是他個人的無心之過」就被開除。[7] 佛勒被告知，她有兩個選擇：一是留在原團隊，仍待在這個經理手下，幾乎可以斷定她未來的考核都是差評；一是另外找個她願意加入的團隊，換過去。

在佛勒看來，這算哪門子選擇。HR 似乎不在乎她的感受，也不管是不是可能有其他人也受害，而且她也怕以後的考核差評連連，所以她決定離開團隊，接下來幾個星期都在公司內部尋找另一個適合的落腳處。

佛勒很擔心，才上班不到一個月就被上司騷擾，還因為舉報上司而有被報復的可能，現在還得重新尋找棲身之處。她開始對這份夢寐以求的工作產生懷疑。不過，她不到幾個星期就找到另一個SRE團隊有缺，安頓下來，做她當初進來想做的事，甚至以新團隊的工作為基礎，為科技類出版社寫了一本書。

但是漸漸地，她開始碰到有相同經驗的女同事。她發現前經理也對其他女同事有過不當行為，這跟HR講的不一樣，HR當初說是個案。這下她明白了，原來前經理早就對女同事素行不良，但是他的高績效名聲讓他免於被解僱*。

她愈深入了解HR、從同事那裡知道愈多，愈覺得這家公司真糟糕。Uber的員工考核制度製造了一個搶當老大、不是你死就是我活的環境。她回想有一次會議上，一個主管吹噓他故意對某個高管隱瞞消息，藉此來討好另一個高管（而且他還得逞了）。[8]背刺行為在這裡不只獲得認可，還受到鼓勵。

「做到一半就放棄的計畫案一大堆。組織的優先事項每天都在變，沒有人搞得清楚，幾乎完成不了什麼事。」佛勒後來說。大家隨時都在擔心自己的團隊會不會被解散或併入敵對派系？這個月新上任的領導人會不會做大規模改組，只為了推翻上一任的決策？「這個組織完全處於一個徹底、沒完沒了的混亂中。」佛勒認為。[9]

對女性來說，情況最是艱難。佛勒回想她加入她這個部門的時候，有百分之二十五是女性，以大多數企業標準來看很低，但是在Uber這種以男性為主的地方算很高了——畢竟這裡可是卡蘭尼克在《GQ》所說的「Boober」呢，女人隨傳隨到。

真正讓佛勒無法釋懷的是幾件皮衣。那年稍早，公司承諾送皮衣給所有 SRE 作為獎勵，很不錯的凝聚團隊方式。公司替每個人量了尺寸，過一陣子會買給大家。幾個星期後，佛勒部門六個僅存女性（包括佛勒）收到一封 email，主管告訴這幾個女同事，她們的皮衣終究還是沒了。Uber 用團體折扣價談妥了一百二十件**男性**皮衣的交易，但是因為部門的女同事太少沒有折扣。主管說，沒有折扣的情況下，如果用比較高的價格替**六位**女同事下訂單會說不過去。

對此大感震驚的佛勒，提出反駁：這不公平。主管的回應也很直白：「如果你們女性真的想要公平，那就應該明白，不拿皮衣對你們才是公平。」❿在那個主管心目中，對女性特別通融才是貶低女性，才是傷害唯才是用制度。要是角色互換，拿不到皮衣的是男性，這個主管還是會做相同的處置，只是他沒想到的是，那種情況永遠不會出現在男性主導的矽谷。

跟 HR、高管針對皮衣和 Uber 對女性的普遍做法來回爭論後，佛勒受夠了。對 Uber 感到厭惡的她，開始跟另一家科技公司談工作機會，幾個月後永遠離開 Uber。

＊佛勒找到另一個團隊棲身後沒多久，前經理又對另一個同事重施故技，被害人同樣往上舉報。前經理在二〇一六年四月被解僱走人。

離開 Uber 兩個月後，二〇一七年初那個下雨的週日早上，佛勒決定公諸於世。當時 Uber 才從一場慘烈的媒體風暴脫身，原本決定留在川普總統的諮詢委員會的卡蘭尼克，隨後又在員工壓力之下婉拒。

佛勒打了大約三千字描述她在 Uber 的日子，然後貼到自己的 WordPress 部落格。經理的騷擾、跟 HR 部門如惡夢般的戰鬥、皮衣事件的處境，她都一一寫進了文章。她不知道「發布」鍵按下之後會發生什麼，如果真有什麼會發生的話。

蘇珊・佛勒看了最後一眼螢幕上的字，「我在 Uber 那非常非常詭異的一年」是文章標題。她深吸一口氣。

然後按下「發布」鍵。

第二十三章 ……讓他們摔得很重

崔維斯・卡蘭尼克一覺醒來，他的 iPhone 已經核爆。不到幾個小時，蘇珊・佛勒的貼文已經在公司內部的私訊和聊天室轉貼了幾百次，Uber 員工一片憤怒、激動、困惑。那是週日上午，舊金山下著雨，但是卡蘭尼克人在洛杉磯。昏昏沉沉的他，開始回覆 Uber 高管湧入的電話，都跟佛勒的吹哨文有關。

佛勒的層級不高，從未進入他的雷達範圍，可是這位小女子（只是 Uber 龐大員工當中一個小工程師）卻把整家公司震得七葷八素。媒體電話開始湧入公關部門，詢問公司對佛勒貼文的回應。佛勒本人則是消聲匿跡，沒接記者電話，什麼都沒說，除了她寫在部落格的文字。

Uber 到目前為止發生的醜聞當中，就屬佛勒這篇文章衝擊最大。聊天室陷入混亂，憤怒員工寄給領導階層的 email 郵件鏈中，滿是員工的強烈要求以及更多指控。佛勒的文章只是開端。

她的貼文炸開一個水壩，一條積壓多年的抱怨河奔流而出，更糟的是（對崔維斯來說），員工開始在 Twitter 公開自己不好的 Uber 經驗。

「太離譜，太爛了。我跟 Uber 的 HR 接觸的經驗也是覺得對方麻木不仁，沒獲得任何支持，」克里斯・梅西納（Chris Messina）在 Twitter 寫道，他是離職不久的 Uber 前員工，「發生在蘇珊身上的事應該受到譴責。」❶

佛勒所引爆的不滿並不是空穴來風，從卡蘭尼克一開始拒絕退出川普的企業諮詢委員會，員工的不滿就開始了。這群科技業員工從大選後已經改變心態。二〇一六年十一月之前，他們覺得這位進取又有野心、有遠見的創辦人站在歷史正確的一方，但是進入川普時代後，有個專制、叫人難堪的暴君執行長開始變得讓人無法容忍。到卡蘭尼克退出委員會的時候，員工對他的態度已經改變：這個老闆也許跟總統一樣壞。

過去幾個月，Uber 員工開始進不了灣區雞尾酒派對。在 Uber 員工看來，這家公司已經變成汙點的象徵。過去身上有黑底 Uber 字樣會讓人得意洋洋（就像藍底 Facebook 字樣），現在，承認你在市場街一四五五號上班會馬上被句點，還會換來不可思議表情，明顯寫著：「你怎麼能替 Uber 這種公司工作？」

這種感覺很差，於是員工開始離職。Uber 二〇一四到二〇一六挖走 Google 幾千個人，現在 Google 開始成群聘回良心不安的 Uber 員工，Airbnb、Facebook、甚至 Lyft 也開始撿走 Uber 員工。

在Uber亟需重振士氣之際，佛勒的貼文讓情況雪上加霜。

卡蘭尼克迅速採取行動。他跳上飛機回到舊金山，星期一一早就進到市場街的Uber總部，準備處理佛勒引發的局面。

會議上，一位董事提議找外部機構進行內部調查。卡蘭尼克需要一個讓人眼睛一亮的重砲手，譬如華府律師事務所Covington & Burling，以顯示Uber很認真看待這件事。Covington & Burling裡面有艾瑞克．侯德（Eric Holder），歐巴馬政府的司法部長，卡蘭尼克很早就認識他，這位前部長過去為Uber做過一些工作，是個正直不阿的人，選他和他的合夥人譚米．阿爾巴蘭（Tammy Albarrán）來領軍調查也許可以博得外界好觀感。

其他人則比較謹慎。瑞秋．魏絲通（公共政策與公關資深副總）很緊張，她是精明老練的人，長期擔任公關和政策高管，來到Uber之前在Google做了將近十年，已經爬到公關食物鏈最頂端。魏絲通纖瘦焦慮，略帶紅色的金黃頭髮像一束束稻草，操著一口優雅的英國腔，栽進科技業之前，出身廝殺慘烈的英國保守黨政界。她是天生的軍師，擅長察言觀色，精算媒體下一步會如何出擊，再做好接受衝擊的準備。她跟高管們討論長期政策是用同儕的角度，而不是部屬，自然而然讓她在決策桌上博得一席之地。卡蘭尼克把大衛．普洛夫（David Plouffe）架空之後，就拔擢魏絲通取而代之——普洛夫比較適合跟政治人物哈拉、寫寫演講稿，不適合掌管一個需要應付日常瑣事的媒體單位。

卡蘭尼克和魏絲通的關係在過去幾個月愈來愈緊張。卡蘭尼克認為魏絲通和副手吉兒・海瑟貝克（Jill Hazelbaker，也是 Google 校友，也曾擔任政治操盤手）沒有好好塑造 Uber 形象，不然公司也不會負面新聞不斷。公關團隊則認為他們已經盡最大努力捍衛公司，無奈形勢比人強，誰叫他們有個惹人厭、強硬執拗的執行長，還有一個塞滿幾千個卡蘭尼克翻版的喧鬧職場。佛勒的文章在網路上流傳的時候，卡蘭尼克已經開始在其他高管面前大聲質疑魏絲通的策略。

星期一早上跟卡蘭尼克和其他領導團隊的會議上，魏絲通搬出 Google 前執行長艾立克・施密特（Eric Schmidt）多年前給她的建議：「一旦引進外部力量，情況就會快速失控。」Uber 自己翻自己的垃圾再做出懲戒或開除是一回事，但是，把全國最優秀律師帶進來，告訴他們：「請開始動手」，那就是另一回事了。一雙雙新來又好奇的眼睛一定會挖出從未見過、可怕的死人骨頭。不過魏絲通雖然這麼說，但她也是第一個提議找侯德的人，她覺得如果 Uber 一定要引進外部調查人員的話，就應該找侯德這種。

卡蘭尼克不用旁人多費唇舌說服，他看完佛勒的貼文後就處於煩亂狀態，急著想馬上處理。只是他的處理方式會帶出更深層的問題，將是他始料未及。他並不知道這種調查會是什麼樣子——更不知道侯德的調查會查得多徹底——但是他馬上就指示埃米爾・邁克去聯繫侯德，當場聘請他。那天下午稍後，卡蘭尼克寫了一封信，試圖安撫生氣的員工：

夥伴們：

這二十四小時很難熬。我知道公司受傷慘重，也明白大家想知道情況到底如何，以及我們會採取什麼作為。

首先，艾瑞克．侯德，歐巴馬總統的司法部長，以及譚米．阿爾巴蘭，將會展開獨立調查，針對蘇珊．佛勒提出的職場環境問題，還有更廣泛的多元性和包容性的問題……

第二，亞瑞安娜正飛過來，會跟我和莉恩．霍恩希（Liane Hornsey，HR總監）一起參加明天的全體員工大會，討論目前情勢和接下來的做法……

第三，有很多人對Uber技術團隊的性別多元性有所質疑。如果看看我們的工程師、產品管理人員、科學家，有百分之十五．一是女性，過去一年並沒有很大變化。Facebook的比例是百分之十七，Google是百分之十八，Twitter是百分之十。我和莉恩未來幾個月會公布一份更全面的多元性報告*。打造一個以公義感為行事根基的工作環境，是我的信念……現在的當務之急是

---

*卡蘭尼克突然願意做多元性調查（公司內部針對Uber員工的性別、族裔進行統計分類），令員工大為不解。多年來，同仁不斷敦促卡蘭尼克公布多元性報告（在矽谷這個白人、男性為主的世界，多元性報告到二〇一七年已漸漸成為普遍的公開透明做法），他自己的資安長喬．蘇利文就是敦促得最緊的一位，但是卡蘭尼克一再拒絕，多元性報告違反Uber的文化價值，畢竟在他眼中Uber是個「唯才是問」的組織，只聘僱「最優秀人才」，對性別、族裔一律無視。如同他退出川普委員會的決定一樣，很多人也認為多元性報告來得太慢、太少。

讓Uber經過這次之後成為更好的組織，一個堅守價值、為遭遇不公者打抱不平且提供支援的組織。

謝謝。

崔維斯

高管們以為會看到反擊，結果並沒有，看來卡蘭尼克這封信是想緩解內部緊張，至少在明天早上的全體員工大會之前。就目前來看，uChat確實降溫，員工回到工作崗位了。

卡蘭尼克認為他的處置是對的，其他人後來也說，他動作明快果斷，努力想修正佛勒事件所犯的錯誤，這點值得嘉許。他把修復Uber形象的希望寄託在另一個董事身上，那個人接下來半年會跟卡蘭尼克愈走愈近，親近程度更勝他生命中任何人。

那個人就是亞瑞安娜．赫芬頓。

卡蘭尼克從來沒打算把他的人生和事業繫於亞瑞安娜．赫芬頓身上，然而不知不覺間就走到這個局面。

卡蘭尼克和副手埃米爾．邁克之前突發奇想，要找個理想的名人進入董事會，最初兩人心目中的第一人選是歐普拉．溫芙蕾，但是這位超級巨星不受引誘，於是卡蘭尼克轉而考慮他認識多年的名人：亞瑞安娜．赫芬頓。

他們第一次見面是在二〇一二年一場科技大會上，更換演講人的空檔，卡蘭尼克把赫芬頓拉到一旁，教她如何使用 Uber。當時 Uber 還只是給有錢人的高檔服務——UberX（菁英優步）再過幾個月才會問世——請赫芬頓先行試用再理想不過。「@travisk＊向我展示他超酷的 app：Uber，人人都有私人司機，uber.com」，赫芬頓在 Twitter 上寫道，還附上兩人在科技大會上的合照，推銷給赫芬頓數百萬粉絲。[2]對卡蘭尼克來說這是不得了的一刻，赫芬頓是名人，正是他的黑頭車服務想載送的客人。

赫芬頓這顆星星竄起的時候，Uber 這個點子還沒有跑進任何人腦袋，造就 Uber 的 iPhone 也還不知道在哪。赫芬頓一九五〇年出生於希臘，父親是康斯坦丁諾斯．史岱西諾波羅斯（Konstantinos Stassinopoulos），母親是艾麗（Elli），她在雅典長大，跟家人、妹妹亞蓋比（Agapi）很親，直到父母出現婚姻危機。父親是個對婚姻不忠的記者，在亞瑞安娜很小的時候就跟母親分

＊@travisk 是卡蘭尼克的 Twitter 帳號。

開❸，兩個女孩跟母親一起生活，媽媽是溫暖聰慧的女性，會講四種語言，對女兒全心付出。❹母女三人一開始生活寒微，但是母親很重視教育，她告訴兩個女兒：「你們的嫁妝就是教育。」❺母親把全家搬到倫敦，就是為了讓亞瑞安娜參加劍橋大學（University of Cambridge）入學考試。

母親的辛苦獲得了回報。亞瑞安娜天生聰穎，就像把兩姐妹用力推向社會上層的母親。亞瑞安娜拿到劍橋大學部分獎學金，開啟她通往菁英社會階級的旅程。她在校成績優異，在劍橋主修經濟學，後來負笈印度念比較宗教。她不像一九六〇年代年輕人喜歡結夥聚會和毒品，反而比較喜歡辯論和公民學。快要畢業之前，她現身電視上一場女性主義辯論會，恰巧一位出版商看到，登門來訪，就這樣出了她第一本書：《女女性》（*The Female Woman*）。這本書出版於一九七三年，對女性議題採取相當保守的立場——這本書是對女性解放運動的反動，從此開啟她漫長的逆風公眾人物生涯。

第一本書帶出了後面許多本——她認識卡蘭尼克的時候已經出版十多本——也把她帶向觀點大膽的無畏作家。一九八一年，她替希臘知名女高音瑪麗亞·卡拉絲（Maria Callas）作傳，一九八八年她執筆畢卡索傳記，兩本都成為暢銷書*。

她在八〇年代遇見麥可·赫芬頓（Michael Huffington），一位共和黨銀行家和政治人物。經過短暫追求以及一九八六年的婚禮，這位逆風作家成了亞瑞安娜·赫芬頓夫人，共和黨眾議員之妻，後來自己也成為知名共和黨人。她偶爾替《國家評論》（*National Review*）寫文章，跟政壇大老杜爾（Bob Dole）、金瑞契（Newt Gingrich）同列，每週上廣播節目扮演保守派名嘴的角色，九〇年代則移師《賴瑞金現場》（*Larry King Live*）和比爾·馬赫（Bill Maher）的政治談話節目，成為固定來賓。

赫芬頓每到一處都有君臨天下的氣場。身高一百八十公分，再加上搶眼的紅銅色頭髮，外表惹人注目，但是更有特色的是她誇張的口音，充滿活力又飽滿。「達——令」，即使是剛認識的人她也這樣叫，彷彿對老朋友說話。

她極具個人魅力，朋友和敵人同聲讚嘆她技能滿點：想找人介紹工作？赫芬頓認識紐約、洛杉磯、華府每一個人；需要找人在你的書籍封面上美言幾句？赫芬頓可以，她自己就寫了十五本書。不但在你的書封上美言，她還能替你主持簽書會，把她的名人朋友通通邀請來。

她是改頭換面大師。早年探索神祕主義，後來開始打坐冥想；做了多年的共和黨人之後，一百八十度大轉彎，把自己塑造成進步派，擁抱環保政策，總統大選支持民主黨的約翰·凱瑞（John Kerry）。

＊這兩本書都有各自的爭議。卡拉絲傳記上市時，亞瑞安娜被控抄襲另一位卡拉絲傳記作家的作品。畢卡索這本受到的指控更嚴重：「她直接竊取我耕耘二十年的作品。」莉迪亞·葛斯曼（Lydia Gasman）教授在一九九四年告訴記者。亞瑞安娜從頭到尾否認所有抄襲指控，第一個指控後來以庭外和解收場，第二個指控者並沒有提告。

她的進步派色彩，再加上約翰．凱瑞二〇〇四年敗給小布希，最後把她帶向真正的網路媒體，《紐約客》稱之為「包裹一層自由派鋁箔紙的『德拉吉報導』（Drudge Report）*」。❻靠著創投資金和一位老科技高管合夥人，二〇〇五年她創辦《赫芬頓郵報》（*Huffington Post*），開創了早期的「公民記者」模式──實情是自由工作者從網路上蒐集別人的文章，加以摘要、彙整，然後再刊登於《赫芬頓郵報》網站。主流記者嚴詞抨擊這種做法，但是赫芬頓和合夥人一路笑進銀行，她二〇一一年將《赫芬頓郵報》賣給AOL，賣得三億一千五百萬美元，個人入袋超過兩千萬。

赫芬頓這個人難以歸類。旁人看不出她有什麼一路走來始終如一的理想、觀點，只看得出一件事：她無從歸類，自成一格。她唯一不變的是：變。

「有可能從亞瑞安娜這個人身上總結出一套理論嗎？」一個作家二〇〇六年評論她的第十一本書時做出這樣的評價，「她的信念到底是什麼？」❼

六十六歲的時候，被擠出AOL權力核心之後，她轉向個人醫療健康領域，創立生活品牌「Thrive Global」，推廣一本新書。

「關於亞瑞安娜這個人，有兩派看法，」她的畢卡索傳記經紀人莫特．贊克洛（Mort Janklow）一九九四年告訴《浮華世界》，「一派認為那些都是刻意的、精算過的，其實她是個冷酷無情之人。另一派認為她的確先說服了自己，把這些想法先推銷給自己。」❽

她的政治生涯為她鋪了一條通往數位媒體的道路❾，媒體再幫助她把事業版圖跨入健康與醫療，而健康事業繼續發展的同時，她開始把目光轉向西岸，看到了矽谷天覆地的改造力量。

二〇一二年第一次見面之後，赫芬頓慢慢跟卡蘭尼克愈走愈近，兩人會在大型會議一起同臺。有一年赫芬頓邀請卡蘭尼克到她家參加耶誕派對，卡蘭尼克帶了父母邦妮和唐納德同行。到二〇一六年赫芬頓就加入了。

與赫芬頓之間的友誼出現於卡蘭尼克私生活的關鍵時刻。二〇一六年底是卡蘭尼克很難熬的時刻，他和交往兩年的女友蓋比．霍茲華絲剛分手。卡蘭尼克工作以外的關係就只有父母和霍茲華絲，如今霍茲華絲卻走了。兩人的感情敵不過卡蘭尼克嚴苛的工作行程。心繫 Uber 的他，清醒的時間幾乎都待在辦公室，霍茲華絲一怒之下跟朋友飛去歐洲幾個星期，卡蘭尼克卻依舊故我，繼續埋首工作。

二〇一六年初，卡蘭尼克決定赫芬頓就是董事人選了，他跑到她在布蘭特伍德（Brentwood）的一樓平房相談。卡蘭尼克在屋子裡踱步，向赫芬頓說明他的想法。未來的 Uber 不會只是運送

---

*保守派的新聞蒐集網站。

人——食物、零售商品、包裹等等，什麼都能運送＊——而他的公司就是在為那個未來打下基礎建設，他已經看到自駕 Uber 巡航於舊金山，一個車隊接著一個車隊。有朝一日甚至會有會飛的 Uber，載運人們劃過天際，從這座城市到另一座城市。四個小時後，他還在邊走邊講。赫芬頓傾心於他的願景、他對 Uber 未來的熱情；卡蘭尼克則是從她身上感受到巨大溫暖，一種近乎母親的感覺，全心鼓勵他追求目標。

兩人邊吃歐姆蛋邊談定合作——歐姆蛋是赫芬頓在廚房做的，卡蘭尼克吃的時候仍舊在屋子裡踱步——亞瑞安娜．赫芬頓將成為 Uber 最新的董事會成員，她會支持卡蘭尼克。

＊什麼都能運送，除了一項：郵件。卡蘭尼克完全不想成為現代版的美國郵政署，在他眼中這是一塊毫無吸引力的市場，他願意把普通郵件的運送讓給亞馬遜，如果貝佐斯想要的話。

第二十四章
別想偷走佩吉的東西

二〇一六年底，蘇珊・佛勒的文章貼出之前幾個月，崔維斯・卡蘭尼克還有另一個問題即將臨頭・舊金山以南六十四公里處，賴利・佩吉很不爽。

安東尼・李文道斯基——佩吉的愛將和金童——二〇一六年一月離職，踏出 Google 大門的時候，打包了一億兩千萬美元的獎金，是他對 Google 自駕車計畫的貢獻所得。佩吉在自駕車投資了八年時間、幾億美元、幾十個員工的時間和資源，李文道斯基卻這樣扔下走人，更可惡的是，Google 員工集體叛逃，投奔他這個任性愛將新成立的自駕車新創，把寶貴的知識和經驗也一併帶走了。

佩吉認為這是他個人的事。他早就不問搜尋引擎業務的日常瑣事，Google 在二〇一五年改變公司結構，成立一家母控股公司 Alphabet，由佩吉擔任執行長。Google 的搜尋業務仍然是印鈔機，每一季進帳幾十億美元，讓 Alphabet 旗下其他公司得以發展多元計畫。

這也讓孤僻的佩吉免於大眾目光追逐。他討厭外界對 Google 執行長的檢視，希望有更多時間追求自己的計畫。自駕車長久以來一直是他個人的目標，而且只是個開端，Kitty Hawk（他個人銀行戶頭資助的副業計畫）正在開發第一款消費性版本的飛行車❶，他希望在有生之年實現兒時夢想的未來。

Google 雖然是第一家投入大量資源和金錢研發自駕車的科技巨頭，但高層承認他們動作緩慢，沒有更積極進行測試，而對手蘋果和特斯拉在這方面早已有所行動。李文道斯基離開後，佩吉對自駕車部門的運作做了改變。自駕車原本隸屬於 X 部門旗下的「登月」（Moonshots）計畫，佩吉將它獨立出來成為一家公司，取名為 Waymo，由 way（方式）和 mobility（移動）組成，取其「一種新的移動方式」之意。❷佩吉請來約翰．克拉夫吉克（John Krafcik）——美國現代汽車（Hyundai Motor America）前總裁——擔任 Waymo 執行長。Waymo 有數年的領先優勢，希望趁著還沒被超越之前好好善用這個領先基礎。

二〇一六年五月，李文道斯基離開 Google 四個月後，宣布自己的新創 Otto 成立；接著八月的時候，就以超過六億美元把新公司賣給 Uber，時間僅僅相隔三個月。佩吉心中的警鈴立刻大作。Google 當時已經在跟李文道斯基進行仲裁，幾個月前才控告他利用 Google 機密的薪酬資料引誘同事跳槽到 Otto❸，現在 Otto 立刻就轉手賣給 Uber，讓佩吉的怒火更旺。他請幾個副手開始蒐證調查李文道斯基在 Google 的工作帳號，以及他當初離職時的情況。[4]看來不太對勁。

佩吉的直覺是對的。查閱了 Google 發給李文道斯基使用的筆電後，調查人員發現，他離職前那幾個星期下載了一萬四千多個跟自駕車有關的機密檔案，直接從 Google 伺服器下載到他的筆電，其中包括 Waymo 獨家的「光達」*電路板設計，這是大多數自駕車必要的關鍵零組件。下載完畢後，他把這九．七 GB 的 Waymo 資料全部複製、轉到他自己的外接硬碟，然後重灌新的作業系統，清除公司筆電的硬碟內容。「李文斯基清除公司筆電後，」Waymo 的律師後來說，「只用了這臺筆電幾分鐘，然後不知為何就再也沒用過了。」

其他跟隨李文道斯基跳到 Otto 的員工也下載了專利資料，包括「機密的供應商名單、製造細節以及含有高端技術資料的工作說明書」。[5]李文道斯基離職的同一時間，他的創業合夥人李歐．朗恩（Lior Ron）曾經在 Google 網頁搜尋幾個有犯罪嫌疑的關鍵字，包括：「如何祕密刪除 mac 電腦裡的檔案」、「如何從我的電腦把 Google 硬碟的檔案永久刪除」。

這些細節罪證確鑿，但要不是 Waymo 的光達零組件廠商犯了個錯，調查人員也無法拼湊出全貌。二〇一七年二月，Uber 收購 Otto 幾個月後，那個光達廠商不小心把 Waymo 一個工程師

---

*光達是「光學測距」的簡稱，是原型自駕車的重要零件，爭相打造自動化車隊的科技公司和汽車公司都很迫切需要。

加進一封 email 收件人群組，而那封 email 剛好附有 Uber 最新光達的零組件設計圖。收到 email 的 Waymo 工程師發現事有蹊蹺，Uber 的光達零組件怎麼看起來很像 Waymo 的翻版。

佩吉一直很信任李文道斯基。多年來，這位 Google 執行長給愛將豐厚薪資，容忍他的違逆，力保他不被想開除他的主管趕走，如今這個愛徒竟然背叛他。

二〇一七年二月二十三日，QEUS 律師事務所（Quinn, Emanuel, Urquhart & Sullivan）代表 Waymo 向加州北區聯邦法院提起告訴，控告 Otto 和 Uber 竊取 Waymo 智慧財產和商業機密、侵犯 Waymo 多項專利，以及這兩家公司共謀犯下詐欺、違法、不公平的商業行為。Waymo 宣稱，這起偷竊讓 Uber 力有未逮的自駕車技術起死回生。

「Otto 和 Uber 偷走 Waymo 的智慧財產，以此免除自行獨立開發的風險、時間、花費，」Waymo 的律師在提告文件中表示，「這起精密計算的偷竊據稱最後讓 Otto 員工入袋五億美元以上，並且讓 Uber 一個停滯不前的計畫重新啟動，而代價全由 Waymo 承擔。」[6]

這是佩吉罕見的激烈手段，是他親自下令提告。在矽谷，企業抄襲競爭對手的頻率之高，可能會讓服裝設計師、汽車製造商等獨創性較高行業的人聞之色變，Facebook 抄襲 Snapchat 的核心功能，蘋果的 App Store 過去六年出現了幾百個 Instagram 複製產品。不過，提起告訴就另當別論了。提告前員工要承擔巨大風險，種種令人尷尬的 email 和文件會在訴訟過程挖出來，求職者也會再三考慮是否要加入一個可能控告自己的公司。

透過這起訴訟，Waymo 不僅是給李文道斯基，也給整個矽谷傳遞出一個訊息：別想偷走賴利・佩吉的東西還能全身而退。

二〇一七年的隆冬裡，傑夫・瓊斯（負責 Uber 公眾形象那位）正要把公司管理高層一個個搖醒：Uber 的問題不在形象上，而是在「崔維斯」身上。

身為共乘總裁，同時也是領導團隊當中唯一有行銷經驗的人，瓊斯把探究 Uber 品牌為什麼討人厭的責任攬了下來。Uber 這麼討人厭是他加入之前始料未及，崔維斯很混蛋他知道，但是沒料到會這麼嚴重，蘇珊・佛勒的貼文又讓情況以等比級數惡化。

Waymo 提起告訴（就在佛勒貼文四天後），引發一個新的大問題：Uber 新任自駕車領導人看起來是個不折不扣的小偷，還可能是個罪犯。這還不是最慘的。三天後，一位即將加入 Uber 的響叮噹人物——負責 Google 搜尋演算法優化的阿密特・辛格（Amit Singhal）——還沒到職就被迫辭職。一個月前卡蘭尼克才宣布辛格即將到任，Uber 員工興奮不已[7]，然而就在 Waymo 提告幾天後，媒體卻踢爆辛格是因為被控性騷擾才被趕出 Google，Google 高層在他離職時隱瞞了這件事（辛格從頭到尾否認指控）。[8]卡蘭尼克聘僱他的時候並不知情，對 Uber 來說，時間點真是糟到不能再糟。

但是瓊斯想要看到更多數據。他一進 Uber 就跟卡蘭尼克說過，他想委外調查同一批民眾分別對 Uber 和**卡蘭尼克**的觀感。這家公司並沒有這方面的數據，瓊斯想看看民眾怎麼說。

幾個月後，數據出爐了。瓊斯把領導團隊找來，一起到外地進行兩天的領導會議，他要求卡蘭尼克不要參加，他希望單獨跟領導團隊逐一檢視這份數據，不要有大老闆在旁邊，也希望卡蘭尼克尊重他的做法。卡蘭尼克大為光火，但是瓊斯很堅決，最後卡蘭尼克讓步。

二月底，這群人（Uber 各部門十幾位高管）齊聚舊金山市中心的艾美酒店（Le Méridien），一間位於金融區貝特利街（Battery Street）的飯店，共同討論這份調查結果。瓊斯訂了一間會議室，還準備了 PowerPoint 簡報，方便領導團隊了解數據內容。

調查結果很清楚：民眾喜歡 Uber 這項服務，但是一提到崔維斯．卡蘭尼克就反感。卡蘭尼克的負面形象拖累了 Uber 這個品牌。

那天稍後，瓊斯收到卡蘭尼克的簡訊，這位執行長要過來參加會議。卡蘭尼克不喜歡手下所有高管齊聚討論他公司的未來，自己卻被排除在外。他一踏進坐滿手下高管的飯店會議室，就看到牆上貼滿了圖表、調查和研究報告，會議室中央有一大張紙，上面寫了一個句子，這群高管把他們認為外界對 Uber 的觀感，用黑色筆大大寫下來：一群年輕兄弟惡霸取得難以想像的成功。這點很難反駁。

雖然很難反駁，但卡蘭尼克還是立刻開始反駁瓊斯的調查結果，駁斥牆上那些數據。

「不對不對，」卡蘭尼克說，「我不相信，我不認同。」

他的副手們個個目瞪口呆，都已經走到Uber有史以來最危急的地步了，卡蘭尼克還不願認同牆上的數字。司機產品開發部門的領導人艾朗・修克勞特跳出來替瓊斯和這些數據辯護，另外兩位備受敬重的領導人——丹尼爾・葛拉夫（Daniel Graf）和芮秋・霍特（Rachel Holt）——也聲援他。卡蘭尼克當時對瓊斯很感冒，但是他很敬重葛拉夫和修克勞特，而霍特從Uber早期就一直跟著他，這三個人都贊同調查結果，如果有人可以讓他願意聆聽，就是這三個人。

爭論被打斷了。公關長瑞秋・魏絲通有來電，她走到外面的走廊接聽。幾分鐘後，魏絲通招手示意副手吉兒・海瑟貝克也到走廊去。有不好的事情發生了，但是在場的高管沒有人知道是多麼不好。

幾分鐘後，瓊斯也到走廊加入兩位公關主管，卡蘭尼克隨後也跟去。魏絲通從會議室拿了臺筆電，放在他們幾個人面前的椅子上，然後打開彭博新聞（Bloomberg News）網站，上面剛登出一則跟卡蘭尼克有關的報導，文章最上方有段影片。[4]

四個高管圍在筆電前，卡蘭尼克跪在椅子前的地上，幾個人看著顆粒很粗的行車記錄器影像開始播放。影片內容是一輛Uber車內，有一個司機和後座三名乘客，其中兩個乘客是女性，另一個乘客是崔維斯・卡蘭尼克，坐在兩女中間。

這段短片一開始沒什麼，微小的聲音訊號捕捉到三人的談笑片段，從那副輕浮蠢樣看得出來，三人玩了一晚微醉搭車回家。電臺傳出魔力紅（Maroon 5）的歌曲時，卡蘭尼克開始前後晃動雙肩，隨著節奏搖擺。看著影像中的老闆，在場有人腦袋只浮現兩個字：噁男。

卡蘭尼克和朋友到達目的地，車子停下，這時司機開啟對話，表明他知道卡蘭尼克是誰。接著影片就急轉直下。司機法齊・卡莫（Fawzi Kamel）質問卡蘭尼克 Uber 降價的事，表示這對司機造成沉重打擊。卡莫告訴他：「因為你，我損失了九萬七千美元，因為你，我破產了。你每天都在變。」

「等等！」卡蘭尼克打斷他，兩人對話開始激烈起來，「我變了 Uber Black＊什麼？」

「你把每一種都降價！」卡莫回擊。

「鬼扯。你知道嗎？」卡蘭尼克說，一面移動身子要下車，「有些人就是不喜歡為自己拉的屎負責！」他喊道，對著卡莫的抗議喊，對著卡莫的臉喊。

卡蘭尼克說完，伸出一根手指戳向空中。「他們把自己人生**每一件事**都怪到別人頭上，我只能祝這些人好運。」他一面回敬，一面在吼叫的卡莫面前下車，從畫面消失，幾秒後影片結束。有人闔上筆電。

已經跪在地上的卡蘭尼克——週二上午在艾美酒店那個凡人卡蘭尼克——開始對副手們喃喃自語：「糟糕，這太糟糕了。」⑩接著往前倒在地上打滾大叫：「我到底怎麼了？」

現場沒有任何高管知道該怎麼辦。看到卡蘭尼克在地上扭動，他們內心很難受。卡蘭尼克打電話給他覺得唯一能求助的人：亞瑞安娜・赫芬頓。「亞瑞安娜，我們需要幫助，」他對著手機喊，「這次要怎麼脫身？太糟糕了，我完蛋了。」赫芬頓對著電話輕聲說些老生常談的話，試圖安撫近乎發狂的卡蘭尼克。

瓊斯想給點安慰，提議找擅長處理危機的公關公司*，請他們幫忙擬定策略，看看接下來如何讓 Uber 免於繼續失控下墜。

「崔維斯，可以找專家幫忙我們。」瓊斯說。

魏絲通不以為然：「你找不到比我和吉兒更好的專家了。」她認為 Uber 的公關主管還是能把他從這場災難拉出來。

卡蘭尼克突然大爆氣，把怒火全發向魏絲通和海瑟貝克：「都是你們兩個不夠有謀略、不夠有創意，我們才擺脫不了。」卡蘭尼克的罵聲飄蕩在空中，全場一片靜默。魏絲通和海瑟貝克受

＊ Uber Black 是 Uber 的高級車服務，臺灣稱為「尊榮優步」。

＊這群人有打了通電話給史蒂夫・魯賓斯坦（Steve Rubenstein），一位專門處理危機的公關專家，他固定替媒體大亨梅鐸（Murdoch）家族服務。魯賓斯坦最後決定不接卡蘭尼克這個客戶，只是一個月後他會跟卡蘭尼克再次有交集。不過，魯賓斯坦還是給了兩個忠告：首先，卡蘭尼克必須「找到他的雪柔」，他指的是馬克・祖克柏身邊的雪柔・桑德伯格，當時外界普遍認為桑德伯格彌補了祖克柏在領導方面的不足；第二，他說卡蘭尼克必須休個長假：「你如果不是射到自己的腳，就是最後被媒體射到頭。」

夠了，兩人站起身，收拾物品，走了出去。

卡蘭尼克很快就意識到自己錯了，他把試圖保護他免於被媒體五馬分屍的人氣走了。他趕緊在飯店走廊上狂追他的公關高管，想說服她們留下來，海瑟貝克轉身槓上他。

「你怎麼敢說這種話！」她怒吼，離卡蘭尼克的臉只有幾英吋，其他人驚嚇地看著，「我替你和這家公司赴湯蹈火！這一切都是你自己造成的！*」

一行人離開飯店，天色漸晚，卡蘭尼克終於說服魏絲通和海瑟貝克不要辭職。一半的人回到海瑟貝克家，距離舊金山牛谷區（Cow Hollow district）二十分鐘 Uber 車程。海瑟貝克替大家叫了外賣。

坐在海瑟貝克的客廳沙發上，Uber 高管們共享披薩和啤酒，考慮眼前的選項。卡蘭尼克則在海瑟貝克的地毯上繼續他戲劇性的打滾，不斷重複同樣的話，一再重複：「我是爛人。我是爛人。我是爛人。」

魏絲通試圖安慰他，不是很真心：「你不是爛人，但你確實做了爛事。」

那天最後，魏絲通、海瑟貝克、卡蘭尼克敲定一份給記者的聲明。這時，那段影片已經到處瘋傳，媒體和大眾已經氣炸：這就是證據，卡蘭尼克根本不在乎司機，他像個渣男到處跑趴，他其實就是個王八蛋。

那晚稍後，卡蘭尼克給員工寫了一封道歉信，隔天早上貼到公司的公開部落格。

相信你們已經看過我對一位 Uber 司機有失尊重的影片，「羞愧」兩個字不足以表達我的心情。身為你們的領導人，我的責任是領導……首先我的行為應該讓大家引以為榮才對，但我沒有做到，再多的解釋都不足以被原諒。

很明顯，這段影片映照出真正的我，各界的批評嚴厲點醒了我這個領導人必須徹底改變，必須長大。這是我第一次願意承認我需要領導方面的協助，我也打算去尋求協助。

我要向法齊深深致歉，以及所有司機和乘客，還有 Uber 全部團隊。⓫

——崔維斯

＊根據目擊這場衝突的人描述，海瑟貝克在這場言詞交鋒中還用了更粗俗的字眼。

第二十五章
灰球

蘇珊．佛勒的貼文在矽谷和全球報紙頭版炸開後，過了一個星期，我接到一通電話，是一個不認識的號碼打來的。

「喂，是麥克嗎？麥克．伊薩克（Mike Isaac）？」電話那頭一個聲音傳來，「你好，麥克，我是鮑伯（Bob）❶，在 Uber 工作。我們能私下聊聊嗎？」

幾天前，《紐約時報》頭版刊出我寫的報導〈深入 Uber 激進放縱的職場文化〉，我訪談了三十多位 Uber 現任與離職員工，詳述這家公司的日常。❷自從二〇一四年進入《紐約時報》，我已經寫了幾十篇有關 Uber 的報導，但是佛勒的貼文不能等量齊觀。

對於科技圈每個閃躲上司挑逗、忍受 Slack ＊上不當言論的女性，對於每個看到創投資金選擇點子較差的男創辦人、捨棄較優的女性主導新創的女創辦人，佛勒那篇貼文完美闡述了科技烏托邦者大肆吹捧的「用人唯才」制度所內建的性騷擾、偏見、濫權。

佛勒並不知道，她的貼文開了第一槍，會在二〇一七年稍後演變成一場運動。那年秋天，《紐約時報》和《紐約客》將會刊出石破天驚的調查報告，追究好萊塢超級製片哈維·溫斯坦（Harvey Weinstein）有系統且大範圍的性騷擾行為，最後導致他上法庭並激起 #MeToo 運動。佛勒的貼文傳開後，我加入了記者之間的爭奪戰，爭先報導 Uber 內部的混亂和無法無天。

鮑伯告訴我，他很欣賞我的報導，我比佛勒更詳盡揭露了 Uber 在拉斯維加斯的[x] X 狂歡、Uber 員工對公司提出的多起訴訟、猖狂的吸毒和性騷擾。「那是我看過最精準捕捉 Uber 內部的報導。」他說。

「但是你只搔到表面。你知道什麼是『灰球』嗎？」鮑伯問道。我不知道。

他建議當面聊聊。

週二晚上八點，帕羅奧圖這家好像快倒的披薩店停車場空蕩蕩。這個地方凌亂不堪，供應油

＊專為團隊溝通打造的軟體平台。

膩膩的披薩和沒氣的汽水，但這正是重點所在，鮑伯不想被人看到跟我在一起，在這麼不像樣的小館子絕對不會碰到 Uber 其他工程師。

下車前，我把鮑伯交代的注意事項再看一遍。離家前先刪除我的 Uber app，檢查 app 的子選單設定，把我的聯絡人資料從 Uber 伺服器全數刪除。Uber 有個功能，會請求用戶上傳電話簿到雲端，如果是朋友或同事一起搭車，這個功能就能讓他們快速分拆車資，對大多數用戶是很棒又方便的功能，但是對我和鮑伯卻是個負擔，要是 Uber 的資安團隊想查的話，他們就能暗中監視我搭過的 Uber、我的聯絡人和線人的名字和電話號碼（凡是我自願交給 Uber 的資料都能監控），所以我最好把 Uber 整個從手機刪除。還有，手機要關掉，留在車子裡，除了筆和筆記本，什麼都不能帶，我到了他自然會找到我。

這個地方髒兮兮，感覺老舊，塑膠雅座破爛，撞球臺上方吊著半明半暗的百威啤酒（Budweiser）吊燈。我給我們兩人點了一個披薩，坐進一個破破舊舊的雅座，等待鮑伯出現。除了我，店裡只有兩個年輕人在打撞球，櫃檯後方有個收銀員，還有另一個人在後頭做披薩。

鮑伯走進來的時候，神色很緊張，頭戴棒球帽，手上拿著一個塞滿文件鼓鼓的資料夾。他不習慣跟記者碰面，更何況這要承擔很大的風險，要是卡蘭尼克發現他在幹什麼，Uber 的律師有可能把他的生活搞得天翻地覆，所以我很感謝他不畏後果跟我見面。我揮手招他過來，盡可能讓自己看起來無害，我做記者的訣竅就是裝傻和友善，這兩者永遠比急切和催促更可親。

喝著沁出水珠的冰涼百事可樂，吃著一片片義大利辣味香腸披薩，我和鮑伯一一檢視整個資料夾的文件，都是Uber各個不同計畫案的資料。其中一份是一個Uber地方總經理寄給司機的email，內容是躲避警察查緝的方式：

——不要把Uber手機放在擋風玻璃處，放到下面的杯架上。❸

——詢問乘客是否願意坐前座。

——利用機場航廈最遠的臨停車道上下乘客。

切記，如果在機場接送Uber乘客被開罰單，Uber會補償罰單損失，並提供必要的法律協助。把你的罰單拍照，寄到XXXXXXXXX@uber.com。

謝謝，祝你有美好的一天！❹

這封email口氣友善，但是足以證明Uber有系統地教司機躲避查緝。

吃完披薩後，鮑伯從後背包拿出一臺筆電，打開網路瀏覽器，輸入一個網址，網頁上出現一支三年前的YouTube影片，是波特蘭當地報紙《奧勒岡人》（*Oregonian*）所發布的。影片裡，一個交通官員艾瑞克．英格蘭德想要叫車，他正在「釣魚」查緝非法營運的Uber。影片中的英格蘭德叫不到Uber，他說有兩個司機原本答應接他，但一下就突然取消，他不知道是哪裡有問題，「大概是很多人叫車。」他說，聳聳肩不以為意。接下來他的 app 顯示附近完全沒有 Uber，最後他放棄。[5]

「這不是偶發事件，」鮑伯說，「這是因為灰球。」

灰球（Uber 用於系統化欺騙、躲避執法當局的軟體工具）最早出現於費城，Uber 最難打進的市場之一。二〇一四年秋天，Uber 要在費城推出 UberX，費城停車管理局（PPA）向司機發出一封強硬簡訊。「如果我們發現私人汽車做 UberX 使用，我們**會**直接從路上把車子吊走，扣押車子。」PPA 一位官員當時說。[6] PPA 開始到 Uber 開假帳號，進行釣魚查緝，只要 Uber 司機上勾，PPA 官員就會查扣他們的車子，開出幾千美元罰單。這招很有效，民眾太害怕，不敢替 Uber 開車。

Uber 的費城經理們慌了。要是警察持續扣押車子，該如何說服民眾願意替他們開車？鮑伯給我看 Uber 費城經理發給所有司機的簡訊，一再保證 Uber 會做司機的靠山：

> UBERX：溫馨提醒：如果您被 PPA 開罰單，請來電 XXX-XXX-XXXX。只要您在路上開 Uber，不管任何時候，我們百分之百做您的靠山，我們隨時在這裡守候，一定會讓您安全回家，所有衍生的費用都由我們負擔。謝謝您努力為費城市民提供安全可靠的乘車服務。Uber，前進！[7]

費城營運團隊把壓力丟回總部，要求工程師想想辦法。全國各地的團隊也開始碰到同樣難題，舊金山總部的壓力愈來愈大。總部的營運和工程部門想知道費城對 UberX 車輛的相關法律究竟是什麼，法律總顧問劉莎莉領軍的法務部門回覆說，那是一個灰色地帶，叫車服務並沒有特定的法律規範，所以理論上來說，Uber 可以辯稱替一家叫車服務公司開車並不違法。

「灰色地帶」四個字聽在崔維斯．卡蘭尼克耳裡再悅耳不過。打假團隊一個天才工程師昆汀，想出一個點子——昆汀的團隊處理過中國的大規模詐騙，也替卡蘭尼克做過善後工作，協助他向蘋果的埃迪．克尤解釋 Uber 為什麼破壞 App Store 規則。昆汀解釋說，乘客打開 app 的時候，有個工具可以決定這個乘客在 Uber 地圖上能看到哪些車子。這個功能有很多用途。如果 Uber 要做促銷宣傳，譬如很受歡迎的「隨需冰淇淋車」，這個功能就能讓乘客只看到附近有運送冰淇淋的 Uber，把路上其他 Uber 隱藏起來。這個工具稱為「灰球」，取其騙過乘客之意——形同把乘客的眼球「塗灰」——將特定車輛隱藏或凸顯出來。

這些工程師心想：要是把警察或停車執法官員的眼球「塗灰」，讓他們無法從手中的 app 看到路上的 UberX 呢？執法當局就搞不清楚哪些車子是 Uber，司機就不會被扣押車子，乘客也能繼續搭車。每個人都是贏家，除了費城停車管理局。

最大的問題是要找出誰是執法人員，才能知道要給哪些人「塗灰」，鮑伯向我解釋。要是找錯對象，最後可能落得欺騙消費者、害消費者搭不到車的罵名。

於是，Uber 的工程師、打假團隊成員、外勤人員想出十幾種找出執法人員的方法。其中一個是利用「地理圍籬」，也就是在警察局周圍畫出一個數位半徑，然後城市經理密切觀察那個半徑範圍內有哪些消費者快速開開關關 Uber app——工程師把這個舉動稱為 eyeballing（眼球緊盯），就是執法人員在尋找 Uber 司機的意思。[8]另外，城市經理也會檢視新帳號的資料細節，譬如信用卡、電話號碼、住址等個資，檢查這些資料是否跟警察互助會或其他明顯相關的組織有關。經理確定找到警察或停車執法人員之後，只要加進一小段程式碼——Greyball 這個字和一串數字——就能讓那個帳號看不到 Uber 的蹤跡。這招非常有效，費城停車管理局從來沒發現，車子被扣押的比例也直線下滑。

昆汀的打假團隊製作了一份新的教戰手冊，教城市經理如何使用灰球，這份手冊稱為「違反服務條款」（Violation of Terms of Service），簡稱 VTOS，他們宣稱執法當局利用 Uber app 釣魚叫車是違反 Uber 的服務條款，所以 Uber 有權部署灰球。任何員工都能在 Uber 內部一個類似維基百科的資料目錄找到這份手冊，上面還有另外幾十份教戰手冊，是為其他任務所製作。

Uber 幾乎每進軍一個市場都遭到反對，顯得 VTOS 教戰手冊和灰球就像一場及時雨。以南韓為例，警方以獎金鼓勵市民檢舉 Uber，猶他州也有類似的檢舉做法。灰球被迅速廣泛使用於各個城市，打假團隊甚至得召開一場高峰會來解釋最佳的使用方法——高峰會有來自十幾個國家的 Uber 總經理參加。

鮑伯在披薩店向我解釋灰球時，開始放鬆下來。他說，保密了這麼久，終於有機會說出來，他有解脫的感覺。灰球很可能違法，Uber 這麼做有妨礙司法之虞。

「我不知道你打算怎麼處理這些東西，」他告訴我，一面推開空紙盤好放下他的文件，「我也不知道。只是跟你見見面，現在這樣說一說，不管這算什麼，我都覺得好一點了。」

「也許這場見面會改變某些事情。」他說。

互道再見後，我離開披薩店，走回我的車子，思緒仍不停在腦中打轉。幾個月後，鮑伯打給我的電話號碼已經打不通，那次是我第一次也是最後一次見到他。

三月三日早上，《紐約時報》向手機訂戶發出一個推播通知：「Uber 多年來在限制或禁止營運的地方以 app 偷偷辨識、規避執法人員」。[9]

反彈來得很快，全美各地檢察長開始詢問 Uber 有沒有在他們的城市使用灰球。報導過了幾天，Uber 資安長喬・蘇利文禁止同仁今後使用灰球鎖定執法當局，並表示 Uber 正在回溯檢討過去使用灰球的情形。[10]美國司法部也展開調查，追究 Uber 對灰球的使用以及是否有違法問題[11]，調查範圍擴大到費城、波特蘭以及其他曾使用的城市。[12]Uber 本來就有不合作、挑釁躁進的名聲在外，現在更被視為潛在罪犯。

顧客流失率開始攀升，員工不再在公共場合穿著有 Uber 商標的 T 恤。兩個月前的川普委員會事件期間，有抗議者把雙手反拷來到 Uber 總部大門前，現在幾乎每週都有示威者在大門外。公司的名聲爛透了，員工不再到公司上班，有一次，辦公室兩個僅存的政策團隊同仁，在水泥走廊的一端放一顆球讓它往前滾動——從一端到另一端總共有幾千英尺長——想看看是不是有人會注意到。

沒有人，辦公室根本空無一人。

經過艾美酒店事件、崔維斯斥責司機的影片，再到現在引起聯邦調查的灰球，傑夫．瓊斯決定不幹了，他必須速速離開。

他之所以被聘請來這裡，就是為了修補 Uber 和幾十萬名司機的破碎關係，但光是那段司機影片就足以讓他的努力化為烏有。二〇一五年 Uber 調降費率的時候，卡蘭尼克非但不擔心收入減少對司機的衝擊，反而樂歪了，對他來說車資降低代表市場需求會上升，會再次引爆成長，而成長才是他的第一優先，不是司機。

對卡蘭尼克來說，司機必須開更多趟、載更多客才能賺到同樣金額（基本上等於工作量加倍），不關他的事。司機必須大老遠通勤到舊金山這種繁忙城市載客（通常得從兩小時車程遠的地方過來，有些甚至是六小時車程以外的地方），晚上就停在路邊或空盪盪的停車場在車上過夜，只為了能每小時多載幾趟，這不關他的事。司機在舊金山沒有足夠的公共廁所可用，逼得他們要去找咖啡店廁所，更常見的是就地解決，這也不關他的事。司機日夜輪班，工作超過負荷，睡眠不足，當然也不關他的事。

卡蘭尼克對司機和他們的帳單無感（帳單包括車輛磨損、醫療保險等等），把他們全都歸類為一〇九九自僱勞工。Uber 整個盈利模式的基礎就是把它對司機的責任減少到最低。

司機的確有找到反擊的方式：他們組成非正式工會，透過 UberPeople.net 之類的論壇集結、分享資訊，並且組織罷工等抗議行動。哈利．坎伯（Harry Campbell）是航太工程師，兼職開 Uber 和 Lyft，他開了一個個人部落格，記錄一些竅門和觀察，他取名為「共乘人」（The Rideshare Guy）。[13]司機迫切需要 Uber 提供更多幫助和支援，然而他們只能互相取暖。

頂頭上司就是卡蘭尼克的傑夫．瓊斯，也無力幫他們。調查了過去半年的失事殘骸之後，瓊斯決定拉開降落傘逃生。二〇一七年三月十九日，Recode 新聞網站刊出一篇文章，報導 Uber 共乘總裁傑夫．瓊斯辭職，根據消息來源，他離職的主因是一連串困擾公司的爭議。[14]

卡蘭尼克決定在媒體上反擊。他要公關人員洩露一份備忘錄給 Recode，卡蘭尼克在備忘錄中說，瓊斯是因為營運長候選人沒有他的份才走的。不過瓊斯不願乖乖被前老闆羞辱，他傳給Recode一份公開聲明，直接把自己的離職原因歸咎於Uber的領導文化：

我加入Uber，是因為Uber的使命和挑戰：要建立起能讓這家公司成熟、永續繁榮的全球性能力。

然而很顯然地，過去一路帶領我的領導信念和方法，都跟我在Uber看到的、經歷的格格不入，我無法再繼續擔任共乘業務的總裁職務。

這家公司有成千上萬很棒的人，我衷心祝福每一個人。

在講究字斟句酌的企業新聞稿世界，瓊斯這份聲明給卡蘭尼克賞了兩個巴掌。

瓊斯的進擊有了好結果。休息一段時間後，他獲聘於稅務服務巨擘H&R Block，擔任總裁兼執行長。他搬到密蘇里州堪薩斯市，H&R Block的總部所在地，現在仍跟太太住在那裡。

這個三月對Uber不好過，但是最難過的日子還在後頭。

也是二〇一七年三月，蓋比．霍茲華絲還在努力忘掉前男友崔維斯．卡蘭尼克。她已經到一家汽車新創展開新工作（她跟卡蘭尼克分手後第一份全職工作），卻在這時接到埃米爾．邁克的電話。

⊛⊛⊛

霍茲華絲跟卡蘭尼克交往了將近三年，兩人在二〇一六年底分手。這場分手讓兩人都很難受，朋友和同事都認為他們真心在乎對方。卡蘭尼克名聲竄起後，兩人漸漸成為彼此的支柱，卡蘭尼克不工作的時候，幾乎都跟霍茲華絲在一起。

但是這段關係還是有一方比較辛苦。霍茲華絲後來回想跟卡蘭尼克在一起的時光，她後來告訴記者，她發現他有時是個情感漠然的人。他從不大吼大叫，但深知如何殘忍傷人，在公司霸凌貶低員工，在家則是對霍茲華絲如法炮製。在他要求下，霍茲華絲會幫他籌辦生日派對之類的活動，請模特兒飛過來同樂，把她們當成美麗布景。霍茲華絲當時順著卡蘭尼克的意，但回想起來，她覺得自己很可悲，對於卡蘭尼克對待她和其他女人的方式感到可悲。

「你去到一個活動，就會看到他們找了一群模特兒飛過來，」她後來說，「他們就喜歡玩這套，差不多都是這樣玩。」[15]

不過，有某一晚的情景多年後還會跳出她的腦海。二〇一四年中，霍茲華絲跟卡蘭尼克一起到首爾出差，Uber 要在那裡推出 UberX，但是遇到首爾官方不少阻礙。有一晚，卡蘭尼克、霍茲華絲、埃米爾．邁克、另一位 Uber 女員工等一群人，跟幾個 Uber 南韓經理出去喝酒。一行人愈玩愈瘋狂，最後來到一個他們認為只是「普通」的卡拉 OK 酒吧。

這群從 Uber 來的人跟跟蹌蹌走進去，就看到另一群在那裡上班的女人在客人面前圍坐成一圈，每個女人的迷你裙都別著一個「號碼牌」，男客人可以大剌剌檢查這群女人，上下打量，然後挑個號碼，被挑中的女人就跟著男客人到另一個房間唱卡拉 OK 或伺候客人喝酒，甚至幾輪卡拉 OK 過後跟客人回家。

一行人至少有幾個馬上就猜到這些酒吧女人是陪酒小姐。霍茲華絲和那位 Uber 女員工很不舒服，但為了不讓場面難堪，也就順其發展。有四個 Uber 南韓男經理挑了女人一起去唱卡拉 OK，幾分鐘後，那位 Uber 女員工離開，看得出來嚇慘了。唱了一兩輪卡拉 OK 之後——邁克唱了《我可愛的孩子》（*Sweet Child O' Mine*）——霍茲華絲、卡蘭尼克和其他幾個人也離開，留下 Uber 當地經理和陪他們喝酒的小姐。

根據各方說法，卡蘭尼克、邁克等人只在酒吧裡一個開放房間唱唱歌，向服務生點酒喝，但是這一晚將會讓他們深陷麻煩。卡蘭尼克和邁克看到屬下尋花問柳顯然不以為意。幾個月後，那位女員工向 HR 投訴，後來還跟卡蘭尼克說她當時很不舒服。HR 毫無作為，只向高管們簡單提起，似乎大家都選擇遺忘這整件事。

霍茲華絲原本也沒打算向任何人提起，直到她接到埃米爾．邁克的電話。

三月一日，邁克突然傳簡訊給她，她自從二〇一六年底跟卡蘭尼克分手就沒跟邁克說過話。邁克問能不能打電話給她，她同意。

一開始兩人先小聊了一下，霍茲華絲跟他並不親近，雖然常常跟他和他女友一起玩，但那是因為他是卡蘭尼克的搭擋。「這裡真的很不好過。」邁克說。兩人對Uber最近發生的事都很清楚。接著邁克切入重點。

「你記得南韓那個晚上嗎？」邁克問道，「是這樣的，有記者在到處挖，想爆料。我只是想跟你回憶一下事情的經過。我們只是去了一家卡拉OK酒吧，只有這樣對吧？」

霍茲華絲愈聽愈生氣，邁克一副流氓口吻，就像黑幫老大的軍師要來擺平麻煩事，然後對外說他只是好意提醒這件事會上報。

「可以放過我嗎？」霍茲華絲說。她一直在努力讓生活往前走，無奈一打開網站報紙就看到前男友的臉孔，現在邁克又一副惡霸模樣跑回來闖進她的生活，霸凌她。

他不肯放手，繼續逼她。他堅持那晚他們只去了卡拉OK酒吧，「對吧，」他問，「就這樣而已，對吧？」

霍茲華絲開始哭。「我自己還有一堆鳥事要面對！」她抽抽噎噎對著iPhone說，「求求你，放過我好不好！」

最後霍茲華絲同意保持緘默，如果有記者打電話來也離得遠遠的。談話最後，邁可裝出支持她的模樣，試圖給電話這頭邊哭邊吸鼻子的她留下一個貼心友人的好印象，「希望你沒事。」邁克說。

「謝謝，保重。」霍茲華絲回應。兩人互道再見，掛斷電話。

掛斷電話後，霍茲華絲大哭起來。這段失敗戀情的種種——卡蘭尼克怎麼對待她、跟他在一起好像在貶低自己的感覺——全都湧上心頭，她後來這麼告訴別人。

不久之後，她打電話給瑞秋．魏絲通（卡蘭尼克的公關長），完全陷入抓狂狀態。她把南韓事件、邁克聯絡她的事告訴魏絲通，一五一十都說了。魏絲通大吃一驚，連忙向她一再道歉，還問了幾個問題，試圖安慰她，然後兩人掛斷電話。

魏絲通召集領導團隊其他高管，包括劉莎莉（法律總顧問）、莉恩．霍恩希（人資長）、亞瑞安娜．赫芬頓（她在處理停損方面扮演愈來愈吃重的角色），商討如何處理這件事，並且祈禱這件事不會走漏出去。這幾個人對埃米爾．邁克氣死了，他做了又蠢又魯莽的事，活脫脫就是《教父》（*The Godfather*）的情節。

邁克想必意識到自己犯錯了。那幾位高管開會後隔天，霍茲華絲開始收到邁克的簡訊，顯然是想替自己擦屁股。他的簡訊寫著：

很抱歉前幾天在電話中對你很冷漠。[16]當時我超級恐慌，我應該先問候你，先了解你的情況的。我很關心你，把你當做朋友，我們一起度過了很美好的時光，希望你相信我，我很希望以後能跟你見見面。

邁克還派出其他女性幫他。他要女友發簡訊給霍茲華絲，後來有另一個 Uber 女同事發簡訊問霍茲華絲好不好，同一天稍後還有另一個女性（邁克的朋友）聯絡霍茲華絲，邀請她參加一場生日派對。

霍茲華絲很難過、混亂、害怕，但更多的是生氣，氣埃米爾．邁克害她陷入這種處境。她後來告訴記者，她不想被封口。邁克是個惡霸，就是個不折不扣的惡霸，他自以為能霸凌她，就像 Uber 霸凌阻礙公司前進的人一樣。

霍茲華絲想起她最早期做過的一份工作，她曾經在 The Information 成立派對上表演小提琴，The Information 是幾年前成立的科技新聞新創，那個網站曾經積極報導過 Uber，她覺得那裡某個人很有親切感。

她手裡還留著那個記者的手機號碼。[17]

第二十六章 致命失誤

從二〇一七年一月的 #DeleteUber 開始，接著是佛勒的部落格貼文、彭博新聞的影片、川普委員會風波和灰球內幕，卡蘭尼克的名聲一路直直落。

南韓卡拉 OK 事件坐實了大眾的猜測：崔維斯對 Uber 有毒的文化視而不見，這種文化一路蔓延到公司最上層。艾德．貝克和阿密特．辛格兩位高管已經完蛋，傑夫．瓊斯在負面新聞狂轟之下走人，卡蘭尼克的左右手和親信埃米爾．邁克看起來也岌岌可危。除了這些，還有一股風雨欲來的陰影籠罩在上方：還沒提交董事會的侯德報告。在 Uber 總部，侯德報告蒙上一股神話氣息，彷彿企業版的「達魔克里斯之劍」（sword of Damocles）＊，隨時準備落下。累積了八年的所作所為要調查，誰知道侯德還會挖出什麼呢？

卡蘭尼克更慘，董事會對他施壓，要求他開除安東尼．李文道斯基。到三月下旬的時候，李文道斯基身上的爛汙已經讓他變成一個大包袱。

李文道斯基二〇一六年十二月在舊金山推出自駕車測試方案，沒有取得許可，也不把加州當局事先做出的違法宣告當一回事。[1]測試方案一推出就出亂子。其中一輛測試車在光天化日之下闖紅燈，被一旁車輛的行車記錄器拍下，影片在網路瘋傳，Uber 發出聲明：「這起意外是人為過失所導致。那輛車並不是測試車，也沒有載客，車上駕駛已經被停職靜待調查。這就是我們堅信自駕車 Uber 會讓道路更安全的原因。」[2]

但是《紐約時報》幾個月後刊出一則報導，引用 Uber 內部文件為證據，宣稱 Uber 的說法造假[3]，闖紅燈是自駕軟體造成，不是駕駛，Uber 公然為它在家鄉違法進行的測試方案欺騙記者。

李文道斯基做了一件事，讓外界覺得 Uber 似乎還另有隱情：他拒絕配合 Waymo 提起的民事訴訟。三月底的時候，他搬出憲法第五條修正案，在政府有可能另以刑事起訴他的情況下，他有權不出庭「自證己罪」。

卡蘭尼克知道他必須開除李文道斯基，但他下不了手。李文道斯基跟他一樣是天生有魅力的人，充滿領袖魅力和表演能力，兩人沿著內河碼頭（Embarcadero）的長長散步、持續不斷的激

＊達魔克里斯之劍典出希臘傳說，意指隨時會降臨的災禍。

盪討論、「同父異母兄弟」的熟悉感，這些都令卡蘭尼克欣喜萬分。兩人也都夢想一個完全自動化的未來，用一套軟體程式駕馭一整個自動化車隊，取代幾百萬個駕駛。雖然下不了手，卡蘭尼克還是得有所動作。為了改善外界觀感，他們想出一連串內部降職做法，宣稱李文道斯基仍會繼續做自駕車但排除於光達的討論之外——光達就是 Waymo 訴訟最關鍵的核心技術。這種可笑的操作騙不了人，眾人皆知李文道斯基仍然在背後主導。

卡蘭尼克做不出當面開除人的動作，即使他很心痛知道，像李文道斯基這事只有他能砍下這把大刀。最後是比爾．格利和大衛．邦德曼兩位董事施壓，卡蘭尼克才不得不開鍘。二〇一七年春末，安東尼．李文道斯基猛然遭到解聘[4]，卡蘭尼克很難過失去一個親密戰友和朋友，但公司上上下下可沒有任何人難過。

幾個星期後，法官威廉．艾索普（William Alsup）——Waymo 控告 Uber 和李文道斯基的民事訴訟主審法官——將此案移交給舊金山的聯邦檢察官去「調查可能的商業機密盜竊」[5]，要是最後決定追究，就可能對李文道斯基提起刑事起訴，他甚至可能面臨真正難熬的牢獄之災。

「Uber 很後悔將安東尼．李文道斯基帶進公司，」Uber 一位律師後來在 Waymo 的訴訟審理時告訴陪審團，「Uber 從他身上什麼都沒得到，只有惹上這起官司。」

二〇一七年第一季每遭受一起災難重創，Uber 公關團隊就急忙修補受損。有人形容這是行走於地雷區，每踏出一步就離下一次爆炸更近一步。

公開透明是其中一個修補招數。南韓事件浮出水面後，過了幾天，Uber 馬上公布有史以來第一份多元性報告，詳述員工的性別與族裔分布。新任人資長莉恩．霍恩希——二月醜聞爆發前幾個星期才剛上任——接受媒體採訪談到報告內容時，表達懊悔之意。❻她試圖軟化卡蘭尼克稜角強硬的形象，承認 Uber 雖然還有很多努力空間，但很願意持續進行內部改造。

霍恩希的訪談似乎暫時壓下大眾的怒吼，亞瑞安娜．赫芬頓也出面緩頰，表示這家公司不會再聘僱「聰明的混蛋」。在這波品牌復健運動中，赫芬頓開始擔起更重要的領導角色。她意識到權力出現真空，不僅公司領導陷入危機，卡蘭尼克個人也陷入無法信任身邊人的危機。沒錯，她挺身而出是基於她是股東，事關她個人利益，但也因為在危機時刻導正這艘船可取得一種特殊的地位和權力，畢竟 Uber 可是一艘價值六百九十億美元的鐵達尼號。

多元性報告和霍恩希的訪談在三月底，大眾怒火只平息了兩個多星期，接著又有一顆炸彈爆炸。

這個時候，Uber 和 Lyft 是死對頭已經是眾所皆知的事，卡蘭尼克不只要打敗 Lyft，還要它破產。二〇一七年四月十三日，Uber 的殘忍無情赤裸裸呈現在世人眼前。科技媒體踢爆 Uber「地獄」計畫的存在，那個用 iPhone 技術鎖定 Lyft 乘客再把他們引誘到 Uber 的不法勾當。[7]但事情還沒完。

「地獄」是一個被稱為「競爭情報」小組的團隊所做（簡稱 COIN），目的是監視競爭對手。Uber 工程師架設了特別的電腦伺服器，這些伺服器不連到公司的主要基礎建設，維持「不歸屬」Uber 的狀態，然後他們在那些伺服器上面儲存、處理、分析從 Lyft 的網站、app、程式碼「搜刮」來的資料。

COIN 團隊負責監視印度的 Ola、中國的滴滴等對手[8]，最見不得光的招數則交給「戰略服務團」（Strategic Services Group，簡稱 ＳＳＧ）。ＳＳＧ由ＣＩＡ、特勤局、ＦＢＩ前幹員組成，Uber 透過轉包方式聘僱他們，合約採特殊的匿名方式，所以他們的名字不會追溯到 Uber。這群黑帽間諜從事的活動範圍很廣，其中有些最後會失控，連Uber也無法控制。

在尼克·吉辛托（Nick Gicinto）領軍下，SSG幹員會利用VPN（虛擬私人網路）、廉價筆電、用現金支付的無線熱點，來執行間諜和反間諜任務。臥底行動包括假冒Uber司機混入封閉的WhatsApp群組，蒐集司機是否要組織或規劃打擊Uber的行動。

他們會進行人身監視，拍照並跟蹤滴滴和Lyft的對手，在Uber引發爭議的城市監控高知名度的政治人物、立法議員、警察。他們會用步行或開車跟蹤，追蹤數位足跡和活動，甚至在公共場合拍攝官員照片。他們也會冒充Lyft司機或乘客，以便取得對手公司的情報。SSG幹員也曾經在滴滴和Grab（他們在東南亞的對手）偷錄私人對話。[9] Lyft有個高管被Uber跟蹤到變得疑神疑鬼，他會走到自家門廊，舉起兩根中指朝向天空四處比，比給他百分之百確定在監視他的間諜看。

SSG內部的溝通是透過一款app的企業版，名叫Wickr。由於其架構的緣故，Wickr會將每則訊息做端點到端點加密（end-to-end），也就是說只有發訊人和收訊人能讀到訊息。訊息會在固定時間過後自動刪除，以防日後成為法律呈堂證供。克雷格·克拉克（Craig Clark）和蘇利文都是合格律師，他們常會將文件指定為「律師與客戶間的保密特權」，也是為了避免成為法律上的威脅。

這些暗黑特務部門的預算模糊不清，屬於卡蘭尼克的權責範圍。資源幾乎不設限的情況下，卡蘭尼克和他的「天團」成員可以派遣SSG執行任何祕密任務——一個成員形容是那種「貨真價值的間諜行動」——蒐集卡蘭尼克眼中的威脅人物的情報，在程式大會跟拍滴滴總裁柳青就是SSG所為。這些行動有多少是可行甚或值得的，不得而知，不過卡蘭尼克批准了幾千萬美元的預算，用於監聽、全球各地的特務活動、情報蒐集。

卡蘭尼克亟欲掌握對手的一舉一動。他打的是一場寸土必爭的戰爭，戰線遍布多個國家，所以他透過SSG去取得對手的情報。但是他的動機不只是實用性。偷拍柳青在得知Uber獲得沙烏地三十五億美元投資的那一刻，就是為了報復滴滴在中國給他造成的痛苦。他身邊的人說，滴滴對他陣營的滲透，讓這個Uber執行長產生了一些變化。經過中國這一役，他變得疑神疑鬼，老是懷疑別人要蒙蔽他或欺騙他，他認為他養的間諜能蒐集到他需要的資料，幫助他洞悉眼前的戰事。

資安長喬．蘇利文並不覺得這種做法有何不妥。他和兩位副手麥特．亨利（Mat Henley）、克雷格．克拉克後來告訴調查人員，Uber做的事跟**所有**公司都在做的資料蒐集沒有兩樣，這叫市場研究，為了取得競爭優勢向第三方購買情報很正常。任何批評Uber經營狡猾間諜單位的人，都應該看看蘇利文來之前的情況，當時Uber的系統亂成一片，每個員工都能取用「天堂」，小偷隨意就能詐取Uber的獎勵金，還有，司機活生生就在自己車裡被殺。他說，他派SSG到南美、印度等地是為了救人，而且他的努力很快就看到成效，他新成立的執行團隊協助警方查出危害司機的人，詐騙也下滑超過三十二個基點，降幅甚大。

不過，SSG和COIN還是讓很多人感到不舒服。公司內部以去除各層級的「資料浪費」為名，大量刪除內部email、群聊、公司數據，員工看得毛毛的，很多人認為高層是想遮掩Uber的足跡，以免將來可能收到法院傳票。

亞洲市場還有賄賂問題存在。當地Uber員工把賄賂看成必要之惡，是美國公司到別人地盤做生意必然的成本。

比方說，印尼一個從未見報的案例就有可能釀成大問題。Uber為了跟印尼的Grab競爭，到處廣設所謂的「綠燈中心」（green light hub），這些據點是臨時檢查站，可供當地司機檢查車輛、向區經理投訴等等。問題是，綠燈中心設立於僅供住宅使用的郊區，幾乎一夜之間就聚集了幾百個司機，堵在當地街道上，惹怒當地民眾，警方發現後，威脅要把這些中心關掉。

當地Uber經理並沒有把中心遷走，而是決定花錢買通警察。每次一有警察出現，就會有個Uber經理掏出現金行賄，通常是五十萬印尼盾左右（大約三十五美元），然後警察就會離開。不意外，警察就這樣成了常客。

據說，Uber員工是動用零用金來支應行賄錢，或是偽造等額收據，再輸入支出帳戶管理系統請款領回。截至本書寫作為止，司法部還在調查Uber的行為有沒有違反「反海外貪腐法」（Foreign Corrupt Practices Act）。

諸如此類問題在那年春天開始不斷冒出來，因為艾瑞克．侯德的事務所為了寫調查報告訪談了幾百人。瑞秋．魏絲通早就警告過卡蘭尼克，引進外人會導致情況快速失控，如今看來她根本是先知。

卡蘭尼克可受非議之處這麼多，但同事不確定他是否真的意識到事態嚴重。一旦投資人發現Uber員工在做這種暗黑甚至可能犯罪的事，公司的估值勢必會受到衝擊。短短三個月，Uber就從全世界最棒的投資變成一顆七百億美元的定時炸彈。

開除親密夥伴安東尼．李文道斯基之後，不到幾個星期，崔維斯．卡蘭尼克就被迫開除另一個老朋友。艾瑞科．亞歷山大（Eric Alexander）原本是幫卡蘭尼克擺平事情的好幫手，最後反而變成一顆破壞力十足的大鏈球。

如果埃米爾．邁克是卡蘭尼克的第二把手，亞歷山大就是第三把手，這並不是說他位居執行長接班排序第三位，他的正式頭銜是亞太區業務總裁，負責在亞洲各地打好關係。他是可以幫你建立人脈關係的那種人，在亞洲這場不把對方打趴絕不罷休的交通戰是個寶貴資產，是一個能擺平麻煩事的人。

久而久之，他的角色變得不僅如此，他變成了朋友。每次卡蘭尼克和邁克要到南韓或東南亞城市過一晚，必然有亞歷山大作陪。跟他的老闆一樣，他的生活也全部奉獻給 Uber，每週都有好幾個小時在飛機上，從這個國家飛到下個國家。

二〇一四年十二月印度爆發 Uber 性侵爭議，亞歷山大是卡蘭尼克第一個打電話找的人之一。他立刻降落當地，做出有效停損，擺平印度政治人物和媒體。後來 Uber 跟那位提告女子達成和解，被勒令停止在德里地區營運的 Uber，也在二〇一五年初重啟營運，Uber 看似全身而退。

然而到了二〇一七年夏天，有科技媒體踢爆，印度性侵案調查過程中發現，亞歷山大曾經透過一家法律事務所拿到被害者個人私密的就醫紀錄[10]，上面詳細記錄了性侵後幾個小時的醫生診察內容。亞歷山大把資料帶回美國，把資料攤開在卡蘭尼克和其他高管面前，聽取法務團隊簡報這起案件的調查情況。

當時性侵案發生後馬上就出現一種說法，認為根本沒有發生性侵，是 Ola（Uber 在印度的頭號對手）高層一手策劃來對付 Uber 的陰謀。事後檢查犯案司機和被害人的帳號，發現司機有多個 Uber 帳號，被害人的帳號也有多人使用，調查人員無法把帳號跟使用者身分兜起來，他們懷疑這些帳號可能是為了自導自演這起性侵事件而開設。

另外還有一個癥結點。根據那份就醫紀錄，那名年輕女子的處女膜仍然完好無損——調查人員還在查證這個說法，卡蘭尼克卻已經牢牢記在腦海，偶爾會在同事面前提起。

二〇一七年四月，《紐約時報》曾就卡蘭尼克對印度性侵案的評論找上Uber，但是Uber高管否認卡蘭尼克曾向公關團隊表示對該女子的說法存疑，Uber公關團隊將報導斥為無稽之談，所以《紐約時報》並未刊出。

一直到夏天，Recode（就是那個科技新聞網站）發現亞歷山大曾經把那份就醫紀錄帶在身上，Recode說打算隔天刊出這則報導。雪上加霜的是，亞歷山大也出現於臭名昭彰的南韓卡拉OK事件，跟卡蘭尼克和邁克一起，如果大眾發現這次又是他，肯定一發不可收拾。

卡蘭尼克的領導團隊成員對此非常反感，他們的解讀是，亞歷山大搬出就醫紀錄是為了讓人對那個女子的說法起疑。驚愕的他們，至少有兩個人當著卡蘭尼克的面氣呼呼大罵被害人有可能是被肛姦。

就算高管仍存有揮之不去的疑問，也無礙他們協助印度執法單位。性侵發生後不久，亞歷山大就把GPS紀錄分享給印度官方，紀錄上顯示司機帳號在事發地點附近以及事發時間下線，亞歷山大後來也在司機的刑事審判出庭作證。

儘管如此，把被害人私人就醫紀錄帶著到處跑還是有待商榷，卡蘭尼克知道他得在Rocode刊出報導之前開除這個朋友。於是他打了電話給亞歷山大，告訴他情勢已至此，並為自己不得不做的事道歉。到了六月七日，艾瑞科．亞歷山大玩完⑪，這個高管走了，這是為了挽回顏面所做的最後努力，不過努力卻失敗了。報導刊出後，員工們已經不是憤怒可以形容。

領導團隊高管已經走到十字路口。目前為止所發生的種種事件已經夠糟，但是明目張膽否認性侵實在太超過了。公關長瑞秋．魏絲通這時已經走了，經過多次威脅辭職但卡蘭尼克每次都成功慰留之後，這個執行長最後也受夠了，四月接受了她的辭職。[12]留下的高管之中約有六名擬了一封信給董事會，信中寫道：Uber亟需一個獨立董事長來抗衡卡蘭尼克絕對的權力。他們懇求董事會解僱埃米爾．邁克，他們認為他是誘發卡蘭尼克劣根性的觸媒。

最重要的是，他們希望卡蘭尼克暫時離開。他們就算要開始修補公司的名聲，還是需要董事會給予資源和承諾，而崔維斯如果繼續存在，他們的工作將難以進行。

卡蘭尼克五月底接到這通電話的時候正在紐約。他的父母發生一起不尋常的船隻意外，他必須立刻飛到福雷斯諾（Fresno）。

包下私人飛機從曼哈頓飛往福雷斯諾的路上，他一顆心全掛在父母身上，他生命中僅存能讓他依靠的兩個人。現在，他生命中最困難的一年走到第五個月，爸爸唐納德在意外中傷勢嚴重，有生命危險，媽媽的情況更糟。

意外發生前幾個星期，崔維斯還在考慮跟爸媽一起去，趁陣亡將士紀念日假期到松平湖（Pine

Flat Lake）遊玩。他們家在崔維斯小時候常去那裡度過夏天，在塵土覆蓋的營地上玩耍，花好幾個小時修理爸爸故障的汽艇。「我最後一次收到她的訊息是一張照片，是從營區走到湖邊的美景照，她當時還想用照片誘惑我，希望我取消東岸的會議去跟他們一起玩，」事發後幾天卡蘭尼克在Facebook寫道，「但是我沒有。」[13]

兒時的夏季旅行中，崔維斯會跟家人開汽艇往北三十二公里，到達松平湖的源頭國王河（Kings River），五月底那個週五他父母也是重複這段路程。他們快到河的源頭時，邦妮說要掌舵，「換手掌舵這種事我已經看過他們做幾十次了。」卡蘭尼克寫道。就在快要換手成功之際，家裡的狗擋到路，船舵突然大轉彎，船直接朝一群岩石衝過去，唐納德來不及把船舵轉回來，船就這樣撞上岩石，他被甩出船外落入冰冷的湖水中，邦妮則是連人跟船一起撞上岩石。

強忍五根肋骨斷裂、脊椎骨裂開、一條腿骨折、一個肺塌陷的痛苦，唐納德・卡蘭尼克游回下沉的船，在太太隨著船隻沒入水中之前把她救出。他給太太穿上救生衣，游了將近兩個小時，把兩人拖上岸，一上岸就對太太做口對口人工呼吸，但是沒有用，邦妮・卡蘭尼克已經喪生，在撞上岩石當下就沒了生命。最後是一位漁夫發現兩人，把他們載到安全處所。

崔維斯傷心欲絕。媽媽是他在這世界上最親密的人，父母一路支持他，即使是大學畢業後那段潦倒歲月，一事無成的他只能跟父母同住，窮到無法靠一己之力闖蕩新創世界。只要跟媽媽在一起，他就是個被溺愛的兒子，如今媽媽走了。

看到崔維斯陷入喪母之痛，科技圈暫時停下連環重拳。這位執行長跟弟弟柯瑞坐在父親病榻旁，期待看到爸爸挺過來。隨著消息對外傳開來，email 也開始湧進來，安慰留言不斷，就連崔維斯過去幾年對戰過的提姆．庫克，也來信表達哀悼。

不知道該向誰求助的卡蘭尼克，撥了電話給亞瑞安娜．赫芬頓，她立刻搭上下一班飛機來到福雷斯諾。消息傳開後，其他人也開始對卡蘭尼克伸出手，想知道能不能幫上忙。前女友安琪．尤一直跟他保持好友關係，也來詢問要不要她過去跟他一起陪在父親床前，她從兩人開始交往時就跟他爸媽很熟。赫芬頓後來跟朋友說，她在卡蘭尼克人生最黑暗的時刻給予真誠的照顧和關心，旁觀者也說赫芬頓適時填補了母親的角色，在他真正的母親不在時給予關懷，但是 Uber 有些熟知這次事故的高管還是忍不住覺得，赫芬頓只是趁機親近卡蘭尼克。

不在父親病榻的時候，卡蘭尼克就回到醫院對街的假日飯店（Holiday Inn），想辦法挽救事業。他在飯店租了一間會議室（比他平常入住的四季飯店套房縮水不少），充當 Uber 總部之外的臨時作戰指揮室。為了暫時忘掉父母，他的方法是寫一封信給同仁，表達真心懺悔，證明他有聽到他們的不滿而且他想改變。他一面把腦袋想的唸出來一面踱步，一下在會議室一下在飯店昏暗的地毯走廊蜷縮成一團，思考信的內容。在亞瑞安娜的建議下，他試著找到最佳語氣，介於謙虛、道歉、鼓舞人心之間，一個有意願有能力重新再起、帶領公司度過困難的領導人該有的口吻。

經過多個版本的草稿，他們決定採用一個（在他們）聽來卡蘭尼克已經在為自己的行為負完全責任的版本。他把他認為同仁會想從他口中聽到的話寫進信裡，這是一封道歉信，是他第一次把自己的缺失訴諸文字。他意識到他早該承認錯誤的，也認為這封信甚至可以挽救他的工作。

夥伴們，

過去七年來，我們公司成長很多，但是尚未成熟。

我這輩子一直都是創業人，多數時間處於失敗和破產邊緣，從來沒有處理一個繁榮興盛組織的經驗，大部分時間都在為生存苦苦掙扎。

Uber 起飛後，這是我人生第一次帶領一個不是每天都瀕臨失敗的組織。光是過去三年半，我們的服務和公司就以前所未有的速度在成長……

成長是值得慶賀的事，但是如果欠缺適當的制衡，就可能衍生重大錯誤。隨著規模變大，我們的錯誤所造成的衝擊也變大，不管是對我們的團隊，還是對我們所服務的乘客和族群，所以小公司的方法必須隨著規模變大而改變。我因為「小」而成功，但因為「變大」而失敗……

……過去幾天裡，相信你們一定能想像，家人一直是我心中很重要的存在。

我母親總是鼓勵我盡可能跟優秀、有才華且能鼓舞人心的人在一起，這就是 Uber 之所以有今天的原因。她總是把人擺在第一位，接下來該由我來傳承她的遺志了。我父親教導我坐而言不如起而行，要以身作則，所以我覺得在這裡開誠佈公、把 Uber 面臨的挑戰攤開來講非常重要，另外就是如何立即採取行動來糾正錯誤。

希望你們可以跟我一起攜手打造一個更好的 Uber。[14]

在假日飯店的走廊上，卡蘭尼克彎腰看著筆電裡的信，信上有一句：有時候，展現你的關心比證明你是對的更重要。他好累，已經好幾天沒有好好睡覺，但他覺得寫這封信是一件很踏實的事，這封信是他未來幾個星期可以傳遞出去的東西，是可以在侯德報告結束後重新給領導團隊注入信心的東西。

在那一刻，卡蘭尼克並不知道這封信永遠不會傳遞到員工手上。

Part Five

第二十七章 侯德報告

卡蘭尼克聘請侯德和其事務所合夥人調查 Uber 已經四個半月，即將出爐的報告在員工和外界眼中已經提升到神話般的地位。有人把它看成《死靈之書》（*Necronomicon*）*，是一份充滿公司黑暗祕密的神祕文件；有人把它看成一個清理門戶的機會、一個承認錯誤的機會，然後可以開始重新定義輿論走向。不論是哪一種，六月十三日星期二，在 Uber 內部的全體員工大會上，這家公司打算揭露侯德報告的建議內容。

大家都知道這份報告會出現新的壞消息，重點是：壞到什麼程度？Uber 高管決定在那個大日子來臨前先做點損害控制。六月六日一場內部會議上，Uber 宣布根據調查結果已經解僱二十人❶，其中包括賈許．莫爾勒，那個跟監記者、耍弄同事的紐約總經理。莫爾勒獲得軟著陸，他說他要去 Tusk Ventures 創投擔任經營合夥人（Tusk Ventures 的創辦人是政治操盤手，也是 Uber

的早期支持者與顧問）＊，其他人的離職姿態也同樣從容。除了解僱二十人，這家公司也宣布要求三十一個員工接受諮商或額外訓練，還有七個員工為其行為收到書面警告。

六月十一日星期日，Uber 董事來到 Covington & Burling 事務所位於洛杉磯市中心的辦公室，討論報告內容以及事務所提出的建議。那天下午七個董事踏進這家事務所的時候，心裡各有不同的盤算。比爾．格利（那個創投人）希望這齣戲趕快落幕，大衛．邦德曼（那個私募基金大老）希望 Uber 趕快擺脫可怕的媒體惡性循環，這兩個人都希望 Uber 往ＩＰＯ的路上走，他們公司最初的投資才能有幾十億美元的大豐收。

蓋瑞特．坎普（那個第一個發想出這家公司的人）已經不過問公司事務多年，是個缺席的創辦人，他很樂意讓卡蘭尼克繼續掌舵，畢竟卡蘭尼克已經讓他非常非常有錢，而且還會讓他更有錢。萊恩．桂夫斯（Uber 榮譽營運長，也是短命的第一任執行長）對卡蘭尼克很忠誠，他也認為媒體特別針對 Uber 和卡蘭尼克並不公平，他不認為卡蘭尼克應該下臺，但的確認為暫時離開

＊是恐怖小說家洛夫克拉夫特（H. P. Lovecraft）創作的虛構魔典，書中記載了世界上最瘋狂、最邪惡的事物。

＊ Tusk Ventures 的創辦人是布拉德利．圖斯克（Bradley Tusk），卡蘭尼克早期想征服曼哈頓創投圈時，Tusk 就擔任他的顧問和幕僚。Tusk 當時收取的政治顧問費是數萬美元，他選擇接受以 Uber 股票付款，據說這些股票現在價值超過一億美元。

Uber 對卡蘭尼克和公司都好。

亞西歐．魯梅楊（Yasir al-Rumayyan，沙烏地公共投資基金（Saudi Public Investment Fund）代表人）從一開始就站在卡蘭尼克這邊。這群沙烏地人想分散王室投資，最終擺脫石油王朝的身分，而卡蘭尼克正是把他們帶進 Uber 的人。魯梅楊喜歡他，認為他沒有理由離開這家公司。魯梅楊會跟隨卡蘭尼克的步伐。

亞瑞安娜．赫芬頓（那個獨立董事）就更談不上中立了。侯德的調查都還沒結束，赫芬頓就公開表達對卡蘭尼克的支持，三月在一場會議上談到卡蘭尼克時她是這麼說的：「我對他絕對有信心，董事會對他也有信心。」[2]這讓其他董事和公司高管感到不安，他們很清楚赫芬頓是「崔維斯隊」，會投贊成票讓卡蘭尼克繼續掌舵。這兩人自從赫芬頓加入董事會就愈走愈近，重點是，她也知道，只要坎普、桂夫斯、魯梅楊站在卡蘭尼克這一邊，卡蘭尼克手中握有的投票權還是能過半。赫芬頓在公開場合自稱獨立，但 Uber 每個人都對她的忠心不二心知肚明。

最後一個董事就是卡蘭尼克自己了。他希望侯德報告出爐能給 Uber 帶來迫切需要的緩刑機會，擺脫大眾的放大鏡檢視。不論這份報告做出什麼建議，他從頭到尾都無意離開執行長的位子。

為了避免報告內容不小心走漏，這群人談定採取一個保險做法。每個董事都必須在 Covington & Burling 辦公室閱讀一份列印出來的紙本，不可以把任何電子裝置帶進辦公室。除了 Covington & Burling 辦公室的硬碟之外，不會有任何數位拷貝檔案存在。

看完整份報告的人都很震驚。報告內容長達幾百頁，洋洋灑灑列出一長串一再重複的違法行為，包括性侵和肢體暴力，遍及Uber全球幾百個辦公室。這家公司本來就有不少官司未了，這下可能得面臨更多了。萊恩·桂夫斯看完報告都快吐了。

六月十一日星期日那場馬拉松會議上，Uber七人董事會討論了他們剛剛看過的報告。除了在場幾個人，不會有其他人看到這份報告，但是害怕走漏的恐懼仍在。記者這時要在Uber內部找到線人已經是易如反掌的事，看來侯德報告也難以避免會登上媒體。桂夫斯從會議一開始就請大家保密會議內容，他甚至開始用求的：「拜託，拜託不要告訴媒體。」

侯德和合夥人譚米·阿爾巴蘭在報告中也提出一系列建議。最後的建議清單長達十幾頁，裡面包括一些重大的結構更動，而建議的細部內容會另行分發。不過，侯德和譚米把最必要採取的行動放在第一個：崔維斯·卡蘭尼克必須休假，交出公司掌控權，而且必須聘請一位適任的營運長來協助他。第二個建議是：開除埃米爾·邁克。最後一個：這家公司迫切需要任命一位獨立董事長，一個跟Uber完全沒有關聯的人，才能給高管提供不一樣的思考視角和權衡。

在場的人看法不一。格利和邦德曼擔心侯德的建議不夠大刀闊斧，因為沒有把卡蘭尼克永遠趕走——領導團隊有高管認為赫芬頓早就打點過侯德和譚米，說服他們不要在報告中建議解聘卡蘭尼克。不過格利和邦德曼對這些建議還是滿意的，是該整頓這家公司了，而報告中所建議的改革是從最高層開始。

赫芬頓、坎普、桂夫斯、魯梅楊雖然不希望卡蘭尼克被砍掉，但也都認為他應該離開一陣子。外界對Uber的檢視愈來愈嚴密，媒體是嗜血的，卡蘭尼克離開鎂光燈可以緩解公司的壓力，就算只是暫時離開也好。

至於崔維斯，他早就料到會被要求離開，只是不知道還能不能回來，但是要他開除邁克實在讓他很痛苦。他在短短半年內目睹全世界群起討伐邁克，但他這個朋友卻依舊挺他到底，邁克是Uber裡面唯一他可以信任的人，就連前女友也背叛他了。但是卡蘭尼克知道董事會必須行動一致，才能讓Uber的重振旗鼓看起來有正當性和誠意。那天最後，七位董事一致投票接受侯德的所有建議，只是沒有任何一個董事知道，星期二這份報告在全公司面前公開時，卡蘭尼克會做出什麼事——可能連卡蘭尼克自己也不知道。

邁克那天晚上就接到電話。他手下很多同事還是很支持他，就連批評他最用力的人也承認他是能幹的高管，他的職業道德、他建立關係和談成交易的能力，都少有人能及。

「Uber還有很長的路要走，才能達成它所能達成的一切，」邁克給團隊的信裡寫道，充滿自視甚高的溢美之詞，「我很期待看你們接下來幾年會達成什麼。」❸邁克在沒有被通知或獲邀的情況下，上線加入他跟業務團隊同仁最後一次的電話會議，他難過到極點。他過去四年的時間都奉獻給Uber，也一直努力想成為卡蘭尼克身邊幫忙緩衝的角色，卻反而帶出卡蘭尼克最糟糕的一面。在他不請自來的那場電話會議裡，他再次告訴同事，他很驕傲自己幫忙建立了一個改變世界的公司。

埃米爾．邁克在Uber的生涯就這樣劃下句點。

每週二早上，Uber員工都會在日曆上標示太平洋時間十點是全體員工大會，全世界各地的同事都會撥打視訊會議專線進來，觀看公司領導人報告最新情況，從副總裁到董事，再到崔維斯．卡蘭尼克本人。這個星期二，同事魚貫走進Uber寬敞的會議區，看到領導團隊幾個高管和少數董事準備上臺報告。

Uber員工很焦慮。過去半年的負面文章和動盪已經衝擊到他們的工作，也影響到他們的個人生活。這一整個春天，亞瑞安娜．赫芬頓頻頻出現在電視上——CNN、CNBC等等——談論這份報告，她都以報告一兩週會出爐來拖延媒體，邦妮．卡蘭尼克意外船難身亡又讓披露時間往後延，不過，現在亞瑞安娜就站在臺下，等候大家入座。

在這個眾所矚目的早上，卡蘭尼克卻不見人影，原來他根本不在這棟大樓裡。過去這個週末出現了一則報導，說卡蘭尼克可能會向公司請假，但是連公司最高層也不知道卡蘭尼克今天會做什麼事。同事陸續撥進全員大會的同時，卡蘭尼克正在別的地方瘋狂敲打鍵盤，寫下要對同事說的話。早上九點五十九分，所有同事的信箱都收到卡蘭尼克寄來的信，剛好這時亞瑞安娜．赫芬頓正要上臺，左右兩側跟著比爾．格利和大衛．邦德曼兩位董事。

「大家早安。」赫芬頓對著麥克風說，臺下幾個人向明顯是主持人的赫芬頓回以有氣無力的「早安」。「在開始之前，我想先處理一下房間裡的大象＊。崔維斯上哪去了？」赫芬頓問。

答案就在卡蘭尼克的神祕郵件裡，一些同事在赫芬頓正要開始講話的時候把信打開，上面寫著：

夥伴們，

我過去八年的生活重心都是Uber，最近發生的事讓我頓悟，人比工作重要，我應該從每日轉不停的工作抽出時間，去悼念我星期五下葬的母親，去反省，去改進我自己，去專心打造一個世界級的領導團隊。

我們今天之所以走到這裡以及如何走到這裡，最終的責任都由我承擔，這裡面當然有很多值得驕傲的地方，但也有很多需要改進的地方。Uber 要成功脫胎成為 2.0，最重要的就是我必須把時間投入於打造領導團隊，但是如果要打造 Uber 2.0，就必須先打造崔維斯 2.0，成為這家公司需要的、你們應得的領導人。

在這段過渡期，將會由領導團隊和我的指令來帶領公司。如果有需要，我會參與最策略性的決策，但我會授權領導團隊大膽果斷行事，以推動公司快速前進。

很難訂出一個回來的時間表，可能比我們預計得短，也可能更久。在悲劇事件中痛失親人對我來說很難熬，我需要好好道別。你們所有人真情流露的問候和安慰，讓我得以堅強起來，但是幾乎每個人最後都會問：「我能幫什麼嗎？」我的答案很簡單：做你畢生最重要的工作，為我們的使命奉獻。這樣我就有時間陪家人。把人擺在第一位，這是我媽的遺志，並且讓 Uber 2.0 成真，這個世界就會看到你們所做的卓越成果，也會看到你們這群讓 Uber 偉大、得以鼓舞人心的人。

我們很快會再見。[4]

崔維斯

所以答案揭曉。卡蘭尼克會離開公司*。一方面，很難想像沒有崔維斯・卡蘭尼克掌舵的 Uber，這個男人跟這家公司一直是同生共息，但是另一方面，員工現在終於意識到他已經成為有毒的象徵。

---

*一個明顯存在但大家不願正視的大問題。

*九個月後，電視主持人喬治・崔貝克（Alex Trebek）在益智節目《Jeopardy!》問參賽者：「請假去開發崔維斯 2.0 的 Uber 執行長叫什麼名字？」卡蘭尼克在 Twitter 轉貼這段電視畫面，加上主題標籤 #遺願清單（bucketlist）。

卡蘭尼克信末那句話嚇壞了部分領導高管。「我們很快會再見」以及「可能更短也可能更久」這兩句話裡的暗示，讓他們安心不起來。不過他們還是鬆了一口氣，畢竟他願意退出「一段時間」，不管最後是多久時間。

赫芬頓繼續。報告中所提出的建議是長達數月詳盡調查的結果，她說。侯德和阿爾巴蘭當面訪談了兩百多人，同時也接受密報，透過匿名專線跟幾百名現職、離職員工進行匿名對話。這家事務所仔細檢視了超過三百萬份文件，把公司整個翻了一遍。赫芬頓並沒有提到這件事花了Uber幾千萬美元，不過管理階層認為這筆錢花得值得，如果能讓他們把Uber的問題一舉清除的話。

臺下同事開始看卡蘭尼克email的同時，赫芬頓繼續說：「這些建議等一下會公布在Uber新聞網站上。」Uber先組了一個特別委員會監看這份報告，委員會成員是赫芬頓、格利、邦德曼，三人都同意之後才把建議傳給董事會其他成員。「星期日的董事會上——這是我開過最久的一場董事會——全體董事一致無異議通過這些建議。」赫芬頓說。

赫芬頓講話的同時，報告中所提的建議也公布上網，在場同仁一看都同聲鬆了一口氣。報告一開頭就是他們剛剛聽到的消息：卡蘭尼克的角色將被限縮，他將會受到更多監督。除了董事會，沒有人能看到原始報告，這份報告就像一個資料庫，存放了員工對Uber的所有不滿和投訴。經過幾個月的等待，在場有人覺得Uber對員工有所虧欠，應該將原始報告全部公開，才能徹底昭公信。赫芬頓的回應是，因為有隱私和法律的問題，所以這麼做並不恰當。

談到多元性這個問題，赫芬頓繼續說：「我唯一要說的是，對我來說，自從我加入以來，我給自己訂下的目標就是增加這個董事會的多元性，就如同我對所有白人男性同事的愛一樣，今天我也很高興在這裡宣布，龔萬仁女士（Wan-Ling Martello）即將加入Uber董事會。」臺下掌聲微弱稀落。龔萬仁是食品業資深高管，曾經服務於卡夫食品（Kraft）、博登乳業（Borden），最近還擔任過雀巢公司（Nestlé）亞洲和非洲地區的執行副總，她會是獨立董事，會理性發聲，並根據這家公司和股東的最大利益來行使職權。

「我相信你們一定會很高興認識她。」赫芬頓繼續說。臺下很多人並不知道龔萬仁是誰，也不知道該有什麼想法，不過多一個女性董事總是好事。龔萬仁後來跟人說，她希望成為董事會裡的「瑞士」，在不斷交戰的派系之間保持中立，只是她加入的時候正是衝突最激烈之際。赫芬頓繼續強調她會把多元性帶進這個仍然非常白人、非常男性的董事會：「有很多數據顯示，只要董事會有一個女性，極有可能就會有第二個。」

她身旁的大衛·邦德曼這時突然開口。他和格利到目前為止都沒有出聲，靜靜讓赫芬頓發表她的報告，但這時他腦子裡突然冒出一個想法。

「我知道那會是什麼情況，」邦德曼說，「就是開董事會的時候，話會變多。」

現場空氣頓時凝結。Uber董事剛剛是不是說了一句有性別歧視的話？說女性話太多？

臺下一片錯愕。邦德曼，七十五歲白人，出身德州沃斯堡（Fort Worth），身價數十億美元的避險基金富豪，在董事會正在向全公司報告如何改變厭女文化的同時，卻當眾表演如何對女性來一記扣籃。站在邦德曼身後的比爾．格利，搖了搖頭。

赫芬頓試圖打延長賽扳回一城，繼續前進。「大衛，你嘛幫幫忙，」她說，一面輕聲笑，「大家別擔心，大衛也會講很多。」全場一片死寂。

「那麼，最後一個部分，」赫芬頓宣布，試圖轉移當下的尷尬，「最後一個部分是公司文化。」

臺下有人大聲笑了出來。

這幾個月以來，邦德曼快把卡蘭尼克逼瘋了。

邦德曼一輩子都在做財務工作，是個務實商人，以「TPG資本」共同負責人身分入座多家公司董事會——TPG資本是他掌舵四分之一世紀的私募基金。他出生於洛杉磯的安瓊利諾（Angeleno），但現在是德州人，因為早年搬到德州沃斯堡，替當地超級有錢的貝斯家族（Bass）工作賺了大錢——貝斯家族掌控了達拉斯和沃斯堡都會圈大量的石油天然氣。邦德曼就是在那裡認識合夥人吉姆．考特（Jim Coulter），考特當時在羅伯特．貝斯（Robert Bass）旗下工作。邦德曼和考特在一九九二年自立門戶，共同創辦了TPG。考特是保守理智的合夥人，邦德曼則是喜歡冒險。TPG投資Uber的時候，Uber的成長曲線看來是個穩當的投資，但是掌舵的人是卡蘭尼克，所以邦德曼對Uber的掌控權遠小於他在其他董事會的權力。

在多數人眼中，邦德曼是拖著腳走路緩慢的巨人，瘦高，蒼白，不愛打理，穿著不合身西裝[5]，一點也不像全世界排名第兩百三十九大富豪（他的確是），當然也不像其他德州能源大亨一身浮誇牛仔裝束。[6]禿頭、嗓音粗啞高亢、不屑禮貌寒暄的他，絲毫不會不好意思在董事會當面對卡蘭尼克嗆聲。他激動反對卡蘭尼克像亞哈船長（Ahab）*似地為了追求中國市場所做的改變，他很火大卡蘭尼克解僱Uber第一任也是唯一的財務長布倫特・卡里尼克斯，他很憤怒卡蘭尼克花那麼久才開除安東尼・李文道斯基，這人很明顯是公司的包袱。

邦德曼完全不在乎卡蘭尼克的感受，也不在乎這家公司那批兄弟幫的感受，他在乎的是他的錢，在乎Uber能不能如大家所願成功，TPG可是押了幾十億美元在這家公司。

所以卡蘭尼克一看到反撲機會怎麼會放過，他早就厭倦這個老頭老是捅他、抱怨他。邦德曼

---

*亞哈是小說《白鯨記》那位船長，被一隻名叫莫比・迪克（Moby Dick）的大白鯨咬斷腿之後，決心不計一切代價也要捕殺那頭白鯨。

一在臺上犯錯，卡蘭尼克立刻發動電話攻勢，那個早上的簡報還沒結束，他就已經廣發簡訊給各個董事和領導團隊成員。

他的簡訊很清楚明確：邦德曼必須走人。

臺下聽眾聽得坐立難安，不知道該怎麼應對邦德曼的言論，臺上的赫芬頓則繼續報告。她宣布幾個象徵性的改變，譬如同事不必再等到晚上八點才有晚餐可吃——這是卡蘭尼克行之已久的做法，目的是把員工在辦公室留晚一點。另一個改變是，總部正中央那個著名的「作戰室」也換上新名字，是赫芬頓親自惠賜：「和平室」。雖然名字有點俗氣，但是全場似乎無異議接受。

接下來輪到格利登場。

「我想說幾句話，讓大家把整個情況看得更清楚，」格利開始說，他高大的身軀站在臺上總是跟他容易尷尬的個性格格不入，「毫無疑問，這家公司是矽谷有史以來最成功的新創，成長速度、成長規模、觸及的消費者人數和國家城市，都是史上之最。」

「但我想引用一句你們常聽到但我認為很適合現狀的話，」格利繼續，語氣轉為嚴肅，「成功愈大，責任愈大。在外界眼中，我們已經不再只是新創，而是全世界最大、最重要的企業之一，我們的行為、我們的企業行為，都必須開始符合、比得上那樣的期待，不然問題只會繼續出現。」

臺下同仁頻頻點頭。

「我們現在的名聲是赤字狀態，」格利繼續說，「你當然可以看了報導大喊不公平，但是這麼做無濟於事，因為要擺脫這些負面報導還要一段時間，更何況現在別人不會用善意的眼光看待我們。」

「沒有人認為我們在這裡宣布了侯德建議一切就會自動好轉，」他說，「現在不要去管那些，只管把分內的工作做好就對了，協助公司進化成 Uber 2.0。」格利說完就遞出麥克風。

臺下一片喝采。公司重新再起或許是有可能的，他們心裡這麼認為。

雖然邦德曼失言，不過星期二的全員大會看來是成功的。亞瑞安娜・赫芬頓上臺後不久，一個《紐約時報》記者不知怎麼辦到的竟然溜進現場，開始在 Twitter 上發文現場轉播*，卡蘭尼克火冒三丈，維安團隊忙著想辦法揪出這個記者。不過 Uber 運氣好，《紐約時報》似乎錯過了邦德曼的發言*，這件事或許可以私下解決。

可惜他們的運氣並沒有那麼好。簡報結束後幾個小時，另一個網站刊出全部的簡報內容，特別把邦德曼的性別歧視言論放大處理。❼這最新的一擊絕對會致殘。等了幾個月，好不容易等到一份推出重大改革的報告，結果公司一個**董事**竟然當著六千多個員工面前暗示女人太多話，員工群情激憤，記者覺得逮到證據了：Uber 的文化果然是從最上面開始敗壞。

對卡蘭尼克可就是另一回事了。他終於撿到槍，可以幹掉邦德曼。經過一整天的簡訊溝通和緊急董事會商議，邦德曼知道只有自裁謝罪一途。當天晚上他寫給員工的短信就寄出去了：

今天在全員大會上，我對同事和朋友亞瑞安娜．赫芬頓所講的話既草率又不恰當，不可原諒。這句話聽在受眾耳裡的意思已經跟我的原意完全相反，但是我明白這句話已經造成破壞性影響，我對此負起完全責任……

值此 Uber 正要開始建立我們引以為傲的文化之際，我不希望我的言論造成失焦，我必須用我們要求 Uber 的同一套標準來要求自己。

因此，我決定辭去 Uber 董事一職，明天早上立刻生效。能在 Uber 董事會任職是我的勳章和榮幸，我很期待看到這家公司的進步和未來的成功。❽

就這樣，邦德曼走了，卡蘭尼克在董事會少了一個敵人。隨著這一天劃下句點，卡蘭尼克也宣布要休假去了，Uber 終於可以開始療養，往「Uber 2.0」的目標前進。

至少，本來應該是這樣的。

＊ Uber 對我很不爽。

＊我對自己很不爽。

第二十八章 串連密謀

大衛．邦德曼在全體員工大會上開口的時候，比爾．格利心裡的旁白是：「你在跟我開什麼玩笑。」

全員大會那個星期二早上，格利是滿懷樂觀前去參加的。侯德報告內容讓他噁心想吐，像在看一本淫穢雜誌，像是一場充滿種族歧視、性別歧視的矽谷單身派對，但是董事會一致通過報告中的建議後，他又重新燃起希望。

大家都把格利視為那個有辦法收拾這個爛攤子的人。格利認識卡蘭尼克多年，是董事會成員，再加上他的身高，讓他自帶一股權威氣息。現在，這位房間裡的大人被期待做點什麼，而且要快。

但是這股壓力讓他愈來愈大隻，到六月中的時候，瘦高修長的他已經變胖。今年早些時候，他飛到聖地牙哥做一個膝蓋的大範圍重建手術，六月十三日全員大會之前那幾個星期，他是用消腫機撐著傷腿接聽電話。標竿創投辦公室位於加州林邊市，他在那裡倚靠著辦公椅，用南德州的男中音向合夥人抱怨卡蘭尼克的剛愎自用，他的膝蓋很痛——非常痛——但是遠遠不及當前的Uber 對他和公司所造成的痛。

格利的確是有後援，團結合作是標竿創投的傳統。每個星期一早上的合夥人會議上，這群關係緊密的創投人會花幾個小時一一檢討他們所投資的公司，也就是說，他們會聽到每個合夥人的洞見，包括麥特·柯勒（Matt Cohler，Facebook 早期員工，客戶成長專家）、有「高 EQ 合夥人」之稱的彼得·芬頓（Peter Fenton，他協助 Twitter 處理了兩個創辦人被趕下臺、尋找第三任執行長的問題），以及新加入的艾瑞克·威許瑞亞（Eric Vishria）和莎拉·塔維爾（Sarah Tavel）——這兩人能提供受到嚴格檢視的新創創辦人和高層的視角。

但是格利是首當其衝的人。他的手機老是接到標竿有限合夥人的電話（這是一群非常富有的投資人，從大學捐贈基金到勞退基金都有，他們貢獻了幾億美元給標竿去投資其他公司），他們很怕 Uber 會毀掉自己，然後他們期待的數十億美元收益就會化為烏有。每一封沮喪的 email、每一通焦慮的電話，比爾·格利都會一一給予撫慰，向他的有限合夥人保證一切都在他的掌控中。

但是看在朋友眼中可不是如此。二〇一七年有一晚，大衛·克蘭（Google 創投合夥人，四年前就是在他的牽線下，Google 創投投資 Uber 兩億五千萬美元）在家裡辦一場派對，贊助一個科學研究基金會。彼得．芬頓帶著一貫的活潑親切現身，把比爾．格利也拖來，結果格利幾乎整晚都躲在克蘭客廳的角落，拿著一杯酒悶悶不樂，不然就是靠在克蘭家後門廊的戶外吧檯。格利累到不行，壓力大到幾乎站不住。他跟朋友說，他有試過好好照顧身體，這個二〇六公分高的德州人開始做瑜伽、打坐，但還是睡不好。他已經疲憊到力氣全失。

侯德報告**照理說**應該能遏止餘波擴大才對，崔維斯．卡蘭尼克要退下了，這家公司也會跨出重建品牌的步伐，情況好轉看來指日可待。

但是全員大會以災難收場，被大衛．邦德曼突如其來的性別歧視言論毀了，再加上卡蘭尼克根本就不打算低調，第二天就開始用電話遙控部門主管和領導團隊高管，照樣在管理公司的運作，彷彿剛剛在全世界面前承諾退出的人不是他。那個星期都還沒過完，他已經開始在他所謂的「休假」期間跟工程師一起共事，不知會董事會就遂行他的命令。

最簡單的解決辦法是強行介入，堅決要求把崔維斯的休假變成永久性，但是他就賴在那裡，完全不把自己說要離開的承諾當一回事，任何想將他邊緣化的企圖都會遭到他強力反抗，格利對他很了解，不能低估他的戰鬥力。

格利的顧慮不僅是基於冷靜思考，也是出於務實考量。標竿創投的形象奠基於它是外界公認「親創辦人」（founder friendly）的創投。如果是避險基金或私募基金投資的話，創辦人通常得接受比較高壓的治理方式，以邦德曼為例，他對Uber燒錢速度的批評就毫不手軟。不過邦德曼是私募基金，而創投希望給外界「親創辦人」的印象，標竿就是一家很願意支持旗下公司的創投，協助網羅高階經理人、思考策略、提供及時的建議，要是它把卡蘭尼克永遠趕走，下一個Uber、下一個Facebook、下一個明星公司還會讓標竿投資嗎？

除了名聲，還有其他務實面的考量：錢。當時Uber的估值已經膨脹到驚人的六百八十五億美元，超越Facebook上市前的最高估值，而且標竿在Uber剛成立就投資了，最初投入的一千一百萬美元現在已經價值**幾十億**，輕輕鬆鬆達成矽谷有史以來獲利最豐的創投投資之一。但是這批股票現在岌岌可危，每出現一則Uber的負面報導，估值就掉一大塊，比爾・格利了不起的投資績效也隨之失色，標竿股東最後入袋的錢也跟著變少。

有些股東已經公開對Uber發難。米奇・卡普爾（Mitch Kapor）和太太芙莉達・卡普爾・克萊恩（Freada Kapor Klein）都是Uber的早期投資人，長期活躍於所謂的「影響力投資」（impact investing）——一種具有社會意識的資本主義。他們公開在部落格寫道：「我們覺得從內部影響這家公司似乎已經走到死胡同，現在我們要用公開的方式說出來，因為我們相信Uber的投資人和董事會的作為與不作為會獲得公允評價。我們希望我們的行動可以讓Uber領導階層負起責任，因為其他機制似乎都失靈了。」❶

是一位創辦人的一封來信，讓格利真正意識到事情的嚴重性。那個夏天某個午後，格利正在查看收信匣，螢幕上跳出一封新郵件，是Stitch Fix執行長卡翠娜．蕾可（Katrina Lake）寄來的，Stitch Fix是一家廣受喜愛的成功電商，透過網路販售個人化風格的服飾。

格利跟蕾可很熟。標竿在二〇一三年一輪募資投了Stitch Fix一千兩百萬美元，當時Stitch Fix只是初露頭角的年輕公司（Stitch Fix是蕾可念商學院期間在自己臥室所孕育），還稱不上穩當投資，但是到了二〇一七年，Stitch Fix股票成功上市，標竿幾億美元入袋。身為Stitch Fix董事會成員的格利，跟蕾可日益熟稔，他相信她的公司，她相信他的建議。

蕾可的email非常直接：「Uber這樣的公司竟然能生存甚至生意興隆，叫人洩氣又難過。而且看到我這麼敬重的人也是那家公司的一分子，我感到非常失望。」

蕾可對Uber的報導有切身感受。她現在雖然已經是矽谷最知名的女性執行長之一，但是在她從一家小新創慢慢爬到市值數百萬企業的路上，她也碰過性別歧視的混蛋。在Stitch Fix崛起的過程中，她曾經被自己的創投投資人賈斯汀．考貝克（Justin Caldbeck）性騷擾。❷考貝克原本是她董事會裡的觀察員，事發後蕾可堅持將他踢除於董事會之外。她很清楚科技公司和創投圈的兄弟文化對女性多麼惡劣。

但是，讀了蘇珊．佛勒的文章、得知印度發生的事件、看到卡蘭尼克牽扯的醜聞多到氾濫，她覺得很丟臉，因為有個提到Uber的人也會用同一張嘴提到她的公司。一想到她的導師竟然袖手旁觀，甚至可能是共犯，她無法釋懷。

對蕾可來說，一個矽谷創業家不只要用最新科技做些新奇事，更要奉行你希望流傳於世的價值觀。「我希望 Stitch Fix 成為一個活生生的、會呼吸的非主流論述，成為一家靠其價值觀成功的公司，而不是儘管價值觀不堪但仍然成功的公司。」

格利很快就給她回信，表達感謝。「這真是一場惡夢。」他在信裡寫道。格利因為投資 Uber 而名聲鵲起，但蕾可的信狠狠給了他一巴掌。

侯德報告過後的標竿合夥人會議上，大家一致同意：標竿必須做「該做的事」，卡蘭尼克必須走人。

但是光靠標竿一己之力無法成事，格利需要幫助。

卡蘭尼克對投資人嚴加看管是有原因的：要是有一天創投背叛他——就像麥克·歐維茲在 Scour 時期所做的事——他要能夠保護自己。

這點他很擅長。長期下來，他慢慢削弱了股東的權力和影響力。他會盡可能隱瞞訊息，限縮投資人了解公司財務的權限。投資人怨聲載道，他們投資了大筆金錢在卡蘭尼克的公司，覺得自己有權知道這家公司的進展，有權知道卡蘭尼克拿他們的錢做了什麼決策。有個投資人說卡蘭尼克把他們當蘑菇對待：餵他們吃屎，把他們蒙在黑暗處＊。卡蘭尼克甚至覺得他們這樣就應該要感恩了。

投資人似乎也接收到卡蘭尼克的想法。隨著Uber的估值不斷上升，試圖干預的投資人並不多。就法律上來說，卡蘭尼克是站不住腳的，握有高比例股份的投資人有權取得公司資訊。然而至少有一個投資人說，卡蘭尼克會當面跟投資人叫陣，那個投資人就聽他說過：「那你就去告我啊，你去告自己的公司試試看，看你在這一行的名聲會變成什麼樣子？」他說的沒錯。

而且，卡蘭尼克還不斷累積所謂的「超級投票權股票」，就是每一股有比較多投票權的股票，其他多數股東持有的普通股每一股只有一張投票權。他手中的超級投票權股票非常龐大（這是他在Uber初期就預做的精心安排），他的盟友蓋瑞特．坎普和萊恩．桂夫斯也是。而且他手中的普通股也有增無減。如果有同仁想透過公司內部買回方案將持股變現，卡蘭尼克就會要求同仁將股票賣回給他。❸日積月累下來，隨著人員正常更替或自然減少而出脫持股，他握有的投票權一天比一天強大。

超級投票權股票並不是每次都能救他，有些決策必須董事會全員同意才行，譬如投票請某位高管離開公司。

不過卡蘭尼克還有另一個優勢：董事會等於在他的掌控之下。八人董事會當中，有一半以上跟他同一陣線，亞瑞安娜．赫芬頓、龔萬仁、亞西歐．魯梅楊、萊恩．桂夫斯、蓋瑞特．坎普都會跟隨他的腳步。再加上二〇一六年沙烏地投資三十五億那次，他又替自己搶下一張王牌在手。根據那一輪投資的條款（都經過董事會一致通過），卡蘭尼克隨時可根據自己的意願多任命三名董事。

二〇一七年夏天，隨著外界的檢視愈來愈嚴密，桂夫斯和坎普也開始擔心起來，但是一方面他們又覺得對卡蘭尼克有所虧欠。坎普打從一開始就不想管Uber，也一直很滿意當個後座乘客，桂夫斯過去幾年在Uber則是到處開趴旅行，但卡蘭尼克從來沒有嫌棄他，讓他覺得這個執行長是真心關心他，是真正的好兄弟。

每當坎普、桂夫斯或其他屬於卡蘭尼克勢力範圍的人開始不滿他的作為，卡蘭尼克通常會回以大同小異的安撫說法：「你知道我會替你賺多少錢嗎？」

這句話幾乎每次都有效。

＊這個投資人是引用馬克．華伯格（Mark Wahlberg）在《神鬼無間》（*The Departed*）的臺詞——《神鬼無間》是奧斯卡得獎導演馬丁．史柯西斯（Martin Scorsese）二〇〇六年的犯罪劇情片。華伯格飾演警察，他用這句話來指他跟ＦＢＩ之間的鬥爭關係。

到了二〇一七年中，每個把錢押在Uber的人都覺得使不上力，不過反正卡蘭尼克也不會要求他們使什麼力，這些年來他透過神不知鬼不覺的背叛和財務欺瞞，已經成功將關鍵投資人隔離在外，目的是在投資人有機會削弱他之前先削弱他們，因此他這八年發動了一連串先發制人的攻擊。

尚恩．卡羅萊恩（門羅創投的合夥人）透過公司早期的投資談下Uber一席董事會觀察員，卡蘭尼克刻意不給他投票權。羅伯．海斯（第一輪資本創投的合夥人）運氣好，在最早的種子輪就投資Uber，由於持股相當大所以拿下一席董事＊，但是到了B輪募資的時候，卡蘭尼克修改合約，剝奪了他的投票權，限縮他取得公司資訊的權限。克里斯．薩卡（前Google律師，後來轉為投資人，創辦小寫資本〔Lowercase Capital〕創投）一度以為自己是卡蘭尼克的朋友，他很早就投資Uber三十萬美元，也取得相當大的股份，但是當他打算向其他早期投資人買進Uber股份（這種做法就是所謂的「次級股票認購」），卡蘭尼克卻背叛他，不准他繼續以觀察員身分參與董事會，從此兩人很少講話。[4]

這些格利全都知道，他過去幾個月都在跟這幾個被棄如敝屣的創投密談，這些人私下也在討論，擔心他們的投資會突然就完蛋。格利集結這群投資人的同時，也開始向外尋求建議。他聯絡史丹佛法律教授，這些教授的專業包括企業治理和白領犯罪；他找上科律（Cooley）和寶維斯律師事務所（Paul, Weiss）的律師，這兩家矽谷頂尖事務所是科技公司和創投固定諮詢的對象；他還聘僱了一家危機公關公司。另外，他也擬出一個需要以上所有人通力合作的計畫，格利很清楚，卡蘭尼克絕不可能自己主動下臺，他們必須出手逼迫他。

格利擬定的計畫很簡單。由他帶頭串連 Uber 幾個最大股東——標竿、第一輪資本、小寫資本、門羅創投——這些股東總共握有 Uber 四分之一以上股份，然後帶著一封信去找卡蘭尼克，提出一個簡單要求：為了公司好，辭去執行長的職位。如果卡蘭尼克拒絕，他們就把計畫公諸於世。他們會打電話給《紐約時報》，把整套計畫告訴那個記者，然後他們給卡蘭尼克的信第二天早上就會登上《紐約時報》頭版。這招也是有戰略意義的，公諸於世可以號召更多 Uber 投資人支持。

＊海斯在種子輪投資五十萬美元，為第一輪資本取得 Uber 百分之四的股份，八年後這筆投資價值超過二十億美元，跟格利的投資一樣，名列史上最成功的創投投資之一。

格利認為，就算都去找他攤牌了，他也不會理會他們的信，一定不會答應下臺。這時標竿就會聘請危機公關專家史蒂芬・魯賓斯坦，等到《紐約時報》記者一刊出報導就由魯賓斯坦負責應對媒體＊。格利知道他們一定要搶下媒體話語權，不能落入卡蘭尼克手裡，否則他就會在亞瑞安娜・赫芬頓的幫助之下試圖博取外界同情、抹黑他們這群創投。

就算每個環節都出差錯，他們也還有祕密武器。他們的律師找到 Uber 公司章程一個漏洞。他們這夥人目前握有大量的B級股（就是所謂的「超級投票權股票」，一股有十票投票權，但是如果他們動用「非常選項」，就可以強迫所有人把所有B級股轉換為一股一票的A級股。雖然這麼做會嚴重限縮標竿的超級投票權，但是卡蘭尼克也同樣會受到限制，一時之間就無法串連奪權。但是他們還不想走到這一步，放棄自己的超級投票權是下下策。

最大關鍵是時間，格利這群人必須給卡蘭尼克一個嚴格的回應期限。格利很清楚，卡蘭尼克就像尋找立足點的攀岩者一樣，他會搜尋格利這群人的任何弱點，只要有足夠的時間和心力他就一定找得到，然後痛踩弱點，把他們一舉擊沉。他是不死鳥，必須把他關起來才行。

決定跟卡蘭尼克攤牌那一天，格利安排了一場電話會議，整個密謀集團和顧問都參加了。格利人在林邊的標竿辦公室，坐在大會議室主位，在那個寬敞空間裡，十幾把黑色皮革金屬 Steelcase 椅子圍著一張長長的拋光硬木桌子。標竿曾經在那張桌子聽取矽谷知名創辦人的推銷，格利曾經在那張桌子簽下知名的投資條件書，也在那張桌子開過無數次會議，討論 Uber、

Snap、Twitter 等旗下投資的公司，但是在二〇一七年六月二十一日那天，這間會議室變成把卡蘭尼克趕下臺的作戰指揮中心。那天早上的會議把當天的後勤部署討論一遍，格利還花了點時間解釋為何必須如此迅速果斷行動以及會有什麼風險，其他投資人、律師、同夥靜靜聽著。

「你們看過電影《異星智慧》（*Life*）嗎？」格利在會議上問大家，「萊恩・雷諾斯（Ryan Reynolds）在太空上，還有一隻黑色黏糊糊外星生物那部？他們一抓到那隻外星生物，就把牠關進太空船實驗室一個破壞不了的箱子，以便他們在對牠進行實驗時能保護自身安全。最後外星生物還是逃脫了，不知道牠是怎麼離開那個箱子的，最後牠把太空船上每個人都殺死了，然後還跑到地球上殺死所有人，全都是因為被牠跑出來了。」他說。

這夥人靜靜聽著，不知道格利說這些的用意是什麼，有幾個人暗自竊笑：格利真愛打比喻。

「是這樣的，崔維斯就跟那隻外星生物一模一樣，」他說，「如果讓他從箱子跑出來——如果那天讓他逮到任何機會——他就會毀掉整個世界。」

＊諷刺的是，幾個月前卡蘭尼克對司機吼叫的影片瘋傳的時候，他差點就聘請魯賓斯坦。

第二十九章 創投人的逆襲

格利這群同夥召開電話會議前一天，崔維斯．卡蘭尼克本來應該在舊金山的，但是六月二十日那天，他不在卡斯楚區山頂豪華公寓的家裡，也不在市場街一四五五號的Uber總部碉堡踱步，而是在三二一八公里以外，埋首筆電工作。

那個星期三的芝加哥接近攝氏二十七度，溫暖潮濕，但還不到中西部酷夏的悶熱，卡蘭尼克是去那裡面試全食超市（Whole Foods）前共同執行長華特．羅布（Walter Robb），他認為羅布是他下一任營運長的適合人選。為了這場面試，他在市中心密西根大道的麗池飯店（Ritz-Carlton）租下私人會議室，他喜歡奢華飯店，沒有什麼比在麗池頂樓工作更像賺翻的人。

崔維斯跑去芝加哥，打亂了這群人的計畫。他們都知道他還是日夜不停工作（格利不斷接到電話說卡蘭尼克並沒有休假），但並不知道他跑到別州面試他的第二把手＊。為了執行計畫，他們必須去伊利諾州。

到二〇一七年夏天這時候，格利和卡蘭尼克已經不講話。格利知道不適合由他去芝加哥說服這個執行長乖乖遞出辭呈，卡蘭尼克已經開始不滿他的嘮叨、他的擔憂、他對卡蘭尼克接受改變的堅持，他只要一走進麗池會議室去勸降，一定會馬上被轟出來：操你媽去吃屎！所以必須派個中立特使。

他們挑了麥特·柯勒和彼得·芬頓。柯勒是Facebook早期的優秀員工，二〇〇八年加入標竿，是個能解決問題、務實又坦誠的人，他能用讓卡蘭尼克冷靜理解的方式把訊息帶到。瘦削白皙、棕色捲髮、一雙大眼睛、雙頰紅潤，剛滿四十歲的柯勒，外表看來至少年輕十歲。他對Uber的了解僅次於格利，格利第一次找卡蘭尼克談投資的時候他就在了，至少他是一張熟面孔，卡蘭尼克不會馬上想一拳揍下去。

不過柯勒少了高EQ，所以把彼得·芬頓也帶上。芬頓是標竿最有魅力的合夥人之一，跟年輕新創創辦人初見面時，他能用柔軟身段和燦爛笑容讓對方安心自在。也跟柯勒一樣，年近四十五的他外表比實際年齡更年輕，擁有暗綠色雙眸、高額頭、黃棕色金髮，散發「鄰家大男孩」的氣

＊並不是卡蘭尼克認為第二把手這個職位有多麼重要，他在面試中跟另一個可能人選說，這份工作就是執行他的命令。格利很火大。

質，不像執著老練的創投人。他是立場強硬的談判者，但是講道理，必要時願意退讓，讓對方覺得自己的意見被聽到，這種特質有助於談成交易，也有助於向某人傳達壞消息，譬如這次。

這群人已經討論幾個星期了。格利已經在電話上跟其他創投人談了好幾個小時——第一輪資本的賈許．柯波曼（Josh Kopelman）和羅伯．海斯、門羅創投的道格．卡萊爾（Doug Carlisle）和尚恩．卡羅萊恩、小寫創投的克里斯．薩卡——甚至花更多時間跟自家合夥人苦惱情勢發展。這群人非常疑神疑鬼，懷疑會被偷聽，所以在公共場所談到這件事會用代號，如果剛好在Uber後座談到卡蘭尼克的話，他們不會說「崔維斯」，而是用「鮑伯」或「傑夫」或其他臨時想到的名字。卡蘭尼克跟司機爭執的影片出現後，大家都認為隨時有人在錄音或監聽。

格利跟自家同事的會議多半圍著林邊辦公室那張木頭會議桌，格利、柯勒、芬頓，再加上艾瑞克．威許瑞亞、莎拉．塔維爾、米奇．拉斯基（Mitch Lasky），一起沙盤推演，一次又一次，直到每個人都牢牢記住。他們把柯勒和芬頓去找卡蘭尼克可能發生的情境都預想一遍（崔維斯會不會抓狂？會不會馬上答應？會不會撲過去殺了他們？）然後打出十幾封不同版本的信，每一封就是一個可能的攤牌情況，也找老牌的寶維斯事務所律師一一審核過。

那個大日子的前一天，星期二，這群人在標竿辦公室集合，再把整個計畫複習一遍，準備迎接一場勢必醜陋不堪的公開鬥爭。卡蘭尼克絕對不可能屈服，Uber一個高管回憶卡蘭尼克曾經說過，他「寧可Uber估值歸零」也不會交出舵手位子（卡蘭尼克後來透過發言人表示從未說過這種話），他們這群人必須有心理準備，接下來是棘手的挑戰。

雖然極度焦慮不安，標竿合夥人還是努力平心靜氣看待即將要做的事。做這件事是為了拯救一家公司，拯救標竿的的輝煌戰果，他們不能坐視崔維斯．卡蘭尼克隻手拖垮價值六百八十五億的龐然大物。過去六個星期一起規劃討論期間，他們對外界、對彼此的口徑都是一致：「我們已經盡力了。」情況之所以走到這步田地，就是因為他們已經窮盡一切可能，無計可施了。

會議室的陽光漸暗，格利環顧四周的合夥人，點點頭。他內心很不安，但是知道勢在必行。

「我真的認為我們站在歷史正確的一方。」格利說。

那天早上柯勒和芬頓包了一架私人飛機，從舊金山國際機場直飛芝加哥奧黑爾機場（O'Hare），抵達之後會入住另一家豪華飯店（和麗池飯店在同一條路上），為接下來的一天預做準備。兩人走出停機坪，坐上Uber來到飯店後，跟史蒂芬．魯賓斯坦見了面，這位危機公關專家從東岸飛過來，負責處理卡蘭尼克拒絕之後的媒體應對。魯賓斯坦是危機公關界的老面孔，二〇〇〇年代初電話竊聽醜聞吞沒新聞集團（News Corp）時，就是他替新聞集團老闆魯伯特．梅鐸（Rupert Murdoch）做停損工作。魯賓斯坦是精瘦、愛挖苦人的紐約人，掛著黑色粗框眼鏡，一旦情勢僵持不下，他就會開始向媒體記者轉述事件始末。

雖然他們三人都知道卡蘭尼克人在麗池，仍不免擔心可能在芝加哥某個角落不小心撞見他。標竿的疑神疑鬼已經連續幾個月都維持在高點，自從調查過 Uber 維安團隊一些祕密行動後，格利就甩不掉被跟蹤或住家外面被卡蘭尼克裝了攝影機的陰影。

在林邊那頭，格利坐在會議桌主位，在黑色皮製扶手椅上來回旋轉，標竿其他合夥人進進出出。為了確保行事順利，這群同夥在 WhatsApp 開了群組，這時參與卡蘭尼克下臺計畫的人已經超過十幾個，需要一個讓大家訊息一致的方法。除了一個共同的 WhatsApp 群組，也有不少人各自互傳簡訊，不過都還是以格利為首。

柯勒和芬頓離開飯店，往麗池走去見卡蘭尼克，魯賓斯坦留下來，靜候兩位夥伴的訊息，如果不得已必須公諸於世的話。

不是每個參與計畫的人都知道，其實他們裡面有個人上週末打了電話給一個《紐約時報》記者，那個人說：投資人砲火隆隆，《紐約時報》要做好準備，可能會有戲劇化的事情發生。這個線人的話既神祕又耐人尋味。

那個記者就是我。

六月二十日早上九點，我坐在舊金山國際機場維珍美國航空（Virgin America）的登機門，口袋裡的手機嗡嗡響起。我正要南下洛杉磯，採訪在一場科技會議上演講的高管，接下來幾天打算留在那裡見見業界其他人脈。我用大拇指按下靜音鍵，查看 iPhone，是一個重要的 Uber 線人打來的。

這個線人上週末突然聯絡我，預告有大事即將發生。這些年我接到不少不實的內幕消息，最後都沒有下文，但是那個早上就在我要登機前，那個線人告訴我卡蘭尼克的時間所剩不多，很有可能那天就要被迫離開 Uber。「他要走人了，今天就會下臺。」那個線人是這麼說的。

我嚇了一跳。「什麼？發生了三小？」我結巴起來，「我真的要上飛機了。這是現在發生的事嗎？我必須取消班機嗎？」

空服員開始呼叫登機。就算我在空中有 Wi-Fi 可用，在三萬英呎高空也接不了電話。經過幾個月來的醜聞和輿論譁然，整個矽谷每個科技人都在看卡蘭尼克能不能保住工作，現在歷經了難看的侯德報告和大衛．邦德曼突然下臺後，所有人更是眼睛睜大緊盯著看。要是今天就是崔維斯．卡蘭尼克要被趕下臺的日子，那我得趕快做好準備。

「守在電腦旁，電話二十四小時不關機，」那個線人說，「我會打給你。」然後他就掛斷了。

柯勒和芬頓步出金色電梯門，踏上麗池十二樓大廳的黑白大理石地板時，沒有料到會立刻沒入西裝革履的人潮當中。原來麗池那週正在舉辦房地產會議，那些西裝筆挺的白人是來自全國各地的地產經紀人，像是瑞麥地產（RE/MAX）、科威不動產（Coldwell Banker），人多到淹沒整個門廳，這兩個創投人有禮貌地一路擠過人群。

麗池在芝加哥已經營運四十多年，一直沒有翻新，當地人和常客都注意到這些年來它已老態畢露，但是柯勒和芬頓那天早上走進去的時候，看到的是一家正在改頭換面的飯店，再過幾個星期就會揭開耗資一億美元、耗時一年半的盛大改裝成果。❶有一幅羅伊．李奇登斯坦（Roy Lichtenstein）畫作高掛於西裝革履群眾之上，穿過大廳，一整面牆的窗戶面向北邊，密西根湖盡收眼底，這兩人要不是滿心焦慮，應該會駐足好好欣賞。

柯勒和芬頓穿越大廳走到第二組電梯，可通往頂樓的客房、私人辦公室和商務套房。芬頓早上先聯絡了卡蘭尼克，跟他說他們兩個創投人正在芝加哥，有急事必須跟他談，猝不及防的卡蘭尼克，感覺不太對勁，但還是要他們到麗池來找他，他一個人在樓上工作，等他們。

這兩位創投人一走進私人會議室，三個人互相鄭重打了招呼。格利沒來是對的（至少卡蘭尼克沒有馬上衝出去），柯勒和芬頓也和緩地帶入正題：他們有個請求，其實不只是請求，他們要卡蘭尼克下臺，「立刻且永久」下臺，為了公司好。

卡蘭尼克坐在那裡，目瞪口呆，芬頓把一封信滑過去給他*。卡蘭尼克低頭閱讀面前的信。

親愛的崔維斯：

謹代表標竿、第一輪資本、小寫資本、門羅創投等等——總計擁有 Uber 超過百分之二十六的股份，以及超過百分之三十九的投票權股份——這封信是為了表達我們對 Uber 未來方向的深層憂慮，並提出一個前進的方法。

首先請知悉，我們深深感謝你過去八年的遠見和不懈努力，創造了所有人都想像不到的公司和產業。只是很可惜，最近一連串事件揭發，已經嚴重影響到我們……這些問題無一不對 Uber 品牌造成重創，也威脅到 Uber 對股東與利益相關者創造的價值。我們認為這些問題不僅來自

---

*這夥人擬了好幾個版本，這封並不是卡蘭尼克那天拿到的最終版本，但是內容相去不遠，最終版本只是把共同基金巨頭富達投資加進去。這個版本直到現在才曝光，為了保護消息來源，有些會透露身分的訊息已經刪除。

Uber深層的文化與治理問題，也來自最上層所定下的基調……

我們必須採取具體行動解決這些問題，強化Uber的品牌和治理，如果不現在就好好解決，Uber的品牌和市場占有率勢必繼續受到侵蝕，傷害公司和全體股東，包括你在內。

……透過這些改變，我們堅信Uber可以重拾矽谷史上最重要企業之一的地位。希望你同意跟我們一起踏上這條道路向前走。

「Uber向前走」：投資人的要求

第一，你必須立刻且永久辭去執行長職務。我們強烈認為更換領導階層（再加上有效的董事會監督、改進治理方式等立即行動）是Uber向前走的必要條件。我們需要一位值得信賴、經驗豐富、精力充沛的新執行長，協助Uber度過目前的險峻急流，發揮Uber所有潛力。

第二，Uber目前的治理架構，包括董事會的組成和架構，已經不適合一家價值六百八十億美元、員工超過一萬四千人的公司，新任執行長必須向獨立的董事會報告，董事會才能行使有效的監督……再者，你也知道，侯德報告呼籲增加獨立董事，因此，你手中控制的三席董事任命權，必須有兩席是真正符合侯德報告所建議的獨立董事（第三席保留給你自己）……

第三，……你必須支持董事會組成一個執行長遴選委員會，由獨立董事長帶領，並納入一位資深管理階層代表、一位司機代表……

第四，公司必須立刻聘請一位經歷符合的臨時或正職財務長。公司已經兩年多刻意懸缺夠資格的財務最高主管，投資人普遍認為這個職位的空缺亟需馬上填補。

希望你同意跟我們一起踏上這條道路向前走，期待你的回覆。

卡蘭尼克氣到不行，他從椅子上站起來，一開始還氣到無法把信看完。他氣得臉紅脖子粗，這兩個人竟然不顧他幾個星期前才喪母，就這樣突然去出這種信給他。標竿怎麼能這樣對他？

卡蘭尼克馬上想起才一個星期前的董事會。桂夫斯、格利和其他董事在討論卡蘭尼克的休假問題，還公開祝福他。格利說他對崔維斯休假後能否回歸抱持中立態度，不管是哪一種結果他都支持，這番話讓卡蘭尼克大受鼓舞，經歷了這麼多個人的風風雨雨之後，他感受到董事會同僚給予的支持和安慰。現在，柯勒和芬頓卻送來這封判他死刑的信，卡蘭尼克不禁開始懷疑這些人早就在密謀處死他了，這是終極的背叛。

他開始踱步，一如慣例，對著這兩個他曾視為盟友、支持者的投資人大吼大叫，柯勒和芬頓則是靜靜坐著，面無表情，默默承受。卡蘭尼克像一頭被逼到角落的動物狂吼，不願乖乖屈服。他不會答應他們的要求，他要反擊。

「如果這就是你們要走的道路，那你們會很難看，」卡蘭尼克說，「我是說真的。」

兩位投資人知道卡蘭尼克是說真的，但他們也是。柯勒和芬頓遞出這封信給他的同時，他們的同夥已經開始倒數計時。這時已經接近中午，他們給卡蘭尼克下了最後通牒：他們今天下班前就要得到答覆，大約下午六點，要是他拒絕答覆、要是他把時間拖太久、要是他企圖拖延他們（只要他有**任何**偷偷摸摸的動作），兩位創投人就會走出會議室，傳簡訊給同夥，立刻啟動公關機器，把這場戰爭搬上檯面，明天早上就會登上《紐約時報》頭版。消息會快速傳開，其他投資人看到幾個最大股東都採取這麼強硬立場了，最後勢必也會加入。其實至少已經有一個重量級投資人加入了，標竿的強大盟友及大股東富達投資在最後一刻也簽署了這封要求卡蘭尼克下臺的信，其他投資人——譬如 Glade Brook Capital Partners、Wellington Capital Group、天使投資人大衛．薩克斯（David Sacks）私下也在疾呼拉下卡蘭尼克。兩位創投人威脅，一旦標竿把訊息傳開，其他人一定會跟著加入。

卡蘭尼克知道他被釘住了，動彈不得。經過雙方漫長的來回溝通，他要求兩位給他時間考慮。柯勒和芬頓同意，雙方在當天首度分開。

柯勒和芬頓把最新情況回報林邊總部的格利，格利隨即傳簡訊向同夥報告。

「他在拖延。」格利發簡訊說。

這位 Uber 執行長不只是在拖延。柯勒和芬頓一走出會議室，卡蘭尼克就開始狂打電話，第一個是亞瑞安娜．赫芬頓，他少數僅存的盟友之一。赫芬頓說她跟卡蘭尼克一樣震驚，很意外這群投資人竟會密謀做出這種舉動。兩個人在電話上討論了卡蘭尼克眼前的選項。

卡蘭尼克很信任赫芬頓，但他不知道的是，赫芬頓其實已經在幫他準備辭職聲明。卡蘭尼克周遭的世界一個個崩塌的同時，赫芬頓正跳進錄音室跟艾希頓．庫奇（Ashton Kutcher）一起錄製 podcast。

柯勒和芬頓不斷向林邊的同夥回報最新情況，格利老神在在，情況早在他的預料中。卡蘭尼克在 Uber 的朋友已經流失大半，只能向外求助盟友解救自己，標竿只要繼續給他壓力，繼續把他關在籠子裡，就像對待《異星智慧》那個外星生物一樣。

有另一個投資人發簡訊給格利，想知道最新發展，格利回他：「正在籠子裡跳來跳去。」

卡蘭尼克不只打給亞瑞安娜・赫芬頓，他還打給仍在Uber的業務開發高管，像是大衛・李希特（David Richter）和卡麥隆・波伊爾（Cam Poetzscher），這兩個人在組織內都有影響力，或許有辦法幫他脫離這場泥淖。他也開始打給董事會成員和老盟友，像是蓋瑞特・坎普和萊恩・桂夫斯，以及其他或許有辦法幫他對付那個共謀集團的投資人。

突然間，卡蘭尼克看到一條生路。如果他去號召股東站到他這邊來，也許可以累積夠多的投票權股票，假如股東大戰全面開打，他便有足夠力量對抗那夥人。因此，他開始打電話給那夥人的個別成員，自認可以策反成功，讓他們重新站到自己這邊來。

「尚恩！」卡蘭尼克對著iPhone高喊，用他最擅長的討拍小狗聲音，「我沒有想到會變成這樣！我會改！請讓我有機會改！」

尚恩・卡羅萊恩（門羅創投合夥人，Uber早期投資人）很難不相信他。卡羅萊恩告訴朋友，他一直覺得卡蘭尼克很有說服力，這個創辦人的自信、敢作敢為、聰明、魅力都是他當初投資的原因。現在，電話那頭卻傳來卡蘭尼克為了保住工作而透露出的痛楚，他彷彿聽到哭泣聲，雖然知道不應該但罪惡感頓時湧上，他這是在殲滅自己的創辦人，這是創投這一行的滔天大罪。但是，經過短暫的心軟與電話上的支支吾吾，他甩掉猶豫硬起來，做出適當回應。

「抱歉，崔維斯，我真的很抱歉，」卡羅萊恩說，「我很想相信你，但就是做不到。我的理智沒辦法再支持你繼續擔任執行長。」然後這位創投人就掛掉崔維斯．卡蘭尼克的電話。

一段時間過後，柯勒和芬頓再度回來。這次他們動之以情：如果卡蘭尼克同意下臺，平和且不反抗地下臺，他們會讓他有尊嚴地優雅退場。這兩個創投人很清楚，企業高層如果被自家公司撤換或降職，對外宣布的時候往往會演演戲或故作姿態。「我要退下來擔任顧問的工作」、「我是為了花更多時間陪伴家人」這類半真半假的託辭都是用來掩蓋企業政變的陳腔濫調。標竿很樂意陪卡蘭尼克演這一齣。

天色漸晚，麗池會議室外的太陽開始下沉。芬頓把自己弄得有點狼狽，他沒辦法平心靜氣等卡蘭尼克做出決定，因為他當晚得趕飛機飛越大西洋去看小孩，小孩跟媽媽住在法國。下午四點左右，時間快到了，但是卡蘭尼克還在抗拒，再度要求讓他想想。雙方再次分開。

最後卡蘭尼克派代理人跟兩位創投人談，他要自己好好想想該怎麼做。已經跟卡蘭尼克密切聯繫幾個小時的亞瑞安娜．赫芬頓，開始跟芬頓談、發簡訊。

到此刻之前，赫芬頓一直跟卡蘭尼克同一步調，支持他，替他在媒體和憤怒員工面前說話。今年初她還上CNN宣稱卡蘭尼克已經「進化」，為他身為執行長的能力辯護，她在現場直播節目宣稱崔維斯．卡蘭尼克是Uber的「心臟和靈魂」。[2]跟卡蘭尼克同一陣線多年的她，這時卻建議他：或許他應該考慮退下。

如果是以前的卡蘭尼克，這樣的想法一定會馬上被他嗤之以鼻。為了得到他要的東西，他從來沒有也絕對不會停止戰鬥，而這世界上他最想要的，莫過於從這可怕的一年重新站起，繼續想方設法讓Uber稱霸全世界。

但是現在不一樣了。母親驟逝把他擊垮了，這場政變發生於他還在顫抖、還在消化再也看不到母親的事實之際，飛去福雷斯諾坐在病榻前祈求父親好轉才不過幾個星期前的事，更別提不久前他才剛到洛杉磯埋葬母親，有生以來第一次，崔維斯．卡蘭尼克第一次意識到自己厭倦戰鬥了，或許，就這麼一次，下臺去好好悼念才是他該做的事。

格利給一個同夥成員發簡訊更新進度：「他考慮認輸了。」這幾個在WhatsApp群聊的創投人和顧問，不敢相信真有這麼一天。

芝加哥太陽落下夜幕升起時，卡蘭尼克已經拖幾個小時了。兩個投資人等夠了。赫芬頓第一次向這群人暗示卡蘭尼克可能下臺之後，遲遲沒有下文。那一整天下來，芬頓和柯勒每隔一段時間就跟卡蘭尼克不同的代表人談，他倉促找到幾個願意代他發聲的人。

但是眼看時間一分一秒過去，卡蘭尼克卻不給個明確答案，他們等夠了。東岸標準時間晚上九點十九分，彼得．芬頓發簡訊給亞瑞安娜．赫芬頓，告知他們要打電話給《紐約時報》了。

「不好意思，我很急，我十五分鐘後要去歐洲，」芬頓寫道，提到他等一下就要去趕飛機，「大家決定公諸於世，我阻止不了，我知道你們還在努力，但是我們沒有時間了。」

赫芬頓很快就傳來回應：「現在就打給他。」芬頓回傳一個「雙手比讚」的表情符號，表示感謝。

這群人最後的催促，再加上赫芬頓在最後一刻勸他下臺，終於收到效果。這位執行長筋疲力盡，沒有選擇餘地。他說服不了任何老盟友，沒有人願意跟他一起對抗這些創投。他答應再見一次面，簽署文件。

在麗池最後一場會面就是忙著簽字和談判。卡蘭尼克掏出筆，快速看過那封信，劃掉不同意的部分，修改他認為太超過的條文。

就算不再領導這家他創建的公司，他說什麼也要保有董事席位，取得置喙公司未來的權力。兩位投資人同意，讓他留在董事會是他們最起碼能做的事。

但是比爾·格利的董事席位就保不住了。格利算是贏了這場鬥爭，但是卡蘭尼克不想再看到這個創投人，也不想再跟他打交道，更別說在 Uber 董事會繼續共事。經過一番討價還價，雙方同意各退一步，格利卸下 Uber 董事身分，由他的合夥人麥特·柯勒取而代之。

這群人承諾給卡蘭尼克軟著陸，會給他一個簡單優雅的退場，外人會理解的。

透過簡訊，芬頓對赫芬頓大表讚賞：

獻上我最深、最由衷的感謝。今天你讓不可能的事發生了，我肅然起敬，日後若有機會合作，不管何時何地，我一定二話不說。沒有這次這麼高壓的環境，我們必定能成就更多，如果這些能量都能完全投注於一個正面積極、煥然一新的 Uber，這家公司的未來必定燦爛光明。

格利給同夥發出最後一則更新：「簽了名的辭職信拿到了。」

太平洋時間晚上九點半，走回洛杉磯市中心飯店的路上，我的線人傳來最後一則情報。我拿到那封信的副本，概略了解卡蘭尼克在芝加哥跟投資人對峙的情況，並且被告知可以打給卡蘭尼克和赫芬頓，看看卡蘭尼克有沒有任何聲明。

我不知道的是，雙方已經談好要給卡蘭尼克一個平和的退場。我完全不知道他們打算告訴媒體是卡蘭尼克主動決定下臺的。

我只知道卡蘭尼克被投資人發動政變逼宮成功，我得搶在別人之前趕緊把報導寫出來。直到很久以後我才知道，那群密謀推翻卡蘭尼克的人當中至少有一個要確保卡蘭尼克**絕對**回不去，雖然那群人大多希望按照計畫以軟著陸見報，但是裡面有少數幾個想讓外界看到實際的混亂情況，所以他們利用了我，利用我這個不知不覺捲入其中的人，達成他們要的結果。

接到線人的訊息後，我連忙上樓進入飯店房間，瘋狂敲出卡蘭尼克遭到罷黜的千字文，並且打電話給卡蘭尼克和赫芬頓詢問想法。

「我愛 Uber 勝過世上任何一切，」卡蘭尼克最後一封給我的 email 聲明寫道，「在我人生這個艱難時刻，我接受了投資人的下臺請求，讓 Uber 可以重回全力建設的軌道，不必再分心於鬥爭。」

東岸時間凌晨一點半剛過，我的報導登上網路，《紐約時報》的訊息推播同步傳到幾十萬訂戶的手機螢幕：「投資人以法律與職場醜聞為由逼宮，崔維斯．卡蘭尼克辭去Uber執行長職位」。

卡蘭尼克被暗算了。不是說好軟著陸，說好辭職是出於他自己的意願嗎？結果卻是徹頭徹尾的羞辱，他被出賣了。

在林邊這頭，這夥人全都嚇傻了，有人把整個情況洩露給《紐約時報》。他們只是要卡蘭尼克辭職下臺，並不是要讓他難堪，過去四十八小時的混亂不知道哪裡出了錯，這群人感到一陣內疚，但是更多的情緒是解脫。崔維斯．卡蘭尼克終於不再是Uber執行長了。

現在，這家公司可以開始重建了。

不到二十四小時後，《紐約時報》以頭版篇幅刊出，鉅細靡遺描述崔維斯．卡蘭尼克在芝加哥發生的種種。看到分分秒秒的細節都登上A1頭版[3]，還有一張自己臉龐破碎的巨幅插畫——就像玻璃碎裂一樣——橫跨整個財經頭版，卡蘭尼克無法忍受，他氣憤不已，這些創投人又搞他，坐實了他一直以來的懷疑。

他們讓他在全世界面前出醜。

第三十章 退而不出

被逼退又被一個線人出賣給《紐約時報》之後，第二天早上，崔維斯．卡蘭尼克飛回加州的家中，不知道接下來該何去何從。他在這個世界最愛的兩個——媽媽和公司——都沒了，媒體不會放過他，他的員工在為他的離開喝采歡呼。

被自家公司趕下臺的創辦人會做什麼？卡蘭尼克，這麼一個充滿幹勁和急迫感的人，突然沒了揮灑的舞臺。這場戰鬥打完了，他輸了，接下來呢？

他決定去天堂一遊。是精品時尚設計師黛安．馮芙森堡（Diane von Furstenberg）建議他去偏遠小島休養的，她先生巴瑞．狄勒（Barry Diller，曼哈頓媒體大亨，也是 InterActiveCorp 網際網路公司董事長）在南太平洋的遊艇還有空位。這對夫妻在大溪地舉辦的超狂派對很有名，這種邀約一向是崔維斯樂此不疲的，但他現在沒有心情狂歡。不過話又說回來，現在他腦子一片糊塗，只能仰賴身邊人的理智，亞瑞安娜．赫芬頓雖然在芝加哥最後一刻改變了效忠對象，但是崔維斯對她還是很信任，她替他答應了那對名流夫妻的邀約。

六月底，卡蘭尼克坐上飛機飛往帕皮提（Pape'ete）——法屬玻里尼西亞（Polynesia）＊首都——在那裡，他隨著狄勒的遊艇「厄俄斯」（Eos）出海休養了一個星期。「厄俄斯」是全世界同款遊艇第二大，名字取自每天早晨為太陽開啟天堂之門的希臘女神，可睡十六人（由二十名船員服務），名人和朋友在這艘船和其他停泊附近的船隻上上下下，訪客來來往往，只有這位卸任執行長在船上一待就是幾個星期。卡蘭尼克唯一的安慰是馮芙森堡的同理心，她很努力讓他振作起來。

要不是被罷黜的細節馬上就遭洩露公開，他或許會在大溪地多待一段時間，經過八年來每週七天、每天十八小時不間斷工作，一趟短暫的海島假期絕對不夠，而且他甚至可能在這段時間靜下心來平和看待這一切，從這場災變結局學到教訓，這時候的崔維斯．卡蘭尼克是有機會成長的。

但是一看到他被趕下臺的分秒過程登上全世界各大報紙，他就打消和平投降的念頭了。在大溪地，在那個六月底，卡蘭尼克開始備戰。

芝加哥攤牌過後，比爾．格利以為他的頭痛結束了。

那天過後（那天是格利這輩子壓力最大的一天之一），接下來幾個星期似乎平靜了下來。媒體起初報導了一陣就把焦點轉到別的地方了，董事會也準備開始面試下一任執行長人選。少了全職執行長，在董事還沒找到替代人選之前，先由十四位領導團隊高管擔起打理公司的責任。這種權宜之計既不夠細緻也不利快速決策，十四人的委員會很難取代一個快速果斷的執行長。

更糟的是，他們很快就發現卡蘭尼克的請求如猛烈炮火襲來，卡蘭尼克企圖將他們個個擊破，哄誘他們站到他那邊。每天都有一個高管收到前老闆的簡訊和電話狂轟，企圖介入日常決策，彷彿麗池飯店的攤牌從沒發生過。卡蘭尼克不斷傳訊息給一個員工，討論那段臭名遠播司機影片的後續影響（這件事在他離開很久後依舊困擾著他*），他還會問他們一堆有關公司現況的問題，企圖主導攸關未來的決策。他不是應該退下了嗎？並沒有。

---

*大溪地即為法屬玻里尼西群島的最大島嶼。

*卡蘭尼克最後自己拿出二十萬美元給那個司機法齊．卡莫，作為封口與停損的費用。有人覺得這麼做並不值得，因為影片都已經傳開來了。

有些高管陷入天人交戰，譬如安德魯．麥唐諾（Andrew Macdonald）、皮耶迪米崔．高爾柯帝（Pierre-Dimitry Gore-Coty）、芮秋．霍特——這三人共同領導Uber全球幾百個城市的營運——他們的職業生涯幾乎只跟過卡蘭尼克。還有數學與物流奇才丹尼爾．葛拉夫，他覺得跟卡蘭尼克很親，因為是卡蘭尼克一手提拔他擔任高階職務，經手Uber產品的核心。還有Uber技術長范順，他是卡蘭尼克親自延攬進來的，近身跟隨他共事多年。現在，他們卻不得不把他擋在外面。

不過這些高管並不是盲目粉絲，其中許多人過去一年半跟這個老闆的關係時好時壞，卡蘭尼克的哄騙作為做得過火的時候，他們反對他的立場就愈強硬。七月時卡蘭尼克開始打電話（包括既是關鍵股東也是董事的萊恩．桂夫斯），請他們在他需要的時候支持他、投票贊成他。都已經走到最脆弱不堪、最難以預料的地步，卡蘭尼克還在拉幫結派，這種行為把高管們嚇壞了，他們不知道卡蘭尼克接下來會做出什麼。

最後，十四位高管聯名寫了一封信給董事會，敦促董事會採取進一步行動阻止卡蘭尼克的干預。七月二十七日星期四，他們共同發出以下訊息：

親愛的董事會：

有鑑於有義務把我們覺得重要的問題提出來，我們在此呼籲各位注意以下三個發生案例：

一，崔維斯最近直接找上一個同仁，先是詢問他是否願意跟記者談論一篇即將刊出、關於法齊・卡莫事件的負面報導（法齊・卡莫是三月那段影片的Uber司機），崔維斯的律師先前也找過這位同仁詢問相同的事。

崔維斯還要求那個同仁把私密的內部email文給他，還說他如果不肯給，他就會動用董事的權利直接向資安團隊索取。那個同仁並沒有把email文給他，崔維斯就轉而向資安團隊要求提供。資安團隊也拒絕提供，並把這件事報告給（法務長）劉莎莉，劉隨後建議ELT（領導團隊）應該堅守立場，拒絕任何可能侵犯同事隱私權的要求，而且董事也無權自己進行調查。

崔維斯也詢問這位同仁是否跟Covington調查團隊談過相關問題，基於Covington的調查隸屬機密，那位同仁感到很困擾，於是將其顧慮呈報法務團隊。

二，崔維斯最近打電話給ELT一位成員，詢問是否可以投票支持他（沒有具體說明什麼目的以及什麼投票），現職與離職員工也向ELT報告接到類似詢問。ELT很為難，不知道崔維斯是否有什麼密謀、會不會帶來困擾。

三，崔維斯不斷以公事為由找上ELT以外的同事，不論他的意圖為何，都對Uber日常工作造成干擾，而且他通常還會要求同事別向管理階層透露，也是引人憂慮的原因。❶

ELT敬上

這封信還附帶一項更堅決的要求：如果他繼續企圖重新掌權，ELT十四位成員將全部辭職。

這項舉動嚇到格利和其他董事。高層集體出走可能會讓這家公司陷入死亡漩渦，他們得做點什麼來反制卡蘭尼克才行。

資安長喬·蘇利文有個點子。眼看大家都沒有勇氣制止卡蘭尼克，蘇利文知道他必須動手：他可以剝奪卡蘭尼克進入 Uber 的電子權限。

他一一取消前老闆取得 Uber 最敏感資料的權限。Google 硬碟、聊天室、內部維基頁面、員工討論區，卡蘭尼克一個一個都進不去了。只不過敲敲幾個鍵盤，蘇利文就把卡蘭尼克的牙齒拔掉了。

這招見效了——暫時。

Uber 董事會已經聘請一家獵人頭公司，希望快點找到下一任執行長。董事們相信，只要下一任領導人出線，就可斷了卡蘭尼克爬回來的念頭。不過前提是那個人必須夠強大，足以一棒就解決這個千方百計要回來的敗家子。

標竿認為它已經找到適合人選：梅格·惠特曼（Meg Whitman）。這家創投跟惠特曼的淵源很深，惠特曼是資深高階經理人，任職的公司都名列《財富》五百大企業。有普林斯頓和哈佛商學院學歷的她，是個強悍、勤奮、果斷的人，曾經在貝恩策略顧問公司（Bain & Company）擔任顧問、在迪士尼擔任策略高管、在孩之寶（Hasbro）擔任總經理等等。她對同事的要求很高，表現不好會被降職、裁員或趕走*。

但是她人生最大的機運出現於一九九八年三月，標竿創始合夥人鮑伯．凱歌（Bob Kagle）把她帶上 eBay 執行長的位子。當時這家線上拍賣網站是標竿的投資組合裡最耀眼的珍珠，只是創辦人兼領導人皮耶．歐米迪亞（Pierre Omidyar）並不是專業執行長，擔任 eBay 董事的凱歌看出這家年輕公司的成長潛力，把年輕的惠特曼帶到掌舵位子，十年後她離開 eBay 的時候，這家公司已經是業界巨擘，員工超過一萬五千人，市值超過四百億美元。

角逐加州州長失利後，惠特曼二〇一一年落腳惠普（Hewlett-Packard）執行長。雖然內部有人以她在 eBay 的成功看好她，但也有人從一開始就認為找她來扭轉惠普下滑的硬體事業是找錯人，所以有人上門商談 Uber 執行長職位的可能性時，她樂見其成，畢竟這可是一家竄升飛快、

*真的是動手趕走。惠特曼二〇〇七年被控在多位同仁面前推開一個部屬，最後她跟這個部屬金英美（Young Mi Kim）私下和解，據說付了大約二十萬美元的和解金。

知名度很高的公司，是這個「獨角獸」年代的象徵。

惠特曼從一開始就跟Uber不陌生，甚至二〇一〇年就成為它的天使投資人。在標竿的請託之下，她在Uber幾個年輕高層還在摸索階段時就提供指導，那些年還偶爾會聚集到惠特曼家裡或辦公室吃飯閒聊。她喜歡桂夫斯——這個人很難叫人不喜歡——但是對於自以為是、不受控制的卡蘭尼克始終保持健康的警戒距離。她不僅建議他們可能的董事會人選，自己也曾是Uber董事會可能的人選；她第一次真正給卡蘭尼克商業建議和忠告是關於他對中國的執迷，她認為他永遠征服不了中國市場：「因為中國政府的緣故，你在那個市場的占有率不可能超過百分之三十，你當然可以大撒幣成為那裡的德蕾莎修女（Mother Teresa），但市占率還是不會成長。」

卡蘭尼克一被趕下臺，獵人頭公司「海德思哲」（Heidrick & Struggles）就找上惠特曼。一開始她語帶模糊，畢竟她還是惠普執行長，而且就算只是旁觀都看得出Uber亂到不行，她告訴獵人頭：「我建議你們先去找別人談，如果名單上的人都談過了還是想要我，到時再來找我。」

標竿心意已定：他們是梅格隊。她有他們要的專業嗅覺，有把軟體公司擴大到全球規模的經驗，最重要的是，她訂下明確的規矩：如果要惠特曼打理Uber，卡蘭尼克就必須徹底離開，不插手，不干預，什麼都不行。她說過，梅格．惠特曼領軍就是崔維斯．卡蘭尼克的終結，這話聽在標竿耳裡無比悅耳。

卡蘭尼克還不死心在外頭猛抓窗戶，標竿得加快動作才行。惠特曼被催著去跟所有董事面試——標竿的麥特．柯勒、TPG的大衛．楚希約（他接替大衛．邦德曼進入董事會）、萊恩．桂夫斯、蓋瑞特．坎普，幾乎每個董事都談。

七月二十五日星期二下午，惠特曼正在帕羅奧圖市中心開車，手機狂響，是惠普的公關市場策略高管亨利．高梅茲（Henry Gomez）打來，媒體即將刊出一則報導，宣稱她是Uber最高首長的候選人之一。❷

惠特曼震怒。卡蘭尼克一個盟友（這個人知道惠特曼反卡蘭尼克的立場強硬）刻意把消息洩漏給媒體，想把惠特曼引出來，如此一來，身為上市公司執行長的惠特曼就不得不退出，以免惠普的同事和股東群起反抗。

在這幾週追求期間，惠特曼一再強調不可洩漏她要加入或考慮加入的風聲，任何她可能離開的風吹草動都會重創已經陷入財務困境的惠普，她也明確表示，萬一媒體聽到風聲，她會一律否認到底。惠特曼的發言人連續兩天一再發出同樣聲明：惠特曼「全心全意」於惠普的工作，任務未完成不會離開。

可是媒體的臆測仍持續不斷，並且在七月二十七日星期四下午達到最高峰，因為有消息透露：傑夫．伊梅特（Jeff Immelt），這位即將卸任的奇異執行長，也是Uber執行長的熱門候選人。❸

董事會很多人在猜測放出這則風聲的用意，有人認為，標竿急著要通過惠特曼人事案，卡蘭尼克和盟友則是推出伊梅特來反制[4]，因為伊梅特比惠特曼更能接受卡蘭尼克繼續待在 Uber。惠特曼連卡蘭尼克走進公司大樓都不准，但如果是伊梅特，卡蘭尼克還能看見重回公司的道路。

那將是格利最大的惡夢。伊梅特對他目前的公司有沒有願景都看不出來了（奇異的股價和業績在伊梅特任內坑坑巴巴），更遑論替 Uber 提出一套清楚明白的願景，不過格利還有更擔心的：伊梅特哪怕只是留一道縫隙給卡蘭尼克硬擠回來，誰知道接下來會發生什麼事？

媒體報導的力道漸強，惠特曼的壓力也愈來愈大。惠普董事會覺得她的第一份聲明不夠明確，同仁和股東也這麼認為，於是惠特曼做了她認為該做的事：拉開降落傘。

那個星期四晚上七點左右，就在 Uber 董事會開始季會討論執行長尋覓進度時，惠特曼向全世界發出三條簡短推文。[5]

「我通常不對傳言發表意見，但是外界對於我的未來和 Uber 的揣測已經造成干擾[6]，所以我還是盡可能把這事說清楚。我全心全意投入於 HPE（惠普），也計劃繼續擔任這家公司的執行長。[7] HPE 還有很多工作需要做，我哪裡也不會去。」她這麼說。惠特曼的推文開始在 Twitter 世界散播的同時，Uber 八位董事的手機也開始一個接一個亮起、響起。

她最後一句話很清楚：「Uber 執行長不會是梅格．惠特曼。」[8]

比爾．格利很沮喪。

他的公司花了幾個星期打點惠特曼接任執行長一事，她卻在最後一刻公開扼殺自己的候選資格。又活過來準備作戰的卡蘭尼克，已經開始來陰的了，這正是格利所害怕的。

接下來輪到格利反擊了。八月十日，標竿合夥人麥特．柯勒（他當時正在非洲內陸一支遊獵行旅中，周圍有大象、獅子、河馬）開始打電話給其他同事，知會標竿的下一步行動：對崔維斯．卡蘭尼克提起告訴，控告他詐欺 Uber 股東、違反董事的信託義務。這項舉動令人錯愕，高知名度公司的董事之間竟然公開宣戰。[9]

格利的舉動有其戰略意義，但也是因為無計可施。卡蘭尼克正在進行圍攻，他已經撕毀任命兩位獨立董事的協議，要是他在董事會加入兩個傀儡董事，就能清出一條班師回朝的道路。

格利提告前執行長的目的是：使卡蘭尼克的董事任命權沒有正當性。訴訟中，標竿宣稱卡蘭尼克欺騙了格利和其他董事，要是知道卡蘭尼克會把公司經營得這麼糟，他們一定不會給他董事任命權。

標竿提起這件訴訟其實很諷刺。崔維斯在各個城市衝破監管防線、違法營運，在舊金山不顧交通當局逕行推出自駕車，當時格利都在一旁漠視，他投資的是一個顛覆者，而顛覆者顧名思義就是不照規則玩，Uber 內部有人認為格利和標竿這時才說對崔維斯的行為感到「震驚」，虛偽到不行。

不過話又說回來，創投控告自己投資的執行長是一件大事，這代表標竿寧可玉石俱焚也要讓 Uber 擺脫崔維斯．卡蘭尼克。這項行動最後要是沒成功，反倒會傷害標竿長期苦心建立的「親創辦人」形象。

很早就投資 Uber 的薛爾文．皮謝瓦，跳出來捍衛卡蘭尼克，在投資人對上卡蘭尼克的大戰中站在卡蘭尼克這一方。八月十一日，皮謝瓦寄了一封信給標竿，要求這家創投退出 Uber 董事會。

「我們認為，從股東權益的角度來看，以要求卡蘭尼克先生辭職為由而置公司於公關災難，既不明智也沒必要。」這封信寫道，宣稱是代表一群股東。[10]信中還提出一個建議：皮謝瓦和他的盟友願意買下標竿七成五的持股（持股若少掉七成五，標竿就必須退出董事會）。

格利和盟友不相信，他們認為皮謝瓦只是嘴巴上說說。他這種大話說太多了，已經淪為矽谷創投之間的笑話，甚至連朋友都不把他當一回事，現在他宣稱代表一群握有幾十億美元的人要買標竿股份，顯然只是個馬前卒，躲在背後的人是一心想將標竿逼出董事會的卡蘭尼克。

要是卡蘭尼克有得選，皮謝瓦絕不會是他的首選，不過皮謝瓦替他出來擋子彈還是有一定程度的戰略意義。根據公司的規定，董事會和標竿不得不認真考慮他的提議，要是標竿就這樣退出董事會，卡蘭尼克就有重返執行長職位的空間，這不僅是聰明的拖延戰術，還可能真的會成功。

卡蘭尼克、格利和他們各自的盟友公開交火的同時，一個新面孔像禿鷹一樣盤旋於這家公司上空，因為嗅到錢的味道。那個人就是孫正義（Masayoshi Son）。

商業界人稱「馬沙」（Masa）＊的孫正義，是軟體銀行（SoftBank）創辦人兼執行長，軟銀是日本一家超大集團，在全世界最成功的金融、電信、科技公司都有持股。他剛好也是以「狂人」模式行走商業界，對手永遠摸不透馬沙的策略，永遠猜不到他的下一步。

短小有活力的孫正義是成長於日本的韓國人，是永遠的外人，兒時的日本同學會因為他的血統拿石頭丟他。偶像（日本麥當勞創辦人）建議他去美國念書，所以他就來到加州，進入加州大

＊Masa 是 Masayoshi 的簡稱。

學柏克萊分校，主修經濟學，大學那幾年的花費都是他自己賺來的：他進口小精靈遊戲機臺，再租給灣區的酒吧和餐館。⓫

回到日本後，他發了大財，一九八一年成立軟銀，顛覆整個電信產業。⓬二十年過去，當年羽翼未豐的新創已經變成市值一千八百億美元的企業巨頭，靠的是馬沙的獨行俠作風，下大注投資有改變世界潛力的公司和產業。網路股熱潮最高峰時期，他在矽谷到處投資，把軟銀的資產分散到幾十家高風險賭注上，二〇〇〇年網路股崩盤，一夕蒸發幾十億美元市值，軟銀的市值跟著跳水，馬沙也虧掉七百億美元的個人財富，其中虧損最大的一筆投資是Webvan，剛好也是標竿投資組合裡的公司。

馬沙沒有沉寂很久，接下來十年他繼續大手筆、大膽押注，帶領軟銀重返往日榮光。到二〇一〇年代初，軟銀已經入股一千多家網路公司，收購Sprint之後，更是一躍成為全球第三大電信公司。朋友同事都認為他是無所畏懼的人，他自己則希望後人記得他是「把賭注押在未來的狂人」。⓭

到了二〇一七年，軟銀在矽谷已經有吹皺一池春水的能耐，以「願景基金」這個龐大的千億資本到處撒錢投資——這個基金的成員包括沙烏地阿拉伯的公共投資基金、阿布達比投資局（Abu Dhabi Investment Authority）、蘋果、高通（Qualcomm）、軟銀自己以及其他。馬沙的任務很簡單：鎖定科技標的（他整個事業生涯幾乎都在做這件事），提供資金給那些能替未來打下地基的科技基礎建設。他把這個基金設計成快速投資模式⓮，五年到期之前要將所有資本全部投資出去，換句話說，要把一卡車一卡車現金載給新創公司，而且要快*。

Uber管理階層和士氣愈來愈萎靡不振的同時，馬沙嗅到機會。卡蘭尼克和投資人的對決勢必造成Uber潛在市值大失血，如果軟銀能以低於前一輪六百八十五億估值的價格入股Uber，等到Uber穩定下來並且股票上市，馬沙就有機會進帳幾十億美元——如果真有上市這麼一天的話。股票上市還是遙遠的未知數，眼前卻已經看到董事開戰、員工不斷走人、用戶投奔對手，這家公司繼續跌跌撞撞甚至自爆的可能性還比較真實一點。

但是看在孫正義眼中，這正是Uber之所以誘人的原因。他必須找到一條進去的路。

*這一招攪亂了矽谷的創投投資動能。矽谷沒有哪家創投的資金可以跟軟銀比拚，軟銀一筆一億美元的投資就足以讓一家新創一夕成名，而被軟銀拒於門外的新創也可能就此關門大吉。

第三十一章
大拍賣

從八月二十五日星期五到週末結束，Uber 董事會打算做出最後決定，確定新任執行長人選。到了夏末這時候（就在梅格．惠特曼退出考慮之列的幾週後），獵人頭公司已經將五名候選名單縮減為三位。這三人被要求在八月最後週末分別向董事會做簡報，這是一場性能測試、能力展示，也是提出未來藍圖的機會，說明他們如果雀屏中選要如何經營 Uber。

傑夫．伊梅特（奇異電氣即將卸任的執行長）仍然是卡蘭尼克的首選。這位六十歲執行長即將結束他在奇異的彆腳任期，這家老牌企業在他任內跌掉了幾十億市值，董事會要求他在二〇一七年提早「退休」。❶帶領 Uber 走出黑暗期並且衝過終點線股票上市，無疑可挽救伊梅特的形象、替他留下美名，但是卡蘭尼克看中的是他易受控制，是他願意容許卡蘭尼克繼續影響這家公司。對這位被趕下臺但不準備交出掌控權的創辦人來說，伊梅特是最好的人選。

接下來是大黑馬．達拉．寇索洛夏西（Dara Khosrowshahi）。既是資深高階經理人，又是旅遊物流網站 Expedia.com 現任執行長，寇索洛夏西的資歷看起來是適合人選。他大學念的是布朗大學（Brown University），主修生物電子工程，後來變成 Allen & Company 投資銀行家。頂上雖然稀疏，但是有長長濃眉和飽滿堅挺鼻子彌補，寇索洛夏西瀟灑迷人，甚至酷酷的，有誰家老爸的氣息，只是剛好這個老爸穿黑色緊身牛仔褲也很好看。他的波斯姓對西方人來說通常很拗口，最後大家都直接叫他「達拉」。

寇索洛夏西一家在七〇年代末期離開伊朗德黑蘭，逃離那場把政治領袖何梅尼（Ayatollah Khomeini）帶上臺的革命，逃到法國南部，最後落腳紐約柏油村（Tarrytown）。父母希望讓兒子盡可能無痛融入美國文化，於是讓小達拉和兩個兄弟就讀哈克利中學（Hackley），當地一所私立名校，三兄弟也不負父母期待。為了進入常春藤大學，寇索洛夏西高中時很用功，他後來談到自己的童年：「身為移民，你心裡老是會有些怨念，這些會驅動你向前。」[2]

Allen & Company 的投銀工作結束後，他加入巴瑞．狄勒的 InterActiceCorp 網際網路公司，做了幾年才跳到 Expedia，一路爬到最高層。[3] Expedia 的旅遊生意全跟後勤物流有關，透過網路市集把人帶到世界各地，這個生意跟他有可能經營的 Uber 差別不大。

但是相對於卡蘭尼克有如彈珠臺活蹦亂跳的幹勁，寇索洛夏西冷靜沉穩，處於一種永恆的禪定狀態，外人看來甚至覺得無趣、被動。Uber 董事看久了卡蘭尼克這個活力滿滿、改變世界的遠見者（不折不扣的表演家），想換個低調的寇索洛夏西再合理不過，只是他欠缺董事會習慣的衝勁和氣勢。很明顯每個董事都喜歡他，但也很明顯都不是那麼**愛**他，所以他成了備胎人選，一張安全牌。整個遴選過程他被保密得好好的，媒體完全不知道有這位候選人。

對於標竿合夥人來說，最不想在下任執行長身上看到的是順從懦弱，只要讓卡蘭尼克一寸，他用爬的也會爬回來。傑夫．伊梅特控制不了卡蘭尼克的，寇索洛夏西有沒有這樣的能耐，他們也沒把握，他們需要一個真正泰山崩於前而色不變的人：梅格．惠特曼。

格利認為或許能說服惠特曼重回賽場。這件事很難，惠特曼在 Twitter 上講得斬釘截鐵，要是還去接這個位子會顯得非常虛偽，所以他們必須有人先去說服她不要在意這點，先做 Uber 執行長，以後再補救。

結果最後是萊恩．桂夫斯替標竿出面。惠特曼指導過桂夫斯，在那段期間，惠特曼跟 Uber 這個容易親近、跟熊一樣大隻的吉祥物愈走愈親近，關係好過她跟卡蘭尼克。面試那個星期前幾天，桂夫斯打電話給惠特曼，懇求她重新考慮。「我們好不容易走到最後一步了，」他說，他發誓這次絕對不會再搞砸，「梅格，我向你保證，這．次．絕．對．不．會．洩．露。」

惠特曼還在生氣上次的事。一家上市公司執行長在考慮另一家公司的職缺，這不只難看，對股東來說更是茲事體大。惠特曼不想再被當眾搞一次惹來一身腥，她需要掛保證。

「你們先做到這些再說，」惠特曼說，「先去跟另外兩位談，然後**確定**你們還是**要**我，不要他們。」

桂夫斯回她，董事會裡面只有卡蘭尼克一個人屬意伊梅特，雖然每個人都喜歡寇索洛夏西，但也不是百分之百買單。桂夫斯把話講得很白：「我們就是要你，梅格。」他幾乎保證這份工作一定是惠特曼的，只要她願意回來，願意八月最後一個週末向董事會做簡報。

梅格．惠特曼在心裡做出決定：她要做Uber下一任執行長。「那好吧，」她告訴桂夫斯，「來談吧。」

八月二十五日星期五，傑夫．伊梅特和達拉．寇索洛夏西雙雙來到加州街三四五號，穿過混凝土和金色入口，上樓來到TPG辦公室（就是大衛．邦德曼創辦的私募基金）。Uber大部分董事*都來了，包括崔維斯．卡蘭尼克，齊聚TPG位於三十三樓高聳入雲、光線明亮的會議室。

＊兩位董事出國去了，那天早上必須透過網路參與會議。

Uber 從成立至今都是由一個拚勁無人能比、超級熱血的遠見者帶領，他把自己和公司推到極限，最後為此付出了代價，現在 Uber 需要不同的領導者，需要一個「大人」。兩位男性候選人將在那個週五闡述他們的願景，梅格．惠特曼則是排在第二天做她的簡報。

伊梅特先上場，慘不忍睹。他似乎完全搞不清楚狀況，也沒有準備，完全不懂如何經營一個複雜、管制重重的三方市集。有個董事說他的長篇大論完全就是一個「很難笑的笑話」。

達拉．寇索洛夏西一上場，更是把伊梅特比下去。寇索洛夏西一打開筆電開始解說一張張 PowerPoint，全場董事立刻看出他非常了解 Uber 的生意本質。寇索洛夏西來自物流與網路市集世界，十二年 Expedia 執行長任內將年營收從二十億成長到百億。他了解叫車市場的錯綜複雜，了解乘客要便宜、司機要賺錢之間的平衡經濟學；他知道 Uber 是一家以實體世界營運能力為根基的公司，但也知道技術能力和強大工程文化的重要性；最重要的是，他深知品牌之重要，而眼前商業界很少有品牌比 Uber 更糟糕。

簡報過程中，寇索洛夏西還一度在一張 PowerPoint 停下來，現場所有人頓時緊張起來，因為那張 PowerPoint 寫著：「不可以有兩個執行長。」寇索洛夏西望向會議室另一頭，直接看著崔維斯．卡蘭尼克，明白表示：他如果成為 Uber 新任領導人，卡蘭尼克就真的得滾，除了董事職務，其他一律不准插手。

那天簡報結束後，當晚董事一起去用餐，討論兩位候選人的表現。在一瓶瓶葡萄酒和一盤盤農場直送佳餚之間，眾人暢談對寇索洛夏西的好印象。長達幾個月的人才尋覓過程中，達拉並沒有引起太多關注，但他的簡報非常出色，是意料之外的驚喜，就算惠特曼和伊梅特完全不行，他們至少有一個可以放心的備胎人選。

這群董事達成一致的共識：伊梅特不適合這份工作。沒有人能安心投他一票，就算卡蘭尼克和他的人馬也沒辦法。

八月二十六日星期六早上，梅格．惠特曼從市場街四季飯店的電梯走出來，穿越寬敞的五樓大廳走進一間總裁套房，準備向 Uber 董事做簡報。她頭戴棒球帽，帽簷緊緊壓低，盡可能蓋住雙眼和臉孔，以防有記者守在飯店餐廳或電梯旁。矽谷高階經理人到這裡的 MKT 餐廳用餐很司空見慣，更何況，她這張面孔在灣區無人不曉，要是被看到出現於 Uber 大樓或 TPG，可能又是一陣難堪。

惠特曼的簡報直截了當，不說廢話。如果雀屏中選，她絕對是認真的。「如果你們認為我是適合人選，那麼有幾件事必須立刻解決。」惠特曼說，全場立刻洗耳恭聽。「那起官司呢？」她指的是標竿和卡蘭尼克的鬥爭，「這件事必須先解決、搞定。」

在惠特曼看來，更糟糕的是董事會不停對外放消息。她說這讓她想起早期的惠普，失能的董事會不斷餵消息給媒體，造成董事人心惶惶，彼此之間也毫無信任可言，「董事會這些漏洞必須堵起來。」她說。「董事會不該有任何人，**任何一個人**，自己採取單方面的行動。這個董事會是分裂的，」她說，刻意頓了一下，讓話音在空氣中迴盪，「我們必須團結，董事會必須是一體的，不能有隨意破壞公司的行為。」

惠特曼很強硬，對卡蘭尼克尤其是。她清楚表明卡蘭尼克不會在公司運作上扮演任何角色，雖然卡蘭尼克是創辦人也是董事，但並不是執行長，這種狀況在她任內不會有任何改變。另外，如果選擇她，董事會也必須對公司治理進行全面重組，卡蘭尼克對董事席次的宰制在她治下是不能容許的。

星期天早上，董事會成員正準備展開接下來一整天的商議，一則推文開始像病毒般瘋傳，是傑夫．伊梅特所寫，他公開表示退出角逐：「我決定不再爭取 Uber 領導職。我非常敬重這家公司及其創辦人：崔維斯、蓋瑞特、萊恩。」❹伊梅特親近的人立刻說這是伊梅特主動的決定，以免情況失序。❺其實董事會很清楚，星期六晚上有個董事基於禮貌去找了伊梅特，讓他知道他並沒有獲選。幾個小時後，為了保住顏面，伊梅特自己在 Twitter 上鞠躬退出。

現在候選人剩下兩位，董事會該進行商討投票了。楚河漢界馬上壁壘分明。伊梅特一退出，支持他的四個人立刻轉向支持寇索洛夏西，其餘四位董事都挺惠特曼。一整天下來，這群人匿名投了幾次票，採用一種很有創意的方式：大家個別用簡訊把屬意人選傳給傑夫．山德斯（Jeff Sanders）——山德斯是海德思哲獵人頭公司合夥人，一直從旁協助董事會尋覓執行長。每次投票結果都是僵持不下，雙方都不肯讓步。

會議拖到下午沒什麼進展，麥特．柯勒起身說話。標竿已經打定主意就是惠特曼，實際上也等於向她做了保證，Uber 公關團隊已經替惠特曼擬好接任備忘錄，供她向內部同仁宣讀。這套計畫已經就緒，只欠他們投票讓惠特曼選上。

但是柯勒失算了（有人這麼認為）。這位標竿合夥人起身給全場下最後通牒：如果董事會投給惠特曼，標竿就對卡蘭尼克撤告。這番話在全場聽來是最後通牒，是和平的代價。

董事們第一次感覺到，原來不是只有卡蘭尼克會有幼稚行為。柯勒的蠻橫態度讓在場每個人幾乎都驚愕不已，標竿不循公平程序決定最佳人選，反而要脅董事會同意他們屬意的人選。

柯勒這番話可能讓惠特曼賠上這份工作。經過新一輪祕密投票，結果再次出爐，但這回沒有僵持不下，而是五票對三票，寇索洛夏西勝出，終於選出 Uber 下一任執行長。

為了製造投票過程很團結的假象，董事會事先就同意，不管誰勝出，最後都要再投一次，全員一致投給同一個候選人，等到對外宣布的時候就能假裝董事會自始至終都團結一致。

結果勢態完全沒有照著劇本走。董事會找發言人準備對外宣布人選的同時，消息已經開始走漏到媒體手上。下午五點一過，記者已經刊出人選定案的報導，這時董事會甚至還沒把好消息帶給寇索洛夏西。[6]這個任務交給了赫芬頓，她打電話給寇索洛夏西，正式延請他擔任執行長。

「喂，達拉？」赫芬頓用她很容易辨認的希臘口音說，「達拉，我有一個好消息一個壞消息要告訴你。」寇索洛夏一面聽一面對著電話笑。

「達拉，好消息是你是 Uber 新任執行長，壞消息是消息已經走漏。」

最後切斷卡蘭尼克手中控制韁繩的，並不是投票任命達拉．寇索洛夏西，也不是格利控告他詐欺投資人，而是幾個月後一筆交易，一筆格利口中所稱的「大拍賣」，惠賜者是軟體銀行和孫正義。

十二月，孫正義和寇索洛夏西、Uber 董事會談成一筆交易，軟體銀行透過「公開收購」（tender offer）買入 Uber 百分之十七．五的股份——公開收購是外人向某公司股東購買股票的管道。[7]這批股票部分來自員工（早就想賣股票但礙於卡蘭尼克的限制無法賣出），部分來自投資人（包括標竿、第一輪資本、小寫資本、Google 創投，以及其他早期投資人）。對孫正義來說，最重要的是，這批股票是用超低折扣買入，等於是 Uber 年初估值打折大拍賣。孫正義和寇索洛夏西敲定以每股三十三美元交易，換算下來 Uber 的估值是四百八十億左右——軟銀撿到大便宜。換句話說，過去十二個月的醜聞賠掉了 Uber 兩百億估值。

為了撐住帳面上的價格，他們動了點手腳。軟銀另外以十二億五千萬買入新發行股票，每股買價是以之前的六百八十五億估值計算。這種操作很荒謬，Uber 在次級市場的估值已經遠低於二〇一七年落入地獄以前，在一級市場怎麼可能還會有六百八十五億的價值。

這筆大拍賣也會增加六席董事，其中兩席歸軟銀所有，其餘四席是獨立董事和一位新董事長。一家公司一口氣增加六席董事是很大的數字，不過觀察家多半認為有其必要，增加這麼多獨立董事可以提供一個抗衡力量，以防卡蘭尼克又開啟另一場奪權戰。

卡蘭尼克還真的這麼做，就在「大拍賣」交易條款進行協商的同時。九月時，他動用了公司舊章程賦予他的權力，任命兩席新董事：全錄公司（Xeros）的娥蘇拉・伯恩斯（Ursula Burns）、美林證券（Merrill Lynch）的約翰・賽恩（John Thain）。[8]他完全採用先發制人戰術，對外宣布新董事前五分鐘才知會其他董事。

格利只能笑笑以對。他很清楚，只要董事會跟軟銀談成交易，卡蘭尼克這招就沒用了。

卡蘭尼克任命董事之後，過了幾個小時，喝了幾杯酒的格利傳簡訊給一個好朋友：「卡蘭尼克今天的舉動沒有用的，這只是他眼看自己的黑暗統治即將結束的垂死掙扎。」

格利在軟銀交易協議加了最後一項重要條款。卡蘭尼克幾年下來累積了大量的超級投票權股份（一股有十票投票權），現在格利在交易協議加進「一股一票投票權」，卡蘭尼克對公司的影響力等於大幅縮水，再也無法利用手中持股左右公司走向。[9]超級投票權股票的廢除，再加上獨立董事增加，董事會終於有足夠力量可以鬆開卡蘭尼克緊握了將近十年的大權。

二〇一七年十二月二十八日，格利的大拍賣正式簽署。卡蘭尼克輸了，格利終於贏了。

八月最後一個週日確定了執行長人選之後，接下來四十八小時寇索洛夏西和董事會都陷入混沌不明。消息走漏的殺傷力很大。董事會這麼小心翼翼保守週末審議的祕密，結果原本該是翻開新頁的時刻，反而撕毀了高層之間的信任。

* * *

這件事最後花了兩天才終於塵埃落定。雖然全世界都知道 Uber 要寇索洛夏西，但是他還沒答應，所以 Uber 為了讓他點頭做了大讓步。他把 Expedia 的工作做個結束，帶著加強版的新合約，準備到新公司上任。他給自己談到一個相當不錯的待遇：如果他能在二〇一九年底帶領 Uber 以一千兩百億估值股票上市（大約是他就任兩年後），他個人就能入袋超過一億美元。

簽署了必要的合約、跟 Expedia 西雅圖辦公室同仁道別之後，寇索洛夏西搭上週二飛往舊金山的飛機，去見新雇主。

赫芬頓立刻著手安排交接。她提議由她在週三全員大會上介紹寇索洛夏西，在臺上做個訪談，為公司一萬五千名員工現場直播，讓大家開始認識新領導人。而且為了營造公司高層開始化解分歧的氛圍，她請求卡蘭尼克也上臺跟寇索洛夏西站在一起。這種事赫芬頓很拿手，她很愛搞這種排場，將 Uber 火炬從一個領導人手中傳遞到另一個領導人手上。卡蘭尼克同意出席。

董事會知道週三大會勢必引來媒體關注，在此之前，領導階層認為應該一起吃頓晚餐，提供機會讓 Uber 高層相互了解。

星期二晚上在舊金山的傑克森廣場（Jackson Square）附近，Uber 董事和領導高管齊聚米其林餐廳 Quince。在餐廳後頭寬敞的包廂裡，二十幾個人連珠炮問了新任執行長幾十個問題，高管們放聲大笑、放鬆自己，幾個月來的苦惱終於拋到九霄雲外，一旁服務生忙著從大玻璃瓶倒出一杯又一杯波爾多紅酒、麗絲玲白酒（Riesling）。

那晚好多人喝到醉茫茫，大家紛紛搶著發言，敞開心扉訴說內心不滿，打算當晚一次發洩。隨著卡蘭尼克淡出、寇索洛夏西站到舞臺中央，這可能是他們在媒體與公眾展開新一輪檢視之前的最後聚會。

卡蘭尼克整晚表現得寬容大度（這點值得稱讚），選擇不主導話題（這點有違他的本性），寡言但並非保持沉默，親和友善但不過度亢奮，不管內心有什麼苦惱都藏得很好，精神奕奕地跟前部屬共度一整晚。

突然間，資安長喬．蘇利文沒來由地起身，站到桌前。高大、面露尷尬的他，一手握著一杯紅酒，面向新老闆，把他認為在場所有人此刻的感受說出來。

「達拉，我只是想代表大家對你說，我們很高興你來到這裡，」他說，「我們是因為這家公司能改變世界才來的，我們希望參與其中，現在還是這麼想，我們希望 Uber 成為一種象徵。」

他後來承認他當時喝醉了，但也因為醉了，才會在諸位高層面前久違地真情流露，畢竟在這不可思議、可怕、充滿惡意中傷與殘酷氛圍的一年，是很難叫人交心的。

「我們希望你不是兩年執行長，」他說，直接看著寇索洛夏西，「我們希望你就是救世主。」

蘇利文舉起酒杯說：「乾杯！」

全場一起回應：「乾杯！」

尾聲

接下來一年半，Uber 新任執行長幾乎把前任的作為全面推翻。格利的「大拍賣」發揮效果，卡蘭尼克對公司的權力大幅縮減。為了永久剷除卡蘭尼克，寇索洛夏西等於是讓 Uber 認賠兩百億美元。

寇索洛夏西第一件事是在多年的傷害和忽視之後，修補 Uber 跟幾十萬司機的關係。到他獲選執行長的時候，Uber 為了改善關係而推動的「一百八十日變革」已經走到一半❶，由卡蘭尼克任內的兩位高管帶領——芮秋．霍特和艾倫．席德克勞特——展開大範圍的傾聽與道歉之旅，同時也納入司機要求多年的功能與改善，其中最重要的改變就是卡蘭尼克一意阻擋的「給小費」功能。卡蘭尼克下臺後，Uber 就提供了小費功能，為公司博得廣大好感。

寇索洛夏西也開始網羅自己的人馬。卡蘭尼克有埃米爾．邁克，寇索洛夏西則是請來他在 Expedia 的高管、他長期信任的老同事巴尼．哈佛德（Barney Harford），出任營運長＊；卡

＊哈佛德的任期並不是一帆風順。他就任幾個月後，我就報導他顯然有些老毛病，喜歡對部屬口出性別歧視與種族言論。他受到口頭告誡，被要求接受敏感性訓練及高階主管輔導，但並沒有被解聘。

蘭尼克把公司財務全攬在自己手上，寇索洛夏西則是把財務長工作交給美林證券前高管蔡朱錫（Nelson Chai），投資人希望這項安排能讓 Uber 重回財務紀律正軌。懸缺已久的獨立董事長也是寇索洛夏西上任才處理，由國防部包商諾斯洛普格拉曼公司（Northrop Grumman）的前執行長隆納・蘇格（Ronald Sugar）出任。另外，寇索洛夏西還網羅司法部前副部長東尼・魏斯特（Tony West），此舉清楚宣示 Uber 將認真履行法律與法規遵循責任。公司成立九年以來，頭一次出現適當的企業治理架構，比爾・格利渴望已久的機制和人員終於到位。

寇索洛夏西接著翻新 Uber 奉為圭臬的理念，過去神聖不可侵犯的十四條核心價值，改以八個簡單準則取代。「超級熱血」和「永遠拚到底」這幾個出自一個狂妄年輕人腦袋的價值，全扔了，取代而之的是一套平淡無味的陳腔濫調，裡面有提到「以顧客為念」（是亞馬遜貝佐斯那種以顧客為念），也有頌揚員工多元性。最重要的規範是寇索洛夏西二〇一八年道歉之旅每次上媒體必講的：「做該做的事，就是這樣。」[2]

這套新價值等於是現任扯開喉嚨對前任說不[3]：「舊老闆」是小流氓，「新老闆」是正直哥。笑容溫暖、髮際線後退、一臉毛茸茸鬍鬚，達拉・寇索洛夏西開始成為矽谷的「達爸」。[4]

幾乎一夕之間，到處都是「達爸」，廣播電視、報章雜誌、YouTube，Uber 鋪天蓋地用寇索洛夏西那張臉大打廣告[5]，光是二〇一八年就花了五億美元修補重建受創的品牌，NBA 季後賽和總冠軍賽、黃金時段人氣電視節目、《華爾街日報》等主要刊物都可看到 Uber 廣告。

除了正面的媒體宣傳戰，Uber 高管也樂於盡量少上報。經過一整年負面新聞不斷登上平面媒體、電視、網路，這家公司刻意盡其所能維持乏味沉寂。

「過去這三百六十五天，寇索洛夏西把他的無趣風格發揮到淋漓盡致。」二〇一八年秋天《連線》雜誌在這位執行長就任滿週年時說道。[6]

形象和公關都不是簡單任務，不過寇索洛夏西還有更大、更棘手的挑戰：停止揮霍，開闢一條獲利之路。多年來卡蘭尼克的決策不受監督，譬如在世界幾大洲跟其他對手大打賠錢戰，燒掉幾十億美元，而寇索洛夏西曾經在巴瑞．狄勒的 InterActiveCorp 擔任多年財務長，是與數字為伍的人，是重視預算收支平衡的高管，他一看到 Uber 財報滿滿的赤字就開始刪減虧損。首先，他將東南亞業務出售給當地對手 Grab，換取那家新加坡公司百分之二十七．五的股份；接著，一改早期大肆向競爭對手挖人的做法，寇索洛夏西也不再用鉅額薪酬跟 Facebook、Google 搶人。

自駕車部門是 Uber 最大的財務負擔之一，過去被視為這家公司未來的生存之道，如今在我寫這本書的時候已經陷入彌留狀態。

安東尼．李文道斯基離開 Uber 之後（他現在在矽谷已經灰頭土臉），還不打算就此放棄。他「又」成立一家自駕卡車新創 Pronto.ai，販售現成的套件，長途卡車司機只須花五千美元買來安裝就能得到自動駕駛功能。「我知道你們有些人可能在想：『他回來了？』」他在部落格宣布成立新公司，「是的，我回來了。」[7]

不忙工作的時候，李文道斯基就忙著創立自己的宗教：奉人工智慧為神的宗教，取名為「未來之路」（Way of the Future）。❽

在寇索洛夏西領導之下，員工找到了安慰，樂見公司脫離美國最討人厭公司之列，雞尾酒派對又可以放心舉辦了。不過有些人心上還是有個盤旋不去的擔憂：達拉．寇索洛夏西治下的Uber還有一棒揮出全壘打的野望嗎？或者已經喪失登月、主宰世界的胃口，崔維斯那種誘人的、吸引他們前來投效的追尋力道已經不再？

如同一位前員工所說的：「Uber會變成亞馬遜，一家在每個分支領域都稱霸的公司？還是會淪為另一個eBay？」

比爾．格利的生活變得輕鬆不少。

二〇一七年底，格利站在那斯達克證交所大廳，身旁是卡翠娜．蕾可，年初給他建議的創業家兼Stitch Fix執行長。十一月那一天，蕾可帶著十四個月大的兒子向她的新股東首度發表言論，格利矗立在她身後，高大靦腆，一身黑色西裝搭配天藍色領帶，快速灰白的頭髮整齊地旁分左側，面帶微笑為自己扶持的創業家蕾可鼓掌喝采，她成為IPO史上最年輕的女性創辦人。蕾可這樣的徒弟是最讓他引以為傲的，才三十四歲的她，二十八歲創立這家公司以來，每一寸領地都是她自己奮力掙得。蕾可很重視格利的建議和指引，但也自信滿滿跟著自己的直覺走，將 Stitch Fix 打造成一家誠信為上的上市公司。

格利不可能跟卡蘭尼克一起站上證交所大廳了，軟銀交易已經給這段曾經是戰友也是好友的情誼奏下悲傷尾奏，標竿已然受損的「親創辦人」形象也就此烙印。

不過話又說回來，現在情況不一樣了。在 Uber 最黑暗那段時期，格利會懷疑這家公司是不是注定以失敗收場。當時他真的認為數百億美元可能瞬間蒸發，只因為他沒有從一個名叫崔維斯·卡蘭尼克的冒險瘋子手中把公司搶救下來，這樣的念頭讓他難以成眠。

現在他不必再擔心了，最近睡得好多了。

二〇一七年十一月底，喬·蘇利文跟家人在太浩湖附近的山上。他和女兒們正在準備明天的感恩節晚餐，這是他們家的傳統，每年都到這棟位於舊金山以北幾個小時車程的小木屋過節。蘇利文一面做料理，一面聽另一個房間的電視播放的足球賽，這時 Uber 人資部門突然傳來訊息，請他稍晚參加電話會議。

蘇利文不笨，HR不會無緣無故在佳節週末前一晚來信說要開緊急會議。他回信拒絕，要求HR說清楚發生什麼事。

HR回覆：Uber要開除他。一年多前Uber被駭客入侵，幾百萬筆司機個資被竊，蘇利文當時並沒有向外尋求法律建議或諮詢，也沒有向主管機關舉發，而是花了幾百萬美元展開一項行動：找出那個駭客，付賞金給駭客讓他刪除資料，然後隱匿不報，就當這件事沒發生。

在蘇利文看來，這筆賞金屬於「抓漏獎勵計畫」（Bug Bounty），是矽谷常見的做法，企業會付錢給所謂的「白帽」駭客（「好人」駭客），也就是替公司找出或利用資安漏洞的駭客，「bug」愈大，賞金就愈高。蘇利文付了十萬美元給那個化名「傳教士」（Preacher）的駭客，他認為這次行動很成功，因為他成功阻止了一起可能的大災難。

新上臺的領導團隊可不這麼認為。新任法務長東尼．魏斯特對蘇利文或卡蘭尼克沒有立刻通報主管機關大為震怒，他不懂蘇利文為什麼要花幾百萬美元追查「傳教士」——這個駭客的真實姓名是布蘭登（Brandon），二十一歲，跟媽媽、兄弟住在佛羅里達的拖車公園——他說蘇利文應該把布蘭登交給主管當局才對，因為Uber有義務在資料遭駭時就告知消費者，否則最後得付出幾百萬美元，可是蘇利文卻選擇付錢給「傳教士」，然後就這樣把他放了。

蘇利文花了將近一個小時，試圖向法務與HR解釋他們搞錯了，他和團隊對那起事件的處理是光明正大的。

他的唇舌白費了。他們最多只願意給一筆遣散費，而且蘇利文還得先簽署「不發表負面評論同意書」。蘇利文氣得連考慮都不考慮，立刻拒絕。

蘇利文還沒辦法思考他剛做的決定太久，四十五分鐘後就接到記者來電，詢問他對二〇一六年那起駭客事件的處理和駭客賞金有何說法。原來Uber高管已經洩漏給記者，聲稱蘇利文私下付錢給駭客掩蓋證據。十五分鐘後，那個記者的報導就上線傳到全世界。

蘇利文還沒來得及反應，他的電子產品就不能用了。公司筆電裡的資料被Uber總部從遠端刪光光，沒多久，公司發的iPhone也變成「磚頭一塊」，跟筆電一樣沒用了，資料全被刪了。

他坐在小木屋的客廳，又驚又怒，試圖想清楚下一步該怎麼辦。他一直在做份內工作，保護這家公司，也自認做得很好。二〇一五年他進公司前，Uber的資安系統根本就跟廢墟一樣，幾乎沒有資安可言，第一次資料被駭是他善後的，第二次就更不用說了，當時Uber面對的隱私侵犯惡夢也是他解決的。如今，Uber的高層、法務、政策和公關領導團隊等於毀掉他在矽谷的名聲和事業，至少年底之前會有一段時間被聯邦檢察官調查他是否有任何違法行為。

他不認為自己做錯了，但是一想到他過去三年遊走於卡蘭尼克的軌道和道德模糊地帶，他突然意識到一件事：在可預見的將來，他的生活勢必會更慘。

喬．蘇利文的生活在崩解，億萬富豪崔維斯．卡蘭尼克的新生活才剛展開。

二〇一八年這時候，卡蘭尼克已經離開舊金山的家和百分之十三．三的高額州所得稅，來到邁阿密——這裡是超級有錢人的避風港，沒有州所得稅。跟他一起來的，還有兩個同樣被矽谷放逐的棄兒，一個是他的左右手埃米爾．邁克，一個是Uber早期投資人兼好友薛爾文．皮謝瓦，這兩人在科技圈的名聲都臭掉了。卡蘭尼克和朋友們很快就在這個州定居落戶，保護自己的財富不被政府染指。

剛被趕下臺那幾個月，這幾個失勢的Uber高層自認是Uber公關團隊的無能和奸計之下的犧牲品。艾瑞科．亞歷山大（被踢爆握有印度性侵受害人就醫紀錄而被趕走那個）控告了瑞秋．魏絲通（Uber前任政策公關長），他和邁克等人認為魏絲通密謀捅他們一刀，是她向記者爆料。魏絲通出庭應訊時，則是極力否認他們的指控。截至我寫這本書為止，官司還沒打完。

依舊單身的卡蘭尼克，很快就在邁阿密夜生活圈子找到一席之地，跟朋友們一家夜店跑過一家，他喜歡跟約會對象和女性友人說他的新身分是「三逗點尊榮俱樂部」會員，指的是1,000,000,000裡面的三個逗點。他如果不在邁阿密，就是在法屬西印度群島的遊艇派對上，不然就是在他洛杉磯兩棟房子當中的一棟——洛杉磯東邊與西邊各一棟，至於他在哪一棟就看當天的交通狀況了。

他的創業生活離結束還早得很，下一個創業已經開始：這次玩的是房地產，購買未充分利用的大樓，在裡面打造所謂的「微型廚房」（micro-kitchen）供應美食，再結合 Uber Eats 的外送服務。他的計畫要能成功，前提是 Uber 的成功必須持續下去。

然而已經有人開始擔心，此舉長遠來看會對 Uber 產生什麼影響。

二〇一八年二月六日，崔維斯・卡蘭尼克現身於金門大道四五〇號，菲利普伯頓聯邦大樓（Phillip Burton Federal Building）和美國法院的臺階上，一臉堅毅，準備下午出庭作證。穿著純黑色西裝、淡紫色襯衫，打著黑白領帶，這位前執行長在這個出庭的日子看起來很帥，稍後他會站上「Waymo 控告 Uber」法庭——經過幾個月的審議調查，這起官司終於進入法庭審理階段。一群狗仔圍在大樓門口，等著捕捉這位失勢億萬富翁的照片；記者在十九樓的走廊排隊，他們從早上五點就在這裡守候，希望搶到法庭旁聽位子。

自信但審慎的卡蘭尼克，那天稍後會在庭上提出有力證詞，向陪審團保證他在 Uber 收購

Otto 的過程毫無欺瞞。他在庭上說，Uber 要開始自己的自駕車研究時，Google 執行長賴利．佩吉愈來愈「不熱血」——「超級熱血」的反義詞。[9]他不斷拿起瓶裝水喝，緊張但有魅力，神態舉止似乎對部分陪審員產生正面影響，讓 Waymo 出庭律師希望落空。

「他每個問題都有回答，冷靜鎮定。」庭審結束後陪審員米格．波薩達（Miguel Posados）向記者這麼形容卡蘭尼克。[10]另一個陪審員史蒂夫．佩拉佐（Steve Perazzo）則說卡蘭尼克「看起來真的很像好人」，像是「有了一個點子就會不顧一切積極去做的人，而且想做到全世界最好」。

這幾個陪審員沒有機會做出判決。卡蘭尼克作證後不久，Waymo 便意識到這起官司會變調，最後 Uber 跟 Waymo 達成和解，付出價值兩億四千五百萬的公司股票，審判就這樣結束了。不過，這筆和解交易有附帶條件。Uber 在自駕車研發計畫中同意不使用 Waymo 任何商業機密[11]，另外，Uber 自駕車部門要接受獨立第三方審查，確定不再使用 Waymo 任何專利資料。話又說回來，要是 Uber 成功，Waymo 也會分到一杯羹。

卡蘭尼克第一次出庭作證那個早上，我也去了法院，因為我猜想《紐約時報》的主編會希望

我寫一篇報導。當時我休假在寫這本書，但是結局還沒寫，因為這場官司還在打。

中午休庭過後，下午預計會輪到卡蘭尼克出庭作證。庭審快要開始前，雙方律師群魚貫走進法庭，媒體緊跟在後，我沿著走廊走下去，快速溜進洗手間。

等到我走出來的時候，已經晚了，法庭的門已經關上，庭審已經開始，我錯過了從旁聽席第一手報導卡蘭尼克作證的機會。我默默咒罵自己，站在法庭外木頭與花崗岩鋪成的長長走廊，巴望著武裝法警最後會放我進去，不過看來希望不大。

然後我突然發現：卡蘭尼克還沒進法庭！他正在我身後的走廊上，快步走向法庭門口，等著被傳喚上證人席。把門關上的警衛，示意卡蘭尼克在外面等候，跟我還有其他幾個人一起。

卡蘭尼克在法庭外靜靜等著，沒有人陪同。我已經好幾個月沒看到他，也沒跟他說過話，更沒想到他在人生中最重要的時刻之一會特別健談。我們最後一次真正的交流是在二〇一七年六月，在我要刊登他被趕下臺的報導之前我聯絡過他，詢問他這方的說法，我想他應該恨死我了吧。在安靜的法庭外，我跟他僅僅相隔三公尺，然後他退出門口，走到另外一頭，他跟我之間多了三個無所事事的律師。

過了一分鐘，他突然抬起頭，好像做了什麼決定似的。他直接走到我面前，迎著我的目光，伸出手。「嗨，你好嗎？」他在安靜的走廊低聲問我，一面跟我握手，摟著我的肩膀。他一定把我當做仇敵，現在卻走到我面前施展他的魅力。我回以微笑，回握他的手。

「你在裡面不會有問題嗎？必須一直坐著？」我說，試圖稍稍化解緊張，「他們不會讓你走來走去！」

「老天，我也不知道會怎樣！」他說，輕聲笑笑但明顯很緊張。那天他整個作證過程才不到一小時，就喝掉將近四瓶水。

他突然打住，彷彿突然有人提醒他眼前這個人是記者。「現在可以私下聊聊嗎？不公開。」他問，想聊但顯然不相信我會保密。

既然答應不公開，我會謹守承諾不在此透露。我們在走廊講了十分鐘左右，彷彿兩人之間從來就相安無事，彷彿他建立的數百億公司沒有面臨敗訴風險、沒有科技與財務土崩瓦解之虞。儘管過去一年風風雨雨——被趕下臺、母親過世、朋友幾乎一一離他而去——他還是能端出那個迷人奔放的卡蘭尼克。他依舊是他，依舊屹立不搖。

我很好奇他有沒有從過去九年的人生學到教訓，現在的他有錢（有錢到流油、討人厭、三逗點俱樂部那種）、有名（也可說是有臭名），力圖重建形象，想脫胎成為「崔維斯 2.0」。我聽說他兩個月前才去加勒比海小島聖巴瑟米（St. Bart's）過耶誕節，白天跟爸爸和弟弟一起過（爸爸已經從船難意外痊癒），三人穿著耶誕睡衣拍照上傳他的 Instagram，晚上則在遊艇上度過，跟朋友、女模喝酒狂歡。

聽說他已經開始下一份創業，食物外送和物流的新創。線人告訴我，他的勤奮不輸從前，甚至更勝以往，對員工的鞭策依舊不手軟。而且為了建立新公司，他把以前炒掉的 Uber 同仁找了回來，就是那些因為侯德報告而中槍落馬的同事。

卡蘭尼克已經躋身十億身價富豪，蓋瑞特．坎普和萊恩．桂夫斯如今也是他們當年做夢都想不到的富有。創投人很快就會看到他們的投資獲得甜美回報，而且到二〇一九年 Uber 股票上市，矽谷會有更多新晉百萬富翁加入他們的行列，準備迎接新一波創新、資助下一個新創時代。我在想，是不是很快就會看到新一代的卡蘭尼克門徒，他們會如何看待這個創辦人的崛起以及他選擇走上、並將他帶往今日的道路？

我和卡蘭尼克再次握手，結束談話。他走到法庭緊閉的門口，從門上玻璃窗窺探法庭內部。

「天啊。」他仍然盯著法庭裡面，一邊在走廊上人聲說，既是對著每個人也不是對任何人。「感覺好像在運動場的隧道裡，超級歪就要登場了。」他說，自顧自小聲笑了起來。

他慢慢把手舉高過頭，眼睛仍然緊盯法庭上的證人席，準備沿著通道小跑步到他的座位上。他滿臉笑容，等著警衛開門讓他進去。

「我準備好了。」卡蘭尼克說。

後記一

外界臆測了幾個月後，Uber 終於宣布將在二〇一九年五月股票上市。幾個星期前 Lyft 才剛以每股七十二美元上市，那天一開盤就飆漲，最後收在七十八元附近。Uber 的目標遠不止於此。

為 IPO 做準備的時候，Uber 僱請摩根士丹利和高盛替它承銷股票，一千兩百億美元的天價估值浮上檯面，幾乎是上一輪私募估值的兩倍。

這兩家銀行向 Uber 爭取承銷機會的時候，並沒有忘記執行長的薪酬有個特殊安排。寇索洛夏西離開 Expedia 之前，已經是美國上市公司最高薪執行長，接下 Uber 工作等於拋棄幾千萬美元的 Expedia 股票，為了彌補這筆損失，他跟 Uber 談成一筆高額補貼：要是他能帶領 Uber 以一千兩百億估值股票上市，而且維持一千兩百億九十天以上，他就能獲得超過一億的巨額報酬入袋。摩根和高盛的銀行家們把這個數字記起來了，並且以這個華麗的市值為目標——要是不動聲色默默做就好了。

但是就在 Uber 初登場大派對前幾個月，這些銀行家的高度期待遇上殘酷現實。應該是 Uber 盟友的軟銀，竟然在 Uber 成長最強勁的領域投資 Uber 對手，像是拉丁美洲和食物外送業，正仔細檢視著 Uber 財報的投資人，開始覺得 Uber 的數字並不那麼樂觀。隨著 Uber 的「路演」逼近尾聲（投資機構就是在「路演」這個過程決定要不要買進 Uber 股票），情況也愈發明朗化：這家公司的市值不可能達到一千兩百億。

二〇一九年五月十日早上，寇索洛夏西和隨行人員抵達紐約證交所，大廳擠滿銀行家和交易員，Uber 早期員工和幾個做最久的 Uber 司機也應公司邀請前來。Uber 同仁把印有 Uber 品牌的黑色帽子和T恤發給證券交易員，讓他們穿戴在身上，把第一筆下單打進證交所大廳一排排電腦裡。外燴業者一輪又一輪不斷供應大麥克、薯條和薯餅，象徵 Uber 跟麥當勞簽下大合約（由 UberEats 承攬麥當勞的外送服務）。大家都準備要開始交易 Uber 股票。

其實這個大日子來臨之前情況一度有點緊張。寇索洛夏西要求崔維斯．卡蘭尼克那天早上不要跟他一起站上敲鐘儀式的包廂，卡蘭尼克很生氣。有人放消息給媒體，說這兩個人不和，卡蘭尼克最後會不會現身也是未知數。但是卡蘭尼克現身了，及時趕上那天早上的早餐會，和 Uber 現任執行長在公開場合言歸於好，寇索洛夏西當眾稱讚他是「一代只出一個的創業家」，全場每個人都認同。

早餐會上，寇索洛夏西把卡蘭尼克叫到前面，跟蓋瑞特．坎普、萊恩．桂夫斯站在一起接受掌聲喝采。幾個小時後，桂夫斯的持股將價值十六億美元，坎普會有整整四十一億入袋，卡蘭尼克的身價最高，鐘一敲下，他的持股會變成五十四億。過去十年把 Uber 打造成如今規模的三個人，身價都以十億為單位，也剛好都不再搭理彼此。卡蘭尼克在早餐會後沒多久就一路無事離開了（距離股票正式上市還有幾個小時），把鎂光燈留給寇索洛夏西。

寇索洛夏西跟他的高管團隊聚集起來要執行第一筆交易時，同事、證券交易員、攝影師、媒體將他們團團圍住，他抬頭看著顯示器，等著看價格會是多少。前一晚，Uber 把 IPO 價格訂在每股四十五美元，低於它最初希望的價格，但仍經過精心計算可以上演強健的首日「沖天秀」——初上市的股價飆漲，銀行家喜歡以此為誘因鼓吹客戶儘早買進。定價是每股四十五美元，銀行家預期至少會比四十五多個幾美元開出。

結果並沒有。一開盤數字就開始下跌，四十四、四十三，最後停在四十二，第一筆公開市場交易以四十二美元成交。寇索洛夏西臉色一沉，原本洋溢興奮之情的交易大廳頓時陷入沉寂的竊竊私語。Uber 以**低於**定價的價格開出，這種事前所未聞，尤其科技股通常第一天都會大演強勁的沖天秀。當天收盤時，Uber 跌掉的金額是華爾街 IPO 自一九七五年以來之最。Uber 的初登場派對以災難收場。

疑問即刻浮現：私募市場的估值是不是已經失控、Uber 這隻獨角獸之王是不是終於被華爾街的現實馴服了。你想說服公開市場投資人買你的股票，卻沒有一個明確的獲利途徑，只是不斷虧掉十億又十億的錢，這是站不住腳的。矽谷投資人開始懷疑，Uber 令人失望的處女秀會不會預示未來的科技股 IPO 困難重重？

寇索洛夏西則是努力保持樂觀。那晚稍後，交易所大廳的派對上，他向手拿大麥克和香檳酒杯的同仁敬酒，試圖激勵團隊（他們之中許多人手上拿著一堆這支下跌股票），只不過同一時間已經有殘酷的新聞報導刊出。

「現在是我們證明自己的時候，」寇索洛夏西向全場說，「五年後，跟隨我們的腳步來到這裡IPO的科技公司，也會站在同樣這個交易大廳，看到我們的成就。」氣氛很嚴肅，寇索洛夏西正在盡力振作軍隊士氣。

「他們會說：『哇靠！我想成為Uber。』」

後記二

二〇一九年寫完這本書後，我以為 Uber 這場在世人眼前上演的暴起暴落災難已經足以成為借鏡，投資人和創業人會避免重蹈崔維斯．卡蘭尼克的狂妄藍圖；我以為矽谷已經把 Uber 的殞落視為管理階層犯下天條大罪的案例，是企業界的警世故事，年輕科技人可以援引為公司經營的反面教材。

結果我大錯特錯。就在這本書於二〇一九年秋天上市的時候，WeWork 開始自爆。新聞標題很眼熟，又是一家幾百億美元新創俯衝暴落，背後同樣有績優創投和私募基金挹注大錢，領導人同樣天生具有領袖魅力與受人崇拜特質，給投資人和員工創造出一種現實扭曲場（reality distortion field）。

WeWork 還處於竄升階段時，支持者很難對它異於尋常的推銷話術說不。根據它極富魅力的創辦人兼執行長亞當．紐曼（Adam Neumann）所說，這家公司並不只是出租共享辦公空間的新創。他在申請 IPO 的文件上寫著：WeWork 是「一個全球性平台，支持成長、分享經驗與真正的成功」、WeWork 的使命是「用『我們』（We）的能量來提升這個世界的意識」。投資人，包括以前投資 Uber 和卡蘭尼克的投資人，都對他這套概念買單，都想投資下一個 Uber。

但是，相較於 Uber 是真的提供幾百萬人一套有價值的服務，WeWork 所提供的價值就顯得單薄多了。紐曼花了幾百萬美元收購更小型的新創，但是這些小新創跟 WeWork 的共享辦公空間業務並不相關。芮貝卡．紐曼（Rebekah Neumann）——既是 WeWork 創業夥伴也是亞當的人生伴侶——成立一家專給五歲幼兒的教育新創，隸屬於 WeWork，根據紐曼的說法，這家名為 WeGrow 的新創是要幫助我們世代（Generation We）「了解自己的超能力」。在 WeWork 和它旗下副業規模不斷膨脹的時候（錢也燒得更兇），投資人不曾懷疑 WeWork 會成為全球下一代上班族的辦公空間；在全盛時期，WeWork 的估值超過四百七十億美元，主要是被軟銀執行長孫正義的鉅額投資所撐起。

然而，事情發展並沒照著計畫走。繼 Uber 被踢爆後，記者也開始更積極追溯紐曼古怪、離經叛道的行徑：有出差抽大麻的癖好、把一大塊大麻塞進早餐麥片盒搭機飛越國界。一個前科技公司執行長當時表示，紐曼申請 IPO 的文件有一些財務操作是「嚴重圖利自己的交易」，金額高達數百萬美元。除了紐曼個人的缺點，還有一個始終存在的事實：WeWork 的龐大虧損不見停止，而且速度很快。投資人的腦海已經深植 Uber 的陰影，眼前又看到 WeWork 的 IPO 以撤銷收場，這時終於恍然大悟：紐曼的 WeWork 願景是海市蜃樓，是一個舌燦蓮花的叫賣高手投他們所好，大撈他們的錢。

也跟 Uber 一樣，一切戛然而止。WeWork 董事會彷彿從昏迷中甦醒，群起叛變。紐曼握有過半的有投票權股票（是不是聽起來很熟悉？）但是一連串事件踢爆再加上董事會施壓，終於導致他下臺，他帶走的股票原本可是有十億美元的價值。

Uber 和 WeWork 已經聲名狼藉，但它們代表了這一代靠創投資助的新創普遍的風氣。多年來這些新創的財報都是滿滿的赤字，是靠創辦人的承諾賴以維生，他們打包票說，花大錢來擴大規模一定可以創造更多新財富，不是白白燒掉，他們認為「規模」是關鍵。

但是 Uber 和 WeWork 接連崩壞給矽谷帶來翻天覆地的變化，這場文化上的轉變堪比千年之交的網路公司崩盤。Uber 股票上市之前，投資人相信這家公司價值一千兩百億以上，但公開市場賞了一記殘酷現實，投資人看到的是一家虧損連連的公司，這家公司對於獲利概念模糊不清，通往獲利的道路既艱難又漫長。到了二〇二〇年初，Uber 市值只剩一千兩百億的一半，到四月愚人節更是跌到只剩三分之一。WeWork 的財務數字就更慘烈了，孫正義承認很後悔拿幾十億丟進 WeWork。WeWork 的估值從四百七十億高點大砍了八成以上，剩下不到五十億。現實扭曲場已經失靈。

這股萎靡也蔓延到其他虧損連連的公司。孫正義的「願景基金」所有大筆賭注都岌岌可危（「願景基金」是他專門用於投資科技業的千億資金，過去投資了幾十億於 Uber、WeWork、DoorDash、Compass 等公司），一個個看起來都像賠錢投資。Flexport（自動化卡車運輸新創）裁掉了幾十個員工；Wag.com（遛狗新創）把執行長趕出去，因為生意陷入困境；就連 Zume（機器人披薩新創）也不能倖免於難，趕走了一半員工。「我的投資判斷力很差，好幾個投資都讓我很後悔。」孫正義去年這麼告訴投資人。

正當矽谷在緊縮開支的同時，發生了沒有人預想得到的事：COVID-19開始蔓延，也就是大家熟知的新冠病毒。美國政府在二〇二〇初始便手忙腳亂要遏止病毒蔓延，科技業幾乎立刻大受衝擊。大西雅圖是最早受到重創的地區，病毒快速蔓延到北加州，科技公司關閉辦公室，員工被要求遠距工作，州長和市長開始命令市民「就地避難」，幾乎完全禁止出門，只有「民生必要行業」獲准營業；零售、觀光、交通等產業接近倒閉邊緣，有數百萬人申請失業保險給付，因為公司一夕倒閉；冒著危險上街賺取殘存車資的Uber司機，也戴上口罩坐在駕駛座。在我寫這篇文章的時候，醫院擠滿數以千計的病患，華爾街完全陷入混亂。川普政府花了幾年才看到的經濟成果，短短幾個星期就化為烏有，因為一場更勝二〇〇八金融崩盤的經濟衰退就籠罩在上空，COVID-19的可怕不只在於奪人性命，還造成全球經濟停擺。

矽谷一家創投敲下一記警鐘。三月三日，科技投資歷史上最著名、最受敬重的紅杉資本，給它投資的各個創辦人發出一封公開信，將新冠病毒稱為「二〇二〇的黑天鵝」——「黑天鵝」是指不可預見的重大事件，這種事件幾乎不可能預測得到，卻可能對產業產生巨大甚至致命的衝擊。種種跡象看在投資人眼裡已經很清楚，他們希望創辦人為即將到來的苦日子做好準備，轉虧為盈、財務保守、縮減人事是當務之急。

紅杉資本給矽谷稍來一個新訊息：無節制支出與任意妄為的日子已經結束，接下來隨時要做困難抉擇，而且不是每個人都做得來。

「在某些方面，商業跟生物學很類似，」紅杉資本告訴旗下創辦人，「如同達爾文的推測，能生存下來的，『並不是最強壯的……也不是最聰明的，而是最能適應變化的。』」

而變化確實已經降臨矽谷。隨著紐曼、卡蘭尼克這些人淡出，互相罩對方的兄弟文化已經過時。科技業員工現在已經有足夠的自覺，不會像 Uber 員工那樣在工作場所公開厭女，就連去罪惡之城*的七日狂歡也沒了（就算去也會偷偷摸摸，不會出現公司商標）。

但是就算要縮衣節食，今日這些創業人的敏銳度仍然大致沒變，還是跟 Uber 以前的經理人一樣，樂於規避規則、抄捷徑，試圖打造下一個具顛覆世界潛力的公司。

就拿 Zoom 為例，這家原本很乏味的視訊會議軟體公司，在新冠病毒爆發後使用人數飆升，從開始在家工作的上班族到關在房間裡的青少年，都比以前更常聚集在線上，並且愛上這個軟體的簡單好用。美中不足的是，隨著人氣高漲，這個軟體被資安專家揪出的隱私侵犯行為也洋洋灑灑，包括怠惰造成的漏洞、過分的數據分享、拙劣的加密方法，當然啦，這家公司在媒體強烈批評後信誓旦旦會改善。不過話又說回來，Zoom 在對的時間出現在對的地方，再加上積極搶占市場，種種加起來似乎有了回報，到二〇二〇年四月，Zoom 的市值已經超過三百五十億美元，這樣的好成績可是出現在美國有史以來最慘烈的熊市之一。

再者，激發出上一代創辦人的那種烏托邦式、拯救世界的精神，或許不會落伍——畢竟Zoom這種公司已經打造出讓人可以用Uber當年成立時想都想不到的方式來溝通。下一代的崔維斯・卡蘭尼克或許不會大聲嚷嚷要「永遠拚到底」（Uber核心價值第一條）——其實也不必大聲嚷嚷，因為這一條價值已經內化在文化裡。經過了「科技抵制」（techlash）*以及對科技業嚴密檢視之後，科技世界只有更孤立、更具防衛心態、更欠缺自省，媒體上的批評者被科技圈看成無知酸民，最堅定捍衛新創世界的人更加保護年輕創業人，創業人才不至於成為唱衰者冷嘲熱諷下的犧牲品。

於是，科技界的拚搏文化仍然盛行不墜。崔維斯・卡蘭尼克的公司是建立於網路泡沫的廢墟中、手機新世界興起時，二〇二〇年的災難性動盪肯定也已經塑造下一代的科技獨角獸，問題只在於：塑造成何種樣貌。

＊指賭城拉斯維加斯。

＊techlash是tech（科技）＋backlash（強烈反彈），意指對科技公司的負面觀感與強烈反對，因為擔憂科技公司侵犯用戶隱私，甚至可能做政治操控等等。

致謝

雖然封面上只出現了我的名字，但是如果沒有過去兩年來數十人的支持，便不會有這本書問世。

我必須謝謝W·W諾頓出版社（W. W. Norton）的編輯湯姆·梅耶（Tom Mayer），拜他的專業之賜，我的想法和文字才得以出色地躍然於紙上。我合作過的編輯很少有人像湯姆這麼有文采，經過他的潤飾，我的敘述頓時提升不少，跟他合作的我，成了更優秀的作家。

另外還有把這本書化為真實的諾頓出版社團隊：威爾·史加雷（Will Scarlett）、黛西·澤德爾（Dassi Zeidel）、貝琪·霍姆斯基（Becky Homiski）、貝絲·斯蒂德（Beth Steidle）、安娜·歐勒（Anna Oler）、尼瑪·阿瑪迪奧比（Nneoma Amadi-obi）、史蒂芬·佩斯（Steven Pace）、布蘭登·柯瑞（Brendan Curry）、尼可拉·狄羅柏提斯－列（Nicola DeRobertis-Theye）、伊莉莎白·柯爾（Elisabeth Kerr）、梅拉迪斯·麥克吉尼斯（Meredith McGinnis）等等。大家都為了這本書忙碌奔走，這份支持和努力是無價的。

很謝謝我在萊文·格林伯格·羅斯坦（Levine Greenberg Rostan）的經紀人丹尼爾·格林伯格（Daniel Greenberg），二〇一四年我第一次想到出書寫Uber的時候願意見我，而且沒有被我接下來三年的糾纏嚇退。

要沒有譚佩穎（Pui-Wing Tam），我在《紐約時報》共事多年的編輯，不會有我現在這個記者。佩穎是個優秀導師，二〇一七年我追蹤Uber戲劇性發展的每一步都有她緊緊跟隨的身影，要不是有她出色的建議，我不可能順利滲透Uber（佩穎，很不好意思，常常下班後還打電話給你，請你發Uber稿子）。

我也要謝謝《紐約時報》每一個支持我寫這本書的人，尤其是迪恩・巴奎特（Dean Baquet）、喬・可汗（Joe Kahn）、蕾貝卡・布魯蒙斯坦（Rebecca Blumenstein）、艾倫・波洛克（Ellen Pollock），他們很好心地讓我休假全心寫書。還有科技線的同事替我分擔了工作，我超級感謝。另外還有A・G・舒爾茨伯格（A. G. Sulzberger）在我撰文過程中的好心提醒，尤其在我整理報導整理到快瘋掉的時候。

肖恩・拉威利（Sean Lavery）是我的核實人員，也是我陷入困難時的心理醫生，西蒙妮・斯托爾佐夫（Simone Stolzoff）的早期研究和支持也對我很有幫助，我對他們兩人的感謝難以道盡。山姆・多爾尼克（Sam Dolnick）和史蒂芬妮・普雷斯（Stephanie Preiss）一如既往是我在《紐約時報》的最佳拍檔。

如果不謝謝提供我消息的人就說不過去了，尤其是那些冒著很大風險的人。他們各自出於不同的動機找上我，但是多數認為自己挺身而出是做該做的事，希望能幫助外界更了解Uber的情況。我在此要表達萬分感謝，沒有你們，我絕對辦不到。

也要感謝給我建議與支持的作家與朋友們，凱文・羅斯（Kevin Roose）、B・J・諾瓦（B. J. Novak）、尼克・比爾頓、安娜・維納給我很高明的指點，崔斯坦・路易斯（Tristan Lewis）、艾蜜莉・西爾弗曼（Emily Silverman）、漢娜・梅茨格（Hana Metzger）則在我伏案過程給了我迫切需要的喘息空間。

最後要感謝我的家人，麥可（Michael）、洛倫（Lorraine）、喬（Joe），尤其是莎拉和布魯娜，他們都得想辦法應付我的瘋狂、我長時間沒日沒夜的跑新聞與寫作，對此我永遠心存感激，這本書是獻給你們的。

關於消息來源

本書是根據幾百個訪談寫成，報導 Uber 這五年多來，我採訪了超過兩百人，也辛苦檢閱了數百份從未見過的文件。

書中所述事件都是根據第一手或第二手消息來源，有的是當事人親口所述，有的是兩位以上直接了解原委的人所述。每個事件場景都經過多人證實。

書中提及的對話內容是根據影片、錄音檔案、口述文字、直接或間接關係人的敘述。書中出現的電子郵件和簡訊是作者親眼看過或聽人轉述。

消息來源的安全和保障是我的最大考量，我衷心感謝他們協助我講出這個故事。

注釋

前言

1. Karen Weise, "This Is How Uber Takes Over a City," Bloomberg Businessweek, June 23, 2015, https://www.bloomberg.com/news/features/2015-06-23/this-is-how-uber-takes-over-a-city.
2. Max Chafkin, "What Makes Uber Run," Fast Company, September 8, 2015, https://www.fastcompany.com/3050250/what-makes-uber-run.
3. Weise, "This Is How Uber Takes Over a City."
4. Alyson Shontell, "10 Ads That Show What A Circus the War Between Uber and Lyft Has Become," Business Insider, August 13, 2014, https://www.businessinsider.com/10-uber-lyft-war-ads-2014-8#heres-a-similar-ad-that-suggests-ubers-are-better-than-taxis-9.

第一章：X^X

1. Kara Swisher and Johana Bhuiyan, "Uber CEO Kalanick Advised Employees on Sex Rules for a Company Celebration in 2013 'Miami Letter,' " Recode, June 8, 2017, https://www.recode.net/2017/6/8/15765514/2013-miami-letter-uber-ceo-kalanick-employees-sex-rules-company-celebration.
2. Kara Swisher, "Man and Uber Man," *Vanity Fair*, November 5, 2014, https://www.vanityfair.com/news/2014/12/uber-travis-kalanick-controversy.
3. Aileen Lee, "Welcome to the Unicorn Club: Learning From Billion-Dollar Startups," TechCrunch, October 31, 2013, https://techcrunch.com/2013/11/02/welcome-to-the-unicorn-club/.
4. Sam Biddle, " 'Fuck Bitches Get Leid,' the Sleazy Frat Emails of Snapchat's CEO," Valleywag, May 28, 2014, http://valleywag.gawker.com/fuck-bitches-get-leid-the-sleazy-frat-emails-of-snap-1582604137.
5. Jack Morse, "Bros Attempt to Kick Kids Off Mission Soccer Field," Uptown Almanac, October 9, 2014, https://uptownalmanac.com/2014/10/bros-try-kick-kids-soccer-field.
6. Brad Stone, *The Upstarts: How Uber, Airbnb, and the Killer Companies of the New Silicon Valley Are Changing the World* (New York: Little Brown, 2017).
7. "Leadership Priciples," Amazon, https://www.amazon.jobs/principles.
8. Alyson Shontell, "A Leaked Internal Uber Presentation Shows What the Company Really Values in Its Employees," Business Insider, November 19, 2014, https://www.businessinsider.com/uber-employee-competencies-fierceness-and-super-pumpedness-2014-11.

第二章：一個創辦人的養成

1. Elizabeth Chou, "Bonnie Kalanick, Mother of Uber Founder, Remembered Fondly by Former Daily News Coworkers," *Los Angeles Daily News*, August 28, 2017, https://www.dailynews.com/2017/05/28/bonnie-kalanick-mother-of-uber-founder-remembered-fondly-by-former-daily-news-coworkers/.
2. Chou, "Bonnie Kalanick."
3. Travis Kalanick, "Dad is getting much better in last 48 hours," Facebook, June 1, 2017, https://www.facebook.com/permalink.php?story_fbid=10155147475255944&id=564055943.
4. Kara Swisher, "Bonnie Kalanick, the Mother of Uber's CEO, Has Died in a Boating Accident," Recode, May 27, 2017, https://www.recode.net/2017/5/27/15705290/bonnie-kalanick-mother-uber-ceo-dies-boating-accident.
5. Taylor Pittman, "Uber CEO Travis Kalanick and His Dad Open Up on Life, Love and Dropping Out of School," Huffington Post, April 11, 2016, https://www.huffingtonpost.com/entry/uber-travis-kalanick-talk-to-me_us_57040082e4b0daf53af126a9.
6. Swisher, "Bonnie Kalanick."
7. Pittman, "Uber CEO Travis Kalanick."
8. Adam Lashinsky, Wild Ride: Inside Uber's Quest for World Domination (New York: Portfolio/Penguin, 2017), 40.
9. An enormous trophy: Jesse Barkin, "Valley Conference Basketball Honors Top Students," *Los Angeles Daily News*, March 30, 1988, Z10.
10. Chris Raymond, "Travis Kalanick: 'You Can Either Do What They Say or You Can Fight for What You Believe,' " Success, February 13, 2017, https://www.success.com/article/travis-kalanick-you-can-either-do-what-they-say-or-you-can-fight-for-what-you-believe.
11. Sarah E. Needleman, "A Cutco Sales Rep's Story," *Wall Street Journal*, August 6, 2008, https://www.wsj.com/articles/SB121788532632911239.
12. Interview with author, 2017.
13. TechCo Media, "Travis Kalanick Startup Lessons from the Jam Pad—Tech Cocktail Startup Mixology," YouTube video, 38:34, May 5, 2011, https://www.youtube.com/watch?v=VMvdvP02f-Y.
14. Stone, *Upstarts*.
15. John Borland, "Well-Scrubbed Business Plan Not Enough for Scour," CNET, January 11, 2002, https://www.cnet.com/news/well-scrubbed-business-plan-not-enough-for-scour/.

16. BAMM.TV, "FailCon 2011—Uber Case Study," YouTube video, 26:18, November 3, 2011, https://www.youtube.com/watch?v=2QrX5jsiico&t=2s.

17. BAMM.TV, "FailCon 2011."

18. BAMM.TV, "FailCon 2011."

19. Rich Menta, "RIAA Sues Music Startup Napster for $20 Billion," MP3newsire.net, December 9, 1999, http://www.mp3newswire.net/stories/napster.html.

20. Matt Richtel, "Movie and Record Companies Sue a Film Trading Site," *New York Times*, July 21, 2000, http://www.nytimes.com/2000/07/21/business/movie-and-record-companies-sue-a-film-trading-site.html.

21. Richtel, "Movie and Record Companies Sue."

第三章：泡沫後的憂鬱

1. "Where Are They Now: 17 Dot-Com Bubble Companies and Their Founders," CB Insights, September 14, 2016, https://www.cbinsights.com/research/dot-com-bubble-companies/.

2. Matt Richtel, "A City Takes a Breath After the Dot-Com Crash; San Francisco's Economy Is Slowing," *New York Times*, July 24, 2001.

3. BAMM.TV, "FailCon 2011."

4. BAMM.TV, "FailCon 2011."

5. Liz Gannes, "Uber CEO Travis Kalanick on How He Failed and Lived to Tell the Tale," D: All Things Digital, November 8, 2011, http://allthingsd.com/20111108/uber-ceo-travis-kalanick-on-how-he-failed-and-lived-to-tell-the-tale/.

6. TechCo Media, "Travis Kalanick, Founder & CEO of Uber—Tech Cocktail Startup Mixology," YouTube video, 34:35, June 14, 2012, https://www.youtube.com/watch?v=Lrp0me9iJ_U.

第四章：新經濟

1. Stephen Labaton and Edmund L. Andrews, "In Rescue to Stabilize Lending, U.S. Takes Over Mortgage Finance Titans," *New York Times*, September 7, 2008, https://www.nytimes.com/2008/09/08/business/08fannie.html.

2. U.S. Bureau of Labor Statistics, "More than 75 Percent of American Households Own Computers," *Beyond the Numbers 1*, no 4 (2010), https://www.bls.gov/opub/btn/archive/more-than-75-percent-of-american-households-own-computers.pdf.

3. John B. Horrigan, "Home Broadband 2008," Pew Research Center, July 2, 2008, http://www.pewinternet.org/2008/07/02/home-broadband-2008/.

4. John Doerr, interview with the author, April 3, 2018.

5. Rene Ritchie, "The Secret History of iPhone," iMore, January 22, 2019, https://www.imore.com/history-iphone-original.
6. Brian X. Chen, "iPhone Developers Go from Rags to Riches," Wired, September 19, 2008, https://www.wired.com/2008/09/indie-developer/.
7. Interview with author, April 3, 2018.

第五章：寸步難行的有錢人

1. Brad Stone, "Uber: The App That Changed How the World Hails a Taxi," Guardian, January 29, 2017, https://www.theguardian.com/technology/2017/jan/29/uber-app-changed-how-world-hails-a-taxi-brad-stone.
2. Stone, *Upstarts*.
3. Travis Kalanick, "Expensify Launching at TC50!!," Swooshing (blog), September 17, 2008, https://swooshing.wordpress.com/2008/09/17/expensify-launching-at -tc50/.
4. TechCo Media, "Travis Kalanick, Founder & CEO of Uber."
5. TechCo Media, "Travis Kalanick Startup Lessons."
6. https://twitter.com/konatbone.
7. Garrett Camp, "The Beginning of Uber," Medium, August 22, 2017, https://medium.com/@gc/the-beginning-of-uber-7fb17e544851.

第六章：「讓專業的來」

1. Travis Kalanick (@travisk), "Looking 4 entrepreneurial product mgr/biz-dev killer 4 a location based service..pre-launch, BIG equity, big peeps involved—ANY TIPS??," Twitter, January 5, 2010, 8:14 p.m., https://twitter.com/travisk/status/7422828552.
2. Ryan Graves (@ryangraves), "@KonaTbone heres a tip. email me :) graves.ryan[at]gmail.com," Twitter, January 5, 2010, 8:17 p.m., https://twitter.com/ryangraves/status/7422940444?lang=en.
3. Anita Balakrishnan, "How Ryan Graves became Uber's first CEO," CNBC, May 14, 2017, https://www.cnbc.com/2017/05/14/profile-of-ubers-ryan-graves.html.
4. ryangraves, Tumblr, http://ryangraves.tumblr.com/.
5. ryangraves, Tumblr, http://ryangraves.tumblr.com/post/516416119/via-fuckyeahjay-z.
6. Brian Lund, "From Dead-End Job to Uber Billionaire: Meet Ryan Graves," *DailyFinance*, July 3, 2014, https://web.archive.org/web/20140707042902/http://www.dailyfinance.com/on/uber-billionaire-ryan-graves/.
7. ryangraves, Tumblr, http://ryangraves.tumblr.com/post/336093270/dpstyles-crunchie-closeup-aka-the-heisman-of.

8. Ryan Graves, "Into the Infinite Abyss of the Startup Adventure," Facebook, February 14, 2010, https://www.facebook.com/note.php?note_id=476991565402.
9. Michael Arrington, "Uber CEO 'Super Pumped' about Being Replaced by Founder," TechCrunch, https://techcrunch.com/2010/12/22/uber-ceo-super-pumped-about-being-replaced-by-founder/.
10. Uber HQ (@sweenzor), Instagram Photo, September 18, 2013, https://www.instagram.com/p/eatIa-juEa/?taken-by=sweenzor.
11. Leena Rao, "UberCab Takes the Hassle Out of Booking a Car Service," TechCrunch, https://techcrunch.com/2010/07/05/ubercab-takes-the-hassle-out-of-booking-a-car-service/.
12. Michael Arrington, "What If UberCab Pulls an Airbnb? Taxi Business Could (Finally) Get Some Disruption," TechCrunch, https://techcrunch.com/2010/08/31/what-if-ubercab-pulls-an-airbnb-taxi-business-could-finally-get-some-disruption/.

第七章：創投界最高的男人

1. GigaOm, "Bill Gurley, Benchmark Capital (full version)," YouTube video, 32:48, December 14, 2012, https://www.youtube.com/watch?v=dBaYsK_62EY.
2. John Markoff, "Internet Analyst Joins Venture Capital Firm," *New York Times*, July 14, 1997, https://www.nytimes.com/1997/07/14/business/internet-analyst-joins-venture-capital-firm.html.
3. Marissa Barnett, "Former Resident Donates $1M to Dickinson," *Galveston County Daily News*, September 6, 2017, http://www.galvnews.com/news/article_7c163944-63ee-5499-8964-fec7ef7e0540.html.
4. Bill Gurley, "Thinking of Home: Dickinson, Texas," *Above the Crowd* (blog), September 6, 2017, http://abovethecrowd.com/2017/09/06/thinking-of-home-dickinson-texas/.
5. "Commodore VIC-20," Steve's Old Computer Museum, http://oldcomputers.net.
6. Eric Johnson, "Full Transcript: Benchmark General Partner Bill Gurley on Recode Decode," Recode, September 28, 2016, https://www.recode.net/2016/9/28/13095682/bill-gurley-benchmark-bubble-uber-recode-decode-podcast-transcript.
7. "Bill Gurley," Sports Reference, College Basketball (CBB), https://www.sports-reference.com/cbb/players/bill-gurley-1.html and "Bill Gurley Season Game Log," Sports Reference, College Basketball (CBB), https://www.sports-reference.com/cbb/players/bill-gurley-1/gamelog/1988/.
8. Gabrielle Saveri, "Bill Gurley Venture Capitalist, Hummer Winblad Venture Partners," Bloomberg, August 25, 1997, https://www.bloomberg.com/news/articles/1997-08-24/bill-gurley-venture-capitalist-hummer-winblad-venture-partners.

9. Stross, Randall E., *EBoys: The First Inside Account of Venture Capitalists at Work* (Crown Publishers, 2000).

10. Bill Gurley, "Benchmark Capital: Open for Business," *Above the Crowd* (blog), December 1, 2008, https://abovethecrowd.com/2008/12/01/benchmark-capital-open-for-business/.

第八章：雙人舞

1. Artturi Tarjanne, "Why VC's Seek 10x Returns," *Activist VC Blog* (blog), Nexit Adventures, January 12, 2018, http://www.nexitventures.com/blog/vcs-seek-10x-returns/.

2. Amir Efrati, "Uber Group's Visit to Seoul Escort Bar Sparked HR Complaint," The Information, March 24, 2017, https://www.theinformation.com/articles/uber-groups-visit-to-seoul-escort-bar-sparked-hr-complaint.

3. Andreessen Horowitz, Software Is Eating the World, https://a16z.com/.

4. Richard Florida and Ian Hathaway, "How the Geography of Startups and Innovation Is Changing," *Harvard Business Review*, November 27, 2018, https://hbr.org/2018/11/how-the-geography-of-startups-and-innovation-is-changing.

5. Center for American Entrepreneurship, "Rise of the Global Startup City," Startup Revolution, http://startupsusa.org/global-startup-cities/.

6. Center for American Entrepreneurship, "Rise of the Global Startup City."

7. "From the Garage to the Googleplex," About, Google, https://www.google.com/about/our-story/.

8. "The Effects of Dual-Class Ownership on Ordinary Shareholders," Knowledge@Wharton, June 30, 2004, http://knowledge.wharton.upenn.edu/article/the-effects-of-dual-class-ownership-on-ordinary-shareholders/.

9. Larry Page and Sergey Brin, "2004 Founders' IPO Letter," Alphabet Investor Relations, https://abc.xyz/investor/founders-letters/2004/ipo-lette.html.

10. "Snapchat Spurned $3 Billion Acquisition Offer from Facebook," Digits (blog), *Wall Street Journal*, November 13, 2013, https://blogs.wsj.com/digits/2013/11/13/snapchat-spurned-3-billion-acquisition-offer-from-facebook/.

第九章：冠軍心態

1. Liz Gannes, "Travis Kalanick: Uber Is Raising More Money to Fight Lyft and the 'Asshole' Taxi Industry," Recode, May 28, 2014, https://www.recode.net/2014/5/28/11627354/travis-kalanick-uber-is-raising-more-money-to-fight-lyft-and-the.

2. Andy Kessler, "Travis Kalanick: The Transportation Trustbuster," *Wall Street Journal*, January 25, 2013, https://www.wsj.com/articles/SB10001424127887324235104578244231122376480.

3. Alexia Tsotsis, "Spotted! Secret Ubers on the Streets of Seattle," TechCrunch, https://techcrunch.com/2011/07/25/uber-seattle/.

4. Adam Withnall, "Uber France Apologises for Sexist Promotion Offering Men Free Rides with 'Incredibly Hot Chicks' as Drivers," Independent, October 23, 2014, https://www.independent.co.uk/life-style/gadgets-and-tech/uber-france-apologises-for-sexist-promotion-offering-men-free-rides-with-incredibly-hot-chicks-as-9813087.html.

5. Bill Gurley, "How to Miss by a Mile: An Alternative Look at Uber's Potential Market Size," *Above the Crowd* (blog), July 11, 2014, http://abovethecrowd.com/2014/07/11/how-to-miss-by-a-mile-an-alternative-look-at-ubers-potential-market-size/.

6. Travis Kalanick, "Principled Innovation: Addressing the Regulatory Ambiguity Ridesharing Apps," April 12, 2013, http://www.benedelman.org/uber/uber-policy-whitepaper.pdf.

7. Swisher, "Bonnie Kalanick."

8. Travis Kalanick (@travisk), "@johnzimmer you've got a lot of catching up to do . . . #clone," Twitter, March 19, 2013, 2.22 p.m., https://twitter.com/travisk/status/314079323478962176?lang=en.

9. Interview with former Uber executive who worked closely alongside Kalanick.

10. Swisher, "Man and Uber Man."

11. Liz Gannes, "Uber's Travis Kalanick on Numbers, Competition and Ambition (Everything but Funding)," D: All Things Digital, June 27, 2013, http://allthingsd.com/20130627/ubers-travis-kalanick-on-numbers-competition-and-ambition-everything-but-funding/.

12. Background interview with early senior employee, San Francisco, 2018.

第十章：家演

1. Eric Jackson, "Tellme Is One of the Best Silicon Valley Companies Most People Have Never Heard Of," CNBC, October 23, 2017, https://www.cnbc.com/2017/10/23/tellme-is-the-best-tech-company-most-have-never-heard-of.html.

2. Tomasz Tunguz, "Why Negative Churn is Such a Powerful Growth Mechanism," November 18, 2014, https://tomtunguz.com/negative-churn/.

第十一章：大哥與小弟

1. Jillian D'Onfro, "Google and Uber were like 'Big Brother and Little Brother'— Until it All Went Wrong," CNBC, February 7, 2018, https://www.cnbc.com/2018/02/07/travis-kalanick-on-google-uber-relationship.html.
2. Jack Nicas and Tim Higgins, "Google vs. Uber: How One Engineer Sparked a War," *Wall Street Journal*, May 23, 2017, https://www.wsj.com/articles/how-a-star-engineer-sparked-a-war-between-google-and-uber-1495556308.
3. Charles Duhigg, "Did Uber Steal Google's Intellectual Property?," *New Yorker*, October 22, 2018, https://www.newyorker.com/magazine/2018/10/22/did-uber-steal-googles-intellectual-property.
4. Nicas and Higgins, "Google vs. Uber."
5. Max Chafkin and Mark Bergen, "Fury Road: Did Uber Steal the Driverless Future from Google?," Bloomberg, March 16, 2017, https://www.bloomberg.com/news/features/2017-03-16/fury-road-did-uber-steal-the-driverless-future-from-google.

第十二章：成長

1. Felix Salmon, "Why Taxi Medallions Cost $1 Million," Reuters, October 21, 2011, http://blogs.reuters.com/felix-salmon/2011/10/21/why-taxi-medallions-cost-1-million/.
2. Winnie Hu, "Taxi Medallions, Once a Safe Investment, Now Drag Owners Into Debt," *New York Times*, September 10, 2017, https://www.nytimes.com/2017/09/10/nyregion/new-york-taxi-medallions-uber.html.
3. Ginia Bellafante, "A Driver's Suicide Reveals the Dark Side of the Gig Economy," *New York Times*, February 6, 2018, https://www.nytimes.com/2018/02/06/nyregion/livery-driver-taxi-uber.html.
4. Doug Schifter, Facebook, https://www.facebook.com/people/Doug-Schifter/100009072541151.
5. Nikita Stewart and Luis Ferré-Sadurní, "Another Taxi Driver in Debt Takes His Life. That's 5 in 5 Months.," *New York Times*, May 27, 2018, https://www.nytimes.com/2018/05/27/nyregion/taxi-driver-suicide-nyc.html.
6. Emma G. Fitzsimmons, "A Taxi Driver Took His Own Life. His Family Blames Uber's Influence.," *New York Times*, May 1, 2018, https://www.nytimes.com/2018/05/01/nyregion/a-taxi-driver-took-his-own-life-his-family-blames-ubers-influence.html.
7. Stephanie Kirchgaessner, "Threatening Sign Hung Near Home of Italian Uber Boss," *The Guardian*, February 12, 2015, https://www.theguardian.com/technology/2015/feb/12/threatening-sign-italian-uber-boss.

8. Andrew Maykuth, "Uber pays $3.5M fine to settle fight with Pa. taxi regulators," *Philadelphia Inquirer*, April 6, 2017, https://www.philly.com/philly/business/energy/Uber-fine-PA-PUC.html.
9. Uber 消息來源提供給作者的簡訊。
10. Mike Isaac, "Uber's System for Screening Drivers Draws Scrutiny," *New York Times*, December 9, 2014, https://www.nytimes.com/2014/12/10/technology/ubers-system-for-screening-drivers-comes-under-scrutiny.html.
11. Borkholder, Montgomery, Saika Chen, Smith, "Uber State Interference."
12. Fitz Tepper, "Uber Launches 'De Blasio's Uber' Feature in NYC with 25 Minute Wait Times," TechCrunch, https://techcrunch.com/2015/07/16/uber-launches-de-blasios-uber-feature-in-nyc-with-25-minute-wait-times/.
13. Rosalind S. Helderman, "Uber Pressures Regulators by Mobilizing Riders and Hiring Vast Lobbying Network," *Washington Post*, December 13, 2014, https://www.washingtonpost.com/politics/uber-pressures-regulators-by-mobilizing-riders-and-hiring-vast-lobbying-network/2014/12/13/3f4395c6-7f2a-11e4-9f38-95a187e4c1f7_story.html?utm_term=.4a82cfdcaccd.
14. Anthony Kiekow, "Uber Makes a Delivery to MTC with Hopes of Operating in St. Louis," Fox2now: St. Louis, July 7, 2015, https://fox2now.com/2015/07/07/uber-says-water-bottles-were-symbolic-of-petitions-for-service-in-st-louis/.
15. Alison Griswold, "Uber Won New York," Slate, November 18, 2015, http://www.slate.com/articles/business/moneybox/2015/11/uber_won_new_york_city_it_only_took_five_years.html.

第十三章：討好攻勢

1. Sarah Lacy, "The Horrific Trickle Down of Asshole Culture: Why I've Just Deleted Uber from My Phone," Pando, October 22, 2014, https://pando.com/2014/10/22/the-horrific-trickle-down-of-asshole-culture-at-a-company-like-uber/.
2. Mickey Rapkin, "Uber Cab Confessions," GQ, February 27, 2014, https://www.gq.com/story/uber-cab-confessions?currentPage=1.
3. Swisher, "Man and Uber Man."
4. "Announcing Uberpool," Uber (blog), https://web.archive.org/web/20140816060039/http://blog.uber.com/uberpool.
5. "Introducing Lyft Line, Your Daily Ride," Lyft (blog), August 6, 2014, https://blog.lyft.com/posts/introducing-lyft-line.
6. Sarah Lacy (@sarahcuda), "it troubles me that Uber is so OK with lying," Twitter, August 20, 2014, 7:01 p.m., https://twitter.com/sarahcuda/status/502228907068641280.

7. "Statement On New Year's Eve Accident," Uber (blog), https://web.archive.org/web/20140103020522/http://blog.uber.com/2014/01/01/statement-on-new-years-eve-accident/.
8. Lacy, "The Horrific Trickle Down of Asshole Culture.
9. Erik Gordon, "Uber's Didi Deal Dispels Chinese 'El Dorado' Myth Once and For All," The Conversation, http://theconversation.com/ubers-didi-deal-dispels-chinese-el-dorado-myth-once-and-for-all-63624.
10. American Bar, "Salle Yoo," https://www.americanbar.org/content/dam/aba/administrative/science_technology/2016/salle_yoo.authcheckdam.pdf.
11. Mike Isaac, "Silicon Valley Investor Warns of Bubble at SXSW," Bits (blog), *New York Times,* March 15, 2015, https://bits.blogs.nytimes.com/2015/03/15/silicon-valley-investor-says-the-end-is-near/.
12. Johana Bhuiyan, "Uber's Travis Kalanick Takes 'Charm Offensive' To New York City," BuzzFeedNews, November 14, 2014, https://www.buzzfeednews.com/article/johanabhuiyan/ubers-travis-kalanick-takes-charm-offensive-to-new-york-city.
13. Mike Isaac, "50 Million New Reasons BuzzFeed Wants to Take Its Content Far Beyond Lists," *New York Times*, August 10, 2014, https://www.nytimes.com/2014/08/11/technology/a-move-to-go-beyond-lists-for-content-at-buzzfeed.html.
14. Ben Smith, "Uber Executive Suggests Digging Up Dirt On Journalists," BuzzFeedNews, November 17, 2014, https://www.buzzfeednews.com/article/bensmith/uber-executive-suggests-digging-up-dirt-on-journalists.

第十四章：文化戰爭

1. http://www.thecrazyones.it/spot-en.html.
2. Natalie Kitroeff and Patrick Clark, "Silicon Valley May Want MBAs More Than Wall Street Does," Bloomberg Businessweek, March 17, 2016, https://www.bloomberg.com/news/articles/2016-03-17/silicon-valley-mba-destination.
3. Gina Hall, "MBAs are Increasingly Finding a Home in Silicon Valley," Silicon Valley Business Learning, March 18, 2016, https://www.bizjournals.com/sanjose/news/2016/03/18/mbas-are-increasingly-finding-a-home-in-silicon.html.
4. Uber's list of 14 values, obtained by author.
5. Winston Mohrer (@WinnTheDog), "#Shittybike #lyft," Twitter, July 11, 2018, 7:21 a.m., https://twitter.com/WinnTheDog/status/1017005971107909633.
6. Caroline O'Donovan and Priya Anand, "How Uber's Hard-Charging Corporate Culture Left Employees Drained," BuzzFeedNews, July 17, 2017, https://www.buzzfeednews.com/article/carolineodonovan/how-ubers-hard-charging-corporate-

culture-left-employees#.wpdMljap9.

7. "What Is the Safe Rides Fee?," Uber, https://web.archive.org/web/20140420053019/http://support.uber.com/hc/en-us/articles/201950566.
8. Bradley Voytek, "Rides of Glory," Uber (blog), March 26, 2012, https://web.archive.org/web/20141118192805/http:/blog.uber.com/ridesofglory.

第十五章：建立帝國

1. Joshua Lu and Anita Yiu, "The Asian Consumer: Chinese Millenials," Goldman Sachs Global Investment Research, September 8, 2015, http://xqdoc.imedao.com/14fcc41218a6163fed2098e2.pdf.
2. Po Hou and Roger Chung, "2014 Deloitte State of the Media Democracy China Survey: New Media Explosion Ignited," Deloitte, November 2014, https://www2.deloitte.com/content/dam/Deloitte/cn/Documents/technology-media-telecommunications/deloitte-cn-tmt-newmediaexplosionignited-en-041114.pdf.
3. Sally French, "China Has 9 of the World's 20 Biggest Tech Companies," Market Watch, May 31, 2018, https://www.marketwatch.com/story/china-has-9-of-the-worlds-20-biggest-tech-companies-2018-05-31.
4. Jessica E. Lessin, "Zuckerberg and Kalanick in China: Two Approaches," The Information, March 25, 2016, https://www.theinformation.com/articles/zuckerberg-and-kalanick-in-china-two-approaches.
5. Amir Efrati, "Inside Uber's Mission Impossible in China," The Information, January 11, 2016, https://www.theinformation.com/articles/inside-ubers-mission-impossible-in-china.
6. Travis Kalanick, "Uber-successful in China," http://im.ft-static.com/content/images/b11657c0-1079-11e5-b4dc-00144feabdc0.pdf.
7. Octavio Blanco, "How this Vietnamese Refugee Became Uber's CTO," CNN Money, August 12, 2016, https://money.cnn.com/2016/08/12/news/economy/thuan-pham-refugee-uber/index.html.
8. Leslie Hook, "Uber's Battle for China," Financial Times Weekend Magazine, June 2016, https://ig.ft.com/sites/uber-in-china/.
9. Sanjay Rawat, "Hyderabad Uber Driver Suicide Adds Fuel to Protests for Better Pay," Outlook, February 13, 2017, https://www.outlookindia.com/website/story/hyderabad-uber-driver-suicide-adds-fuel-to-protests-for-better-pay/297923.
10. Ellen Barry and Suhasini Raj, "Uber Banned in India's Capital After Rape Accusation," *New York Times*, December 8, 2014, https://www.nytimes.com/2014/12/09/world/asia/new-delhi-bans-uber-after-driver-is-accused-of-rape.html.

第十六章：蘋果事件

1. Ben Smith, "Uber Executive Suggests Digging Up Dirt on Journalists," BuzzFeedNews, November 17, 2014, https://www.buzzfeednews.com/article/bensmith/uber-executive-suggests-digging-up-dirt-on-journalists.
2. Average Joe, "What the Hell Uber? Uncool Bro.," *Gironsec* (blog), November 25, 2014, https://www.gironsec .com/blog/2014/11/what-the-hell-uber-uncool-bro/.
3. "Permissions Asked for by Uber Android App," Y Combinator, November 25, 2014, https://news.ycombinator.com/item?id=8660336.

第十七章：「最好的防守是……」

1. Amir Efrati, "Uber's Top Secret 'Hell' Program Exploited Lyft's Vulnerability," The Information, April 12, 2017, https://www.theinformation.com/articles/ubers-top-secret-hell-program-exploited-lyfts-vulnerability.
2. Kate Conger, "Uber's Massive Scraping Program Collected Data About Competitors Around The World." Gizmodo. December 12, 2017, https://gizmodo.com/ubers-massive-scraping-program-collected-data-about-com-1820887947/.
3. Colleen Taylor, "Uber Database Breach Exposed Information of 50,000 Drivers, Company Confirms." TechCrunch. February 27, 2015, https://techcrunch.com/2015/02/27/uber-database-breach-exposed-information-of-50000-drivers-company-confirms/.
4. Kashmir Hill, "Facebook's Top Cop: Joe Sullivan," *Forbes*, February 22, 2012, https://www.forbes.com/sites/kashmirhill/2012/02/22/facebooks-top-cop-joe-sullivan/.
5. Hill, "Facebook's Top Cop: Joe Sullivan."
6. Emilio Fernández, "En Edomex Cazan al Servicio Privado," *El Universal*, May 28, 2015, http://archivo.eluniversal.com.mx/ciudad-metropoli/2015/impreso/en-edomex-cazan-al-servicio-privado-132301.html.
7. Stephen Eisenhammer and Brad Haynes, "Murders, Robberies of Drivers in Brazil Force Uber to Rethink Cash Strategy," Reuters, February 14, 2017, https://www.reuters.com/article/uber-tech-brazil-repeat-insight-pix-tv-g-idUSL1N1FZ03V.

第十八章：自駕車衝突

1. James Temple, "Brin's Best Bits from the Code Conference (Video)," Recode, May 28, 2014, https://www.recode.net/2014/5/28/11627304/brins-best-bits-from-the-code-conference-video.
2. Biz Carson, "New Emails Show How Mistrust and Suspicions Blew Up the

Relationship Between Uber's Travis Kalanick and Google's Larry Page," Business Insider, July 6, 2017, https://www.businessinsider.com/emails-uber-wanted-to-partner-with-google-on-self-driving-cars-2017-7.

3. American Trucking Associations, "News and Information Reports, Industry Data," https://www.trucking.org/News_and_Information_Reports_Industry_Data.aspx.
4. National Highway Traffic and Safety Administration,"USDOT Releases 2016 Fatal Traffic Crash Data," https://www.nhtsa.gov/press-releases/usdot-releases-2016-fatal-traffic-crash-data.
5. Duhigg, "Did Uber Steal Google's Intellectual Property?"
6. John Markoff, "Want to Buy a Self-Driving Car? Big-Rig Trucks May Come First," *New York Times,* May 17, 2016, https://www.nytimes.com/2016/05/17/technology/want-to-buy-a-self-driving -car-trucks-may-come-first.html.
7. Mark Harris, "How Otto Defied Nevada and Scored a $60 Million Payout from Uber," Wired, November 28, 2016, https://www.wired.com/2016/11/how-otto-defied-nevada-and-scored-a-680-million-payout-from-uber/#.67khcq4w5.
8. Chafkin and Bergen, "Fury Road."
9. Chafkin and Bergen, "Fury Road."
10. From Waymo LLC v. Uber Technologies, 3:17-cv-00939-WHA, and Paayal Zaveri and Jillian D'Onfro, "Travis Kalanick Takes the Stand to Explain Why Uber Wanted to Poach Google Self-Driving Engineer," CNBC, February 6, 2018, https://www.cnbc.com/2018/02/06/travis-kalanick-reveals-why-he-wanted-googles-anthony-levandowski.html.
11. Mike Isaac, "Uber to Open Center for Research on Self-Driving Cars," Bits (blog), *New York Times*, February 2, 2015, https://bits.blogs.nytimes.com/2015/02/02/uber-to-open-center-for-research-on-self-driving-cars/.
12. Zaveri and D'Onfro, "Travis Kalanick Takes the Stand."
13. Alyssa Newcomb, "Former Uber CEO Steals the Show with 'Bro-cabulary' In Trade Secrets Trial," NBC News, February 7, 2018, https://www.nbcnews.com/tech/tech-news/former-uber-ceo-steals-show-court-trade-secrets-bro-cabulary-n845541.

第十九章：一帆風順

1. Mike Isaac and Michael J. de la Merced,"Uber Turns to Saudi Arabia for $3.5 Billion Cash Infusion," *New York Times*, June 1, 2016, https://www.nytimes.com/2016/06/02/technology/uber-investment-saudi-arabia.html.
2. Eric Newcomer, "The Inside Story of How Uber Got into Business with the Saudi Arabian Government," Bloomberg, November 3, 2018, https://www.bloomberg.com/news/articles/2018-11-03/the-inside-story-of-how-uber-got-into-business-with-the-saudi-arabian-government.

3. Sun Tzu's Art of War, "6. Weak Points and Strong," no.30, https://suntzusaid.com/book/6/30.
4. Greg Bensinger and Khadeeja Safdar, "Uber Hires Target Executive as President," *Wall Street Journal*, August 30, 2016, https://www.wsj.com/articles/uber-hires-target-executive-as-president-1472578656.
5. Ryan Felton, "Uber Drivers Ask 'Where Are the Answers?' In Shitshow Q&A," Jalopnik, February 16, 2017, https://jalopnik.com/uber-drivers-ask-where-are-the-answers-in-shitshow-q-a-1792461050.
6. Felton, "Uber Drivers Ask 'Where Are the Answers?' "
7. Emily Chang, "Uber Investor Shervin Pishevar Accused of Sexual Misconduct by Multiple Women," Bloomberg, November 30, 2017, https://www.bloomberg.com/news/articles/2017-12-01/uber-investor-shervin-pishevar-accused-of-sexual-misconduct-by-multiple-women.
8. Susan Fowler, "Reflecting on One Very, Very Strange Year at Uber," *Susan J. Fowler* (blog), February 19, 2017, https://www.susanjfowler.com/blog/2017/2/19/reflecting-on-one-very-strange-year-at-uber.

第二十章：三個月前

1. Sheera Frenkel, "The Biggest Spender of Political Ads on Facebook? President Trump," *New York Times*, July 17, 2018, https://www.nytimes.com/2018/07/17/technology/political-ads-facebook-trump.html.
2. Max Read, "Donald Trump Won Because of Facebook," Intelligencer, November 9, 2016, http://nymag.com/intelligencer/2016/11/donald-trump-won-because-of-facebook.html.
3. Mike Isaac, "Facebook, in Cross Hairs After Election, Is Said to Question Its Influence," *New York Times*, November 12, 2016, https://www.nytimes.com/2016/11/14/technology/facebook-is-said-to-question-its-influence-in-election.html.
4. Nicholas Confessore and Karen Yourish, "$2 Billion Worth of Free Media for Donald Trump," *New York Times*, March 15, 2016, https://www.nytimes.com/2016/03/16/upshot/measuring-donald-trumps-mammoth-advantage-in-free-media.html.
5. Biz Carson, " 'I Do Not Accept Him As My Leader'— Uber CTO's Explosive Anti-Trump Email Reveals Growing Internal Tensions," Business Insider, January 24, 2017, https://www.businessinsider.com/uber-cto-internal-email-donald-trump-deplorable-2017-1.
6. Isaac and de la Merced, "Uber Turns to Saudi Arabia for $3.5 Billion Cash Infusion."
7. Alex Barinka, Eric Newcomer, and Lulu Yilun Chen, "Uber Backers Said to Push for Didi Truce in Costly China War," Bloomberg, July 20, 2016, https://www.

bloomberg.com/news/articles/2016-07-20/uber-investors-said-to-push-for-didi-truce-in-costly-china-fight.

8. Paul Mozur and Mike Isaac, "Uber to Sell to Rival Didi Chuxing and Create New Business in China," *New York Times*, August 1, 2016, https://www.nytimes.com/2016/08/02/business/dealbook/china-uber-didi-chuxing.html.
9. https://www.bloomberg.com/news/articles/2016-07-20/uber-investors-said-to-push-for-didi-truce-in-costly-china-fight.
10. David Streitfeld, " 'I'm Here to Help,' Trump Tells Tech Executives at Meeting," *New York Times*, December 14, 2016, https://www.nytimes.com/2016/12/14/technology/trump-tech-summit.html?module=inline.

第二十一章：#beleteUber

1. Michael D. Shear and Helene Cooper, "Trump Bars Refugees and Citizens of 7 Muslim Countries," *New York Times*, January 27, 2017, https://www.nytimes.com/2017/01/27/us/politics/trump-syrian-refugees.html.
2. Patrick Healy and Michael Barbaro, "Donald Trump Calls for Barring Muslims From Entering U.S.," *New York Times*, December 7, 2015, https://www.nytimes.com/politics/first-draft/2015/12/07/donald-trump-calls-for-banning-muslims-from-entering-u-s/.
3. Jonah Engel Bromwich, "Lawyers Mobilize at Nation's Airports After Trump's Order," *New York Times*, January 29, 2017, https://www.nytimes.com/2017/01/29/us/lawyers-trump-muslim-ban-immigration.html.
4. NY Taxi Workers (@NYTWA), "NO PICKUPS@JFK Airport 6 PM to 7 PM today. Drivers stand in solidarity with thousands protesting inhumane & unconstitutional #MuslimBan.," Twitter, January 28, 2017, 5:01 p.m., https://twitter.com/NYTWA/status/825463758709518337.
5. Dan O'Sullivan, "Vengeance Is Mine," Jacobin, https://www.jacobinmag.com/2016/11/donald-trump-election-hillary-clinton-election-night-inequality-republicans-trumpism/.
6. Dan O'Sullivan (@Bro_Pair), "congrats to @Uber_NYC on breaking a strike to profit off of refugees being consigned to Hell. eat shit and die," Twitter, January 28, 2017, 8:38 p.m., https://twitter.com/Bro_Pair/status/825518408682860544.
7. Dan O'Sullivan (@Bro_Pair),"#deleteuber," Twitter, January 28, 2017, 9:25 p.m., https://twitter.com/Bro_Pair/status/825530250952114177.
8. The Goldar Standard @Trev0000r), "done," Twitter, January 28, 2017, 10:50 p.m., https://twitter.com/Trev0000r/status/825551578824396800.

9. Simeon Benit (@simeonbenit), Twitter, January 28, 2017 11:04 p.m., https://twitter.com/simeonbenit/status/825555284428988416.

10. _m_(@MM_schwartz), "@uber Hope I'm not too late to the party #deleteUber," Twitter, January 28, 2017, 11:33 p.m., https://twitter.com/MM_schwartz/status/825562459088023552.

11. Travis Kalanick, "Standing Up for What's Right," Uber Newsroom, https://www.uber.com/newsroom/standing-up-for-whats-right-3.

12. Travis Kalanick, "Standing Up for What's Right."

13. Rhett Jones, "As #DeleteUber Trends, Lyft Pledges $1 Million to ACLU," Gizmodo, January 29, 2017, https://gizmodo.com/as-deleteuber-trends-lyft-pledges-1-million-to-aclu-1791750060.

14. Mike Isaac, "Uber C.E.O. to Leave Trump Advisory Council After Criticism," *New York Times*, February 2, 2017, https://www.nytimes.com/2017/02/02/technology/uber-ceo-travis-kalanick-trump-advisory-council.html?_r=1.

第二十二章：「在 Uber 那非常非常詭異的一年……」

1. Johana Bhuiyan, "Uber has Published Its Much Sought After Diversity Numbers For the First Time," Recode, March 28, 2017, https://www.recode.net/2017/3/28/15087184/uber-diversity-numbers-first-three-million.

2. Maureen Dowd, "She's 26, and Brought Down Uber's C.E.O. What's Next?," New York Times, October 21, 2017, https://www.nytimes.com/2017/10/21/style/susan-fowler-uber.html.

3. Dowd, "She's 26, and Brought Down Uber's C.E.O."

4. Chris Adams, "How Uber Thinks About Site Reliability Engineering," Uber Engineering, March 3, 2016, https://eng.uber.com/sre-talks-feb-2016/.

5. Megan Rose Dickey, "Inside Uber's New Approach to Employee Performance Reviews," TechCrunch, https://techcrunch.com/2017/08/01/inside-ubers-new-approach-to-employee-performance-reviews/.

6. Greg Bensinger, "Uber Shutting Down U.S. Car-Leasing Business," *Wall Street Journal*, September 27, 2017, https://www.wsj.com/articles/uber-confirms-it-is-shutting-down-u-s-car-leasing-business-1506531990.

7. Fowler, "Reflecting On One Very, Very Strange Year at Uber."

8. Fowler, "Reflecting On One Very, Very Strange Year at Uber."

9. Fowler, "Reflecting On One Very, Very Strange Year at Uber."

10. Fowler, "Reflecting On One Very, Very Strange Year at Uber."

第二十三章：……讓他們摔得很重

1. Chris Messina (@chrismessina), "This is outrageous and awful. My experience with Uber HR was similarly callous & unsupportive; in Susan's case, it was reprehensible. [angry face and thumbs-down emojis]," Twitter, February 19, 2017, 6:44 p.m., https://twitter.com/chrismessina/status/833462385872498688.
2. Arianna Huffington (@ariannahuff),"@travisk showing me his super cool app, Uber: everyone's private driver uber.com," Twitter, May 30, 2012, 3:23 p.m., https://twitter.com/ariannahuff/status/207915187846656001.
3. Vanessa Grigoriadis, "Maharishi Arianna," *New York*, November 20, 2011, http://nymag.com/news/media/arianna-huffington-2011-11.
4. Lauren Collins, "The Oracle: The Many Lives of Arianna Huffington," *New Yorker*, October 13, 2008, https://www.newyorker.com/magazine/2008/10/13/the-oracle-lauren-collins.
5. Collins, "The Oracle."
6. Collins, "The Oracle."
7. Meghan O'Rourke, "The Accidental Feminist," Slate, September 22, 2006, https://slate.com/news-and-politics/2006/09/arianna-huffington-the-accidental-feminist.html.
8. Maureen Orth, "Arianna's Virtual Candidate," *Vanity Fair*, November 1, 1994, https://www.vanityfair.com/culture/1994/11/huffington-199411.
9. https://www.vanityfair.com/culture/1994/11/huffington-199411.

第二十四章：別想偷走佩吉的東西

1. John Markoff, "No Longer a Dream: Silicon Valley Takes on the Flying Car," *New York Times*, April 24, 2017, https://www.nytimes.com/2017/04/24/technology/flying-car-technology.html.
2. Daisuke Wakabayashi, "Google Parent Company Spins Off Self-Driving Car Business," *New York Times*, December 13, 2016, https://www.nytimes.com/2016/12/13/technology/google-parent-company-spins-off-waymo-self-driving-car-business.html.
3. Biz Carson, "Google Secretly Sought Arbitration Against Its Former Self-Driving Guru Months Before the Uber Lawsuit," Business Insider, March 29, 2017, https://www.businessinsider.com/google-filed-against-anthony-levandowski-in-arbitration-before-uber-lawsuit-2017-3.
4. Waymo LLC v. Uber Technologies.
5. Waymo LLC v. Uber Technologies.

6. Daisuke Wakabayashi and Mike Isaac, "Google Self-Driving Car Unit Accuses Uber of Using Stolen Technology," *New York Times*, February 23, 2017, https://www.nytimes.com/2017/02/23/technology/google-self-driving-waymo-uber-otto-lawsuit.html.
7. Mike Isaac and Daisuke Wakabayashi, "Uber Hires Google's Former Head of Search, Stoking a Rivalry," *New York Times*, January 20, 2017, https://www.nytimes.com/2017/01/20/technology/uber-amit-singhal-google.html?module=inline.
8. Mike Isaac and Daisuke Wakabayashi, "Amit Singhal, Uber Executive Linked to Old Harassment Claim, Resigns," *New York Times*, February 27, 2017, https://www.nytimes.com/2017/02/27/technology/uber-sexual-harassment-amit-singhal-resign.html.
9. Eric Newcomer, "In Video, Uber CEO Argues with Driver Over Falling Fares," Bloomberg, February 28, 2017, https://www.bloomberg.com/news/articles/2017-02-28/in-video-uber-ceo-argues-with-driver-over-falling-fares.
10. Eric Newcomer and Brad Stone, "The Fall of Travis Kalanick Was a Lot Weirder and Darker Than You Thought," Bloomberg Businessweek, January 18, 2018, https://www.bloomberg.com/news/features/2018-01-18/the-fall-of-travis-kalanick-was-a-lot-weirder-and-darker-than-you-thought.
11. Travis Kalanick, "A Profound Apology," Uber Newsroom, March 1, 2017, https://www.uber.com/newsroom/a-profound-apology.

第二十五章：灰球

1. 為保護當事人，我更改了消息提供者的姓名與具體個資。
2. Mike Isaac, "Insider Uber's Aggressive, Unrestrained Workplace Culture," *New York Times*, February 22, 2017, https://www.nytimes.com/2017/02/22/technology/uber-workplace-culture.html.
3. Email redacted for source protection.
4. Documents held by author.
5. The Oregonian, "Portland vs. Uber: City Code Officers Try to Ticket Drivers," YouTube video, December 5, 2014, 1:53, https://www.youtube.com/watch?v=TS0NuV-zLZE.
6. Victor Fiorillo, "Uber Launches UberX In Philadelphia, but PPA Says 'Not So Fast,' " Philadelphia, October 25, 2014, https://www.phillymag.com/news/2014/10/25/uber-launches-uberx-philadelphia/.
7. Documents held by author.
8. Mike Isaac, "How Uber Deceives the Authorities Worldwide," *New York Times*, March 3, 2017, https://www.nytimes.com/2017/03/03/technology/uber-greyball-program-evade-authorities.html.

9. Isaac, "How Uber Deceives the Authorities Worldwide."
10. Daisuke Wakabayashi, "Uber Seeks to Prevent Use of Greyball to Thwart Regulators," *New York Times*, March 8, 2017, https://www.nytimes.com/2017/03/08/business/uber-regulators-police-greyball.html.
11. Mike Isaac, "Uber Faces Federal Inquiry Over Use of Greyball Tool to Evade Authorities," *New York Times*, May 4, 2017, https://www.nytimes.com/2017/05/04/technology/uber-federal-inquiry-software-greyball.html.
12. Mike Isaac, "Justice Department Expands Its Inquiry into Uber's Greyball Tool," *New York Times*, May 5, 2017, https://www.nytimes.com/2017/05/05/technology/uber-greyball-investigation-expands.html.
13. Harry Campbell, "About the Rideshare Guy: Harry Campbell," *The Rideshare Guy* (blog), https://therideshareguy.com/about-the-rideshare-guy/.
14. Kara Swisher and Johana Bhuiyan, "Uber President Jeff Jones Is Quitting, Citing Differences Over 'Beliefs and Approach to Leadership,'"Recode, March 19, 2017, https://www.recode.net/2017/3/19/14976110/uber-president-jeff-jones-quits.
15. Emily Peck, "Travis Kalanick's Ex Reveals New Details About Uber's Sexist Culture," Huffington Post, March 29, 2017, https://www.huffingtonpost.com/entry/travis-kalanick-gabi-holzwarth-uber_us_58da7341e4b018c4606b8ec9.
16. Amir Efrati, "Uber Group's Visit to Seoul Escort Bar Sparked HR Complaint," The Information, March 24, 2017, https://www.theinformation.com/articles/uber-groups-visit-to-seoul-escort-bar-sparked-hr-complaint.
17. Efrati, "Uber Group's Visit to Seoul Escort Bar."

第二十六章：致命失誤

1. Mike Isaac, "Uber Expands Self-Driving Car Service to San Francisco. D.M.V. Says It's Illegal.," *New York Times*, December 14, 2016, https://www.nytimes.com/2016/12/14/technology/uber-self-driving-car-san-francisco.html.
2. Isaac, "Uber Expands Self-Driving Car Service to San Francisco."
3. Mike Isaac and Daisuke Wakabayashi, "A Lawsuit Against Uber Highlights the Rush to Conquer Driverless Cars," *New York Times*, February 24, 2017, https://www.nytimes.com/2017/02/24/technology/anthony-levandowski-waymo-uber-google-lawsuit.html.
4. Mike Isaac and Daisuke Wakabayashi,"Uber Fires Former Google Engineer at Heart of Self-Driving Dispute," *New York Times*, May 30, 2017, https://www.nytimes.com/2017/05/30/technology/uber-anthony-levandowski.html.
5. Aarian Marshall, "Google's Fight Against Uber Takes a Turn for the Criminal," Wired, May 12, 2017, https://www.wired.com/2017/05/googles-fight-uber-takes-turn-criminal/.

6. Mike Isaac, "Uber Releases Diversity Report and Repudiates Its 'Hard-Charging Attitude,' " *New York Times*, March 28, 2017, https://www.nytimes.com/2017/03/28/technology/uber-scandal-diversity-report.html.
7. Efrati, "Uber's Top Secret 'Hell' Program."
8. Kate Conger, "Uber's Massive Scraping Program Collected Data About Competitors Around the World," Gizmodo, December 11, 2017, https://gizmodo.com/ubers-massive-scraping-program-collected-data-about-com-1820887947.
9. Paayal Zaveri, "Unsealed Letter in Uber-Waymo Case Details How Uber Employees Allegedly Stole Trade Secrets," CNBC, December 15, 2017, https://www.cnbc.com/2017/12/15/jacobs-letter-in-uber-waymo-case-says-uber-staff-stole-trade-secrets.html.
10. Kara Swisher and Johana Bhuiyan, "A Top Uber Executive, Who Obtained the Medical Records of a Customer Who Was a Rape Victim, Has Been Fired," Recode, June 7, 2017, https://www.recode.net/2017/6/7/15754316/uber-executive-india-assault-rape-medical-records.
11. Mike Isaac, "Uber Fires Executive Over Handling of Rape Investigation in India," *New York Times*, June 7, 2017, https://www.nytimes.com/2017/06/07/technology/uber-fires-executive.html.
12. Mike Isaac, "Executive Who Steered Uber Through Scandals Joins Exodus," *New York Times*, April 11, 2017, https://www.nytimes.com/2017/04/11/technology/ubers-head-of-policy-and-communications-joins-executive-exodus.html.
13. Kalanick, "Dad is getting much better in last 48 hours."
14. 作者取得的未公開信件。信件內文原長超過四千字。

第二十七章：侯德報告

1. already fired twenty people: Mike Isaac, "Uber Fires 20 Amid Investigation into Workplace Culture," *New York Times*, June 6, 2017, https://www.nytimes.com/2017/06/06/technology/uber-fired.html.
2. Anita Balakrishnan, "Uber Board Member Arianna Huffington Says She's Been Emailing Ex-Engineer About Harassment Claims," CNBC, March 3, 2017, https://www.cnbc.com/2017/03/03/arianna-huffington-travis-kalanick-confidence-emailing-susan-fowler.html.
3. Emil Michael, "Email from Departing Uber Executive," *New York Times*, June 12, 2017, https://www.nytimes.com/interactive/2017/06/12/technology/document-Email-From-Departing-Uber-Executive.html.
4. Entrepreneur Staff, "Read Travis Kalanick's Full Letter to Staff: I Need to Work on Travis 2.0," Entrepreneur, June 13, 2017, https://www.entrepreneur.com/article/295780.

5. Henny Sender, "Breakfast with the FT: David Bonderman," Financial Times, June 20, 2008, https://www.ft.com/content/569a70ae-3e64-11dd-b16d-0000779fd2ac.
6. "#667 David Bonderman," Forbes, https://www.forbes.com/profile/david-bonderman/#27d33dd32fce.
7. JP Mangalindan, "LEAKED AUDIO: Uber's All-Hands Meeting Had Some Uncomfortable Moments," Yahoo! Finance, June 13, 2017, https://finance.yahoo.com/news/inside-ubers-hands-meeting-travis-194232221.html.
8. Comment received in email to author, June 13, 2017.

第二十八章：串連密謀

1. Mitch and Freada Kapor, "An Open Letter to The Uber Board and Investors," Medium, February 23, 2017, https://medium.com/kapor-the-bridge/an-open-letter-to-the-uber-board-and-investors-2dc0c48c3a7.
2. Dan Primack, "How Lightspeed Responded to Caldbeck's Alleged Behavior," Axios, June 27, 2017, https://www.axios.com/how-lightspeed-responded-to-caldbecks-alleged-behavior-1513303291-797b3d44-6b7d-4cd1-89ef-7e35782a32e6.html.
3. Katie Benner, "How Uber's Chief Is Gaining Even More Clout in the Company," *New York Times*, June 12, 2017 https://www.nytimes.com/2017/06/12/technology/uber-chief-travis-kalanick-stock-buyback.html.
4. Alex Konrad, "How Super Angel Chris Sacca Made Billions, Burned Bridges and Crafted the Best Seed Portfolio Ever," Forbes, April 13, 2015, https://www.forbes.com/sites/alexkonrad/2015/03/25/how-venture-cowboy-chris-sacca-made-billions/#17b4e9866597.

第二十九章：創投人的逆襲

1. Lori Rackl, "Get A First Look at the 'New' Ritz-Carlton Chicago, $100 Million Later," *Chicago Tribune,* July 19, 2017, https://www.chicagotribune.com/lifestyles/travel/ct-ritz-carlton-chicago-renovation-travel-0730-20170718-story.html.
2. Sara Ashley O'Brien, "Arianna Huffington: Sexual Harassment Isn't a 'Systemic Problem,' At Uber," CNN Business, March 23, 2017, https://money.cnn.com/2017/03/20/technology/arianna-huffington-uber -quest-means-business/index.html.
3. Mike Isaac, "Inside Travis Kalanick's Resignation as Uber's C.E.O.," *New York Times,* June 21, 2017, https://www.nytimes.com/2017/06/21/technology/uber-travis-kalanick-final-hours.html.

第三十章：退而不出

1. 源自作者取得的信件。
2. Eric Newcomer, "Uber's New CEO Short List Is Said to Include HPE's Meg Whitman," Bloomberg, July 25, 2017, https://www.bloomberg.com/news/articles/2017-07-25/uber-s-new-ceo-short-list-is-said-to–include-hpe-s-meg-whitman.
3. Eric Newcomer, "GE's Jeffrey Immelt Is on Uber's CEO Shortlist," Bloomberg, July 27, 2017, https://www.bloomberg.com/news/articles/2017-07-27/ge-s-jeffrey-immelt-is-said-to-be-on-uber-ceo-shortlist.
4. Mike Isaac, "Uber's Search for New C.E.O. Hampered by Deep Split on Board," *New York Times*, July 30, 2017, https://www.nytimes.com/2017/07/30/technology/uber-search-for-new-ceo-kalanick-huffington-whitman.html.
5. Mike Isaac, "Uber's Next C.E.O.? Meg Whitman Says It Won't Be Her," *New York Times*, July 27, 2017, https://www.nytimes.com/2017/07/27/technology/ubers-next-ceo-meg-whitman-says-it-wont-be-her.html.
6. Meg Whitman (@MegWhitman), "(1/3) Normally I do not comment on rumors, but the speculation about my future and Uber has become a distraction.," Twitter, July 27, 2017, 10:04 p.m., https://twitter.com/megwhitman/status/890754773456220161.
7. Meg Whitman (@MegWhitman), "(2/3) So let me make this as clear as I can. I am fully committed to HPE and plan to remain the company's CEO.," Twitter, July 27, 2017, 10:04 p.m., https://twitter.com/MegWhitman/status/890754854632787969.
8. Meg Whitman (@MegWhitman), "(3/3) We have a lot of work still to do at HPE and I am not going anywhere. Uber's CEO will not be Meg Whitman." Twitter, July 27, 2017, 10:05 p.m., https://twitter.com/megwhitman/status/890754932990763008.
9. Mike Isaac, "Uber Investor Sues Travis Kalanick for Fraud," *New York Times*, August 10, 2017, https://www.nytimes.com/2017/08/10/technology/travis-kalanick-uber-lawsuit-benchmark-capital.html.
10. Mike Isaac, "Kalanick Loyalists Move to Force Benchmark Off Uber's Board," *New York Times*, August 11, 2017, https://www.nytimes.com/2017/08/11/technology/uber-benchmark-pishevar.html.
11. Cyrus Farivar, "How Sprint's New Boss Lost $70 Billion of His Own Cash (and Still Stayed Rich)," Ars Technica, October 16, 2012, https://arstechnica.com/information-technology/2012/10/how-sprints-new-boss-lost-70-billion-of-his-own-cash-and-still-stayed-rich/.
12. Andrew Ross Sorkin, "A Key Figure in the Future of Yahoo," Dealbook, *New York Times*, December 13, 2010, https://dealbook.nytimes.com/2010/12/13/a-key-figure-in-the-future-of-yahoo/.

13. Walter Sim, "SoftBank's Masayoshi Son, the'Crazy Guy Who Bet on the Future,' " *Straits Times*, December 12, 2016, https://www.straitstimes.com/asia/east-asia/softbanks-masayoshi-son-the-crazy-guy-who-bet-on-the-future.
14. Dana Olsen, "Vision Fund 101: Inside SoftBank's $98B Vehicle," PitchBook, August 2, 2017, https://pitchbook.com/news/articles/vision-fund-101-inside-softbanks-93b-vehicle.

第三十一章：大拍賣

1. Steve Blank, "Why GE's Jeff Immelt Lost His Job: Disruption and Activist Investors," *Harvard Business Review*, October 30, 2017, https://hbr.org/2017/10/why-ges-jeff-immelt-lost-his-job-disruption-and-activist-investors.
2. Sheelah Kolhatkar, "At Uber, A New C.E.O. Shifts Gears," *The New Yorker*, April 9, 2018, https://www.newyorker.com/magazine/2018/04/09/at-uber-a-new-ceo-shifts-gears.
3. https://www.newyorker.com/magazine/2018/04/09/at-uber-a-new-ceo-shifts-gears.
4. Jeff Immelt (@JeffImmelt), "I have decided not to pursue a leadership position at Uber. I have immense respect for the company & founders–Travis, Garrett and Ryan." Twitter, August 27, 2017, 11:43 a.m., https://twitter.com/JeffImmelt/status/901832519913537540.
5. Kara Swisher, "Former GE CEO Jeff Immelt Says He Is No Longer Vying to Be Uber CEO," Recode, August 27, 2017, https://www.recode.net/2017/8/27/16211254/former-ge-ceo-jeff-immelt-out-uber-ceo.
6. Mike Isaac, "Uber Chooses Expedia's Chief as C.E.O., Ending Contentious Search," *New York Times*, August 27, 2017, https://www.nytimes.com/2017/08/27/technology/uber-ceo-search.html.
7. Mike Isaac, "Uber Sells Stake to SoftBank, Valuing Ride-Hailing Giant at $48 Billion," *New York Times*, December 28, 2017, https://www.nytimes.com/2017/12/28/technology/uber-softbank-stake.html.
8. Katie Benner and Mike Isaac, "In Power Move at Uber, Travis Kalanick Appoints 2 to Board," *New York Times*, September 29, 2017, https://www.nytimes.com/2017/09/29/technology/uber-travis-kalanick-board.html.
9. Katie Benner and Mike Isaac, "Uber's Board Approves Changes to Reshape Company's Power Balance," *New York Times*, October 3, 2017, https://www.nytimes.com/2017/10/03/technology/ubers-board-approves-changes-to-reshape-power-balance.html.

尾聲

1. Rachel Holt and Aaron Schildkrout, "180 Days: You Asked, and We're Answering," Uber, https://pages.et.uber.com/180-days/.
2. Dara Khosrowshahi, "Uber's New Cultural Norms," LinkedIn, November 7, 2017, https://www.linkedin.com/pulse/ubers-new-cultural-norms-dara-khosrowshahi/.
3. Mike Isaac, "Uber's New Mantra: 'We Do the Right Thing. Period.,' " *New York Times*, November 7, 2017, https://www.nytimes.com/2017/11/07/technology/uber-dara-khosrowshahi.html.
4. Geoffrey A. Fowler, "I Was Team #DeleteUber. Can Uber's New Boss Change My Mind?," *Washington Post*, May 11, 2018, https://www.washingtonpost.com/news/the-switch/wp/2018/05/11/i-was-team-deleteuber-can-ubers-new-boss-change-my-mind/?utm_term=.affb048f5b91.
5. Priya Anand, "Uber to Spend Up to $500 Million on Ad Campaign," The Information, June 5, 2018, https://www.theinformation.com/articles/uber-to-spend-up-to-500-million-on-ad-campaign.
6. Jessi Hempel, "One Year In, The Real Work Begins For Uber's CEO," Wired, September 6, 2018, https://www.wired.com/story/dara-khosrowshahi-uber-ceo-problems-lyft/.
7. Anthony Levandowski, "Pronto Means Ready," Medium, December 18, 2018, https://medium.com/pronto-ai/pronto-means-ready-e885bc8ec9e9.
8. Mark Harris, "Inside the First Church of Artificial Intelligence," Wired, November 15, 2017, https://www.wired.com/story/anthony-levandowski-artificial-intelligence-religion/.
9. Daisuke Wakabayashi, "Why Google's Bosses Became 'Unpumped' About Uber," *New York Times*, February 7, 2018, https://www.nytimes.com/2018/02/07/technology/uber-waymo-lawsuit.html.
10. Eric Newcomer, "Inside the Abrupt End of Silicon Valley's Biggest Trial," Bloomberg, February 9, 2018, https://www.bloomberg.com/news/articles/2018-02-09/inside-the-abrupt-end-of-silicon-valley-s-biggest-trial.
11. Daisuke Wakabayashi, "Uber and Waymo Settle Trade Secrets Suit Over Driverless Cars," *New York Times*, February 9, 2018, https://www.nytimes.com/2018/02/09/technology/uber-waymo-lawsuit-driverless.html.

方向 70

恣意橫行

違法手段 × 企業醜聞 × 內部攻防戰，Uber 如何跌落神壇？

Super Pumped: The Battle for Uber

作　　者：麥克．伊薩克（Mike Isaac）
譯　　者：林錦慧
主　　輯：劉瑋
校　　對：劉瑋、林佳慧
美術設計：YuJu、廖建豪
行銷公關：石欣平
寶鼎行銷顧問：劉邦寧

發 行 人：洪祺祥
副總經理：洪偉傑
副總編輯：林佳慧
法律顧問：建大法律事務所
財務顧問：高威會計師事務所
出　　版：日月文化出版股份有限公司
製　　作：寶鼎出版
地　　址：台北市信義路三段 151 號 8 樓
電　　話：（02）2708-5509　傳真：（02）2708-6157
客服信箱：service@heliopolis.com.tw
網　　址：www.heliopolis.com.tw
郵撥帳號：19716071 日月文化出版股份有限公司

總 經 銷：聯合發行股份有限公司
電　　話：（02）2917-8022　傳真：（02）2915-7212
印　　刷：中原造像股份有限公司
初　　版：2020 年 12 月
定　　價：480 元
I S B N：978-986-248-909-3

國家圖書館出版品預行編目資料

恣意橫行：違法手段 × 企業醜聞 × 內部攻防戰，Uber 如何跌落神壇？／麥克．伊薩克（Mike Isaac）著；林錦慧譯 . -- 初版 . -- 臺北市：日月文化，2020.10
480 面；14.7×21 公分 . --（方向；70）
譯自：Super pumped: The Battle for Uber
ISBN 978-986-248-909-3(平裝)
1. 優步（Uber（Firm））　2. 運輸服務
3. 電子商務 4. 企業經營

557　　109011304

日月文化集團
HELIOPOLIS
CULTURE GROUP
客服專線 02-2708-5509
客服傳真 02-2708-6157
客服信箱 service@heliopolis.com.tw

廣告回函
台灣北區郵政管理局登記證
北台字第 000370 號
免貼郵票

日月文化集團 讀者服務部 收

10658 台北市信義路三段151號8樓

對折黏貼後，即可直接郵寄

日月文化網址：**www.heliopolis.com.tw**

最新消息、活動，請參考 FB 粉絲團

大量訂購，另有折扣優惠，請洽客服中心（詳見本頁上方所示連絡方式）。

大好書屋

寶鼎出版

山岳文化

EZ TALK

EZ Japan

EZ Korea

感謝您購買 **恣意橫行：違法手段×企業醜聞×內部攻防戰，Uber如何跌落神壇？**

為提供完整服務與快速資訊，請詳細填寫以下資料，傳真至02-2708-6157或免貼郵票寄回，我們將不定期提供您最新資訊及最新優惠。

1. 姓名：＿＿＿＿＿＿＿＿ 性別：□男 □女
2. 生日：＿＿＿年＿＿＿月＿＿＿日 職業：
3. 電話：（請務必填寫一種聯絡方式）
   （日）＿＿＿＿＿＿（夜）＿＿＿＿＿＿（手機）＿＿＿＿＿＿
4. 地址：□□□＿＿＿＿＿＿＿＿
5. 電子信箱：＿＿＿＿＿＿＿＿
6. 您從何處購買此書？□＿＿＿＿＿縣/市＿＿＿＿＿書店/量販超商
   □＿＿＿＿＿網路書店 □書展 □郵購 □其他
7. 您何時購買此書？ 年 月 日
8. 您購買此書的原因：（可複選）
   □對書的主題有興趣 □作者 □出版社 □工作所需 □生活所需
   □資訊豐富 □價格合理（若不合理，您覺得合理價格應為＿＿＿＿）
   □封面/版面編排 □其他＿＿＿＿＿＿＿＿
9. 您從何處得知這本書的消息： □書店 □網路／電子報 □量販超商 □報紙
   □雜誌 □廣播 □電視 □他人推薦 □其他
10. 您對本書的評價：（1.非常滿意 2.滿意 3.普通 4.不滿意 5.非常不滿意）
    書名＿＿＿ 內容＿＿＿ 封面設計＿＿＿ 版面編排＿＿＿ 文/譯筆＿＿＿
11. 您通常以何種方式購書？□書店 □網路 □傳真訂購 □郵政劃撥 □其他
12. 您最喜歡在何處買書？
    □＿＿＿＿＿縣/市＿＿＿＿＿書店/量販超商 □網路書店
13. 您希望我們未來出版何種主題的書？＿＿＿＿＿＿＿＿
14. 您認為本書還須改進的地方？提供我們的建議？

＿＿＿＿＿＿＿＿＿＿＿＿＿＿＿＿

＿＿＿＿＿＿＿＿＿＿＿＿＿＿＿＿

＿＿＿＿＿＿＿＿＿＿＿＿＿＿＿＿

＿＿＿＿＿＿＿＿＿＿＿＿＿＿＿＿

悅讀的需要，出版的方向